基礎からわかる
静定構造力学

村上雅英 著　Masahide MURAKAMI

学芸出版社

「基礎からわかる静定構造力学」の特徴

　近年、構造力学の書籍は数多く出版されており、それらの内容は大旨2種類に分類できます。
①静定構造力学、不静定構造力学、構造設計までを1冊で網羅した教科書タイプ
②内容を限定してマンガや図解などを駆使して理解を助ける参考書タイプ
　静定構造力学は理解すると感覚的に解けるため、教え方は幾通りもあります。しかしながら、感覚的に解けるため、系統だった教え方が結構難しい科目でもあります。
　私は、初めて学ぶ学生にとっては、理論的に筋が通ってかつ感覚と結びつく方法が、理解しやすいと思います。そのような観点からすると前者の教科書タイプでは説明が少なく、感覚を身につけるためには多くの努力が必要となります。また、教える側にたつと、教科書の内容を補足するための説明を必要とし、それらの説明を学生が聞き漏らすとその後の理解が難しくなります。一方、後者のマンガや図解を駆使した参考書タイプの多くは、論理的な説明が不足しています。そこで、静定構造力学に特化した本書は、私の15年あまりの静定構造力学の教育経験から、授業や演習の中で生じる学生の質問や過ちを分析して、学生の目線から静定構造力学の理解をしやすいように、以下のように工夫されています。

①静定構造力学の基本である応力図の書き方に関しては、従来の多くの教科書で採用されている構成を見直し、飛躍のない筋道のある教え方を最重点に再構成されています。
　具体的には、従来の多くの教科書では構造物の形の分類によって単元が構成されています。その場合、はじめの単元でいろいろな荷重形式が現れ、初めて学ぶ学生にとって最初の難易度が高すぎます。そこで、本書では、荷重形式の分類により単元を再構成することにより、毎時学習する新しい内容を少なくして、反復練習を積み重ねて、徐々に理解が深まるように配慮されています。
②本書は単なる解法のハウツー本ではなく、より内容を理解したい人のための論理的な説明を重視するとともに、感覚的な解き方ができるための解説も多く取り入れています。
③学生が理解しにくい点を「ここがポイント」「復習」「コラム」など欄外で説明するとともに、間違いやすい例をあげるなど、学生の目線にたった説明を豊富に載せています。
④14章以降の材料力学の内容に関しては、多くの教科書では各単元が独立しており、学習全体のシナリオが見えにくい構成となっています。本書では、理解しやすいようにシナリオに重点をおいて単元を再構成しています。具体的には、16章以降の内容が高等学校の物理（フックの法則）の延長で理解できるように、14章と15章は構成されています。

　私は、講義で本書の内容以上の説明を口頭でする必要がないように詳しく書いたつもりです。従って、この本を手にした諸君は、講義を聴かなくても静定構造力学を独学できると思います。ただし、この本では紙面の都合で、練習問題はありませんので、練習問題のある他の本と併用することで、より理解が深まります。なお、本文中の重要箇所にはグレーの網掛けをしてあります。私は、この本が皆さんの構造力学の理解を深める手助けになることを希望します。

理解のできていない場所を見つけて克服しよう！

集中荷重

　理解していない人の多くは釣り合い式をたてるために必要な図（例えば、3 章 **例題 7** の図 3.1（f））が書けていません。必ず仮定した図を書いて、図に従い、釣り合い式を作る習慣をつけましょう。

【症状】　　**反力が合わない**
【原因と対策】　支点の種類（固定、ピン、ローラー）の種類毎に適切に反力を仮定しているか確認する。支点の種類と反力の方向の関係（表 3.1）を覚えること。3 章 支点と反力を復習しましょう。

【症状】　　**反力を正しく仮定できているが計算が合わない。**
【原因と対策】　釣り合い式が正しく書けていますか。モーメント荷重やモーメントの反力は距離に関係なくモーメントの釣り合い式にのみ考慮します。
　　　　　　　モーメントの釣り合い式をたてる際に「距離×力」の距離を正しく取っていますか（図 10.1）。計算時の正の方向を決めて、それに従い正しく計算できているか（通常は右向き、上向き、右回りを正として計算）。「1.3 モーメントの定義」、**例題 7〜10** を復習しましょう。

【症状】　　**応力の計算方法が分からない。**
【原因と対策】　応力の正の方向（図 4.5d）と計算の正の方向（図 3.1d）の違いが理解できていない（この原因が最も多い）。
　　　　　　　「4.2 任意の点の応力の計算方法」を復習しましょう。

【症状】　　**応力の仮定は出来ているが、計算が合わない。**
【原因と対策】　応力を求める場所を 1 カ所のみ切断して、切断した部分のどちらか一方の構造物全体を考えて釣り合い式をたてていますか。複数の部材で構成されている場合は、つながっている構造物に作用する力は全て計算に含まれます。
　　　　　　　（例題 18 **POINT!**）部材を切断して応力を仮定する図を必ず描いて、その図にもとづいてつりあい式をつくること。

【症状】　　**せん断力図と軸力図の書き方が分からない。**
【原因と対策】　「5.2 せん断力図（Q 図）と軸力図（N 図）」、**例題 18〜25** を復習しましょう（図 5.7（g）(h)）。

【症状】　　**モーメント図が書けない。モーメント図を上下逆に書いてしまう。**
【原因と対策】　モーメント図はせん断力図や軸力図と書き方のルールが異なります。「5.3 モーメント図（M 図）」、**例題 18** を復習しましょう（図 5.7（k）(n)）。

【症状】　　**柱のモーメント図の書き方が分からない。**
【原因と対策】　**例題 26〜29**（書き方については、**例題 26** の⑤）を復習しましょう。

【症状】　　**ラーメンなど柱の N、Q 図の書き方（正負の向き）がわからない。**
【原因と対策】　**例題 28** の⑥を復習しましょう。

【症状】　　**モーメント図の形や値が合わない。**
【原因と対策】　反力の計算が間違っている。釣り合い式をたてるときに全ての力を考慮できていない。計算時の正負の方向に合わせて符号を決めているか。計算間違いをしていないか。

分布荷重

　計算対象部分の分布荷重を集中荷重に正確に置き換えるためにも、**例題 30** の図 7.10（s）に示すよう

な図を書いてから釣り合い式をたてるようにする。

【症状】　**分布荷重の問題の反力の計算が分からない。**
【原因と対策】　集中荷重に置き換えて計算しましょう。

【症状】　**分布荷重がある時の応力の計算が分からない。**
【原因と対策】　考えている部分の分布荷重を集中荷重に置き換えて集中荷重の場合と同じ方法で計算しましょう。

【症状】　**分布荷重の部分のモーメント図の凹凸の書き方が分からない。**
【原因と対策】　7章 例題30、84頁コラム「wの分布とせん断力図とモーメント図の勾配の関係」および図7.10 (o) と図7.11 (j) を復習しましょう。

【症状】　**等変分布荷重（三角形分布荷重）のせん断力図の凹凸の書き方が分からない。**
【原因と対策】　84頁コラム「wの分布とせん断力図とモーメント図の勾配の関係」と図8.1 (f) および例題34を復習しましょう。

ゲルバー梁と3ヒンジラーメン

【症状】　**反力が求まらない。**
【原因と対策】　ヒンジ位置で $M = 0$ となるような4つ目の釣り合い式を作りましょう。

トラス

【症状】　**トラスの計算がわからない。**
【原因と対策】　節点法で解けば必ず解けます。まず、反力を求めて全ての節点のつりあい式を書いてから、解けるところから順に計算していきます。**例題42**を復習しましょう。
切断法では、**例題44**のように、反力を求めてから、必ず3本以下の部材を切断して釣り合い式を立てましょう。

断面内の応力度の計算

【症状】　**曲げによる応力度の計算がわからない。**
【原因と対策】　下記のいずれかが理解できていません。**例題67**を復習しましょう。

〜断面2次モーメントを求める〜　（16.2〜16.5節）
中立軸位置の計算
①断面を長方形など簡単な図形に分割する。
②分割した各図形の面積 A_i とその図形の図心と原点までの距離 a_i を求める。
③断面1次モーメントを計算（図16.6参照）して、中立軸位置を求める。(162頁のコラム参照)
④分割した各図形の断面1次モーメント I_{oi} を公式より求める。（表16.1）
⑤分割した各図形の図心と③で求めた中立軸との距離 a_i を求める。（図16.17参照）
⑥公式　断面全体の断面2次モーメント $I = \Sigma\ (I_{oi} + A_i \cdot a_i^2)$ を計算する。（図16.17参照）

〜断面係数を求める〜　式（16.22）
①応力度を求めたい側の断面の縁と中立軸までの距離 y_{max} を計算する。
②断面係数を　$Z = I\ /\ y_{max}$　より計算する。

〜曲げ応力度を求める〜　（16.4節）
①曲げ応力度を求めたい位置の曲げモーメントの値を、4〜11章を参考に計算する。

②曲げ応力度を $\sigma_M = M/Z$ より計算する。（符号の決め方は、図 16.24 を参照して、引張を＋、圧縮を－で決める）

【症状】　**曲げと軸力を受ける断面の応力度の計算がわからない。**
【原因と対策】　下記のいずれかが理解できていません。**例題 68** を復習しましょう。
　①偏心軸力は図 16.29 の方法で断面の図心に作用する軸力と曲げモーメントに分解する。
　②軸力による応力度を $\sigma_N = N/A$　（A は断面積）　より計算する（符号は、引張を＋、圧縮を－で決める）。
　③図 16.27 を参照して、引張と圧縮の符号に注意して σ_N と σ_M を足し合わせて、曲げと軸力を受ける断面の応力度を式（16.55）より求める。

～せん断応力度と主応力度～　（17 章）

【症状】　**せん断応力度の計算がわからない。**
【原因と対策】　下記のいずれかが理解できていません。**例題 73** を復習しましょう。
　①断面全体の断面 2 次モーメントを計算する。
　②せん断応力度 τ を求めたい位置より外側（中立軸のない側）の図形の中立軸に対する断面 1 次モーメント S を求める。（**例題 73** のコラムを参照）
　③せん断応力度 τ を求めたい位置の断面の幅 b を用いて、公式である式（17.7）より計算する。

【症状】　**主応力度の求め方がわからない。**
【原因と対策】　モールの応力円の書き方が理解できていません。**例題 76** を復習しましょう。
　17.2.4 節のコラムの τ と σ の正の方向を理解して、**例題 76 と 77** を復習しましょう。

その他

～座屈～　（18 章）

【症状】　**座屈の計算がわからない。**
【原因と対策】　**例題 78** を復習しましょう。
　①柱の両端の支持条件から図 18.4 より座屈長さ L_k を求める。
　②断面 2 次モーメント I_x と I_y を計算して、小さい方の I（弱軸方向の I）を用いて、公式（18.8）より計算する。

～たわみ量やたわみ角の計算～　（19 節）

【症状】　**たわみ量やたわみ角の計算がわからない。**
【原因と対策】　弾性曲線式だけでも理解しましょう。（モールの定理は解き方の違いだけで計算内容は同じです。）
　① M 図を求めることができない場合は、11 章以前をまずは復習しましょう。
　②公式（19.2）に $M_{(x)}$ の式を代入して、2 回積分する。
　③積分定数の数だけ、境界条件を拾い出す。支点の境界条件は**例題 82** のコラム参照。$M_{(x)}$ の式が複数になるときは、式の境目となる x の位置でたわみ量とたわみ角が、両式でそれぞれ等しくなる条件を考慮する（図 19.8（f）参照）。
　④最大たわみ量 $y_{\max}$ は $\theta = 0$ となる x を求めて、たわみ量の式に代入することで求まる。

基礎からわかる 静定構造力学

目 次

第 1 章	序論と力の合成	8
第 2 章	力の釣り合い	21
第 3 章	反力計算	23
第 4 章	任意の点の MNQ を求める	34
第 5 章	集中荷重の梁の MNQ 図	45
第 6 章	集中荷重のラーメンの MNQ 図	74
第 7 章	等分布荷重の MNQ を求める	81
第 8 章	等変分布荷重の梁	100
第 9 章	分布荷重のラーメン	114
第10章	ゲルバー梁	117
第11章	3ヒンジラーメン	124
第12章	トラス	131
第13章	不静定次数	140
第14章	フックの法則、応力度、ひずみ度、許容応力度	146
第15章	回転剛性、剛心	152
第16章	任意形状の断面の諸定数	160
第17章	曲げモーメントとせん断力が作用する断面の応力度	181
第18章	座 屈	195
第19章	梁の曲げたわみの計算	206
	付録	220

第 1 章　序論と力の合成

建物の設計には、図 1.1 に示すように、建物の形や空間計画などを決める意匠設計、建築構造物やそれを構成する部材や接合部が外力に対して破壊しないように安全に設計する構造設計、内部空間の快適さ（冷暖房などの空調設備や照明、音響設備など）を設計する環境・設備設計などがある。構造力学は構造設計を行うための基礎理論である。

建築構造物は、柱・梁・壁・床など部材を接合することによって作られ、部材同士を接合する部位を接合部とよぶ。

構造物に外から作用する力を外力といい、外力には荷重と反力がある。

荷重には、自重に代表されるように建物に常に作用する長期荷重と、地震や台風のように一時的に作用する短期荷重がある。

荷重の作用方向で分類すると、鉛直方向に作用する荷重を鉛直荷重と呼び、その多くは長期荷重に属する。水平方向に作用する荷重を水平荷重と呼び、その多くは短期荷重に属する。

長期荷重は更に表 1.1 に示すように分類される。固定荷重は自重による荷重であり、積載荷重は例えば床上に載る家具や人など建物を使用するときに載る荷重であり、建物の用途によりその大きさは異なる。積雪荷重は屋根に積もった雪の自重による荷重であり、その大きさは、地域により異なる。表 1.2 に示すとおり、積載荷重と積雪荷重は単位面積当たりの力（N/m^2）として与えられる。

一方、短期荷重は表 1.1 より、以下のように分類される。風荷重は、風が壁などに作用するときに生じる力であり、風圧力は受圧面（見付面積）の単位面積当たりの力として与えられる。地震荷重は建物が地震によって水平方向に振動することにより生じる慣性力であり、地震により建物が揺れるときに生じる加速度によって建物の質量に作用する。これらの積載荷重、積雪荷重、風荷重、地震荷重のそれぞれの値は、建物の用途や建築される地域によって法律で定められている。

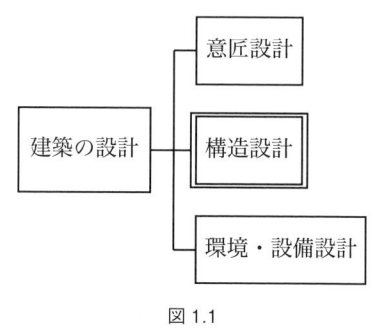

図 1.1

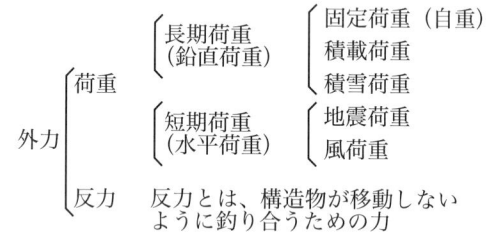

表 1.1

表 1.2

構造計算の対象 室の種類		（い）床の構造計算をする場合	（ろ）大梁、柱又は基礎の構造計算をする場合	（は）地震力を計算する場合
（一）	住宅の居室、住宅以外の建築物における寝室又は病院	1,800	1,300	600
（二）	事務室	2,900	1,800	800
（三）	教室	2,300	2,100	1,100
（四）	百貨店又は店舗の売り場	2,900	2,400	1,300

単位：N/m^2

反力とは、荷重に対して構造物が動かないように釣り合うための力であり、物理学でいう抗力に相当するものである。

1.1 力の定義

　物理学によるとニュートンの法則は以下のように定義される（図1.2）。

$$f = m\alpha \tag{1.1}$$

　力＝質量×加速度

　ここで、力の単位に関しては、国際的にはSI単位系が主流であるが、我が国では重力単位系（CGI単位系）も使用されており、両者の関係は以下の通りである。

$$N = kg \times m/s^2$$
$$1N = 1kg \cdot m/sec^2 = 1kg \cdot m/s^2$$
$$1kgf = 1kg \cdot \underline{g} = 9.80665 kg \cdot m/s^2$$
<small>（重力加速度）</small>
$$1kgf = 9.80665N \fallingdotseq 9.8N \tag{1.2}$$

　力はベクトルで表され、ベクトルとは図1.3に示すように

①大きさ
②作用する方向（作用線）
③作用点

の3点セットで定義できる。

　力を物体に与えると力の作用した方向に物体は移動する。計算においては、力の符号は座標軸を定めることにより図1.4のように正負を決める。

　図1.5に示すような、10kNと5kNの力が作用する天秤を考えると、天秤が釣り合うために5kNを作用させる場所はどこでも良いわけでもなく、2mの位置しかない。すなわち、その点が作用点であり、この場合の釣り合うための力は、<u>大きさ、方向、作用点</u>の3つで定義されなくてはならないことが理解できる。

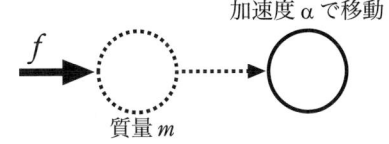

図1.2

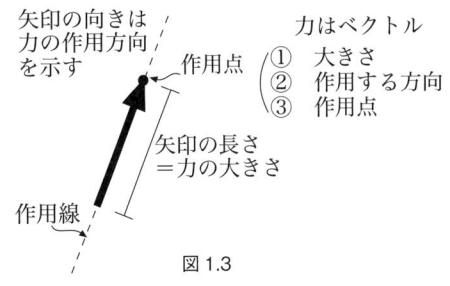

図1.3

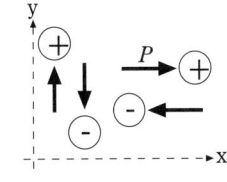

図1.4

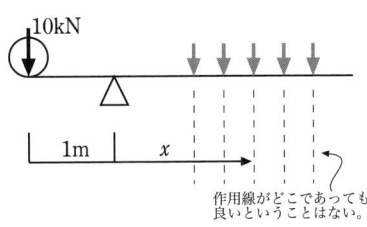

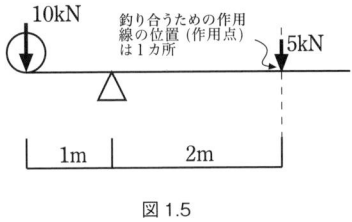

図1.5

1.2 力の分解

力はベクトルで表されるので、図1.6に示すようにX-Y平面内の任意の方向の力は、三角関数を用いてX方向とY方向の力にそれぞれ分解することができる。

1.3 モーメントの定義

コマを回すときには、図1.7のように、軸をひねることによってコマは回転する。このように回転させるための力を**モーメント**とよび、モーメントを与えたときの移動に相当するものが回転である。モーメントの大きさは以下のように定義される（図1.8）。

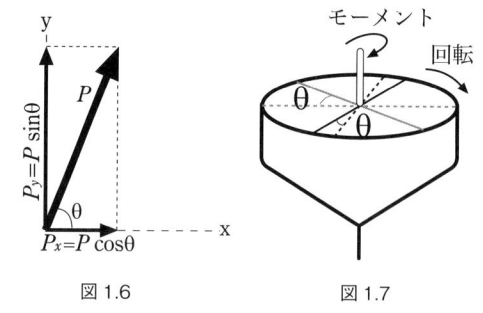

図1.6　図1.7

> モーメントの大きさ＝力の大きさ×力の作用線と回転中心までの最短距離

単位は、力と長さそれぞれの単位の積で、例えば力がkN、長さがmならkN・mである。モーメントの符号は回転する向きで定義され、計算では、図1.9及び図1.10のように通常右回りを正とする。従って、図1.11のように、力の作用線上ではモーメント＝0となる。また、力が作用線上のどの位置に作用しても点Bに対するモーメントは等しくなる。

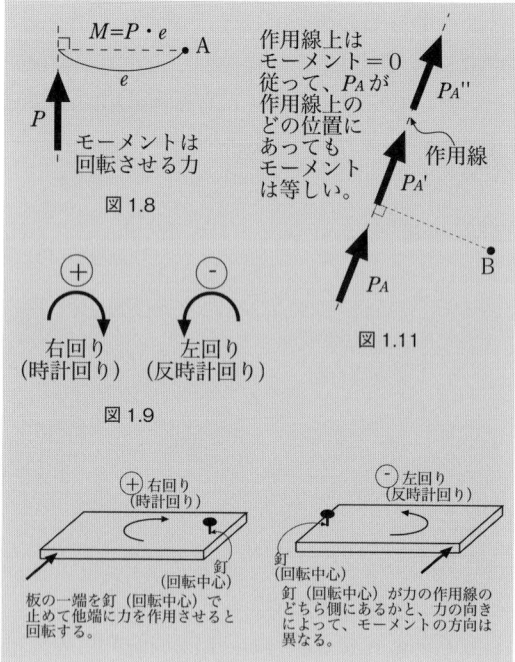

POINT !

物理や数学では、図1.12のようなX-Y座標系での回転の正の方向は左回りであるが、構造力学では、右回りを正とする習慣がある。それは次の理由による。

梁の問題は、下向きに力が作用して下向きにたわみが生じる場合を扱うことが多い。そこで、座標系も図1.13のようにx軸を右向き、y軸を下向きにとる（右手系の座標系）。すると、XからYへの回転の正の方向は右回りになる。

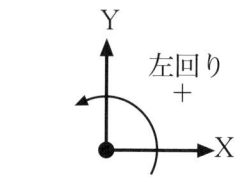

物理学での回転の符号
図1.12

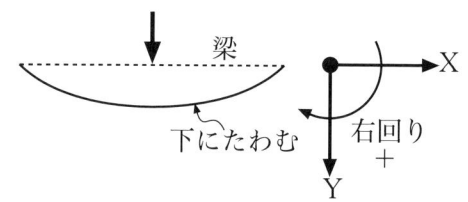

構造力学での回転の符号
図1.13

例題 1

図 1.14（a）に示す 4 つの力が作用した時の点 A でのモーメントを求めよ。

[解]

モーメントは力と距離の積なので、それぞれの力による点 A でのモーメントを 1 つずつ計算し、それらの総和を求めることにより導かれる。各点の力と距離の関係を図 1.14（b）～ 1.14（e）に示す。

> モーメントを求める際、力や距離の符号は全て無視する。作用させた力によって回転中心に対して右回り（時計回り）のモーメントであれば正、左回り（反時計回り）のモーメントであれば負として符号を決定する。

① $10\text{kN}\cdot 2\text{m} = 20$　　$20\text{kN}\cdot\text{m}$ （↻）　　(1.3-a)

② $-5\text{kN}\cdot 1\text{m} = -5$　　$5\text{kN}\cdot\text{m}$ （↺）　　(1.3-b)

③ $-3\text{kN}\cdot 1\text{m} = -3$　　$3\text{kN}\cdot\text{m}$ （↺）　　(1.3-c)

④ $4\text{kN}\cdot 0\text{m} = 0$　　$0\text{kN}\cdot\text{m}$　　(1.3-d)

①～④の力によって点 A に作用するモーメントは、①～④の総和となる。

よって、図 1.14（f）に示すように、右回りに $12\text{kN}\cdot\text{m}$ となる。

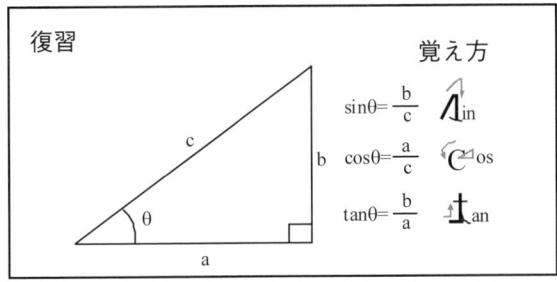

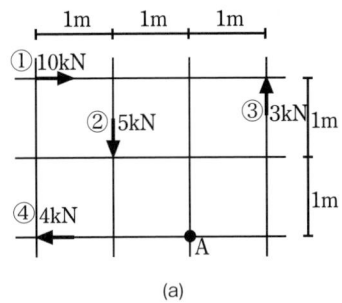

(a)

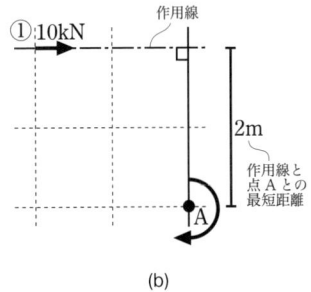

(b)

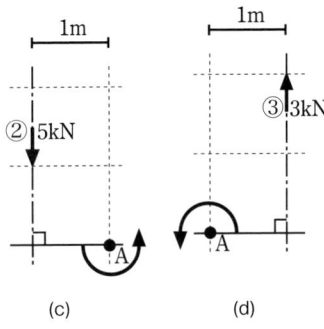

(c)　　(d)

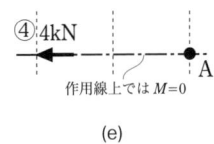

(e)

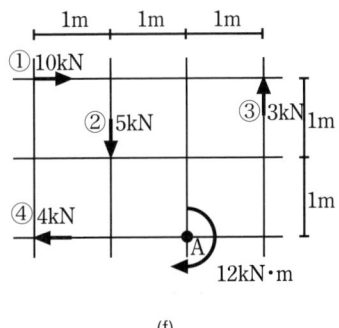

(f)

図 1.14

1.4 力の合成

図 1.15 のような 2 つの力の合成は、図式解法では以下のようにして行う。

それぞれの力の作用線を引いて、その交点にベクトルを移動してそこで平行四辺形を書いてその対角線が合成された力となり、力の大きさは対角線の長さ、力の方向は対角線の方向として得られる。このように複数の力を合成して 1 つの力として表したものを**合力**とよぶ。

これを数式で解くと以下のようになる。

$$P_x = \sum P_i \cos\theta_i \qquad (1.4\text{-a})$$

$$P_y = \sum P_i \sin\theta_i \qquad (1.4\text{-b})$$

$$|P| = \sqrt{P_x^2 + P_y^2}$$

$$\tan\theta = \frac{P_y}{P_x} \qquad \therefore \theta = \tan^{-1}\left(\frac{P_y}{P_x}\right) \qquad (1.5)$$

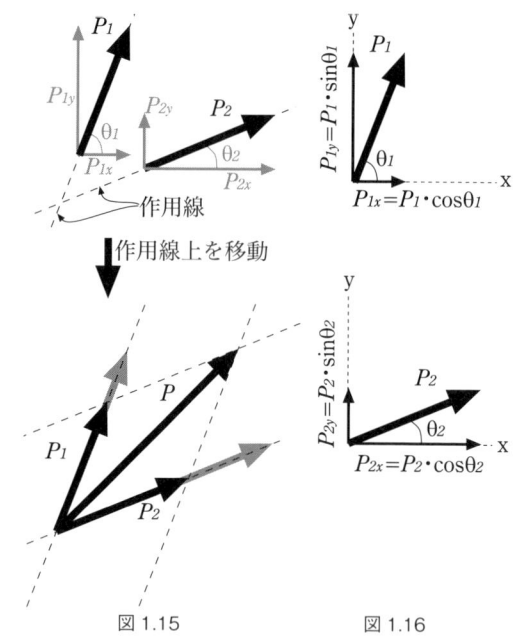

図 1.15

図 1.16

例題 2

図 1.17 (a) に示す 2 つの力 P_1 及び P_2 の合力 P_0 の大きさ及び方向 θ を求めよ。

[解]

図 1.17 (b)、(c) に示したとおり、P_1 と P_2 を x 軸及び y 軸の各方向の分力に置き換えた時のそれぞれの力の大きさを計算する。

$$P_{1x} = 10 \cdot \cos 30° = 10 \cdot \frac{\sqrt{3}}{2} = 8.66$$

$$P_{1y} = 10 \cdot \sin 30° = 10 \cdot \frac{1}{2} = 5.00$$

$$P_{2x} = 15 \cdot \cos 60° = 15 \cdot \frac{1}{2} = 7.50$$

$$P_{2y} = 15 \cdot \sin 60° = 15 \cdot \frac{\sqrt{3}}{2} = 12.99$$

$$P_{1x} = 8.66 \text{kN}(\rightarrow) \qquad (1.6\text{-a})$$
$$P_{1y} = 5.00 \text{kN}(\uparrow) \qquad (1.6\text{-b})$$
$$P_{2x} = 7.50 \text{kN}(\rightarrow) \qquad (1.6\text{-c})$$
$$P_{2y} = 12.99 \text{kN}(\uparrow) \qquad (1.6\text{-d})$$

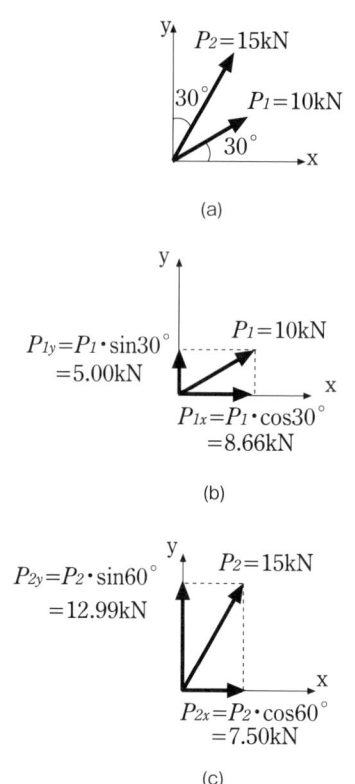

図 1.17

それぞれ求めた分力の総和が、合力 P_0 の分力 P_{0x} 及び P_{0y} と等しいので

$$P_{0x} = P_{1x} + P_{2x} = 8.66 + 7.50 = 16.16$$
$$P_{0y} = P_{1y} + P_{2y} = 5.00 + 12.99 = 17.99$$

$$P_{0x} = 16.16 \text{kN}(\rightarrow) \quad (1.7\text{-a})$$
$$P_{0y} = 17.99 \text{kN}(\uparrow) \quad (1.7\text{-b})$$

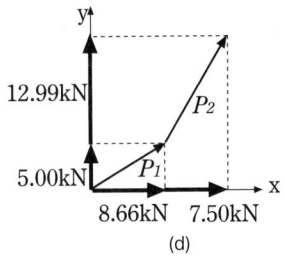

ピタゴラスの定理（三平方の定理）で合力 P_0 の大きさを、$\tan^{-1}\theta$ で力の作用する方向をそれぞれ求める。解答を図示すると、図 1.17（e）のようになる。

$$\begin{aligned}|P_0| &= \sqrt{P_{0x}^2 + P_{0y}^2} \\ &= \sqrt{16.16^2 + 17.99^2} = 24.18 \text{kN} \\ \theta &= \tan^{-1}\left(\frac{17.99}{16.16}\right) = 48.07° \end{aligned} \quad (1.8)$$

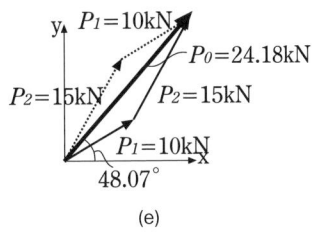

図 1.17

1.5 モーメントの計算

図 1.18（a）に示すように、大きさと方向が同じ力であっても、回転中心の位置によってモーメントの大きさと方向は異なる。

そのため、<u>それぞれの力を合力におきかえる場合には、回転中心に対して、それぞれの力によるモーメントの和と同じモーメントとなるように合力の作用線の位置を決める必要がある。</u>

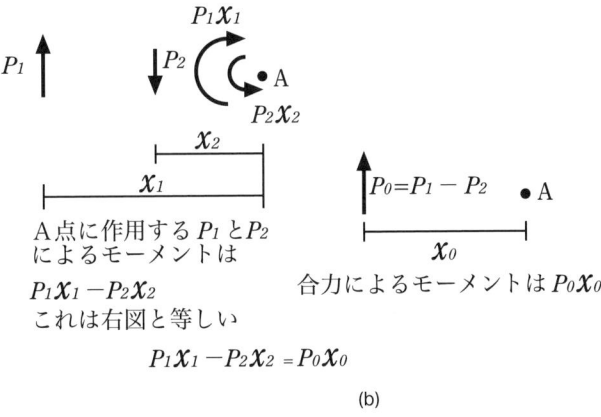

図 1.18

例題3

図1.19（a）のような力と釣り合う合力と、その作用する位置を求めよ。

[解]

まず、合力の大きさと向きを求める。
上向きを正、下向きを負とする。
合力 P_0 の大きさ

$$\sum P_x = 0\text{kN} \tag{1.9-a}$$

$$\sum P_x = -10 + 5 - 15 = -20\text{kN} \tag{1.9-b}$$

次に、合力の作用位置を求める。

$$P_{0x} = 0 \tag{1.10-a}$$

$$P_{0y} = -20\text{kN}（負となったので下向き）\tag{1.10-b}$$

求まった合力を図示すると図1.19（b）のようになる。このような問題を解くときは、合力の作用位置を回転中心に対して右側・左側どちらに仮定したかを<u>必ず図示してから</u>、それに基づいてモーメントの式をたてる（そうしないと間違いの原因となる）。

今、P_1 から左に a 離れたところに回転中心を考える。モーメントは回転中心を基準にして、右回り（時計まわり）を正、左回りを負とする。図1.18（a）のように、矢印が上を向いていても、回転中心が矢印の右にあるか左にあるかで、回転の方向が逆になる。同様に、水平方向に作用している力に対しては、力の矢印が右を向いていても、回転中心が矢印の上にあるか下にあるかで、回転の方向が逆になる。モーメントを考えるときは矢印の向きだけで符号を判断せずに、回転中心に対してモーメントが右回りか左回りかをよく考えて符号を決めること！

$$\underbrace{10 \cdot a}_{①} \underbrace{- 5(a+1)}_{②} + \underbrace{15(a+2)}_{③} = \underbrace{20 \cdot x_0}_{④}$$

$$20 \cdot a + 25 = 20 \cdot x_0$$

$$x_0 = \frac{25 + 20 \cdot a}{20} = 1.25 + a \text{ m} \tag{1.11}$$

（式中の①〜④は図1.19（c）に対応している）

合力は式(1.11)より、P_0 は P_1 から1.25 mのところに作用することを意味している。従って a は計算しや

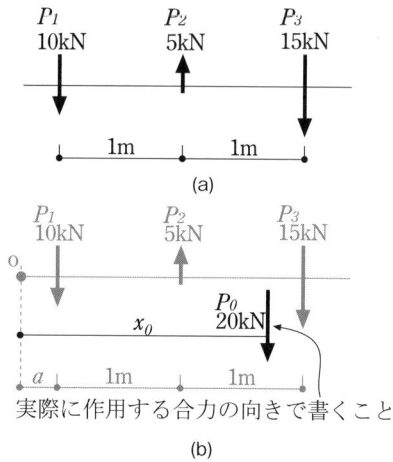

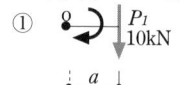

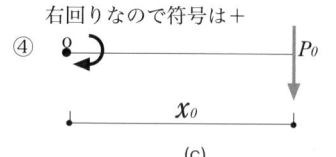

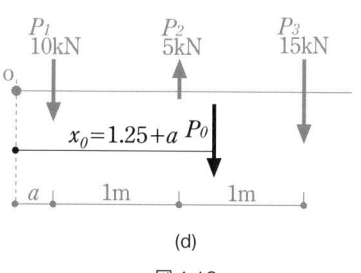

図1.19

POINT！

モーメントの符号は右回りが正、左回りが負。モーメントの場合は、力の矢印の向きだけでは符号が決められず、力と回転中心との位置関係でどちら回りになるかによって符号が決まるので、要注意！

すいように作用線上にとるのが賢いやり方！

先程の例題に示すように回転中心からの距離を a とおいて定式化しても結果的に a に関係なく合力の作用線の位置は一義的に定まる。

従って、力は大きさと方向と作用点の 3 つで定義されることから、この例題では、P_0 の大きさは 20kN、方向は作用線の向き（矢印の方向も含めて）、作用点は作用線上の位置（作用点は作用線上のどこでも良い）として合力が定まる。

もう一度、図式解法に戻って考えてみよう。

P_1 の作用点が作用線上のどこであっても、モーメントの定義（図 1.9 と図 1.11）より回転中心からの距離は一定であるため、P_1 によるモーメントも変わらない。特に、作用線上に回転中心がある場合は、P_1 によるモーメント = 0 となる。

図 1.20 の場合、P_1 によるモーメント = 0 となる点は P1 の作用線上であり、P_2 によるモーメント = 0 となる点は P_2 の作用線上である。合力 P の作用線は P_1 と P_2 の作用線の交点を通過しているので、点「え」でモーメントを計算すると P_1 と P_2 によるモーメントも P によるモーメントも共に 0 となり等しくなる。従って、図 1.21 のような手順で平行四辺形を書いて合力を求めることは、モーメントが等しくなる作用線の位置を図上で求めていることに対応する。

例題 4

図 1.24（a）に示す 4 つの力が作用している時の合力 P_0 を求めよ。

[解]

<u>合力を求めることは合力の大きさ・方向・作用点を求めることである。</u>

$10 \times 2 - 5 \times 1 - 3 \times 1 + 4 \times 0 = 12$ $12 \text{kN} \cdot \text{m}$ (↻) (1.12)

上向きを y 軸の正方向、右向きを x 軸の正方向として、4 つの力の各方向の分力を求め、それぞれの方向で和を求めることにより合力 P_0 の X と Y 方向の分力 P_{0x} と P_{0y} が式 (1.13-a) と (1.13-b) のよう

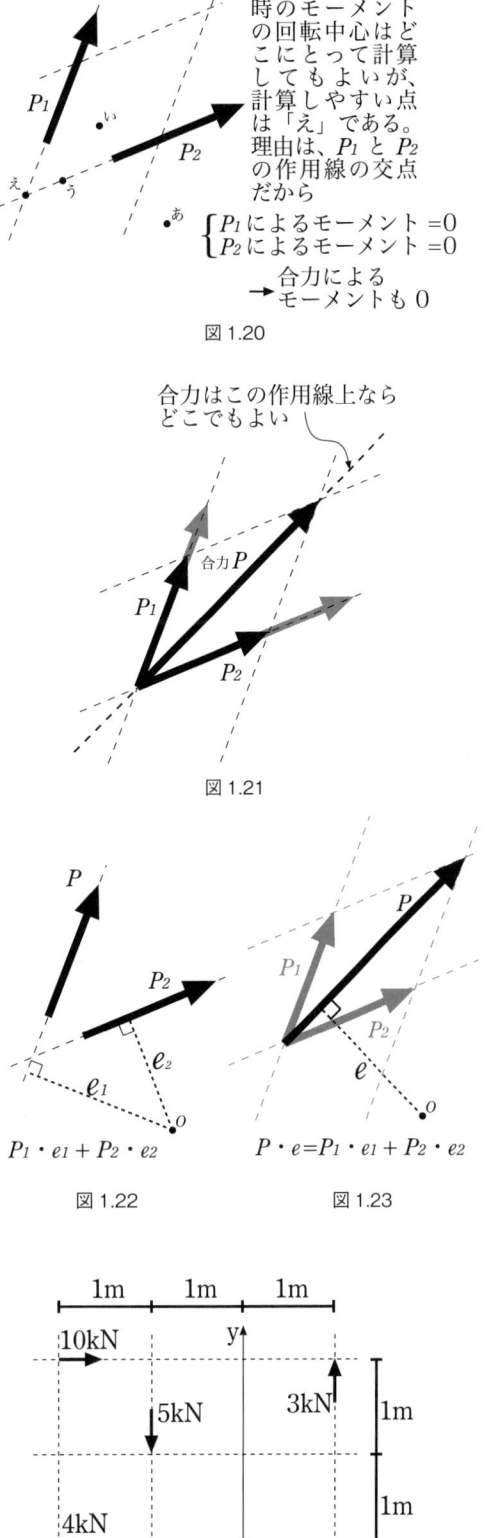

図 1.20

図 1.21

図 1.22   図 1.23

図 1.24

に求まる。

合力 P_0 の作用点が点 A から $(x_0、y_0)$ 離れた点にあると仮定して、4つの力の合力 P_0 の点 A まわりのモーメントを求める。

$$P_{0x} = 10 - 4 = 6 = 6\text{kN}(\rightarrow) \quad (1.13\text{-a})$$
$$P_{0y} = -5 + 3 = -2 = 2\text{kN}(\downarrow) \quad (1.13\text{-b})$$
$$P_{0y} \cdot x_0 = 2 \cdot x_0 \text{kN} \cdot \text{m} \ (\circlearrowright) \quad (1.13\text{-c})$$
$$P_{0x} \cdot y_0 = 6 \cdot y_0 \text{kN} \cdot \text{m} \ (\circlearrowright) \quad (1.13\text{-d})$$

$$P_0 = \sqrt{P_{0x}^2 + P_{0y}^2} = \sqrt{6^2 + (-2)^2} = 6.32\text{kN} \quad (1.13\text{-e})$$

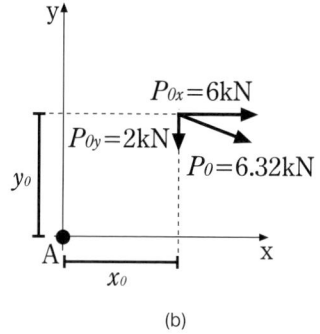

4つの力による点 A まわりのモーメントと、合力 P_0 による点 A まわりのモーメントが釣り合うような x_0 と y_0 の関係式を求める。

$$6 \cdot y_0 + 2 \cdot x_0 = 12$$
$$y_0 = \frac{-2 \cdot x_0}{6} + \frac{12}{6}$$
$$y_0 = -\frac{1}{3} \cdot x_0 + 2 \quad (1.14)$$

次に、式 (1.14) における直線の傾きより θ を求める。

$$\tan \theta = -\frac{1}{3} = -0.33$$
$$\theta = \tan^{-1}\left(-\frac{1}{3}\right) = -18.43° \quad (1.15)$$

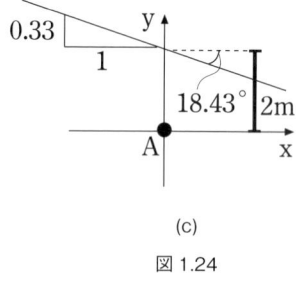

(c)

図 1.24

例題2とは異なり、求めるべき作用点が1箇所ではなく、式 (1.14) のような直線式、すなわち作用線を表しており、図 1.24 (c) に示すように合力 P_0 の作用点は作用線上の任意の点でよい。

複数の力の合力を図解法で合理的に求める方法としてクレモナ図法がある。

例題5

図 1.25（a）に示す平行な P_1 と P_2 による合力をクレモナ図法で求めよ。

[解]

合力の力の大きさと方向は、図 1.25（b）のように求まる。図 1.25（b）において、任意の点 A を与え P_1、P_2、P をそれぞれ点 A を経由する 2 つの分力に図 1.25（c）のように分解する。

図 1.23 のように、各分力と合力の作用線は、1 点で交わらなくてはならないので P_1、P_2 の分力は図 1.25（d）のように書ける。

架空に考えた P_1'' と P_2' は向きが逆で大きさの等しい力であり、図 1.25（c）の右図のようにキャンセルされる必要があるので P_1'' と P_2' の作用線は一致しなくてはならない。

同様に、P'' と P_2''、P' と P_1' の作用線はそれぞれ一致しなくてはならないので、P の作用線は P_2'' と P_1' の作用線の交点を通る。

このように図 1.25（c）を 1 つにまとめて、図 1.25（e）のように示した図を**示力図**という。また、このように図解により合力の作用線を求める方法を**クレモナ図法**とよぶ。

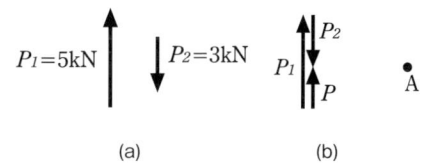

(a)　　　　　(b)

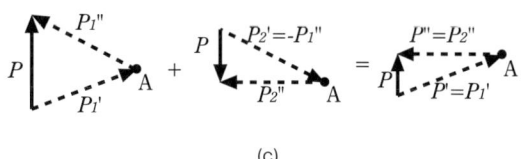

(c)

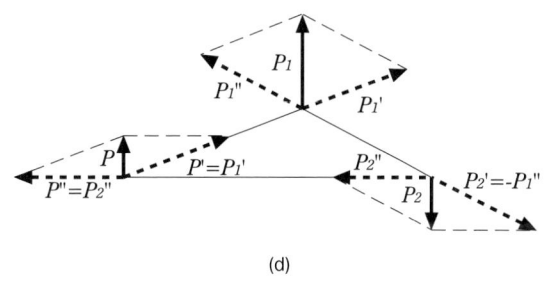

(d)

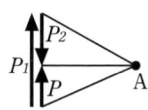

(e) 示力図

図 1.25

まとめ

複数の力は以下の関係を用いて合力に置き換えることができる。

各力の X 方向の分力の和 = 合力の X 方向の分力

$$\sum P_i \cos\theta_i = P_{0x} \qquad (1.16)$$

各力の Y 方向の分力の和 = 合力の Y 方向の分力

$$\sum P_i \sin\theta_i = P_{0y} \qquad (1.17)$$

複数の力によるモーメントの和 = 合力によるモーメントの和

$$\sum P_i \cdot e_i = P \cdot e \qquad (1.18)$$

（ただし、モーメントの符号は、右回りを正、左回りを負とする。）

POINT !

符号の決め方

式（1.16）、(1.17）は図 1.4 のように座標の向きに対して正負を決める。

式（1.18）は力と距離の絶対値の積に、<u>回転の方向から正負を決め、右回りを正、左回りを負とする</u>。

ところで、図1.26（a）のままではP_1とP_2それぞれの力に対する回転中心e_1とe_2までの距離の計算が難しい。図1.26（c）のように合力と分力が回転中心に対してそれぞれ同じモーメントを与えることを応用して、それぞれの力を図1.26（b）のようにXとYの方向の力に分解すると、各分力の作用線と回転中心までの距離は容易に求まり、全ての力（P_{1x}、P_{1y}、P_{2x}、P_{2y}）による回転中心に対するモーメントの和は、合力のX、Y方向の分力による回転中心に対するモーメントの和と等しくなる。

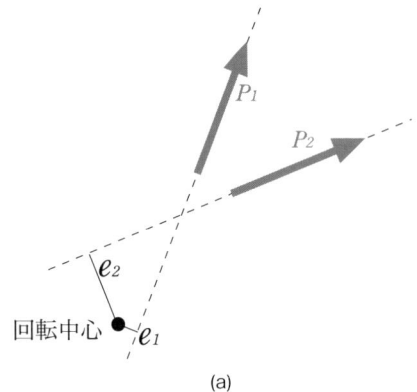

(a)

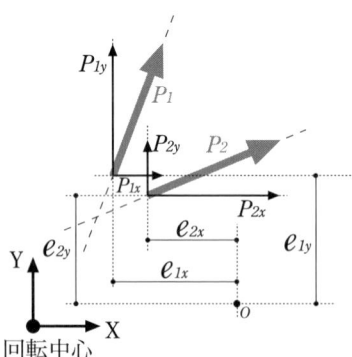

この図の場合、回転中心のモーメントの計算は

$$P \cdot e = P_1 \cdot e_1 + P_2 \cdot e_2$$
$$= \underbrace{P_{1x} \cdot e_{1y} + P_{1y} \cdot e_{1x}}_{(P_1 \cdot e_1)} + \underbrace{P_{2x} \cdot e_{2y} + P_{2y} \cdot e_{2x}}_{(P_2 \cdot e_2)}$$

（ただし、モーメントの符号は右回りを正、左回りを負とする。）

(b)

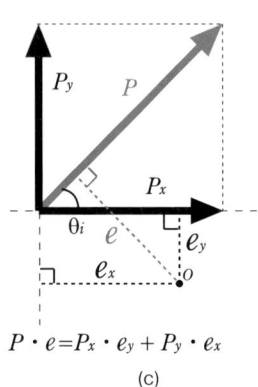

$$P \cdot e = P_x \cdot e_y + P_y \cdot e_x$$

(c)

図1.26

例題6

図1.27（a）に示す2つの力 P_1 及び P_2 の合力 P_0 を求めよ。

[解]

図1.27（b）に示すように上向きをy軸の正方向、右向きをx軸の正方向として、P_1 及び P_2 をx軸及びy軸の各方向の分力に置き換えた時の力の大きさを計算する。

$$P_{1x} = 10 \cdot \cos 60° = 5.00 = 5.00\text{kN}(\rightarrow) \quad (1.19\text{-a})$$
$$P_{1y} = 10 \cdot \sin 60° = 8.66 = 8.66\text{kN}(\uparrow) \quad (1.19\text{-b})$$
$$P_{2x} = 5 \cdot \cos 45° = 3.54 = 3.54\text{kN}(\rightarrow) \quad (1.19\text{-c})$$
$$P_{2y} = -5 \cdot \sin 45° = -3.54 = 3.54\text{kN}(\downarrow) \quad (1.19\text{-d})$$

2つの力の合力 P_0 におけるx軸及びy軸方向の分力 P_{0x}, P_{0y} を求め、合力 P_0 の大きさと方向を求める。

$$\begin{aligned}P_{0x} &= P_{1x} + P_{2x} \\ &= 5.00 + 3.54 = 8.54 = 8.54\text{kN}(\rightarrow)\end{aligned} \quad (1.20\text{-a})$$

$$\begin{aligned}P_{0y} &= P_{1y} + P_{2y} \\ &= 8.66 - 3.54 = 5.12 = 5.12\text{kN}(\uparrow)\end{aligned} \quad (1.20\text{-b})$$

POINT！

式（1.20）は力の計算なので、図1.4に従って符号を決める。

$$\begin{aligned}|P_0| &= \sqrt{P_{0x}^2 + P_{0y}^2} \\ &= \sqrt{8.54^2 + 5.12^2} = 9.96\text{kN}\end{aligned} \quad (1.21)$$

$$\begin{aligned}\theta &= \tan^{-1}\left(\frac{P_{0y}}{P_{0x}}\right) \\ &= \tan^{-1}\left(\frac{5.12}{8.54}\right) = 30.94°\end{aligned} \quad (1.22)$$

x軸、y軸の各方向の分力によるモーメントの総和は、合力 P_0 によるモーメントと等しくなるため、図1.27（c）に示すように合力 P_0 が原点よりx軸方向へ x_0、y軸方向へ y_0 離れた位置に作用すると仮定し、原点（回転中心）まわりのモーメントをそれぞれ求める。

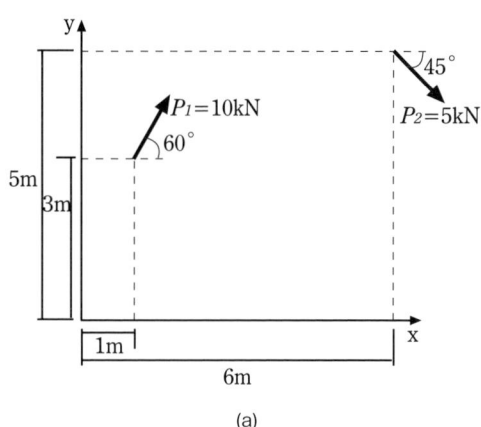

(a)

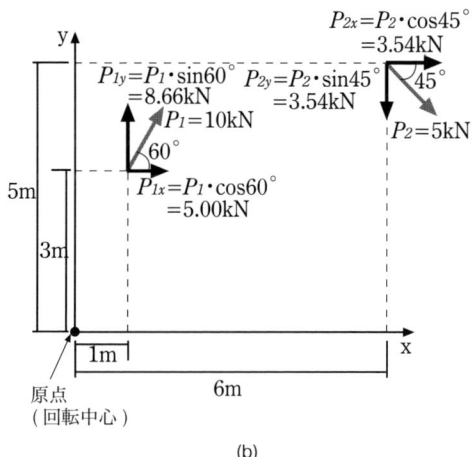

(b)

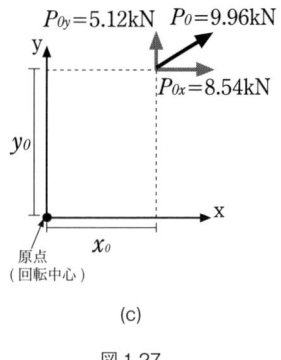

(c)

図1.27

図 1.27(b)より分力によるモーメントの総和

$$
\begin{aligned}
&P_{0x} \cdot y_0 + P_{0y} \cdot x_0 \\
&= P_{1x} \cdot y_1 + P_{2x} \cdot y_2 + P_{1y} \cdot x_1 + P_{2y} \cdot x_2 \\
&= 5 \cdot 3 + 3.54 \cdot 5 - 8.66 \cdot 1 + 3.54 \cdot 6 = 45.28 \\
&= 45.28 \mathrm{kN \cdot m} \ (\circlearrowleft)
\end{aligned} \tag{1.23}
$$

POINT！
式（1.23）はモーメントの計算なので、図 1.10 に従って符号を決める。

図 1.27(c)より合力によるモーメントの総和

$$
\begin{aligned}
&P_x \cdot y_0 + P_y \cdot x_0 \\
&= P_{0x} \cdot y_0 + P_{0y} \cdot x_0 \\
&= 8.54 \cdot y_0 - 5.12 \cdot x_0 \\
&= 8.54 \cdot y_0 - 5.12 \cdot x_0 \mathrm{kN \cdot m} \ (\circlearrowleft)
\end{aligned} \tag{1.24}
$$

式（1.23）、(1.24)を用いて、作用線の直線式 $y_0 = ax_0 + b$ を求める。

$$
\begin{aligned}
&8.54 \cdot y_0 - 5.12 \cdot x_0 = 45.28 \\
&y_0 = \frac{5.12}{8.54} \cdot x_0 + \frac{45.28}{8.54} \\
&y_0 = 0.60 \cdot x_0 + 5.30
\end{aligned} \tag{1.25}
$$

式（1.25）上に合力 P_0 の作用点があり、作用線の方向は図 1.27(d)に示すようになる。

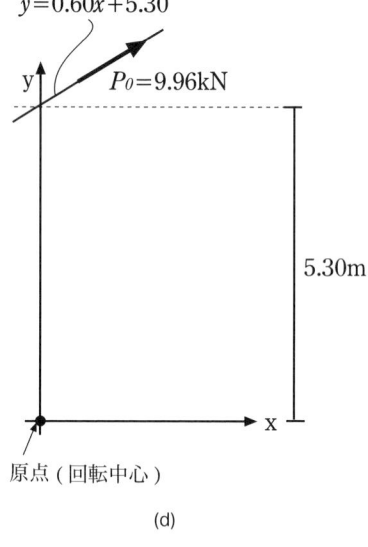

(d)

図 1.27

第2章 力の釣り合い

2.1 作用・反作用ニュートンの法則

図 2.1 のように、質量 m の物体に外力 f を作用させると、物体は外力の作用する方向に加速度 α で運動する。

$$f = m \cdot \alpha \tag{2.1}$$

式（2.1）をニュートンの法則と呼ぶ。

2.2 釣り合い式

物体が静止している条件は、物体全体に作用する外力の釣り合い式を満たすことである。物体が静止している＝速度＝0、すなわち加速度も $\alpha = 0$ となるので、$f = m\alpha = 0$ より、外力の合力が 0 でなくてはならない。例えば、図 2.2 のように、錘を吊るす場合、錘に作用する外力は重力 $m \cdot g$ と、糸に生じる張力 F であり、両者が式（2.2）のように釣り合っているので静止している。

物体に働く合力＝0

$$F - m \cdot g = 0 \tag{2.2}$$

図 2.3 のように、シーソーが静止（回転）しないためには、左側の人によるモーメント $m_1 g \cdot a$ と右側の人によるモーメント $m_2 g \cdot b$ がシーソーに対する外力となり、式（2.3）のような釣り合い式がかける。

$$-m_1 g \cdot a + m_2 g \cdot b = 0 \tag{2.3}$$

（右回りのモーメントを＋として計算する）

2 次元（平面）での移動方向は

　　　　　←→　　↓　　⌒
　　　　　X方向　Y方向　回転

で表わすことができるので、物体が動かない条件としては、3 方向の外力の釣り合い式が成立すればよい。

$$\Sigma X = 0 \tag{2.4-a}$$
$$\Sigma Y = 0 \tag{2.4-b}$$
$$\Sigma M = 0 \tag{2.4-c}$$

ニュートンの法則

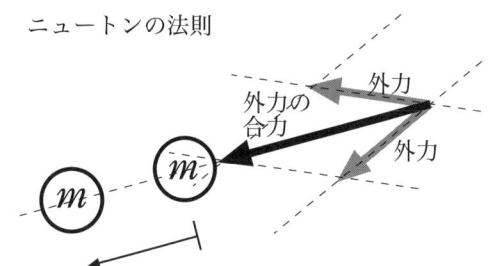

質量 m の物体は、外力の合力の作用する方向に、加速度 α で移動する。

図 2.1

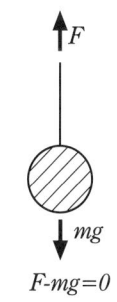

$F - mg = 0$

図 2.2

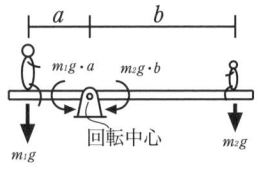

図 2.3

POINT!

$\Sigma M = 0$ はどこの点で計算してもよい。計算するときは

↑→⌒

を正として力の向きを考えて符合を決めること。

2.3 内力と外力

図2.4のように腕を広げて引張った時を考える。片腕のみを引張ると人は引張られた方に移動する。人が移動しないようにするためには、図2.4の両腕を反対方向に引張らなくてはならない。そのとき、人が移動しない場合、釣り合いは図2.5のように書ける。

ここで、両側から引張る力は、<u>外から内に作用する力</u>であり、それらを**外力**とよぶ。

一方、人から見れば外力で引張られることによって、腕を引き寄せる力が必要となる。腕が抜けないように引き寄せる力は、<u>内から外に作用する力</u>であり、それらを**内力**とよぶ。

外力と内力はそれぞれ**作用・反作用**の関係がある。人が動かないためには、外力同士、内力同士、外力の作用する点で外力と内力がそれぞれ釣り合っている。

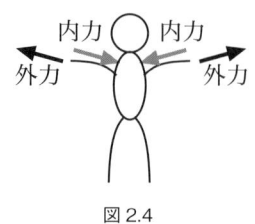

図2.4

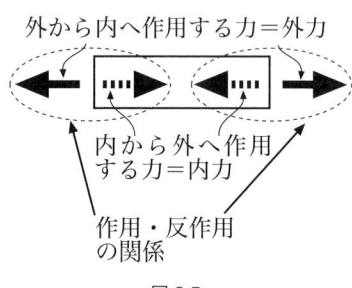

図2.5

2.4 作用・反作用

図2.6のように、床に物体をおいた場合の力の釣り合いを考える。物体には重力により $m \cdot g$ の力が鉛直方向に作用する。物体が床上で静止するためには、$m \cdot g$ に釣り合う反力（物理では抗力）N が必要であり、両者は釣り合っている。この場合、$m \cdot g$ は物体から床に作用する力、N は床から物体に作用する力であり、両者は大きさが同じで向きが逆の力であり、そのような力の関係を作用・反作用の関係にあるという。

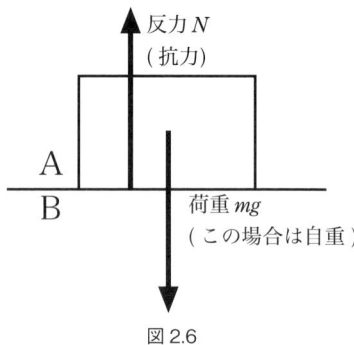

図2.6

2.5 偶力

図2.7のように P_1 と P_2 による点Aまわりのモーメントの和は

$$P_1 \cdot (j+a) - P_2 \cdot a = P_1 \cdot j + (P_1 - P_2) \cdot a \quad (2.5)$$

となり、$P_1 = P_2 = P$ ならば、点Aの位置に関係なく、P_1 と P_2 によるモーメントは $P \cdot j$ となる。このように、向きが逆で大きさの等しい平行な力を**偶力**とよぶ。

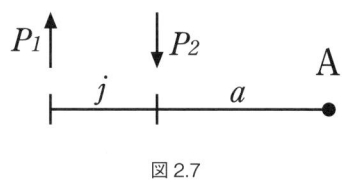

図2.7

第3章 反力計算

3.1 支点と反力

構造物は通常地盤に設置されており、地盤面などで構造物を支持している部分（支持点）では、表3.1に示すように建物の移動を拘束するためのいくつかの仕組みがある。移動方向は、X方向、Y方向、回転方向の3自由度あり、支持点では、その仕組みに応じて移動できる方向が決まっており、移動できない方向には、移動を拘束するための力が反力として生じる。

構造物が移動しないためには3方向の釣り合い式を満たす必要があり、建物の支持部に生じる反力を用いて3方向の釣り合い式が書ける場合は、反力は連立方程式を解くことにより一義的に定まる。

表3.1

名称	固定端	ピン支持	ローラー支持	自由端
絵				なし
記号				—
運動できる方向	なし			
反力の生じる方向 (運動が拘束される方向)				なし
境界条件	$Y=0$ $X=0$ $\dfrac{dy}{dx}=0$ (たわみ角 $\theta=0$)	$Y=0$ $X=0$	$Y=0\,(X=0)$	

反力計算では、構造物に作用する荷重と反力は共に外力なので、外力の釣り合い式は式（3.1）のようになる。

$$\Sigma 外力 = 荷重 + 反力 = 0 \qquad (3.1)$$

なお、合力計算では、複数の力と等しい1つの力を求めているから式（3.2）のようになり、釣り合い式とは異なるので注意すること。

$$複数の力の和 = 合力 \qquad (3.2)$$

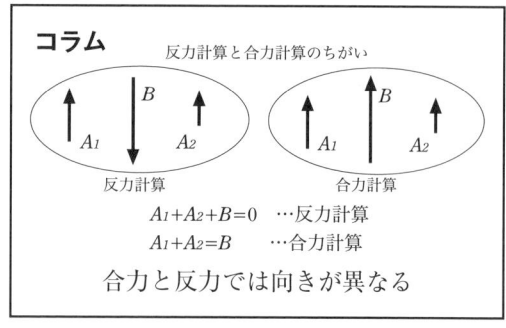

コラム　反力計算と合力計算のちがい

$A_1 + A_2 + B = 0$ …反力計算
$A_1 + A_2 = B$ …合力計算

合力と反力では向きが異なる

写真 3.1　ピン接合（左の○の拡大が右）

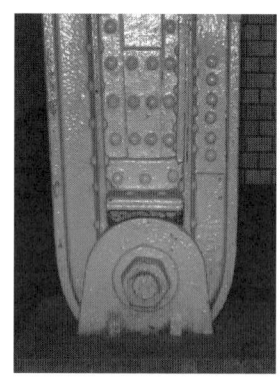

写真 3.2　ピン接合

写真 3.3　ピン接合（左の○の拡大が右）

写真 3.4　ローラー接合（左の○の拡大が右）

写真 3.5　跳ね出し梁

写真 3.6　アーチ橋

例題 7

図 3.1（a）に示す部材の反力を求めよ。

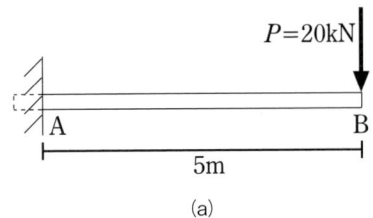

(a)

[解]

図 3.1（b）に示すようにモーメントが右回り（時計回り）、水平方向が右向き、鉛直方向が上向きを正の方向とする。

幅のある部材は、部材の中心で**線材**として図 3.1（c）のように表現する。

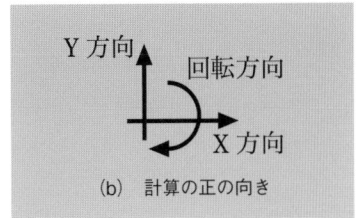

(b) 計算の正の向き

① 支点の種類に応じて反力を仮定

支持条件によって発生する反力が異なるため、表 3.1 に従い支持条件に応じて仮定する。点 A が固定端、点 B が自由端のため、点 A のみに水平・鉛直・回転方向の反力が発生する。

反力を表す記号として、通常は水平方向に H（horizontal）、鉛直方向に V（vertical）、回転方向に M（moment）がそれぞれ用いられる。また、反力は支持点から部材に作用する力であるので、<u>図 3.1（d）のように部材の外側に記入する</u>（図 3.1（e）のように部材の中に記入するのは間違い）。

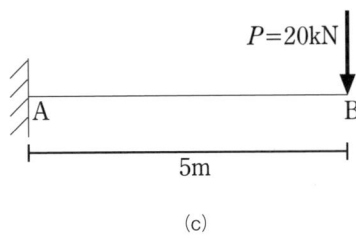

(c)

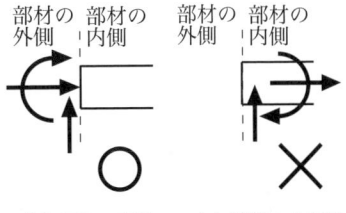

(d) 正しい表記　(e) 間違った表記

② 仮定した反力を矢印で図に表記

反力の作用する方向を仮定して、矢印を図に表記すると図 3.1（f）のようになる。以降の計算では、固定端は反力として表されるので、以降は固定端を意識せず、力（反力）のみを考える。

③ 各方向の力の釣り合い式をたてる

平面で物体が静止するためには、以下の 3 方向の釣り合い式が成立する。

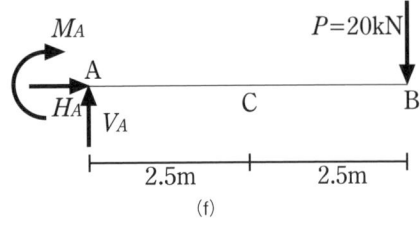

(f)

図 3.1

> （1）X 方向（水平方向）の力の総和が 0
> $$\sum X = 0 \tag{3.3-a}$$
> （2）Y 方向（鉛直方向）の力の総和が 0
> $$\sum Y = 0 \tag{3.3-b}$$
> （3）モーメント（回転方向）の力の総和が 0
> $$\sum M = 0 \tag{3.3-c}$$

未知数である反力は 3 つであり、式（3.3-a）〜

未知数である反力は3つであり、式 (3.3-a) 〜 (3.3-c) の3つの力の釣り合い式をたてて連立方程式を解けば求まる。具体的には次式が成り立つ。ただし、モーメントの釣り合い式は回転中心を点Cとしている。

水平方向（右向きを正）
$$H_A = 0 \tag{3.4-a}$$
鉛直方向（上向きを正）
$$V_A - 20 = 0 \tag{3.4-b}$$
回転方向（右回りを正）
$$M_A + V_A \cdot 2.5 + 20 \cdot 2.5 = 0 \tag{3.4-c}$$

$$H_A = 0 \text{kN} \tag{3.5-a}$$
$$V_A = 20 \text{kN} \tag{3.5-b}$$
$$M_A = -2.5 \cdot V_A - 50 = -2.5 \cdot 20 - 50 = -100 \text{kN} \cdot \text{m} \tag{3.5-c}$$

よって、点Aでの反力は以下のようになる。

計算結果の符号は、仮定した力の向きに対する方向を示している。すなわち、計算結果が正の符号の場合は、反力の仮定した方向が正しいことを、負の符号の場合は、反力の仮定した方向が逆であることを示している。そのため、水平方向及び鉛直方向の仮定した向きは正しかったが、回転方向は仮定した向きと逆向きに作用していることがわかる。

$$H_A = 0 \text{kN} \tag{3.6-a}$$
$$V_A = 20 \text{kN}(\uparrow) \tag{3.6-b}$$
$$M_A = 100 \text{kN} \cdot \text{m} \ (\circlearrowleft) \tag{3.6-c}$$

モーメントの釣り合い式をつくる際の回転中心は、任意の点で良いので、できるだけ未知数が出てこない点（ここでは点A）でモーメントのつりあい式をつくる事が望ましい。

④解答を図示

反力は、部材の外側から力が作用するため、図3.1(e)のように部材の内側に書くのではなく、図3.1(d)に示すように部材の外側に書くこと。また、解答を図示する際は、図3.1(g)のように正しい方向に矢印を書き直すこと。(図3.1(h)は間違った図示の例。)

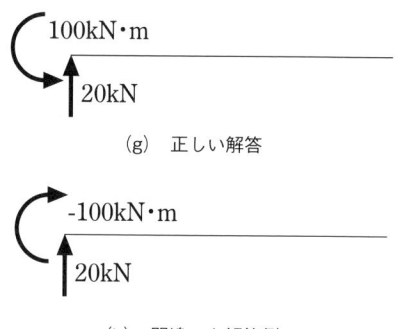

(g) 正しい解答

(h) 間違った解答例

図 3.1

例題8

図 3.2 (a) に示す部材の反力を求めよ。

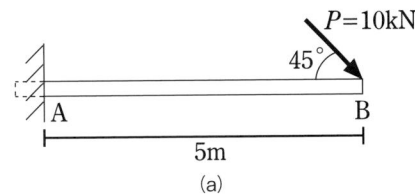
(a)

[解 a]

反力を求める計算を行う際、図 3.2 (b) に示すとおりモーメントが右回り（時計回り）、水平方向が右向き、鉛直方向が上向きを正の方向とする。

幅のある部材は、線材に置き換えるので、この問題は図 3.2 (c) のように書き換えられる。

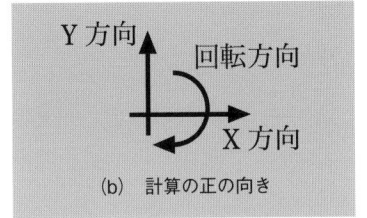
(b) 計算の正の向き

①支点の種類に応じて反力を仮定

表 3.1 に従い、点 A が固定端、点 B が自由端であるので、点 A のみに水平・鉛直・回転方向の反力が発生する。

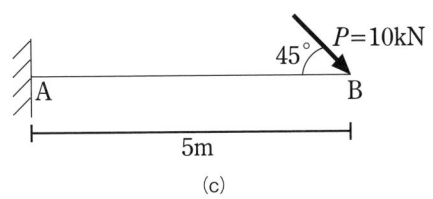
(c)

②仮定した反力を矢印で図に表記

反力の作用する方向を仮定して、矢印を図に表記するとともに、斜めの力を X 及び Y の各方向に分解して表記することで、これから先の計算過程で間違いが生じにくい。

<u>力の作用点と線材との交点が、部材に P が作用する時の作用点なので、図 3.2 (d) のように作用点の位置である点 B で力を分解する。</u>
（図 3.2 (e) に誤った分解例を示す。）

図 3.2 (f) に点 A での反力及び点 B での分解された力を示す。この時点では、固定端は反力として表されるので、以降の計算では固定端を意識せず、力のみを考える。

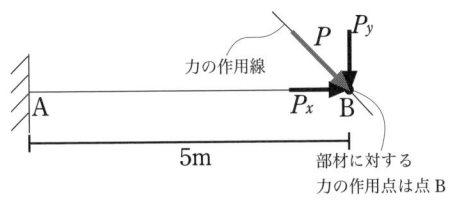
(d) 正しい分解方法

③各方向の力の釣り合い式をたてる

平面で物体が静止するためには、以下の3方向の釣り合い式が成立する。

X 方向（水平方向）の力の総和が 0
$$\sum X = 0 \tag{3.7-a}$$

Y 方向（鉛直方向）の力の総和が 0
$$\sum Y = 0 \tag{3.7-b}$$

モーメント（回転方向）の力の総和が 0
$$\sum M = 0 \tag{3.7-c}$$

具体的には以下のようになる。また、モーメントの回転中心は、点 A としている。

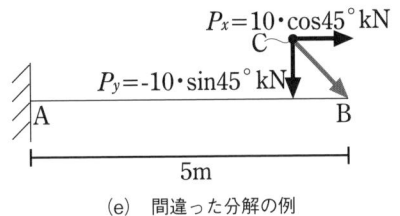
(e) 間違った分解の例

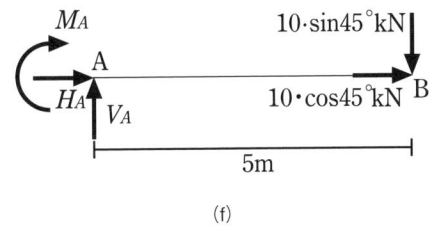
(f)

図 3.2

水平方向（右向きを正）
$$H_A + 10 \cdot \cos 45° = 0 \quad (3.8\text{-a})$$
鉛直方向（上向きを正）
$$V_A - 10 \cdot \sin 45° = 0 \quad (3.8\text{-b})$$
回転方向（右回りを正）
$$M_A + 10 \cdot \sin 45° \cdot 5 = 0 \quad (3.8\text{-c})$$

$$H_A = -10 \cdot \cos 45° = -\frac{10}{\sqrt{2}} = -7.07\text{kN} \quad (3.9\text{-a})$$

$$V_A = 10 \cdot \sin 45° = \frac{10}{\sqrt{2}} = 7.07\text{kN} \quad (3.9\text{-b})$$

$$M_A = -10 \cdot \sin 45° \cdot 5 = \frac{-10}{\sqrt{2}} \cdot 5 = -35.36\text{kN} \cdot \text{m} \quad (3.9\text{-c})$$

よって、点Aでの反力は以下のようになる。
$$H_A = 7.07\text{kN}(\leftarrow) \quad (3.10\text{-a})$$
$$V_A = 7.07\text{kN}(\uparrow) \quad (3.10\text{-b})$$
$$M_A = 35.36\text{kN} \cdot \text{m} \ (\circlearrowleft) \quad (3.10\text{-c})$$

計算結果の符号は、仮定した力の向きに対する方向を示している。すなわち、計算値が正の符号のときは、反力の仮定した方向が正しいことを、負の符号のときは、実際の反力の方向が仮定した方向と逆であることを示している。今回の場合、鉛直方向は正しいが、水平方向及び回転方向は逆であったので、実際に作用する力の向きで解答を書き直す必要がある。

④解答を図示

図3.2（g）に示すように、正しい方向に矢印を書き直してから解答を図示すること。

[解b]

解aで仮定した反力の向きを全て逆にした解答例を以下に示す。

解aと逆に反力を仮定し、図示すると図3.2（h）になる。また、力の釣り合い式は以下のようになる。
水平方向（右向きを正） $-H_A + 7.07 = 0 \quad (3.11\text{-a})$
鉛直方向（上向きを正） $-V_A - 7.07 = 0 \quad (3.11\text{-b})$
回転方向（右回りを正） $-M_A + 7.07 \cdot 5 = 0 \quad (3.11\text{-c})$

解aと同じく、計算で得られた符号は仮定した時の反力の向きを基準に示しているため、反力を正し

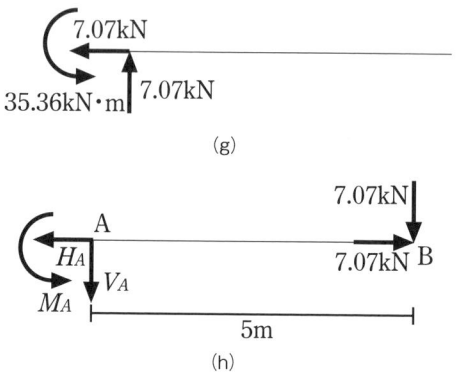

図3.2

い方向に表しなおすと次式 (3.12) のようになり、解答は図 3.2 (g) と同じとなる。

$$H_A = 7.07\text{kN}(\leftarrow) \tag{3.12-a}$$
$$V_A = 7.07\text{kN}(\uparrow) \tag{3.12-b}$$
$$M_A = 35.36\text{kN}\cdot\text{m}\ (\circlearrowright) \tag{3.12-c}$$

例題 9

図 3.3 (a) に示す部材の反力を求めよ。

[解 a]

図 3.3 (b) のように線材に書き換える。

ローラーである点 A 及びピンである点 B における反力を仮定し、斜めの力 $P = 8$kN を x 軸及び y 軸の各方向に分解して図示しなおしたものが図 3.3 (c) である。例題 8 と同じく、荷重 P の作用線と部材心の交点で P を X と Y の方向に分解すること。

図 3.3 (c) をもとに力の釣り合い式をたてると以下のようになる。

$\Sigma X = 0$ より（右向きを正）
$$H_B + 8 \cdot \cos 30° = 0 \tag{3.13-a}$$
$\Sigma Y = 0$ より（上向きを正）
$$V_A + V_B - 8 \cdot \sin 30° = 0 \tag{3.13-b}$$
$\Sigma M = 0$ より
$$V_A \cdot 0 + 8 \cdot \sin 30° \cdot 2 - V_B \cdot 6 + 8 \cdot \cos 30° \cdot 0 + H_B \cdot 0 = 0 \tag{3.13-c}$$

点 A まわりのモーメントの総和 = 0
（右回りを正として計算）

それぞれの釣り合い式を計算すると以下のようになる。

$$H_B + 6.93 = 0 \tag{3.14-a}$$
$$V_A + V_B - 4 = 0 \tag{3.14-b}$$
$$4 \cdot 2 - V_B \cdot 6 = 0 \tag{3.14-c}$$

式 (3.14) の連立方程式を解くと
式 (3.14-a) より
$$H_B = -6.93\text{kN} \tag{3.15-a}$$
式 (3.14-c) より
$$-V_B \cdot 6 = -8$$
$$V_B = \frac{-8}{-6} = 1.33\text{kN} \tag{3.15-b}$$
式 (3.14-b) より
$$V_A = -V_B + 4 = -1.33 + 4 = 2.67\text{kN} \tag{3.15-c}$$

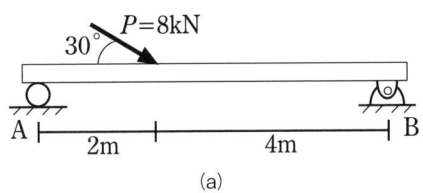

(a)

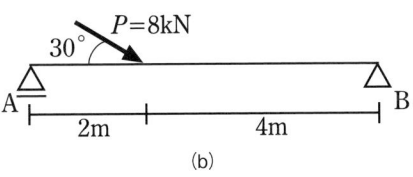

(b)

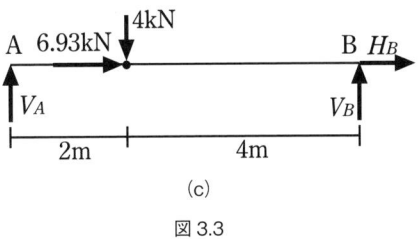

(c)

図 3.3

よって、反力は以下のようになる。

$$H_B = 6.93\text{kN}(\leftarrow) \quad (3.16\text{-a})$$
$$V_A = 2.67\text{kN}(\uparrow) \quad (3.16\text{-b})$$
$$V_B = 1.33\text{kN}(\uparrow) \quad (3.16\text{-c})$$

よって、解答は図3.3（d）のようになる。

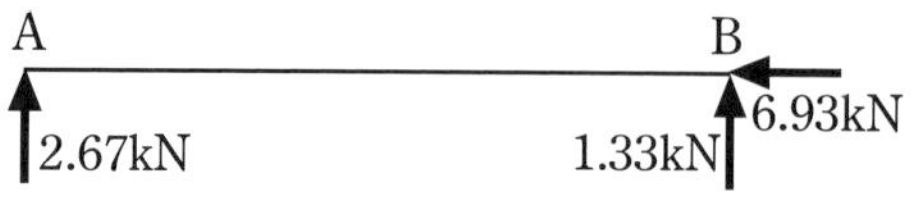

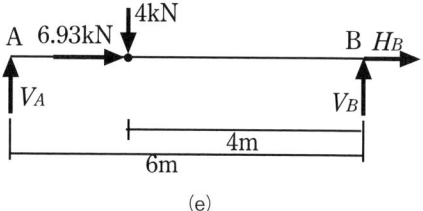

(d)

[解b]

ここでは、図3.3（e）に示すように、解aと同じ反力の仮定のもとで、$\Sigma M = 0$を点Bまわりのモーメントの総和 = 0 を用いて解いていく。

$\Sigma X = 0$ より（右向きを正）

$$H_B + 8 \cdot \cos 30° = 0 \quad (3.17\text{-a})$$

$\Sigma Y = 0$ より（上向きを正）

$$V_A + V_B - 8 \cdot \sin 30° = 0 \quad (3.17\text{-b})$$

$\Sigma M = 0$ より

点Bまわりのモーメントの総和 = 0
（右回りを正として計算）

$$V_A \cdot 6 - 8 \cdot \sin 30° \cdot 4 - V_B \cdot 0 + 8 \cdot \cos 30° \cdot 0 + H_B \cdot 0 = 0 \quad (3.17\text{-c})$$

それぞれの釣り合い式を計算すると以下のようになる。

$$H_B + 6.93 = 0 \quad (3.18\text{-a})$$
$$V_A + V_B - 4 = 0 \quad (3.18\text{-b})$$
$$V_A \cdot 6 - 4 \cdot 4 = 0 \quad (3.18\text{-c})$$

式（3.18）の連立方程式を解くと

式（3.18-a）より $\quad H_B = -6.93\text{kN} \quad (3.19\text{-a})$

式（3.18-c）より $\quad V_A \cdot 6 = 16$

$$V_A = \frac{16}{6} = 2.67\text{kN} \quad (3.19\text{-b})$$

式（3.18-b）より

$$V_B = -V_A + 4 = -2.67 + 4 = 1.33\text{kN} \quad (3.19\text{-c})$$

よって、解答を図示すると図3.3（f）のとおりになり、解aと同じ答えが得られる。

$$H_B = 6.93\text{kN}(\leftarrow) \quad (3.20\text{-a})$$
$$V_A = 2.67\text{kN}(\uparrow) \quad (3.20\text{-b})$$
$$V_B = 1.33\text{kN}(\uparrow) \quad (3.20\text{-c})$$

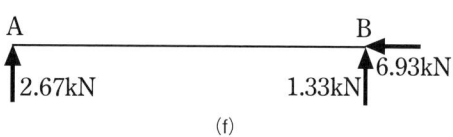

(f)

図3.3

例題10

図 3.4 (a) に示す部材の反力を求めよ。

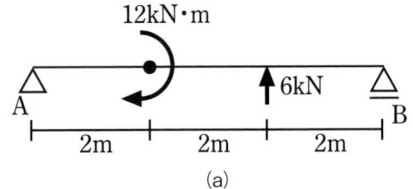

[解]

ピンである点A及びローラーである点Bの反力を図3.4 (b) のように仮定する。

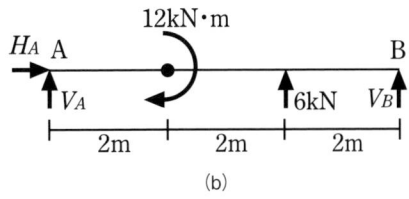

部材に作用している 12kN・m はモーメントであるので、水平方向及び鉛直方向の釣り合い式では関係ないため考慮しない。またモーメントは回転させる力であるから、モーメントの釣り合い式では、<u>位置に関係なく回転方向で符号を決めて釣り合い式に組み込む</u>。以上のことを踏まえて、釣り合い式をたてると以下のようになる。

$\Sigma X = 0$ より（右向きを正）　　$H_A = 0$　(3.21-a)

$\Sigma Y = 0$ より（上向きを正）

$$V_A + 6 + V_B = 0 \quad (3.21\text{-b})$$

$\Sigma M = 0$ より

点Aまわりのモーメントの総和 = 0

（右回りを正として計算）

$$H_A \cdot 0 + V_A \cdot 0 + \underline{\underline{12}} - 6 \cdot 4 - V_B \cdot 6 = 0 \quad (3.21\text{-c})$$

モーメント荷重は $\Sigma M = 0$ の釣り合い式のみに加える。

式 (3.21) の連立方程式を解くと

式 (3.21-a) より　$H_A = 0\text{kN}$　　(3.22-a)

式 (3.21-c) より　$12 - 24 - 6 \cdot V_B = 0$
　　　　　　　　　$6 \cdot V_B = -12$
　　　　　　　　　$V_B = -2\text{kN}$　(3.22-b)

式 (3.21-b) より　$V_A + 6 - 2 = 0$
　　　　　　　　　$V_A = -4\text{kN}$　(3.22-c)

よって、反力は以下のようになる。

$H_A = 0\text{kN}$　(3.23-a)
$V_A = 4\text{kN}(\downarrow)$　(3.23-b)
$V_B = 2\text{kN}(\downarrow)$　(3.23-c)

解答は図 3.4 (c) に示すようになる。

ここでは、割愛するが点Bまわりのモーメントの総和 = 0 を用いても同じように反力を得ることができる。

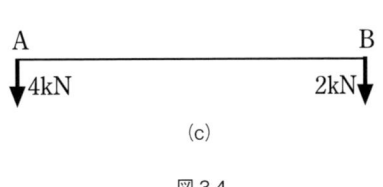

図 3.4

例題11

図 3.5 (a) に示す部材の反力を求めよ。

[解]

ピンである点A及びローラーである点Bの反力を図 3.5 (b) のように仮定する。

力の釣り合い式をたてると以下のようになる。

$\Sigma X = 0$ より $\qquad H_A + 4 = 0 \qquad (3.24\text{-a})$

$\Sigma Y = 0$ より $\qquad V_A + V_B = 0 \qquad (3.24\text{-b})$

$\Sigma M = 0$ より

点Aまわりのモーメントの総和 = 0
（右回りを正として計算）

$$H_A \cdot 0 + V_A \cdot 0 + 4 \cdot 3 - V_B \cdot 4 = 0 \qquad (3.24\text{-c})$$

式 (3.24) の連立方程式を解くと

式 (3.24-a) より $\quad H_A = -4\text{kN} \qquad (3.25\text{-a})$

式 (3.24-c) より
$$12 - 4 \cdot V_B = 0$$
$$-4V_B = -12$$
$$V_B = 3\text{kN} \qquad (3.25\text{-b})$$

式 (3.24-b) より
$$V_A + 3 = 0$$
$$V_A = -3\text{kN} \qquad (3.25\text{-c})$$

よって、反力は以下のようになる。

$H_A = 4\text{kN}(\leftarrow) \qquad (3.26\text{-a})$

$V_A = 3\text{kN}(\downarrow) \qquad (3.26\text{-b})$

$V_B = 3\text{kN}(\uparrow) \qquad (3.26\text{-c})$

解答は図 3.5 (c) のようになる。

なお、反力の計算の時には、構造物の形状を無視して、力のみを考えて計算すれば良い。力の関係が同じであれば、形状が異なっていても、釣り合い式は同じとなる。

例えば、作用している力が同じであれば、図 3.5 (a) の構造物と図 3.5 (d) の構造物の釣り合い式はどちらも同じである。

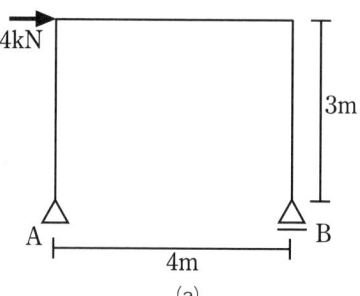

(a)

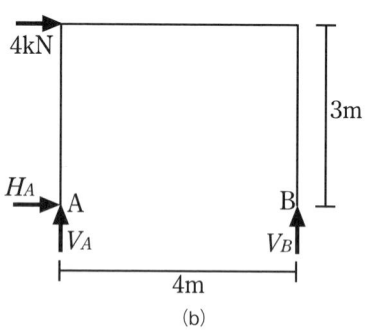

(b)

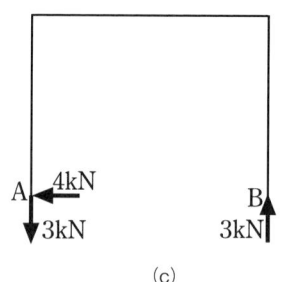

(c)

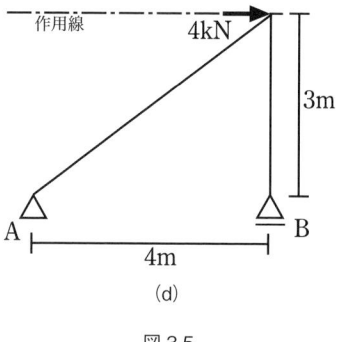

(d)

図 3.5

例題 12

図 3.6（a）に示す部材の反力を求めよ。

[解]

固定端である点 A の反力を図 3.6（b）のように仮定する。

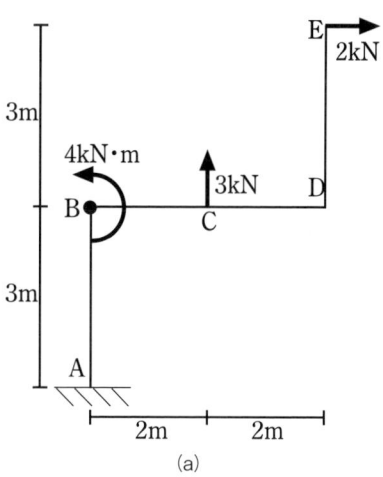

(a)

力の釣り合い式をたてると以下のようになる。

$\Sigma X = 0$ より　　$H_A + 2 = 0$　　　　　(3.27-a)

$\Sigma Y = 0$ より　　$V_A + 3 = 0$　　　　　(3.27-b)

$\Sigma M = 0$ より

点 A まわりのモーメントの総和 = 0

$$M_A - 4 - 3 \cdot 2 + 2 \cdot 6 = 0 \quad (3.27\text{-c})$$

式（3.27）の連立方程式を解くと

式（3.27-a）より　$H_A = -2$kN　　　(3.28-a)

式（3.27-c）より　$V_A = -3$kN　　　(3.28-b)

式（3.27-b）より　$M_A - 4 - 6 + 12 = 0$

$$M_A = -2\text{kN} \cdot \text{m} \quad (3.28\text{-c})$$

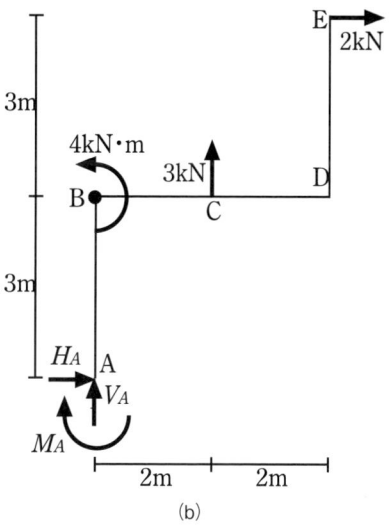

(b)

よって、反力は以下のようになり、解答は図 3.6（c）のようになる。

$H_A = 2$kN（←）　　　　　(3.29-a)

$V_A = 3$kN（↓）　　　　　(3.29-b)

$M_A = 2$kN·m（↻）　　　　(3.29-c)

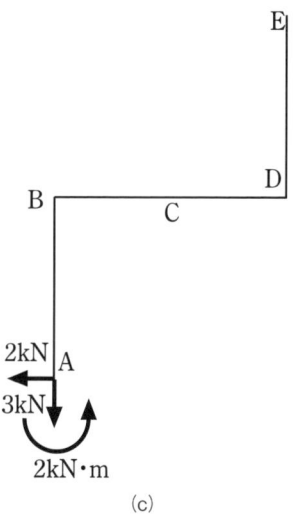

(c)

図 3.6

第4章　任意の点のMNQを求める

4.1 応力

図4.1 (a) のように、天井から質量 m の物体が釣り下がっている時、天井に作用する抗力 N は、高校で習った物理の問題として解くことが出来る。上向きを正として式 (4.1) のように釣り合い式をたてる。

$$N - m \cdot g = 0 \quad (4.1\text{-a})$$
$$N = m \cdot g \quad (4.1\text{-b})$$

よって、天井に作用する抗力 N は上向きに $m \cdot g$ となる。

ここで、天井から釣り下がっている糸について考える。この問題では鉛直方向に物体が静止していることのみに注目して、鉛直方向のみの釣り合い式をたてる。糸には、物体から天井に力を伝える役割があるため、糸の内部では張力が作用しており、この張力を**応力**とよぶ。

張力を求める時には、図4.1 (b) のように仮想的に糸を切断する。切断面を**断面**とよぶ。断面に図のように張力を仮定する。上向きを正として、釣り合い式は式 (4.2)、(4.3) のようになる。

$$N - T = 0 \quad (4.2)$$
$$T' - m \cdot g = 0 \quad (4.3)$$

よって、糸の内部に作用する張力は、図4.1 (c) のように、天井側が N、物体側が $m \cdot g$ となる。また、式 (4.1) より求めた抗力より $N = m \cdot g$ であることがわかる。そのため、糸の内部に作用している張力は、天井側 T と物体側 T' で釣り合っていることがわかる。これは、糸の内部における任意の点で常に成り立つ。なお、応力は断面に作用する外力として扱う。

一般に X-Y 平面問題（平面問題とよぶ）では、物体は X 方向、Y 方向、回転方向の3方向に移動する。そこで、断面に対して図4.2のような局所座標を設けて、それぞれの方向の移動を拘束するために断面に作用している力を応力とよぶ。平面問題における応力の種類は、断面に対する法線方向を**軸力 (N)**、面内方向を**せん断力 (Q)**、回転方向を**曲げ**

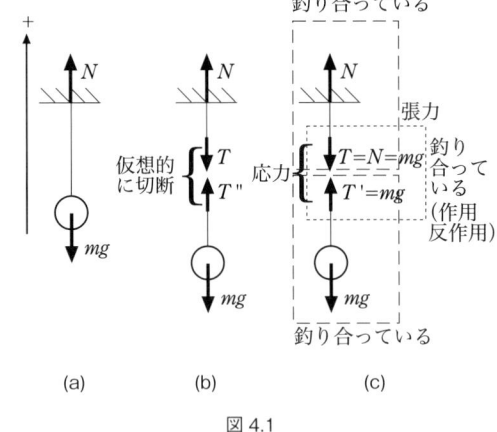

図4.1

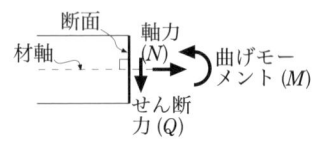

図4.2

モーメント（M）の3種類である。

部材に外力が作用すると、部材（梁）は図4.3のような変形して、断面には軸力（N）、せん断力（Q）、曲げモーメント（以下、単に「モーメント」とよぶ）（M）の応力が生じる。応力の正の方向を図4.4に示す。ここで、部材が応力によって変形するためには、<u>釣り合いの条件式より、部材の左右の断面では、応力の作用する向きがそれぞれ逆になっていることに注意しなくてはならない。</u>

POINT!
　応力の正の向きと力の計算に用いる正の向きは一致しない。

4.2 任意の点の応力の計算方法

任意の点に作用する応力は以下のようにして求める。

①支持点の種類により未知反力を仮定して、構造物全体で釣り合い式をたてて、未知反力を求める。
②仮定した未知反力に対して、算出された反力の符号に注意しながら実際に作用する方向で反力を書く。
③応力を求めたい断面で仮想的に切断して、切断した部分より左（或いは右）のみを取りだし、断面に対してM（モーメント）、N（軸力）、Q（せん断力）を仮定する。
④切断した部分より左（或いは右）全体で外力の釣り合い式を作り、連立方程式を解いてM、N、Qを求める。
⑤仮定したM、N、Qに対して、得られたM、N、Qの符号を考えて、実際に作用する方向で書き改める。断面に作用する応力の正の方向の定義と照らし合わせて応力の符号を決定する。なお、断面に対して平行（材軸に直交）に作用する力がせん断力、断面に対して垂直（材軸に平行）に作用する力が軸力となることに注意する。

ここで、応力の符号を意識せずに解くためには、③で断面に対して応力が正となるようにM、N、Qを仮定すれば、得られた値の符号は、自動的に応力の符号の定義と一致する。

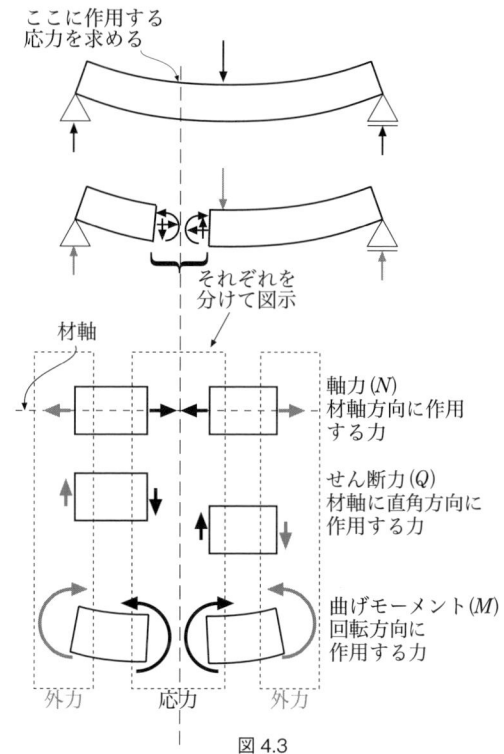

図4.3

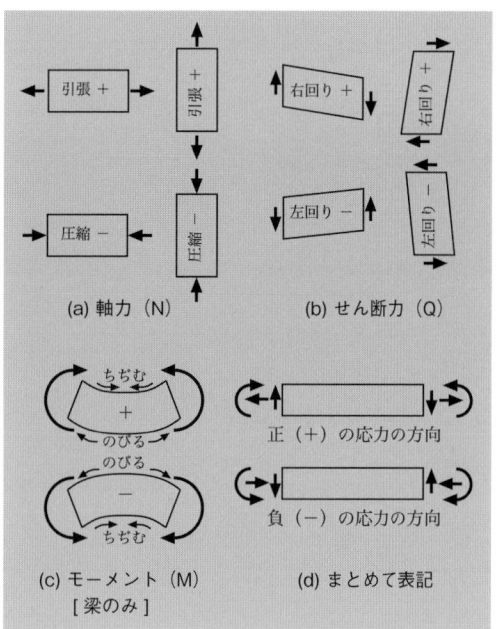

(a) 軸力（N）　　(b) せん断力（Q）

(c) モーメント（M）　(d) まとめて表記
[梁のみ]

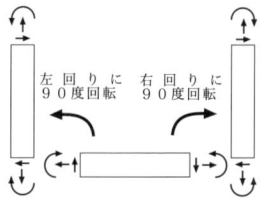

(e) 柱の際の考え方

※柱については、梁を90°回転させる方向によってモーメントは逆になるため、モーメントの正負は定義できない

図4.4

第4章　任意の点のMNQを求める　35

例題 13

図 4.5(a) に示す点 B における応力を求めよ。

[解 a]
①部材に作用する反力を求める

応力を求める前に、部材に作用する反力を求める必要がある。部材に作用する反力は固定端の点 A のみであるから、点 A における反力を図 4.5(b) のように仮定して求める。反力は、構造物全体が静止するために必要な力であるので、<u>構造物全体で力の釣り合い式をつくる</u>と次のようになり、反力を実際に作用する方向で図示すると図 4.5(c) のようになる。なお、モーメントの釣り合い式は点 A まわりで解いている。

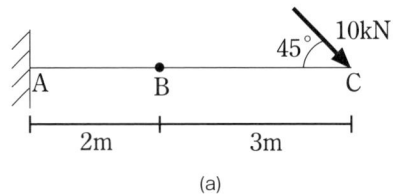

(a)

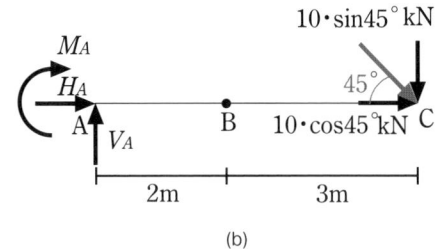

(b)

$H_A + 10 \cdot \cos 45° = 0$　　$H_A = -10 \cdot \cos 45° = -7.07$
$V_A - 10 \cdot \sin 45° = 0$　　$V_A = 10 \cdot \sin 45° = 7.07$
$M_A + 10 \cdot \sin 45° \cdot 5 = 0$　　$M_A = -35.36$

$$H_A = 7.07 \text{kN}(\leftarrow) \quad (4.4\text{-a})$$
$$V_A = 7.07 \text{kN}(\uparrow) \quad (4.4\text{-b})$$
$$M_A = 35.36 \text{kN} \cdot \text{m} \ (\circlearrowleft) \quad (4.4\text{-c})$$

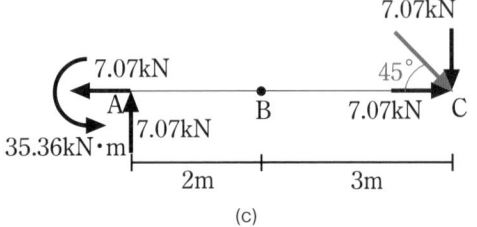

(c)

②応力を求める位置で部材を仮想切断する

求めたい応力は点 B における応力のため、点 B で部材を仮想切断し、点 B より左側の断面に作用する応力を求める。仮想的に切断して、切断面より左側のみで静止するために必要な力が応力であるので、応力を求める場合の釣り合い式は、切断面より左側の構造物だけを考えて、<u>それに作用する反力を含めた全ての力でつり合い式をつくる。</u>

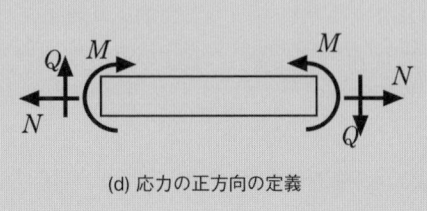

(d) 応力の正方向の定義

図 4.5

③図をもとに釣り合い式をたてる

応力を求める計算を行う際、図 4.5(d) に示す応力の正の方向を定義に従い、図 4.5(e) のように応力を仮定して、以下のように釣り合い式をたてる。

軸方向（右向きを正）　　$N_B - 7.07 = 0$　　(4.5-a)
せん断方向（上向きを正）　　$-Q_B + 7.07 = 0$　　(4.5-b)
点 B まわりの回転方向（右回りを正）
　　$7.07 \cdot 2 - 35.36 - M_B = 0$　　(4.5-c)

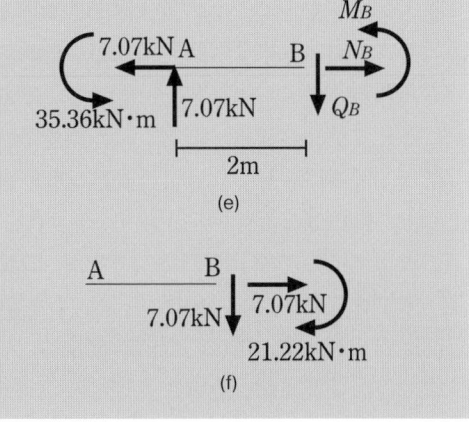

(e)

(f)

④解答を図示する

式 (4.5) より、点 B での軸力 N_B、せん断力 Q_B、モーメント M_B は以下のようになる。

$$N_B = 7.07\text{kN} \tag{4.6-a}$$

$$Q_B = 7.07\text{kN} \tag{4.6-b}$$

$$M_B = -35.36 + 14.14 = -21.22\text{kN·m} \tag{4.6-c}$$

なお、応力の場合も、反力と同じく負の値で求まった時は仮定と逆向きに作用しているため、正しい方向で書き直し、応力の正方向の定義と照らし合わせて符号を決める。この解法では、応力の正方向に仮定しているので、得られた解の符号は応力の符号と一致する。解答を図示すると図 4.5 (f) のようになる。

POINT!
反力と違い、右側の断面と左側の断面では、応力の方向が軸力、せん断力、モーメントとも異なるため、力の向きを解答に書いても意味はない。応力の解答は、符号も加味して答えなければいけない。

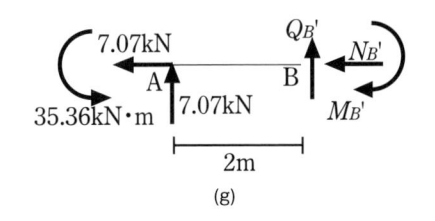

[解 b]

次に、点 B において部材を仮想切断し、図 4.5 (g) に示すように応力の向きを解 a と逆に仮定して解いた例を示す。

図 4.5 (g) を基に力の釣り合い式をたてると以下のようになる。

軸方向（右向きを正） $\quad -N'_B - 7.07 = 0$

せん断方向（上向きを正） $\quad Q'_B + 7.07 = 0$

点 B まわりの回転方向（右回りを正）

$$7.07 \cdot 2 - 35.36 + M'_B = 0$$

$$N'_B = -7.07\text{kN} \tag{4.7-a}$$

$$Q'_B = -7.07\text{kN} \tag{4.7-b}$$

$$M'_B = 35.36 - 14.14 = 21.22\text{kN·m} \tag{4.7-c}$$

<u>応力を解答する時は、自分で仮定した計算結果の符号ではなく、応力の符号で答えなければならない。</u>そのため、応力を正しい方向で書き直すと図 4.5 (h) のようになり、図 4.5 (h) に示す応力の符号を考慮すると答えは以下のようになる。

POINT!
応力は切断した断面に働く外力と考えることが出来る。従って、釣り合い式は外力の和 = 0 であるので、応力 + 荷重 + 反力 = 0 として釣り合い式をつくる。

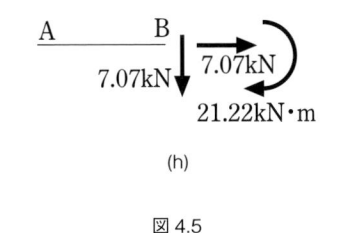

図 4.5

POINT!
○支持の種類が異なっても得られた反力を実際に作用する向きで書き改めれば、その後は支持の種類を意識せずに荷重と同じように外力として扱うことができる。
○反力、荷重、（仮定している）応力は全て外力であるので、切断面より左（或いは右）の全ての外力を考えて釣り合い式を作る。
○部材の形状に係わらず、外力のみを考えて釣り合い式を作る。特にモーメントの釣り合いでは、外力とモーメントの計算で考えている点との位置関係のみを考えて計算する。
○応力の符号と計算の符号の定義は異なる。

$N'_B = 7.07\text{kN}$ （4.8-a）

$Q'_B = 7.07\text{kN}$ （4.8-b）

$M'_B = -21.22\text{kN}\cdot\text{m}$ （4.8-c）

[解 c]

　点 B における応力を、点 B より右側の力の釣り合いより考える。ここでは、その解法を示す。

　点 B において仮想切断した図 4.5（i）をもとに、力の釣り合い式を立てると以下のようになる。

軸方向（右向きを正）　　$-N_B + 7.07 = 0$　（4.9-a）

せん断方向（上向きを正）$Q_B - 7.07 = 0$　（4.9-b）

点 B まわりの回転方向（右回りを正）

　　$M_B + 7.07\cdot 3 = 0$ 　　　　　　　（4.9-c）

よって、解答は図 4.5（j）のようになり、応力の符号に注意して解答すると、点 B における応力は以下のようになる。

$N_B = 7.07\text{kN}$ （4.10-a）

$Q_B = 7.07\text{kN}$ （4.10-b）

$M_B = -21.21\text{kN}\cdot\text{m}$ （4.10-c）

ここで、切断前、点 A-B 間及び点 B-C 間の各釣り合いをまとめて示すと図 4.5（k）のようになる。図中（a）〜（d）の 4 箇所の条件下において、部材内の力がそれぞれ釣り合っていることがわかる。

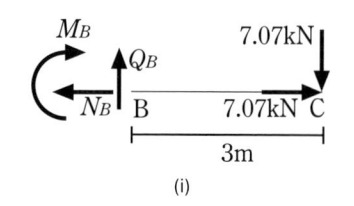

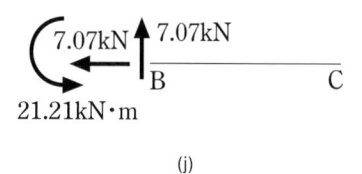

解く方向によって四捨五入の関係で最後の桁が若干異なる。同じと見なしてよい。

POINT!

　切断面を回転中心としてモーメントの釣り合い式をたてると、N と Q によるモーメント＝ 0 となるので計算が簡単になる。

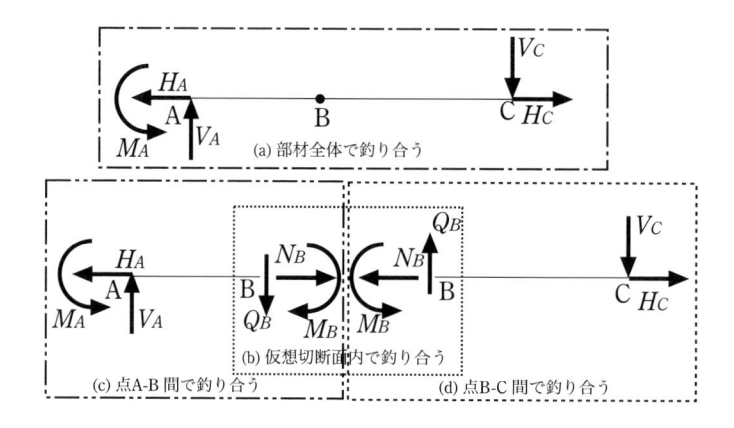

(k) 部材内における釣り合いの状況

図 4.5

例題 14

図 4.6（a）に示す点 B における応力を求めよ。

[解 a]

部材に作用する反力はローラーである点 A 及びピンである点 C で生じる。図 4.6（b）のように仮定して、各点の反力を求めると次のようになり、反力を実際に作用する方向で図示すると図 4.6（c）のようになる。なお、モーメントの釣り合い式は点 A まわりでたてている。

$V_A + V_C - 8 \cdot \sin 30° = 0 \quad V_A = 2.67$
$H_C + 8 \cdot \cos 30° = 0 \quad H_C = -6.93$
$8 \cdot \sin 30° \cdot 2 - V_C \cdot 6 = 0 \quad V_C = 1.33$

$$V_A = 2.67 \text{kN}(\uparrow) \quad (4.11\text{-a})$$
$$H_C = 6.93 \text{kN}(\leftarrow) \quad (4.11\text{-b})$$
$$V_C = 1.33 \text{kN}(\uparrow) \quad (4.11\text{-c})$$

点 B において応力を図 4.6（d）のように正の向きに仮定し、点 B より左側のみの釣り合い状態を考えると、軸力 N_B、せん断力 Q_B、モーメント M_B は次式で求めることができる。

$6.93 + N_B = 0$
$2.67 - 4 - Q_B = 0$
$2.67 \cdot 4 - 4 \cdot 2 - M_B = 0$

$$N_B = -6.93 \text{kN} \quad (4.12\text{-a})$$
$$Q_B = -1.33 \text{kN} \quad (4.12\text{-b})$$
$$M_B = 2.67 \text{kN} \cdot \text{m} \quad (4.12\text{-c})$$

よって、実際に作用する応力の方向を図示すると図 4.6（e）のようになる。

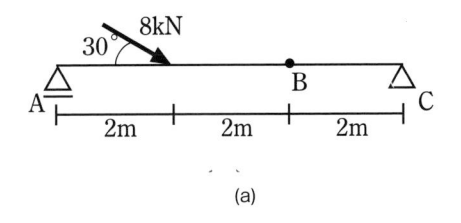

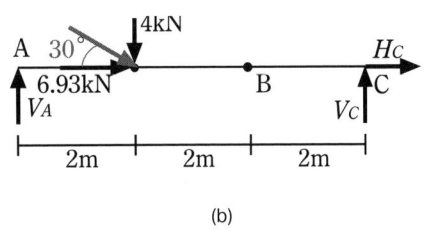

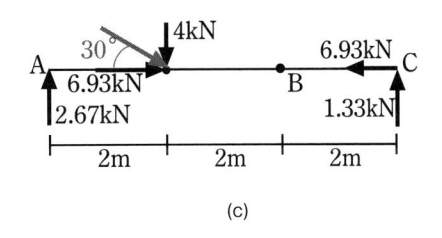

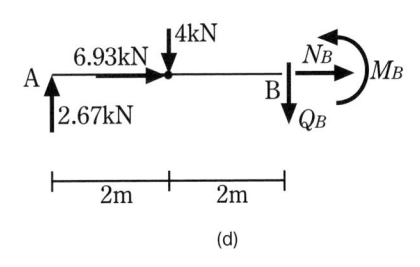

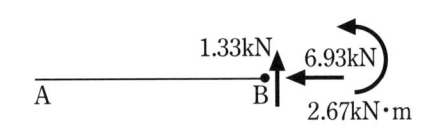

図 4.6

[解 b]

次に、点 C より左向きに考えていくと図 4.6（f）となり、力の釣り合い式より点 B の応力を求めると以下のようになる。この場合、力の正の向きは点 B に示している矢印の方向とする。

$$N_B + 6.93 = 0 \quad N_B = -6.93\text{kN} \quad (4.13\text{-a})$$
$$1.33 + Q_B = 0 \quad Q_B = -1.33\text{kN} \quad (4.13\text{-b})$$
$$M_B - 1.33 \cdot 2 = 0 \quad M_B = 2.66\text{kN}\cdot\text{m} \quad (4.13\text{-c})$$

実際に作用する応力の方向を図示すると図 4.6（g）のようになる。なお、点 A 側から解いた場合も、点 C 側から解いた場合も、応力を正の方向に仮定しているので、応力の計算結果は符号と一致している。

反力を求めた時の四捨五入の関係で、M_B の値が点 A より解いた時と点 C から解いた時で若干異なるが、仮想切断面内において左右の応力が釣り合っていることがわかる。

図 4.6

例題 15

図 4.7（a）に示す点 B における応力を求めよ。

[解 a]

部材に作用する反力はピンである点 A 及びローラーである点 C である。図 4.7（b）のように仮定して、各点の反力を求めると次のようになり、反力を実際に作用する方向で図示すると図 4.7（c）のようになる。なお、モーメントの釣り合い式は点 A まわりで解いている。

$$H_A = 0 \quad\quad H_A = 0$$
$$V_A + V_C + 6 = 0 \quad V_A = -4$$
$$12 - 6\cdot 4 - V_C \cdot 6 = 0 \quad V_C = -2$$

$$H_A = 0\text{kN} \quad (4.14\text{-a})$$
$$V_A = 4\text{kN}(\downarrow) \quad (4.14\text{-b})$$
$$V_C = 2\text{kN}(\downarrow) \quad (4.14\text{-c})$$

図 4.7（d）のように点 B の応力を点 B の左側の力の釣り合いで考える場合、点 B に作用している

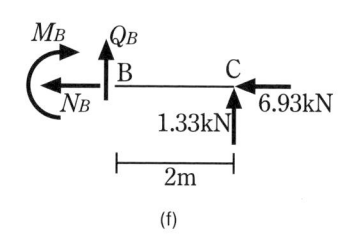

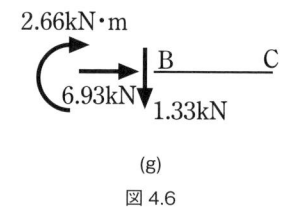

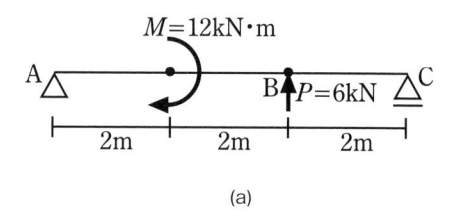

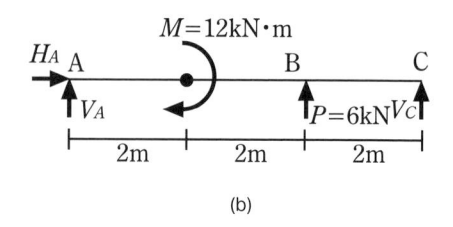

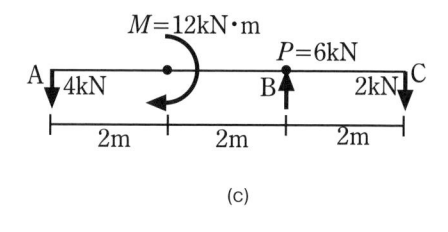

図 4.7

ここがポイント

切断面に作用する外力（荷重）は考えない！！

荷重 $P = 6$kN は釣り合い式に含めずに求める。その理由は、点 A よりたてた釣り合い式と点 C よりたてた釣り合い式の反力に荷重 $P = 6$kN による力（4kN と 2kN）が既に含まれているためである。それを考慮して釣り合い式をたてると次のようになる。

$$N_B = 0 \qquad N_B = 0\text{kN} \qquad (4.15\text{-a})$$
$$-4 - Q_B = 0 \qquad Q_B = -4\text{kN} \qquad (4.15\text{-b})$$
$$-4 \cdot 4 + 12 - M_B = 0 \qquad M_B = -4\text{kN} \cdot \text{m} \qquad (4.15\text{-c})$$

よって、実際に作用する応力の方向は図 4.7（e）のようになる。

[解 b]

次に、点 B の右側の力の釣り合いで考えると図 4.7（f）となり、力の釣り合い式より点 B の応力を求めると以下のようになる。

$$N_B = 0 \qquad N_B = 0\text{kN} \qquad (4.16\text{-a})$$
$$Q_B - 2 = 0 \qquad Q_B = 2\text{kN} \qquad (4.16\text{-b})$$
$$M_B + 2 \cdot 2 = 0 \qquad M_B = -4\text{kN} \cdot \text{m} \qquad (4.16\text{-c})$$

よって、実際に作用する応力の方向は、図 4.7（g）のようになる。なお、点 A 側から解いた場合も、点 C 側から解いた場合も、応力を正の方向に仮定しているので、応力の計算結果は符号と一致している。

ここで、切断前、点 A-B 間及び点 B-C 間の各釣り合い図をまとめて示すと図 4.7（h）の上の図のようになる。

> **POINT!**
> 仮想切断面での左右の断面に作用する応力の和は、その点に作用する荷重と一致する（例題14 では点 B の荷重が 0kN となっている）

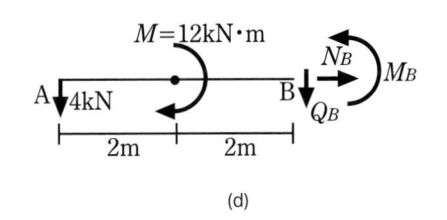

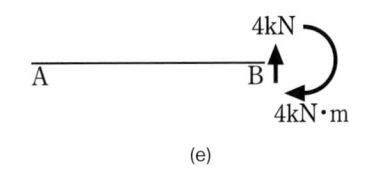

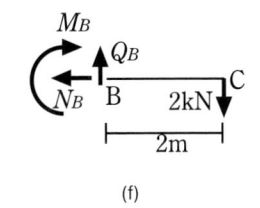

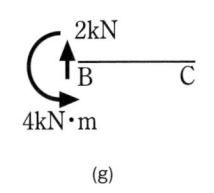

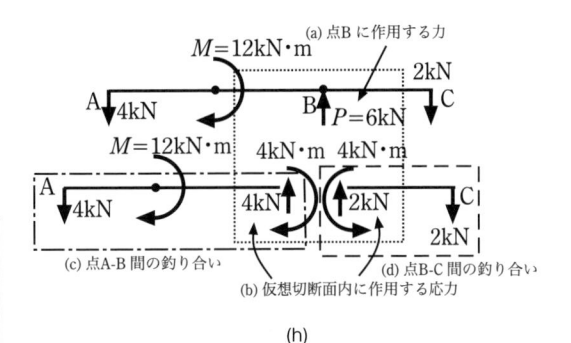

図 4.7

点 B に作用している 6kN が、左側へ 4kN、右側へ 2kN にわかれて、両側の梁にせん断力として伝わっていく。

第4章　任意の点のMNQを求める

図中の「(a) 点 B に作用する力 P」と、「(b) 点 B に作用するせん断力」の総和が一致していることがわかる。すなわち、荷重 P が点 B の左側へ 4kN、点 B の右側へ 2kN に分割されて部材に伝達される。また、「(c) 点 A-B 間の釣り合い」と「(d) 点 B-C 間の釣り合い」を考えると各区間において、せん断力が釣り合っていることがわかる。

任意の点で切断した相対する断面に作用する水平 (N)、鉛直 (Q)、モーメント (M) の 3 方向の応力の総和が、その点に作用するそれぞれの方向の外力（荷重）になっている。点 B のモーメントは左側と右側で大きさが同じで向きが逆になるため、相殺されて 0kN・m のモーメントが作用しているとみることができる。

例題 16

図 4.8 (a) に示す点 B における応力を求めよ。

[解]

部材に作用する反力は点 A のみである。点 A における反力を図 4.8 (b) のように仮定して求めると次のようになり、反力を実際に作用する方向で図示すると図 4.8 (c) のようになる。なお、モーメントの釣り合い式は点 A まわりでたてている。

$$H_A + 2 = 0 \qquad H_A = -2$$
$$V_A + 3 = 0 \qquad V_A = -3$$
$$M_A - 4 - 3 \cdot 2 + 2 \cdot 6 = 0 \qquad M_A = -2$$

$$H_A = 2\text{kN}(\leftarrow) \qquad (4.17\text{-a})$$
$$V_A = 3\text{kN}(\downarrow) \qquad (4.17\text{-b})$$
$$M_A = 2\text{kN} \cdot \text{m} \ (\curvearrowright) \qquad (4.17\text{-c})$$

点 B において応力を図 4.8 (d) のように正の向きに仮定し、点 B より左側のみの釣り合い状態を考えると、軸力 N_B、せん断力 Q_B、モーメント M_B は次式で求めることができる。

$$N_B - 3 = 0 \qquad N_B = 3\text{kN} \qquad (4.18\text{-a})$$
$$Q_B - 2 = 0 \qquad Q_B = 2\text{kN} \qquad (4.18\text{-b})$$
$$-2 + 2 \cdot 3 - M_B = 0 \qquad M_B = 4\text{kN} \cdot \text{m} \qquad (4.18\text{-c})$$

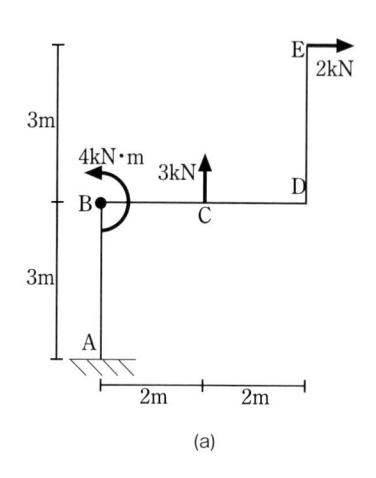

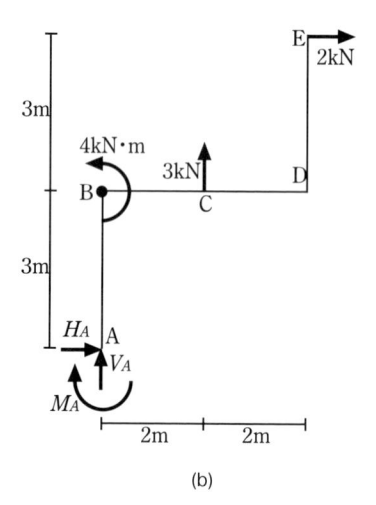

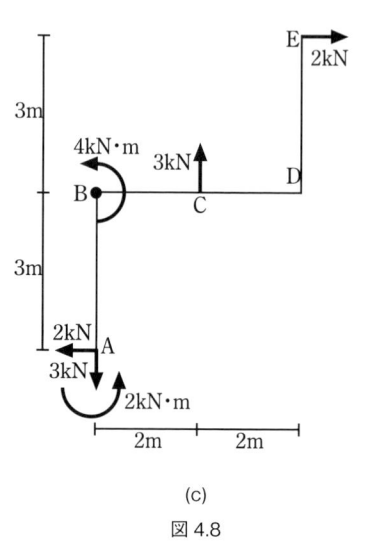

図 4.8

POINT!

切断面に作用する外力（モーメント荷重）は考えない！！

よって、実際に作用する応力の方向を図示すると図 4.8（e）のようになる。なお、応力を正の方向に仮定しているので、計算結果は応力の符号と一致している。

次に、点 B より右側の力の釣り合いを考えると図 4.8（f）となり、力の釣り合い式より点 B の応力を求めると以下のようになる。この場合、B 点で仮定する応力の正の向きは図 4.8（f）に示す方向とする。

$$2 - N_B = 0 \qquad N_B = 2\text{kN} \qquad (4.19\text{-a})$$
$$3 + Q_B = 0 \qquad Q_B = -3\text{kN} \qquad (4.19\text{-b})$$
$$2 \cdot 3 - 3 \cdot 2 + M_B = 0 \qquad M_B = 0\text{kN}\cdot\text{m} \qquad (4.19\text{-c})$$

ここで点 B に作用するモーメント荷重 -4kN・m は、例題 15 と同じ理由でモーメントの釣り合い式に算入しない。また、応力を正しい向きに書き直して図示すると図 4.8（g）のようになる。

仮想切断面点 B における力の釣り合いをまとめて示すと図 4.8（h）のようになる。例題 15 の点 B におけるせん断力の時と同じく、点 A 側より求めた点 B のモーメントと点 E 側より求めた点 B のモーメントの総和が、点 B に作用しているモーメントと一致する。

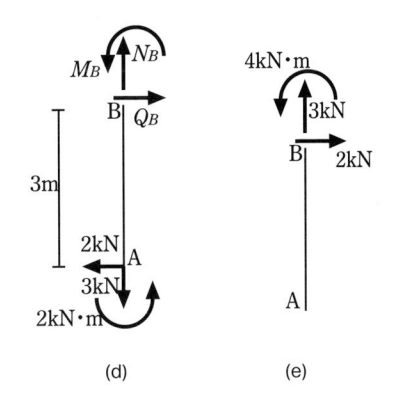

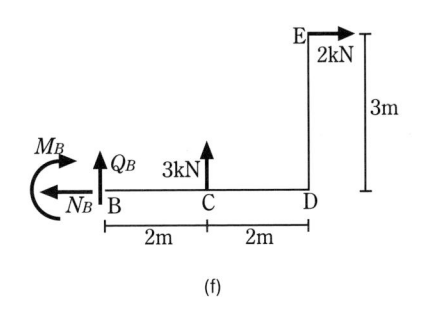

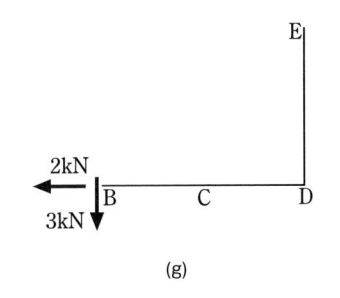

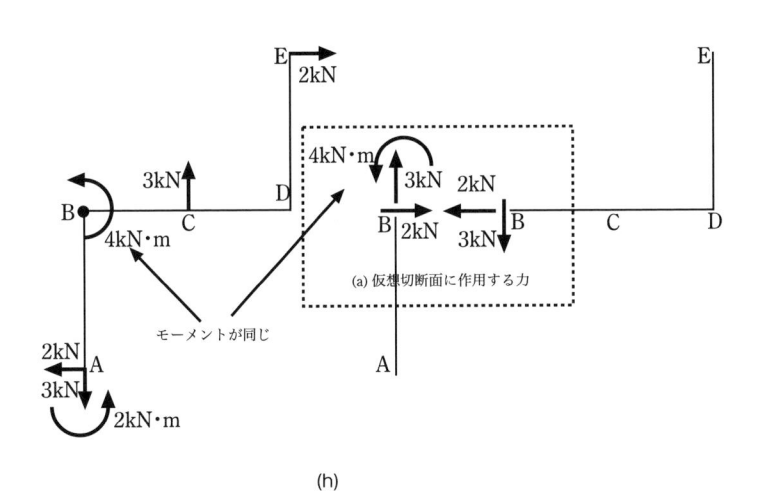

図 4.8

例題 17

図 4.9（a）に示す点 B における応力を点 A より右方向に計算して求めよ。

[解]

部材に作用する反力はピンである点 A 及びローラーである点 C である。各点における反力を図 4.9（b）のように仮定して求めると次のようになり、実際に作用する反力の方向は、図 4.9（c）のようになる。なお、モーメントの釣り合い式は点 A まわりでたてている。

$$H_A = 0$$
$$V_A + V_C - 5 = 0$$
$$5 \cdot 1 - V_C \cdot 4 = 0$$

$$H_A = 0$$
$$V_A = 5 - \frac{5}{4} = 3.75$$
$$V_C = \frac{5}{4} = 1.25$$

$$H_A = 0 \text{kN} \tag{4.20-a}$$
$$V_A = 3.75 \text{kN}(\uparrow) \tag{4.20-b}$$
$$V_C = 1.25 \text{kN}(\uparrow) \tag{4.20-c}$$

点 B において応力を図 4.9（d）のように正の向きに仮定し、点 B より左側のみの釣り合い状態を考えると、軸力 N_B、せん断力 Q_B、モーメント M_B は次式で求めることができる。

$$N_B = 0$$
$$3.75 - 5 - Q_B = 0$$
$$3.75 \cdot 3 - 5 \cdot 2 - M_B = 0$$

$$N_B = 0 \text{kN} \tag{4.21-a}$$
$$Q_B = -1.25 \text{kN} \tag{4.21-b}$$
$$M_B = 1.25 \text{kN} \cdot \text{m} \tag{4.21-c}$$

よって、実際に作用する応力の方向を図示すると図 4.9（e）のようになる。なお、応力を正の方向に仮定しているので、計算結果は応力の符号と一致している。

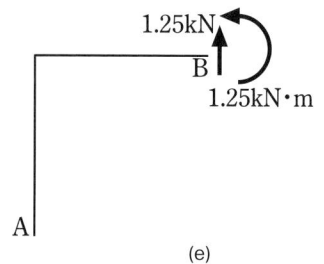

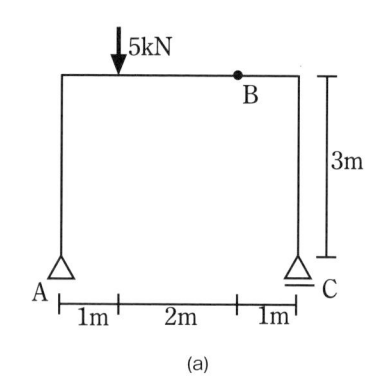

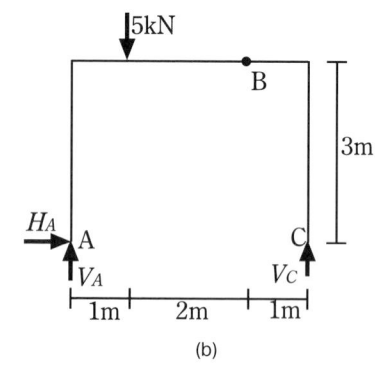

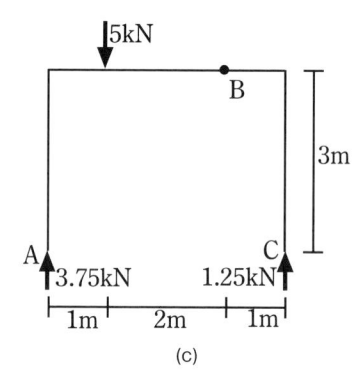

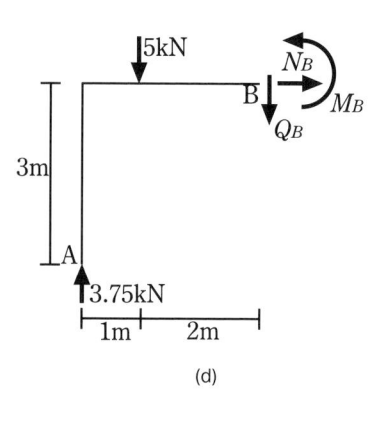

図 4.9

第5章　集中荷重の梁のMNQ図

5.1 応力図の描き方

応力図とはモーメント（M）、軸力（N）、せん断力（Q）の値を材軸に直角にとって表し、それらの材軸方向の分布をグラフ化したものであり、以下のようなルールで表示されている。

5.2 せん断力図（Q図）と軸力図（N図）

梁の場合は、図5.1（a）に示すように通常は、梁の上側が応力の正となるように材に直角に、せん断力或いは軸力の値を取り、その分布を線で描く。

せん断力の応力の符号は右回りが正となるように決められているので、その時せん断力図の正が梁の上側に書けるようにするためには、図5.2に示すように梁の左側から作用している力のベクトルを順次書いていくことによりせん断力図を自動的に描くことができる。

従って、集中荷重が作用する場合、荷重が作用していない区間ではせん断力が一定になることが分かる。

5.3 モーメント図（M図）

部材端部に曲げモーメントが作用すると部材は図5.3に示すように曲がる。部材が曲がる（たわむ）とき、部材の上下の縁が伸び縮みしていることが分かる。モーメント図は部材のたわみ具合と関連させて図の描き方が図5.4のように決められており、そのルールを理解すると、曲げモーメントによって構造物がどのように撓んでいるか（変形しているか）が、モーメント図から分かるようになる。

具体的にモーメント図を描くときに、計算で得られたモーメントを断面に作用する外力として、図5.4のように実際に作用する方向に矢印で書く。矢印の書き始めの方向が部材の縁が伸びる方向になるので、矢印の書きはじめの方にモーメントの値を書くことによってモーメント図を部材に対してどちら側に描くかが分かる。

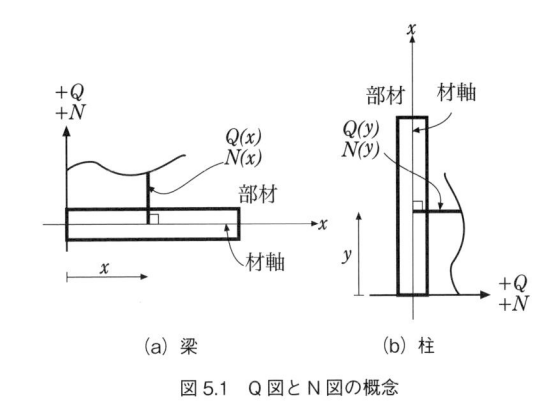

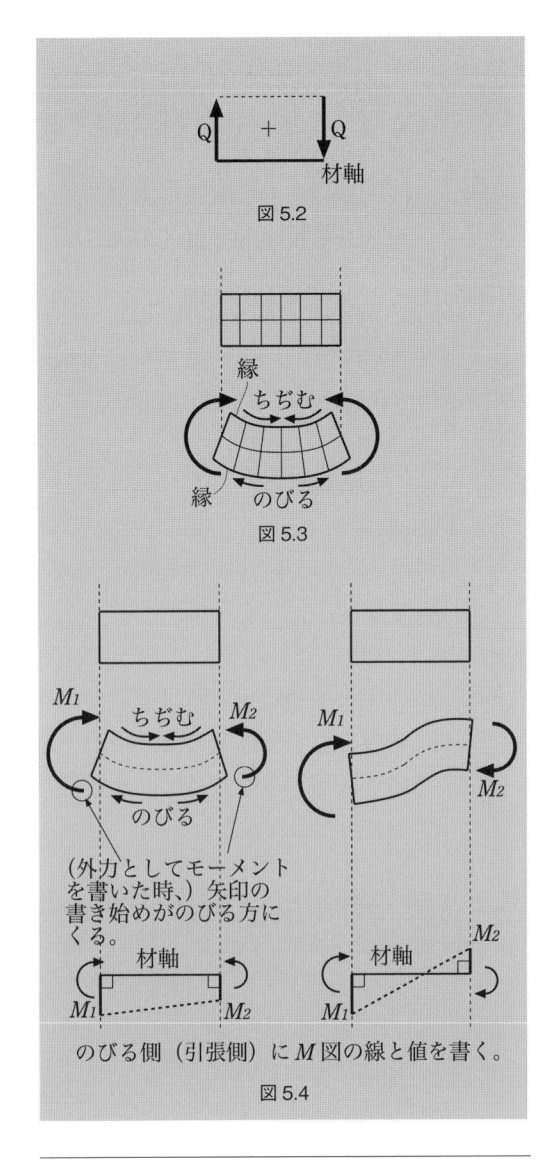

図5.1　Q図とN図の概念

図5.2

図5.3

のびる側（引張側）にM図の線と値を書く。
図5.4

5.1 せん断力図とモーメント図の関係

微小区間 dx を考える。図 5.5 に示すような、点 A-B 間が dx の微小区間でのモーメントの釣り合い式を、点 B を回転中心として求める。

$$Q \cdot dx + M - (M + dM) = 0$$

$$\frac{dM}{dx} = Q \tag{5.1}$$

従って、せん断力の値はモーメント図の傾きに対応しているので、モーメント図とせん断力図を見比べることにより得られた答えのチェックができる。

集中荷重が作用する場合、荷重が作用していない区間ではせん断力が一定になるので、その区間のモーメント図は直線的な変化（x の 1 次関数）となる。従って、集中荷重の作用している場所でのモーメントを求めて、その間を直線で結べばよい。

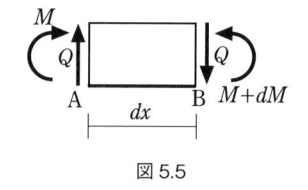

図 5.5

コラム

なぜ M 図は伸びる側に書くか

部材の断面の大きさが一様の場合、モーメントが大きくなると曲がり具合（たわみ）は図 5.6（a）のように大きくなる。さらに部材は伸びる側に凸の形にたわむ。従って、M 図の形は図 5.6（b）のように部材のたわみ具合を表す。

図 5.6

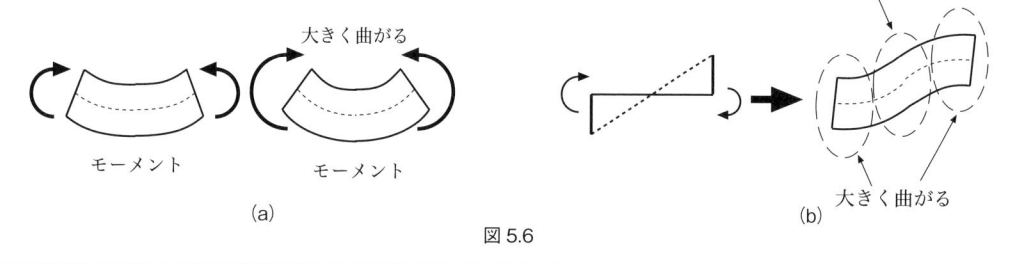

例題 18

図 5.7 (a) に示す部材の応力図（M 図及び Q 図）を求めよ。

[解]
①部材に作用する反力を求める

ローラーである点 A 及びピンである点 C で、部材に作用する反力は生じる。図 5.7 (b) と仮定して各点における反力を求めると次のようになり、反力を実際に作用する方向で図示すると図 5.7 (c) のようになる。なお、モーメントの釣り合い式は点 A まわりでたてている。

$$V_A + V_C - 6 - 1.5 = 0 \quad V_A = 1.0$$
$$H_C = 0 \quad H_C = 0$$
$$6 \cdot 2 - V_C \cdot 3 + 1.5 \cdot 5 = 0 \quad V_C = 6.5$$

$$V_A = 1.0 \text{kN}(\uparrow) \quad (5.2\text{-a})$$
$$H_C = 0 \text{kN} \quad (5.2\text{-b})$$
$$V_C = 6.5 \text{kN}(\uparrow) \quad (5.2\text{-c})$$

②点 A-B 間の応力を求める

点 A-B 間における任意の距離 xm（$0\text{m} \leq x \leq 2\text{m}$）で切断して、切断部より左側全体での釣り合い式をたてる。点 A より距離 xm 離れた位置での応力を図 5.7 (d) に示す。

$$N_x = 0 \text{kN} \quad (5.3\text{-a})$$
$$1.0 - Q_x = 0 \quad Q_x = 1.0 \text{kN} \quad (5.3\text{-b})$$
$$1.0 \cdot x - M_x = 0 \quad M_x = x \quad (5.3\text{-c})$$

ここで、式（5.3-c）より、点 A 及び点 B でのモーメントを求めると以下のようになる。

点 A $M_{x=0} = 0 \text{kN} \cdot \text{m}$ (5.4-a)
点 B $M_{x=2} = 2 \text{kN} \cdot \text{m}$ (5.4-b)

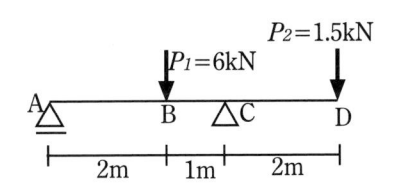

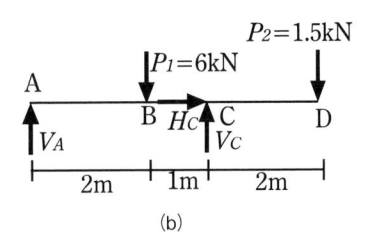

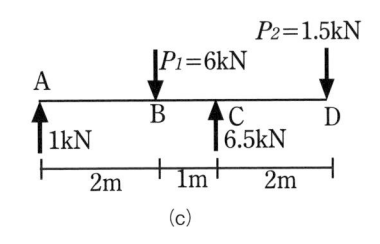

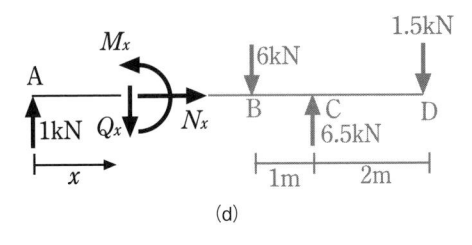

図 5.7

POINT!
計算する時は以下のように切断して、その左側全てを考える。

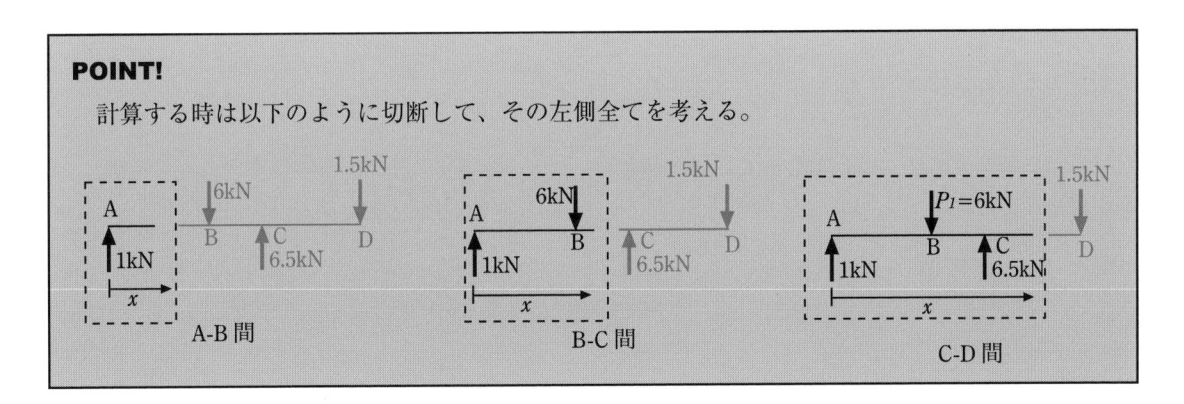

A-B 間　　B-C 間　　C-D 間

③点 B-C 間の応力を求める

　点 B-C 間における任意の距離 xm（2m ≦ x ≦ 3m）で切断して、切断部より左側全体での釣り合い式をたてる。点 A より距離 xm 離れた位置での応力を図 5.7（e）に示す。

$N_x = 0\text{kN}$ (5.5-a)

$1.0 - 6.0 - Q_x = 0 \quad\quad Q_x = -5.0\text{kN}$ (5.5-b)

$1.0 \cdot x - 6.0 \cdot (x-2) - M_x = 0 \quad M_x = 12 - 5 \cdot x$ (5.5-c)

ここで、式（5.5-c）より、点 B 及び点 C でのモーメントを求めると以下のようになる。

点 B　　$M_{x=2} = 12 - 5 \cdot 2 = 2\text{kN} \cdot \text{m}$ (5.6-a)

点 C　　$M_{x=3} = 12 - 5 \cdot 3 = -3\text{kN} \cdot \text{m}$ (5.6-b)

　点 B ではモーメント荷重が外力として作用していないため、②で求めた点 B におけるモーメントの値と、③で求めた点 B におけるモーメントの値が符号も含めて同じであることが確認できる。

④点 C-D 間の応力を求める

　点 C-D 間における任意の距離 xm（3m ≦ x ≦ 5m）で切断して、切断部より左側全体での釣り合い式をたてる。点 A より距離 xm 離れた位置での応力を図 5.7（f）に示す。

$N_x = 0\text{kN}$ (5.7-a)

$1.0 - 6.0 + 6.5 - Q_x = 0$

$Q_x = 1.5\text{kN}$ (5.7-b)

$1.0 \cdot x - 6.0 \cdot (x-2) + 6.5 \cdot (x-3) - M_x = 0$

$M_x = 1.5 \cdot x - 7.5$ (5.7-c)

　ここで、式（5.7-c）より、点 C 及び点 D でのモーメントを求めると以下のようになる。

点 C　　$M_{x=3} = 1.5 \cdot 3 - 7.5 = -3\text{kN} \cdot \text{m}$ (5.8-a)

点 D　　$M_{x=5} = 1.5 \cdot 5 - 7.5 = 0\text{kN} \cdot \text{m}$ (5.8-b)

　先ほどの点 B と同様に、点 C ではモーメント荷重が外力として作用していないため、③で求めた点 C におけるモーメントの値と、④で求めた点 C におけるモーメントの値が符号も含めて同じであることが確認できる。

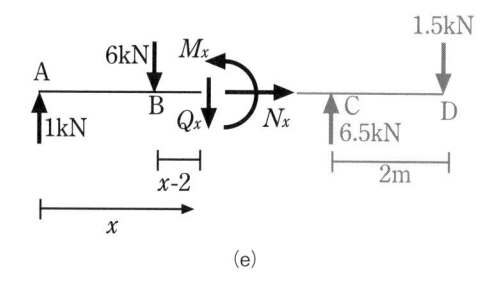

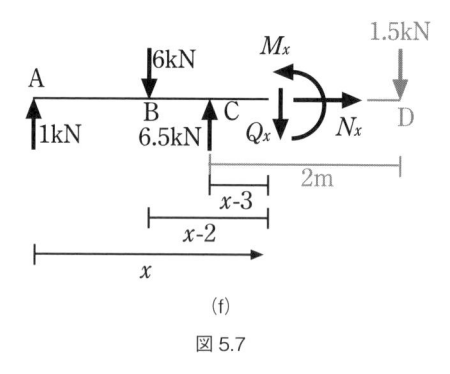

図 5.7

⑤せん断力図を図示する

　せん断力図とは、梁の場合は上側に正のせん断力の値を材軸に直角な方向にとって、せん断力の材軸方向の分布を表すグラフである。

　式（5.3-b）、（5.5-b）、（5.7-b）が、この部材の任意の箇所に作用するせん断力を表している。正のせん断力（↑■↓）は正側（梁の上側）に描けるので、せん断力図を図示するときは、矢印の書き始めを材軸（$Q = 0$）に合わせて、図5.7（g）に示すように部材の左側から右側へ書いていくと、式（5.3-b）、（5.5-b）、（5.7-b）を図で解いていることに対応する。

　荷重の作用していない区間では、せん断力の式には未知数 x が含まれていないので一定値を取る。そのため、せん断力は材軸に平行に線を引くことにより、せん断力図を図5.7（h）の要領で図示することができる。

　せん断力図は、図5.7（i）に示すように図示し、符号も記入する。

　なお、点A-B間、点B-C間、点C-D間の各区間に作用するせん断力と鉛直方向の反力や荷重の関係は図5.7（j）のようになっている。

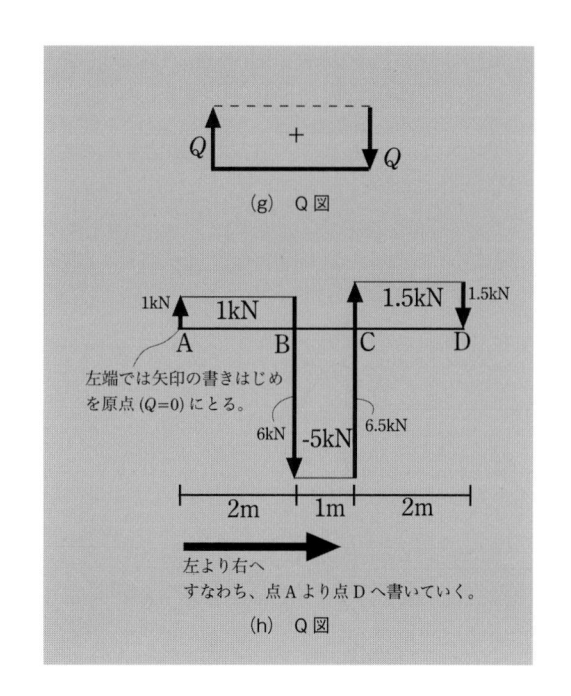

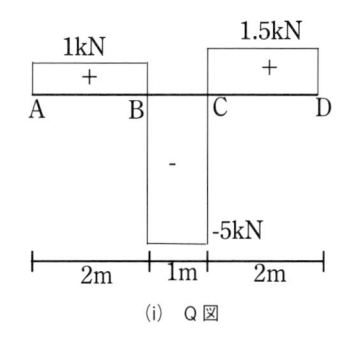

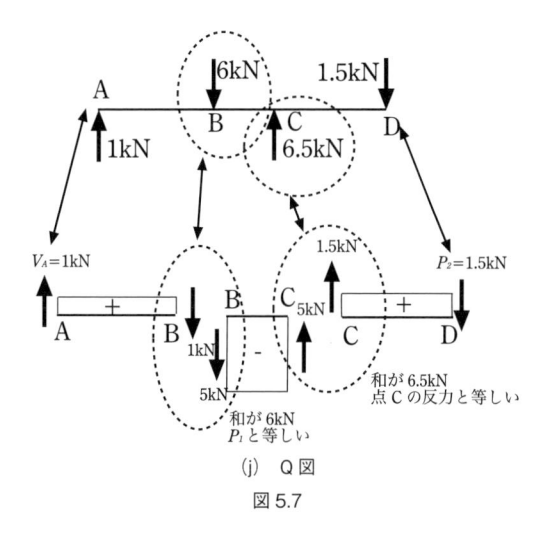

(g) Q図

左端では矢印の書きはじめを原点($Q=0$)にとる。

左より右へ
すなわち、点Aより点Dへ書いていく。

(h) Q図

(i) Q図

和が6kN
P_1と等しい

和が6.5kN
点Cの反力と等しい

(j) Q図

図5.7

第5章　集中荷重の梁のMNQ図

⑥モーメント図を図示する

モーメント図とは、モーメントの値を材に直角な方向にとってモーメントの材軸方向の分布を表したグラフである。

せん断力図とは異なり、モーメント図の値を描く方向は図5.4に示したルールに従う。具体的には、式（5.3-c）、（5.5-c）、（5.7-c）で求めた部材の任意の箇所に作用するモーメントの値と作用方向（右回りか左回りか）に対して、部材の縁が伸びる側にモーメント図を描くので、図5.7（k）に示すように断面に作用するモーメントの矢印の書き始めの方にモーメントの値をとって作図する。

式（5.3-c）、（5.5-c）、（5.7-c）から分かるように、集中荷重の作用していない点では、モーメントの値はxの1次関数で表されているので、その間ではモーメントの値は直線的に変化することがわかる。従って、集中荷重のみが作用する部材のモーメント図を作図する際には、反力を含めて材に垂直に作用する集中荷重が作用している点のモーメントを全て求め、それらを結ぶことにより、モーメント図は完成する。また、部材の端部にモーメントが作用していない場合はモーメントの値が0になることにも注意する必要がある。

集中荷重が作用している点B及び点Cのモーメントを図示すると図5.7（l）、（m）のようになる。さらに、点A及び点Dでは断面に作用するモーメントはないため、点A及び点Dでのモーメントは0となる。従って、各点を直線で結ぶと、モーメント図は図5.7（n）に示すようになる。

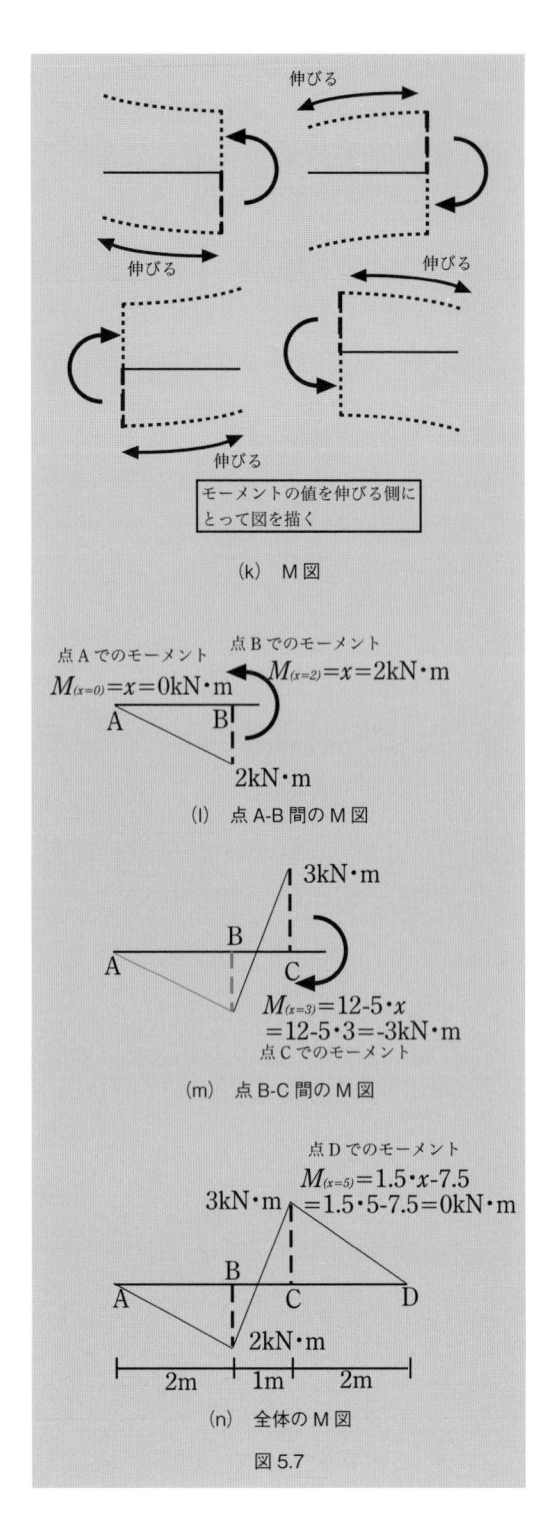

(k) M図

点Aでのモーメント
$M_{(x=0)} = x = 0 \text{kN·m}$

点Bでのモーメント
$M_{(x=2)} = x = 2 \text{kN·m}$

(l) 点A-B間のM図

点Cでのモーメント
$M_{(x=3)} = 12 - 5 \cdot x = 12 - 5 \cdot 3 = -3 \text{kN·m}$

(m) 点B-C間のM図

点Dでのモーメント
$M_{(x=5)} = 1.5 \cdot x - 7.5 = 1.5 \cdot 5 - 7.5 = 0 \text{kN·m}$

(n) 全体のM図

図5.7

図5.7 (i) のせん断力図と (n) のモーメント図の対応は、以下のように説明ができる。

図5.5より得られた式 (5.1) より、せん断力はモーメントを距離で微分したものであり、言い換えるとモーメント図の勾配の値がせん断力となる。具体的には、図5.7 (o) のようにモーメント図の正を下側と定義すると、モーメント図の勾配はA-B間において＋1、B-C間において－5、C-D間において＋1.5となり、せん断力図と符号も含めて図5.7 (p) に示すように一致し、式 (5.1) の関係が確認できる。

せん断力が一定の時にモーメントが直線変化する。また、材軸方向の距離xに対して、せん断力が直線的に変化する（xの1次関数）場合は、モーメントが2次曲線（xの2次関数）で変化し、せん断力が2次曲線（xの2次関数）で変化する場合はモーメントが3次曲線（xの3次関数）で変化するという関係が成り立つ。

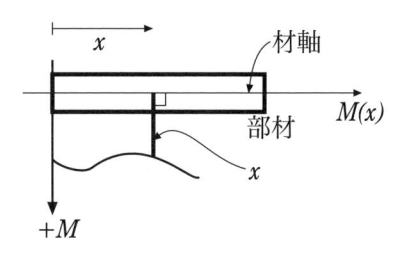

(o) M図 $M_{(x)}$ 符号の定義

(p) Q図とM図の関係

(q)

(r)

図5.7

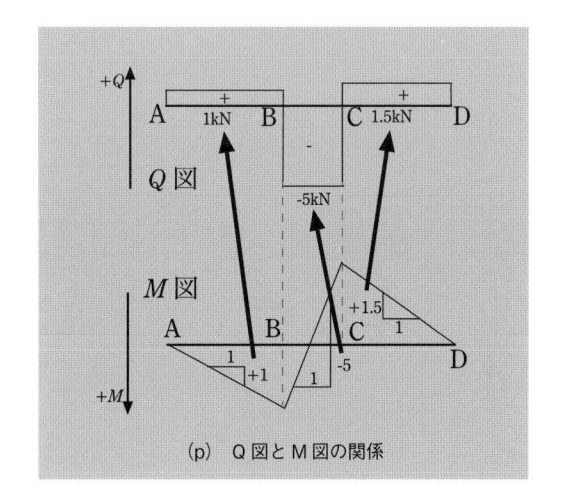

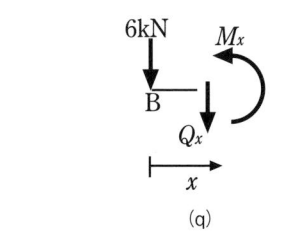

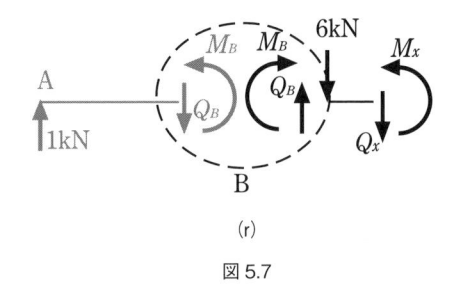

POINT!

点B-C間の応力を求める際に、図5.7 (q) と仮定してはいけない。点B-C間で部材を仮想切断している状態の応力を求めるため、左側全体（点A-C間）で釣り合い式をたてなければならない。

もし、点B-C間のみで釣り合い式をたてるのであれば、図5.7 (r) に示すとおり、点Bで作用する応力（Q_B、M_B）を図5.7 (d) より求めて、釣り合い式に含めなければならない。

例題 19

図 5.8 (a) に示す部材の応力図（M 図及び Q 図）を求めよ。

[解]
①部材に作用する反力を求める

固定端である点 C で部材に作用する反力は生じる。点 C における反力を図 5.8 (b) と仮定して求めると次のようになり、反力を実際に作用する方向で図示すると図 5.8 (c) のようになる。なお、モーメントの釣り合い式は点 C まわりでたてている。

$$H_C = 0 \qquad H_C = 0$$
$$V_C - 10 - 20 = 0 \qquad V_C = 30$$
$$M_C - 10 \cdot 5 - 20 \cdot 2.5 = 0 \qquad M_C = 100$$

$$H_C = 0 \text{kN} \qquad (5.9\text{-a})$$
$$V_C = 30 \text{kN}(\uparrow) \qquad (5.9\text{-b})$$
$$M_C = 100 \text{kN} \cdot \text{m}\,(\curvearrowleft) \qquad (5.9\text{-c})$$

②点 A-B 間の応力を求める

点 A-B 間における任意の距離 x m（0m $\leqq x \leqq$ 2.5m）での釣り合い式をたてる。点 A より距離 x m 離れた位置での応力を図 5.8 (d) に示す。

$$N_x = 0 \text{kN} \qquad (5.10\text{-a})$$
$$-10 - Q_x = 0 \qquad Q_x = -10 \text{kN} \qquad (5.10\text{-b})$$
$$-10 \cdot x - M_x = 0 \qquad M_x = -10 \cdot x \qquad (5.10\text{-c})$$

ここで、式 (5.10-c) より、点 A 及び点 B でのモーメントを求めると以下のようになる。

点 A　　$M_{x=0} = -10 \cdot 0 = 0 \text{kN} \cdot \text{m}$　　(5.11-a)
点 B　　$M_{x=2.5} = -10 \cdot 2.5 = -25 \text{kN} \cdot \text{m}$　　(5.11-b)

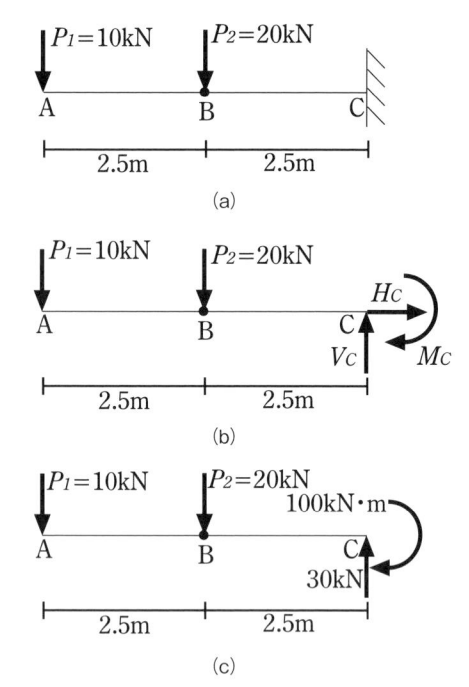

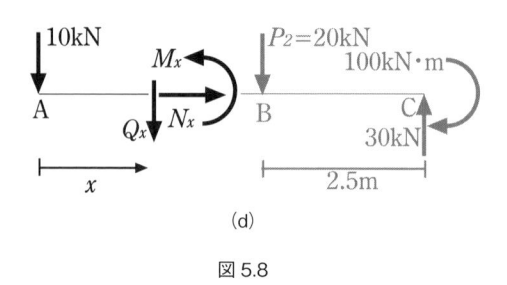

図 5.8

③点 B-C 間の応力を求める

点 B-C 間における任意の距離 xm（$2.5\text{m} \leqq x \leqq 5\text{m}$）での釣り合い式をたてる。点 A より距離 xm 離れた位置での応力を図 5.8（e）に示す。

$$N_x = 0\text{kN} \tag{5.12-a}$$

$$-Q_x - 10 - 20 = 0$$
$$Q_x = -30\text{kN} \tag{5.12-b}$$

$$-M_x - 10 \cdot x - 20 \cdot (x - 2.5) = 0$$
$$M_x = -10 \cdot x - 20 \cdot (x - 2.5)$$
$$M_x = -30 \cdot x + 50 \tag{5.12-c}$$

ここで、式（5.12-c）より、点 B 及び点 C でのモーメントを求めると以下のようになる。

点 B　　$M_{x=2.5} = -30 \cdot 2.5 + 50 = -25\text{kN} \cdot \text{m}$　（5.13-a）

点 C　　$M_{x=5} = -30 \cdot 5 + 50 = -100\text{kN} \cdot \text{m}$　（5.13-b）

④せん断力図を図示する

式（5.10-b）、(5.12-b) が、この部材の任意の位置に作用するせん断力を表している。せん断力図を図示する際には、部材の左端では矢印の書き始めを原点（$Q = 0$）にとり、左側より右側に書いていくため、図 5.8（f）に示すとおりのせん断力図を描くことができる。

⑤モーメント図を図示する

式（5.10-c）、(5.12-c) が、この部材の任意の位置に作用するモーメントの値を表している。集中荷重の作用していない区間ではせん断力が一定値となっていることから、その区間では、式（5.10-c）、(5.12-c) のようにモーメントは直線的に変化している。そこで、モーメント図を図示する際には、M_x の式に集中荷重が作用している点の距離を代入してモーメントを求め、図 5.8（g）、(h) のように各点のモーメントの値のとる方向を決めて、それらを結ぶことにより描く。

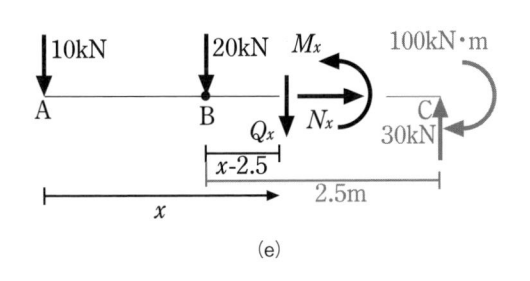

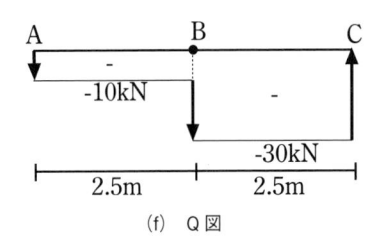

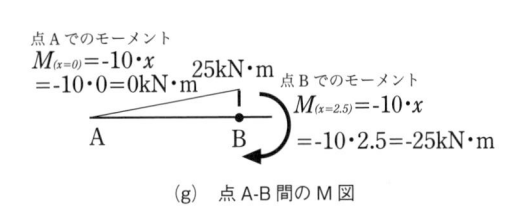

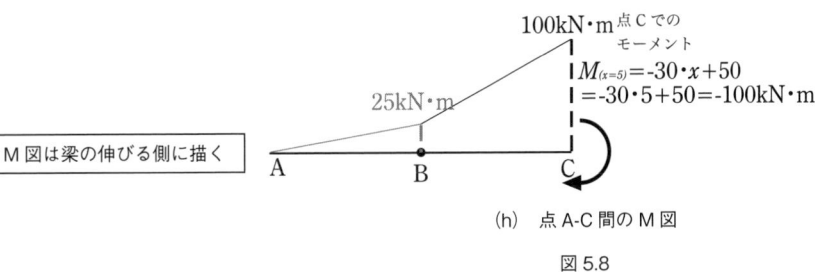

図 5.8

固定端などでモーメントが反力として作用している場合には、モーメント図は固定端で反力の値をもつことにも注意しよう。

　よって、せん断力図及びモーメント図は図 5.8（i）のようになる。

　また、各区間に作用するせん断力やモーメントと反力や荷重との対応は、図 5.8（j）、（k）のようになる。

POINT!

- せん断力図（Q 図）に符号を書いていないとせん断力の作用方向がわからないので、Q 図中に符号を記入すること。
- モーメント図（M 図）は、必ず伸びる側（矢印の描き始めの側）に描くこと。
- M 図は、伸びる側に図示するルールがあり、図からモーメントの作用方向がわかるため、符号を書く必要はない！

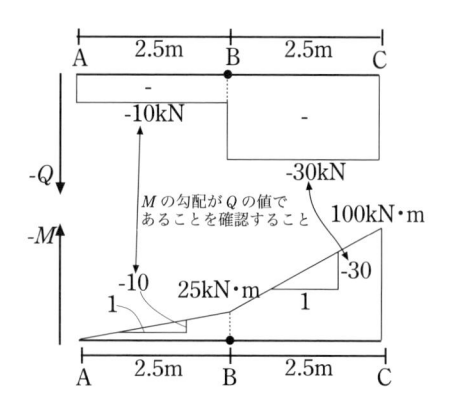

(i) Q 図及び M 図

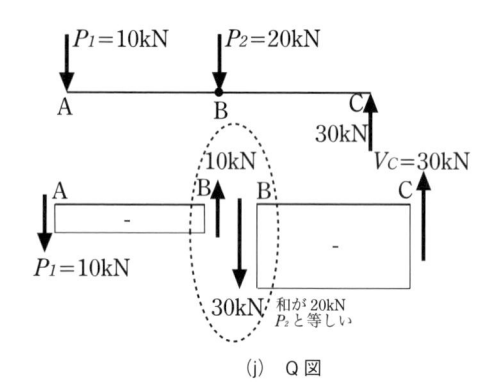

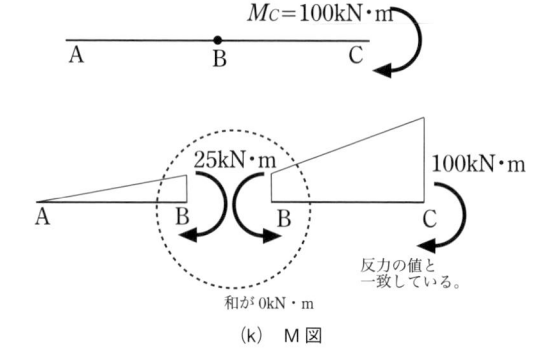

(j) Q 図

(k) M 図

図 5.8

例題 20

図 5.9 (a) に示す部材の応力図（M 図及び Q 図）を求めよ。

[解]
①部材に作用する反力を求める

部材に作用する反力は固定端の点 A で生じる。点 A における反力を図 5.9 (b) のように仮定して求める。点 B、C に作用している外力はモーメントのため、モーメントの釣り合い式のみに考慮する。また、回転方向の釣り合い式をつくる際に距離をかける必要はない。以上のことを踏まえて各方向の釣り合い式をつくり反力を求めると以下のようになる。

$H_A = 0$　　　　$H_A = 0$
$V_A = 0$　　　　$V_A = 0$
$M_A - 50 - 50 = 0$　$M_A = 100$

$$H_A = 0 \text{kN} \tag{5.14-a}$$
$$V_A = 0 \text{kN} \tag{5.14-b}$$
$$M_A = 100 \text{kN} \cdot \text{m} \, (\circlearrowright) \tag{5.14-c}$$

点 A の反力は図 5.9 (c) のようになる。

②点 A-B 間の応力を求める

点 A-B 間における任意の距離 xm（$0\text{m} \leq x \leq 2.5\text{m}$）で図 5.9 (d) のように応力を仮定して、釣り合い式をたてる。

$$N_x = 0 \text{kN} \tag{5.15-a}$$
$$Q_x = 0 \text{kN} \tag{5.15-b}$$
$100 - M_x = 0$
$$M_x = 100 \text{kN} \cdot \text{m} \tag{5.15-c}$$

③点 B-C 間の応力を求める

点 B-C 間における任意の距離 xm（$2.5\text{m} \leq x \leq 5\text{m}$）で図 5.9 (e) のように応力を仮定して、釣り合い式をたてる。

$$N_x = 0 \text{kN} \tag{5.16-a}$$
$$Q_x = 0 \text{kN} \tag{5.16-b}$$
$100 - 50 - M_x = 0$
$M_x = 100 - 50$
$$M_x = 50 \text{kN} \cdot \text{m} \tag{5.16-c}$$

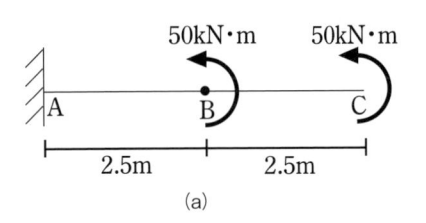

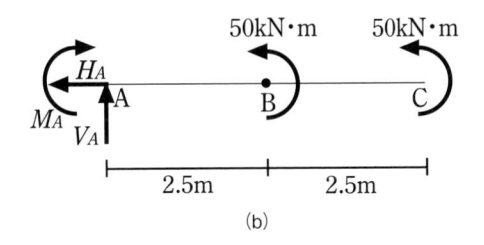

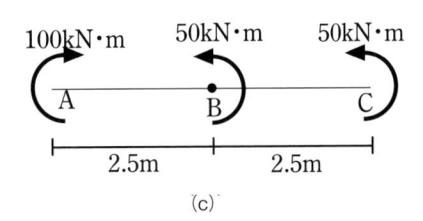

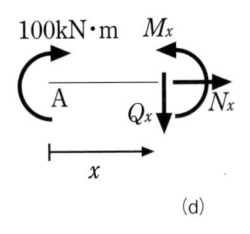

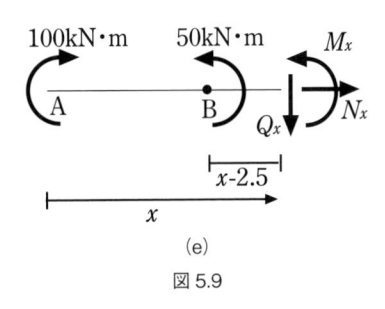

図 5.9

④解答を図示する

式（5.15-b）、（5.16-b）からわかるように、せん断力は作用していないため、せん断力図は部材全体を通して図5.9（f）のように $Q_x = 0\text{kN}$ となる。

式（5.15-c）、（5.16-c）をもとにモーメント図を描くと、図5.9（g）のようになる。

なお、点A、B、Cにおいて、それぞれ作用しているモーメントの総和が、それぞれの点に作用している外力であるモーメント荷重と等しくなる。これは図5.9（h）に示すように、モーメント図からもよみとることができる。

図5.9

例題21

図5.10（a）に示す部材の応力図（M図及びQ図）を求めよ。

[解]

①部材に作用する反力を求める

部材に作用する反力は、ローラーである点A及びピンである点Cで生じるので、図5.10（b）のように反力を仮定して求める。なお、モーメントの釣り合い式は点Aまわりでたてている。以上より求まった点A及び点Cの反力を図5.10（c）に示す。

$$H_C = 0 \qquad V_A = 4$$
$$V_A + V_C - 8 = 0 \qquad H_C = 0$$
$$8 \cdot 1.5 - V_C \cdot 3 + H_C \cdot 0 = 0 \quad V_C = 4$$

$$V_A = 4\text{kN}(\uparrow) \tag{5.17-a}$$
$$H_C = 0\text{kN} \tag{5.17-b}$$
$$V_C = 4\text{kN}(\uparrow) \tag{5.17-c}$$

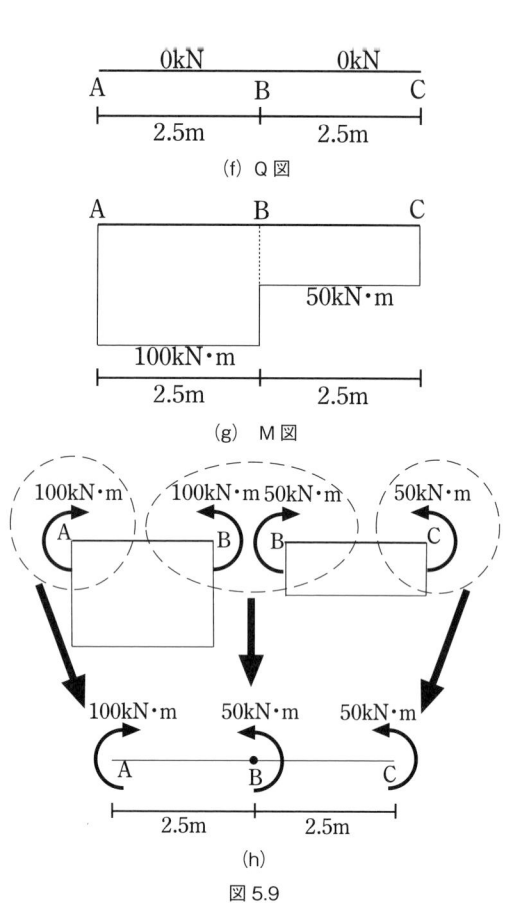

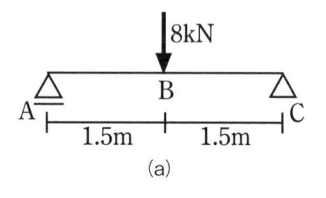

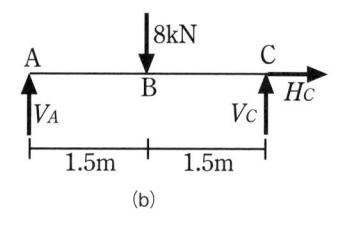

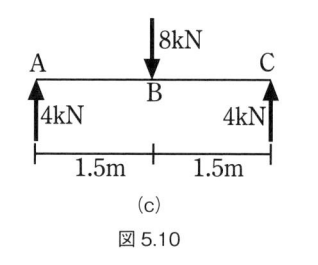

図5.10

②点 A-B 間の応力を求める

点 A-B 間における任意の距離 xm（$0\text{m} \leqq x \leqq 1.5\text{m}$）で図5.10（d）のように応力を仮定して、釣り合い式をたてる。

$$N_x = 0\text{kN} \quad (5.18\text{-a})$$
$$4 - Q_x = 0 \quad Q_x = 4\text{kN} \quad (5.18\text{-b})$$
$$4 \cdot x - M_x = 0 \quad M_x = 4 \cdot x \quad (5.18\text{-c})$$

ここで、式（5.18-c）より、点 A 及び点 B でのモーメントを求めると以下のようになる。

点 A　$M_{x=0} = 4 \cdot 0 = 0\text{kN} \cdot \text{m}$　(5.19-a)
点 B　$M_{x=1.5} = 4 \cdot 1.5 = 6\text{kN} \cdot \text{m}$　(5.19-b)

③点 B-C 間の応力を求める

点 B-C 間における任意の距離 xm（$1.5\text{m} \leqq x \leqq 3\text{m}$）で図5.10（e）のように応力を仮定して、釣り合い式をたてる。

$$N_x = 0\text{kN} \quad (5.20\text{-a})$$
$$4 - 8 - Q_x = 0$$
$$Q_x = -4\text{kN} \quad (5.20\text{-b})$$
$$4 \cdot x - 8 \cdot (x - 1.5) - M_x = 0$$
$$M_x = 12 - 4 \cdot x \quad (5.20\text{-c})$$

ここで、式（5.20-c）より、点 B 及び点 C でのモーメントを求めると以下のようになる。

点 B　$M_{x=1.5} = 12 - 4 \cdot 1.5 = 6\text{kN} \cdot \text{m}$　(5.21-a)
点 C　$M_{x=3} = 12 - 4 \cdot 3 = 0\text{kN} \cdot \text{m}$　(5.21-b)

④解答を図示する

せん断力図及びモーメント図をそれぞれ図5.10（f）、（g）に示す。

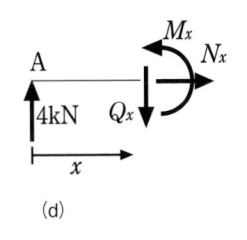

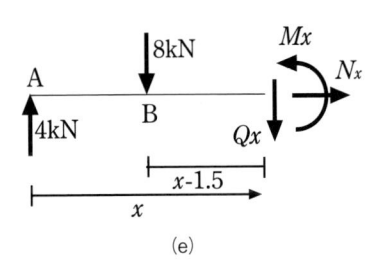

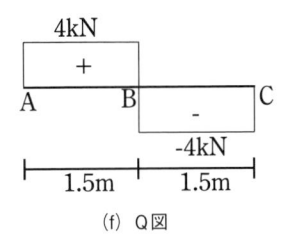

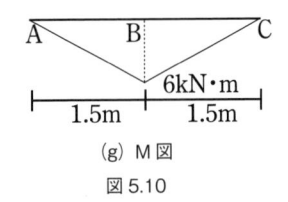

(d)

(e)

(f) Q図

(g) M図

図5.10

第5章　集中荷重の梁のMNQ図

例題22

図 5.11 (a) に示す部材の応力図（M図及びQ図）を求めよ。

[解]

①部材に作用する反力を求める

部材に作用する反力はピンである点 A 及びローラーである点 D で生じる。各点における反力を図 5.11 (b) と仮定して求めると次のようになり、反力を実際に作用する方向で図示すると図 5.11 (c) のようになる。なお、モーメントの釣り合い式は点 A まわりでたてている。

$H_A = 0$　　　　　　　　$H_A = 0$
$V_A + V_D + 60 - 30 = 0$　　$V_A = -7.5$
$30 \cdot 1 - 60 \cdot 2 - V_D \cdot 4 = 0$　　$V_D = -22.5$

$$H_A = 0 \text{kN} \tag{5.22-a}$$
$$V_A = 7.5 \text{kN}(\downarrow) \tag{5.22-b}$$
$$V_D = 22.5 \text{kN}(\downarrow) \tag{5.22-c}$$

②点 A-B 間の応力を求める

点 A-B 間における任意の距離xm（$0\text{m} \leqq x \leqq 1\text{m}$）で図 5.11 (d) のように応力を仮定して釣り合い式をたてる。

$$N_x = 0 \text{kN} \tag{5.23-a}$$
$$-Q_x - 7.5 = 0 \quad Q_x = -7.5 \text{kN} \tag{5.23-b}$$
$$-7.5 \cdot x - M_x = 0 \quad M_x = -7.5 \cdot x \tag{5.23-c}$$

ここで、式 (5.23-c) より、点 A 及び点 B でのモーメントを求めると以下のようになる。

点 A 　　$M_{x=0} = -7.5 \cdot 0 = 0 \text{kN} \cdot \text{m}$ 　　(5.24-a)
点 B 　　$M_{x=1} = -7.5 \cdot 1 = -7.5 \text{kN} \cdot \text{m}$ 　　(5.24-b)

③点 B-C 間の応力を求める

点 B-C 間における任意の距離xm（$1\text{m} \leqq x \leqq 2\text{m}$）で図 5.11 (e) のように応力を仮定して釣り合い式をたてる。

$$N_x = 0 \text{kN} \tag{5.25-a}$$
$$-Q_x - 7.5 - 30 = 0 \quad Q_x = -37.5 \text{kN} \tag{5.25-b}$$
$$-7.5 \cdot x - 30 \cdot (x-1) - M_x = 0 \quad M_x = 30 - 37.5 \cdot x \tag{5.25-c}$$

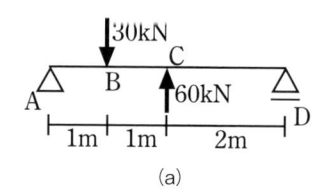

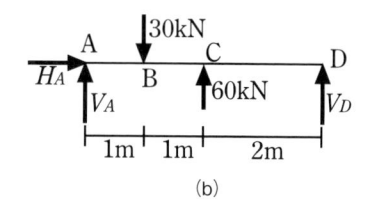

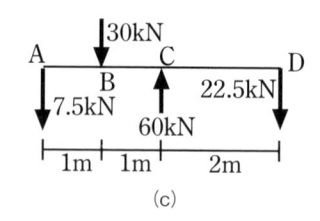

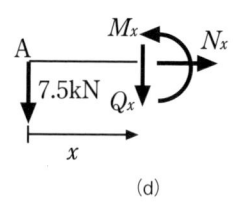

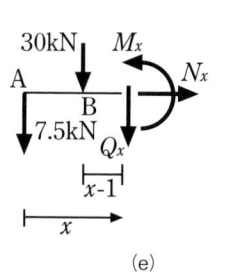

図 5.11

ここで、式 (5.25-c) より、点 B 及び点 C でのモーメントを求めると以下のようになる。

点 B　　$M_{x=1} = 30 - 37.5 \cdot 1 = -7.5 \text{kN} \cdot \text{m}$　　(5.26-a)

点 C　　$M_{x=2} = 30 - 37.5 \cdot 2 = -45 \text{kN} \cdot \text{m}$　　(5.26-b)

④点 C-D 間の応力を求める

点 C-D 間における任意の距離 x m（$2\text{m} \leq x \leq 4\text{m}$）で図 5.11 (f) のように仮定して釣り合い式をたてる。

$N_x = 0 \text{kN}$　　(5.27-a)

$-Q_x + 60 - 7.5 - 30 = 0$
$Q_x = 22.5 \text{kN}$　　(5.27-b)

$-7.5 \cdot x - 30 \cdot (x-1) + 60 \cdot (x-2) - M_x = 0$
$M_x = 22.5 \cdot x - 90$　　(5.27-c)

ここで、式 (5.27-c) より、点 C 及び点 D でのモーメントを求めると以下のようになる。

点 C　　$M_{x=2} = 22.5 \cdot 2 - 90 = -45 \text{kN} \cdot \text{m}$　　(5.28-a)

点 D　　$M_{x=4} = 22.5 \cdot 4 - 90 = 0 \text{kN} \cdot \text{m}$　　(5.28-b)

⑤解答を図示する

せん断力図及びモーメント図は、それぞれ図 5.11 (g)、(h) のようになる。なお、M 図の勾配はせん断力となっており、また、M 図は撓みの程度も表現しているなど、M 図の形状には多くの情報が含まれている。そのため、図 5.11 (i) のように点 A-B 間及び点 B-C 間での勾配が一定のモーメント図を図示した場合、図中の数値が正しくても間違いとなる。

POINT!

値に合った形になるように M 図は正確に描くこと！

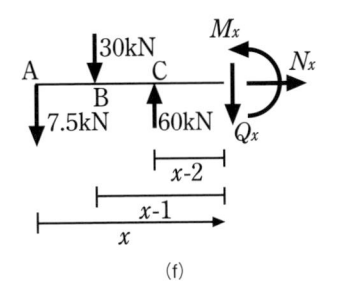

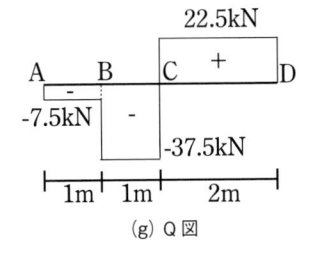

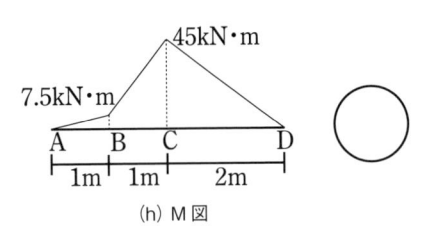

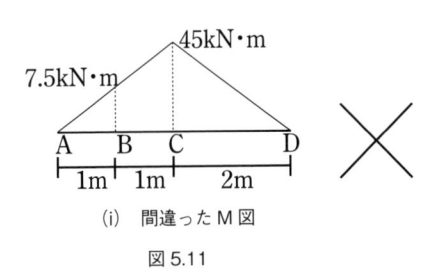

(f)

(g) Q 図

(h) M 図

(i) 間違った M 図

図 5.11

例題 23

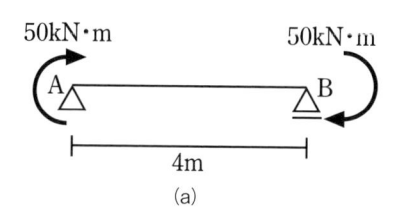

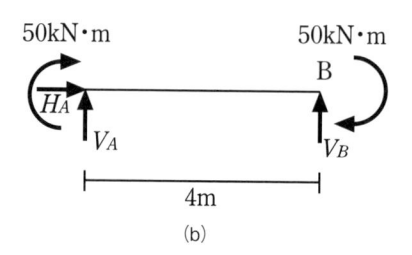

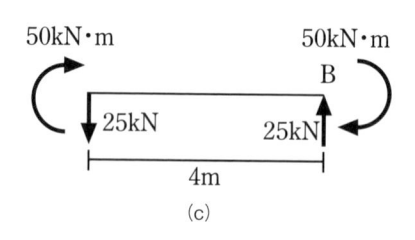

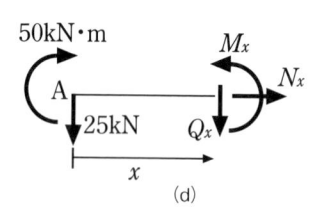

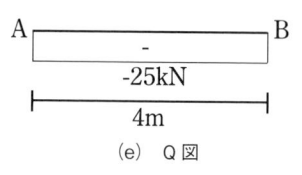

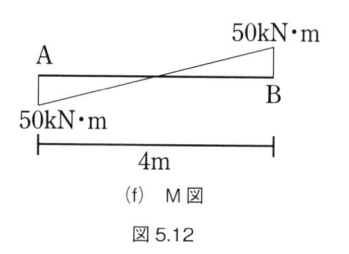

図 5.12 (a) に示す部材の応力図（M 図及び Q 図）を求めよ。

[解]
①部材に作用する反力を求める

ピンである点 A 及びローラーである点 B で反力は生じる。各点における反力を図 5.12 (b) のように仮定して求めると次のようになり、反力を実際に作用する方向で図示すると図 5.12 (c) のようになる。なお、モーメントの釣り合い式は点 B まわりでたてている。

$$H_A = 0 \qquad H_A = 0$$
$$V_A + V_B = 0 \qquad V_A = -25$$
$$50 + 50 + V_A \cdot 4 = 0 \qquad V_B = 25$$

$$H_A = 0 \text{kN} \tag{5.29-a}$$
$$V_A = 25 \text{kN}(\downarrow) \tag{5.29-b}$$
$$V_B = 25 \text{kN}(\uparrow) \tag{5.29-c}$$

②点 A-B 間の応力を求める

点 A-B 間における任意の距離 xm（0m ≦ x ≦ 4m）での釣り合い式をたてる。点 A より距離 xm 離れた位置での応力を図 5.12 (d) に示す。

$$N_x = 0 \text{kN} \tag{5.30-a}$$
$$-25 - Q_x = 0 \qquad Q_x = -25 \text{kN} \tag{5.30-b}$$
$$50 - 25 \cdot x - M_x = 0 \qquad M_x = -25 \cdot x + 50 \tag{5.30-c}$$

ここで、式 (5.30-c) より、点 A 及び点 B でのモーメントを求めると以下のようになる。

点 A $\qquad M_{x=0} = -25 \cdot 0 + 50 = 50 \text{kN} \cdot \text{m} \tag{5.31-a}$
点 B $\qquad M_{x=4} = -25 \cdot 4 + 50 = -50 \text{kN} \cdot \text{m} \tag{5.31-b}$

③解答を図示する

せん断力図及びモーメント図は、それぞれ図 5.12 (e)、(f) に示すようになる。

図 5.12

例題 24

図 5.13 (a) に示す部材の応力図（M 図及び Q 図）を求めよ。

[解]
①部材に作用する反力を求める

ピンである点 A 及びローラーである点 C で反力は生じる。各点における反力を図 5.13 (b) のように仮定して求めると次のようになり、反力を実際に作用する方向で図示すると図 5.13 (c) のようになる。なお、モーメントの釣り合い式は点 A まわりでたてている。

$$\begin{array}{ll} H_A = 0 & H_A = 0 \\ V_A + V_C = 0 & V_A = -20 \\ 60 - V_C \cdot 3 = 0 & V_C = 20 \end{array}$$

$$H_A = 0 \text{kN} \tag{5.32-a}$$
$$V_A = 20 \text{kN}(\downarrow) \tag{5.32-b}$$
$$V_C = 20 \text{kN}(\uparrow) \tag{5.32-c}$$

②点 A-B 間の応力を求める

点 A-B 間における任意の距離 xm（$0\text{m} \leq x \leq 1\text{m}$）で図 5.13 (d) のように応力を仮定して釣り合い式をたてる。

$$N_x = 0 \text{kN} \tag{5.33-a}$$
$$-20 - Q_x = 0 \qquad Q_x = -20 \text{kN} \tag{5.33-b}$$
$$-20 \cdot x - M_x = 0 \qquad M_x = -20 \cdot x \tag{5.33-c}$$

ここで、式 (5.33-c) より、点 A 及び点 B でのモーメントを求めると以下のようになる。

点 A $\quad M_{x=0} = -20 \cdot 0 = 0 \text{kN} \cdot \text{m}$ (5.34-a)

点 B $\quad M_{x=1} = -20 \cdot 1 = -20 \text{kN} \cdot \text{m}$ (5.34-b)

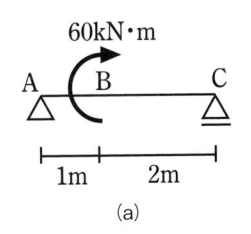

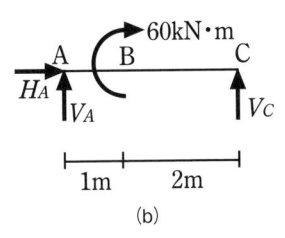

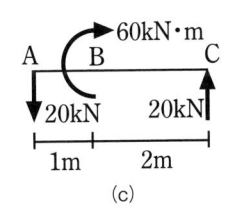

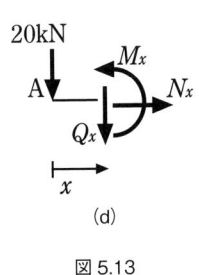

図 5.13

③点 B-C 間の応力を求める

点 B-C 間における任意の距離 x m（$1m \leq x \leq 3m$）で図 5.13（e）のように応力を仮定して釣り合い式をたてる。

$$N_x = 0 \text{kN} \quad (5.35\text{-a})$$
$$-20 - Q_x = 0 \quad Q_x = -20 \text{kN} \quad (5.35\text{-b})$$
$$-20 \cdot x + 60 - M_x = 0 \quad M_x = -20 \cdot x + 60 \quad (5.35\text{-c})$$

ここで、式（5.35-c）より、点 B 及び点 C でのモーメントを求めると以下のようになる。

点 B　　$M_{x=1} = -20 \cdot 1 + 60 = 40 \text{kN} \cdot \text{m}$　　(5.36-a)

点 C　　$M_{x=3} = -20 \cdot 3 + 60 = 0 \text{kN} \cdot \text{m}$　　(5.36-b)

④解答を図示

せん断力図及びモーメント図は、それぞれ図 5.13 (f)、(g) のようになる。

なお、図 5.13 (h) に示すように点 B を仮想切断した際、左側から 20kN・m（時計回り）、右側から 40kN・m（時計回り）のモーメントが作用している。これらを足し合わせた 60kN・m（時計回り）が、点 B において作用している外力（モーメント荷重）である。

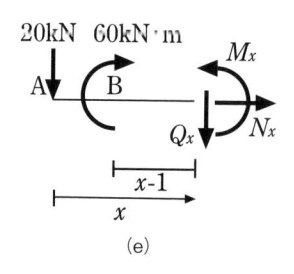

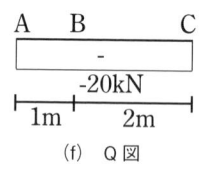

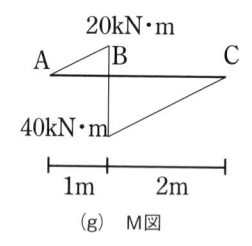

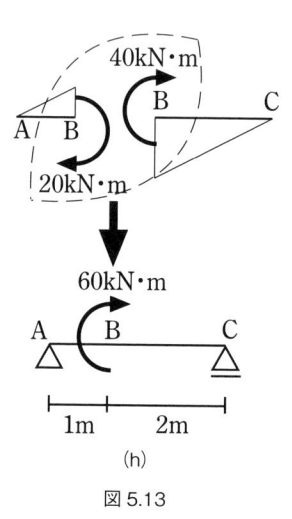

図 5.13

例題 25

図 5.14（a）に示す部材の応力図（M 図、N 図及び Q 図）を求めよ。

[解]

①部材に作用する反力を求める

部材に作用する反力は、ピンである点 A 及びローラーである点 C で生じる。また、点 B に作用する荷重は図 5.14（b）のように分解して各方向の釣り合い式をたてる。

$$H_A - 20 \cdot \cos 45° = 0 \qquad H_A = 14.14$$
$$V_A + V_C - 20 \cdot \sin 45° = 0 \qquad V_A = 7.07$$
$$20 \cdot \sin 45° \cdot 3 - V_C \cdot 6 = 0 \qquad V_C = 7.07$$

$$H_A = 14.14\text{kN}(\rightarrow) \qquad (5.37\text{-a})$$
$$V_A = 7.07\text{kN}(\uparrow) \qquad (5.37\text{-b})$$
$$V_C = 7.07\text{kN}(\uparrow) \qquad (5.37\text{-c})$$

以上より求まった点 A 及び点 C の反力を図 5.14（c）に示す。

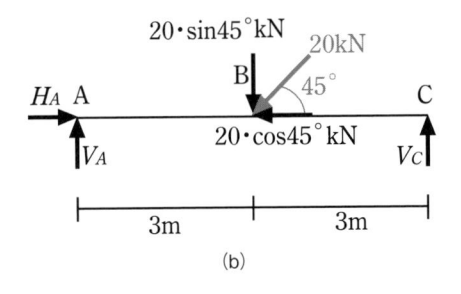

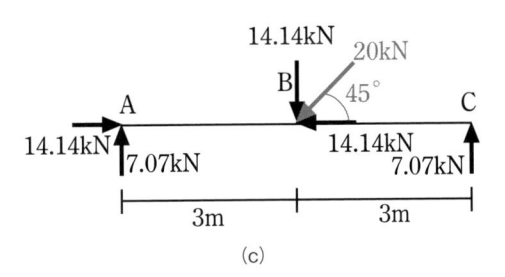

②点 A-B 間の応力を求める

点 A-B 間における任意の距離 xm（0m ≦ x ≦ 3m）で図 5.14（d）のように応力を仮定して釣り合い式をたてる。

$$14.14 + N_x = 0 \qquad N_x = -14.14\text{kN} \qquad (5.38\text{-a})$$
$$7.07 - Q_x = 0 \qquad Q_x = 7.07\text{kN} \qquad (5.38\text{-b})$$
$$7.07 \cdot x - M_x = 0 \qquad M_x = 7.07 \cdot x \qquad (5.38\text{-c})$$

ここで、式（5.38-c）より、点 A 及び点 B でのモーメントを求めると以下のようになる。

点 A　　$M_{x=0} = 7.07 \cdot 0 = 0\text{kN} \cdot \text{m}$ 　　(5.39-a)
点 B　　$M_{x=3} = 7.07 \cdot 3 = 21.21\text{kN} \cdot \text{m}$ 　　(5.39-b)

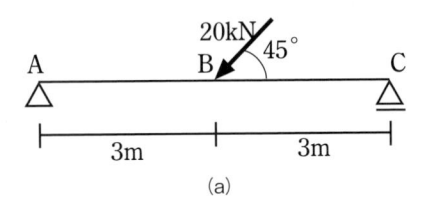

図 5.14

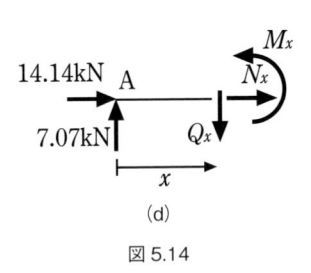

③点 B-C 間の応力を求める

点 B-C 間における任意の距離 xm（$3\mathrm{m} \leqq x \leqq 6\mathrm{m}$）で図5.14（e）のように応力を仮定して釣り合い式をたてる。

$$14.14 - 20 \cdot \cos 45° + N_x = 0$$
$$7.07 - 20 \cdot \sin 45° - Q_x = 0$$
$$7.07 \cdot x - 20 \cdot \sin 45° \cdot (x-3) - M_x = 0$$

$$N_x = 0\mathrm{kN} \tag{5.40-a}$$
$$Q_x = -7.07\mathrm{kN} \tag{5.40-b}$$
$$M_x = -7.07 \cdot x + 42.42 \tag{5.40-c}$$

ここで、式（5.40-c）より、点 B 及び点 C でのモーメントを求めると以下のようになる。

点 B　$M_{x=3} = -7.07 \cdot 3 + 42.42 = 21.21\mathrm{kN} \cdot \mathrm{m}$ (5.41-a)
点 C　$M_{x=6} = -7.07 \cdot 6 + 42.42 = 0\mathrm{kN} \cdot \mathrm{m}$ (5.41-b)

④軸力図を図示する

<u>軸力図とは、梁の場合は上側に正の軸力の値を材軸に直角な方向にとって、軸力の材軸方向の分布を表すグラフである。</u>

式（5.38-a）、（5.40-a）が、この部材の任意の箇所に作用する軸力を表している。

正の軸力（←■→）は正側（梁の上側）に描けるので、軸力図を図示するときには、矢印の書き始めを材軸（$N = 0$）に合わせて、せん断力図と同じように部材の左側から右側へ描いていくと、式（5.38-a）、（5.40-a）を図で解いていることに対応する。軸力図を図5.14（f）に示す。

⑤せん断力図及びモーメント図を図示する

せん断力図及びモーメント図は、それぞれ図5.14（g）、（h）に示すようになる。

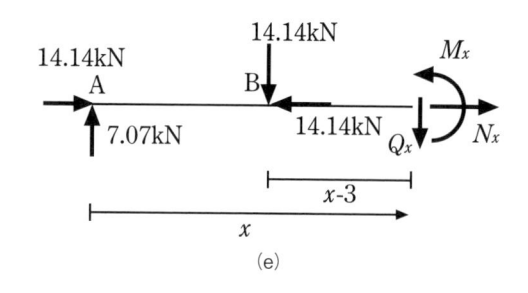

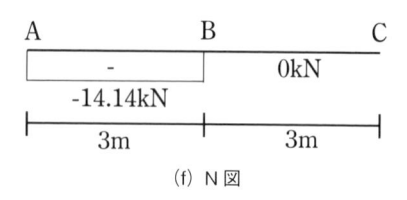

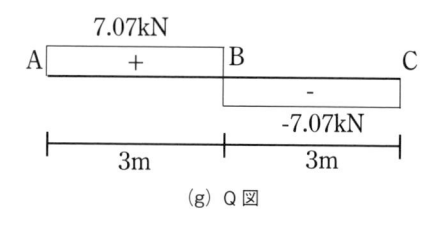

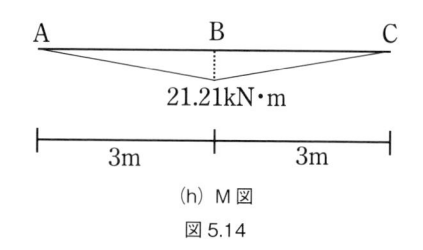

例題 26

図 5.15（a）に示す部材の応力図を求めよ。

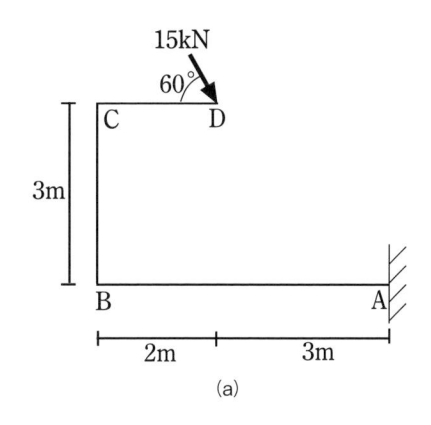

[解]
①部材に作用する反力を求める

まず、点 D に作用する荷重を X 方向と Y 方向に分解して、固定端である点 A の反力を図 5.15（b）のように仮定して釣り合い式をたてる。なお、モーメントの釣り合い式は点 A まわりでたてている。

$H_A + 15 \cdot \cos 60° = 0$
$V_A - 15 \cdot \sin 60° = 0$
$-(15 \cdot \sin 60°) \cdot 3 + (15 \cdot \cos 60°) \cdot 3 + M_A = 0$
$H_A = -15 \cdot \cos 60° = -7.5$
$V_A = 15 \cdot \sin 60° = 12.99$
$M_A = (15 \cdot \sin 60°) \cdot 3 - (15 \cdot \cos 60°) \cdot 3 = 16.47$

$H_A = 7.5 \text{kN}(\leftarrow)$ (5.42-a)
$V_A = 12.99 \text{kN}(\uparrow)$ (5.42-b)
$M_A = 16.47 \text{kN} \cdot \text{m}(\circlearrowright)$ (5.42-c)

以上より、点 A の反力は図 5.15（c）のようになる。

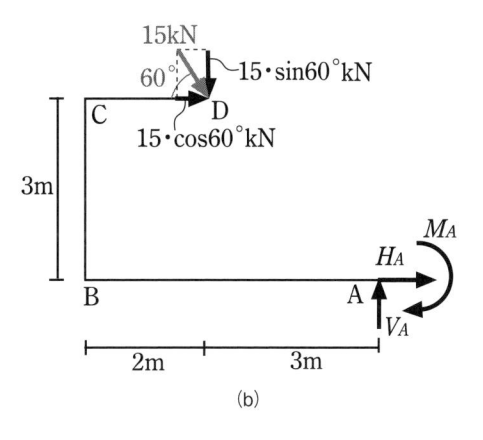

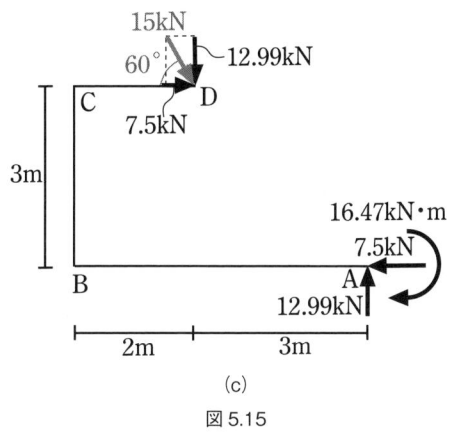

図 5.15

応力は、点Dより順次求めていく。

②点D-C間の応力を求める

点D-C間における任意の距離xm（$0\text{m} \leq x \leq 2\text{m}$）で図5.15（d）に示すように応力を仮定して釣り合い式をたてる。

$$-N_x + 7.5 = 0 \qquad N_x = 7.5\text{kN} \qquad (5.43\text{-a})$$
$$Q_x - 12.99 = 0 \qquad Q_x = 12.99\text{kN} \qquad (5.43\text{-b})$$
$$M_x + 12.99 \cdot x = 0 \qquad M_x = -12.99 \cdot x \qquad (5.43\text{-c})$$

ここで、式（5.43-c）より、点D及び点Cでのモーメントを求めると以下のようになる。

点D $\quad M_{x=0} = -12.99 \cdot 0 = 0\text{kN} \cdot \text{m} \qquad (5.44\text{-a})$
点C $\quad M_{x=2} = -12.99 \cdot 2 = -25.98\text{kN} \cdot \text{m} \qquad (5.44\text{-b})$

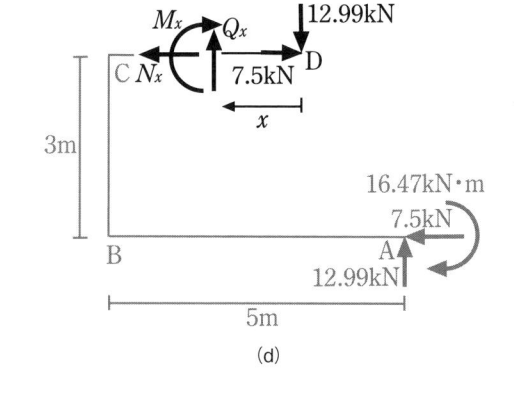

③点C-B間の応力を求める

点C-B間では部材が90°回転しているため、水平方向の力と鉛直方向の力が逆転することに注意して、図5.15（e）のように点Cを原点として任意の距離ym（$0\text{m} \leq y \leq 3\text{m}$）で応力を仮定して釣り合い式をたてる。

$$-N_y - 12.99 = 0 \qquad N_y = -12.99\text{kN} \qquad (5.45\text{-a})$$
$$-Q_y + 7.5 = 0 \qquad Q_y = 7.5\text{kN} \qquad (5.45\text{-b})$$
$$12.99 \cdot 2 + 7.5 \cdot y + M_y = 0 \qquad M_y = -7.5 \cdot y - 25.98 \qquad (5.45\text{-c})$$

ここで、式（5.45-c）より、点C及び点Bでのモーメントを求めると以下のようになる。

点C $\quad M_{y=0} = -7.5 \cdot 0 - 25.98 = -25.98\text{kN} \cdot \text{m} \qquad (5.46\text{-a})$
点B $\quad M_{y=3} = -7.5 \cdot 3 - 25.98 = -48.48\text{kN} \cdot \text{m} \qquad (5.46\text{-b})$

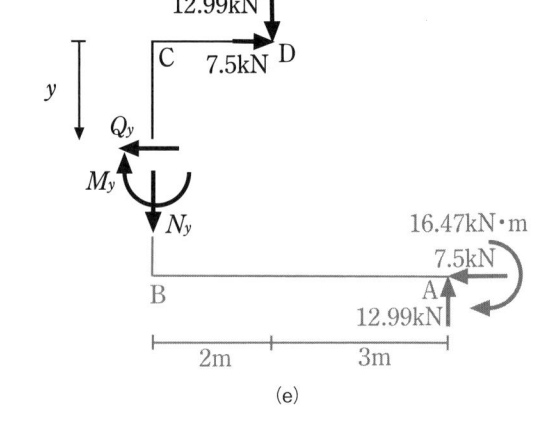

④点B-A間の応力を求める

点B-A間における任意の距離xm（$0\text{m} \leq x \leq 5\text{m}$）で図5.15（f）に示すように応力を仮定して釣り合い式をたてる。

$$N_x + 7.5 = 0$$
$$-Q_x - 12.99 = 0$$
$$12.99 \cdot (2-x) + 7.5 \cdot 3 - M_x = 0$$

$$N_x = -7.5\text{kN} \qquad (5.47\text{-a})$$
$$Q_x = -12.99\text{kN} \qquad (5.47\text{-b})$$
$$M_x = 48.48 - 12.99 \cdot x \qquad (5.47\text{-c})$$

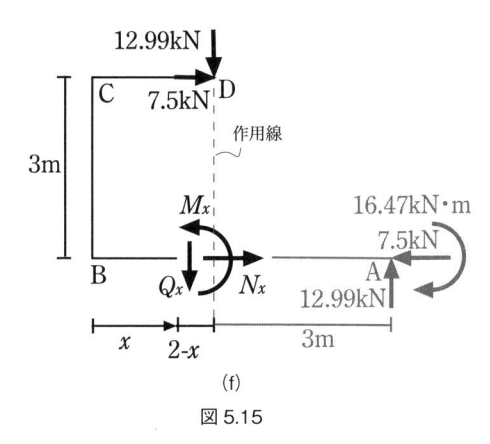

図5.15

ここで、式（5.47-c）より、点 B 及び点 A でのモーメントを求めると以下のようになる。

点 B　$M_{x=0} = 48.48 - 12.99 \cdot 0 = 48.48 \text{kN} \cdot \text{m}$　（5.48-a）
点 A　$M_{x=5} = 48.48 - 12.99 \cdot 5 = -16.47 \text{kN} \cdot \text{m}$　（5.48-b）

⑤解答を図示する

モーメント図は、図 5.15（g）に示すように柱材でも梁材と同じく材が伸びる側に値をとって図を描く。

以上より、軸力図、せん断力図及びモーメント図をそれぞれ図 5.15（h）、（i）に示す。

なお、点 A では反力が発生しているため、軸力図、せん断力図、モーメント図とも値が生じる。また、点 D では集中荷重の作用している自由端であるために、モーメントは発生しないので注意する。また、モーメント図に関しては、点 B-A 間の部材と集中荷重の作用線の交点でモーメントが 0kN・m になっていることがわかる。

図 5.15（j）、（k）に示すように、部材が直交して接合されている部分では、せん断力⇔軸力となって、力が伝わっていることがわかる。また、モーメントについては、接合されている部材に作用するモーメントの和＝外力＝0 となっているので、図 5.15（m）ではなく、図 5.15（l）のようにモーメント図が描ける。

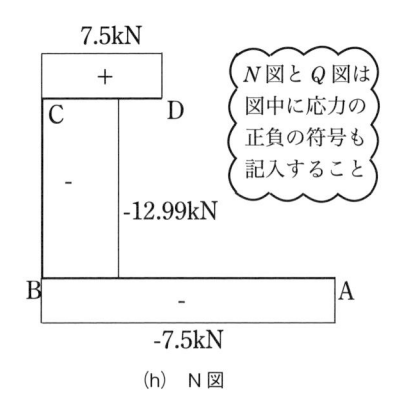

（h）N 図

POINT!

M 図及び Q 図が図示できたら、M 図の勾配の絶対値と Q 図の値の絶対値が一致することを確認すること。

（i）

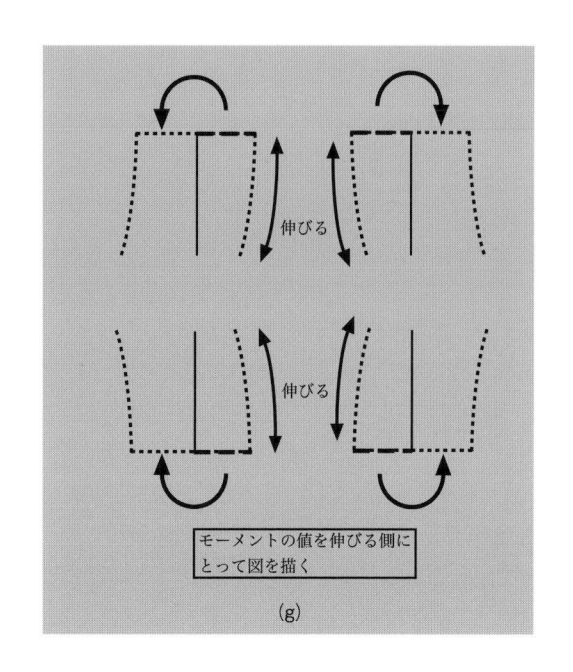

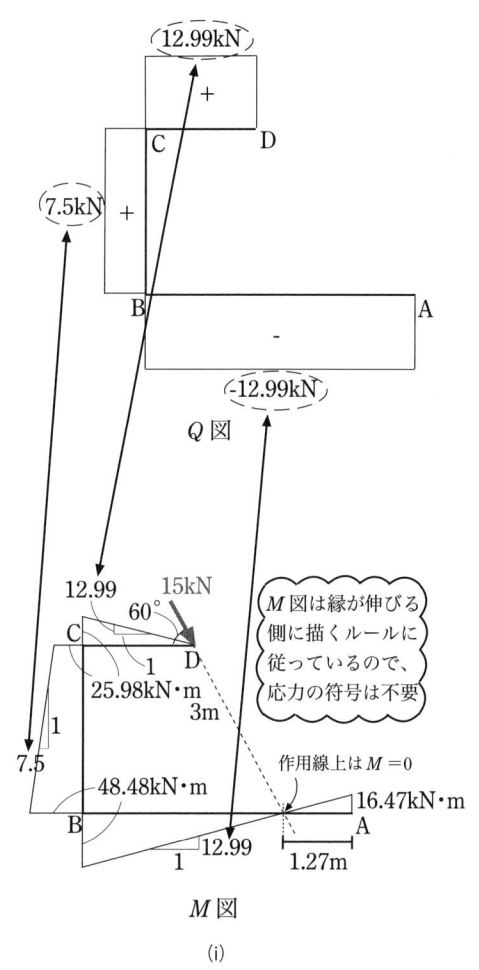

図 5.15

(j) (k)

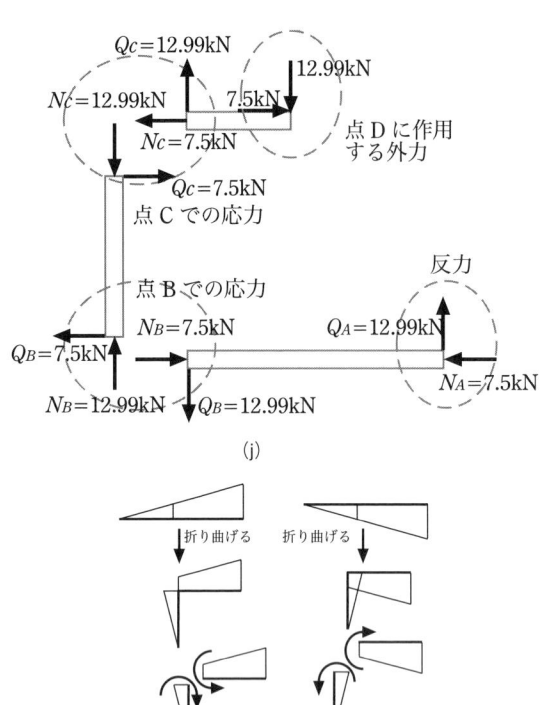

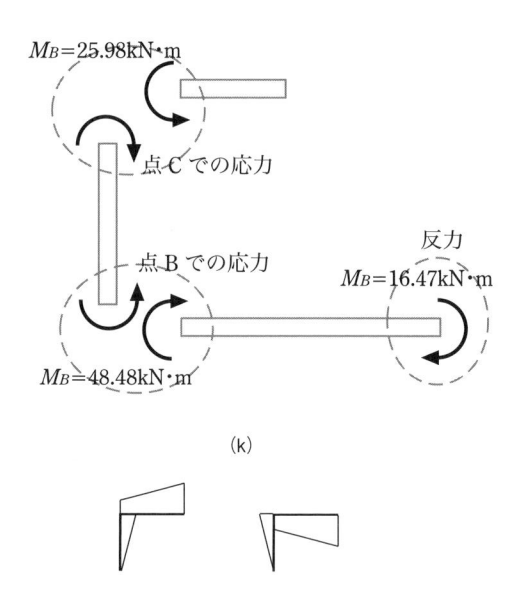

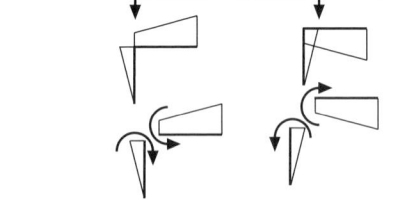

(l) 節点にモーメント荷重が作用しない場合の正しい M 図   (m) 節点にモーメント荷重が作用しない場合の間違った M 図

図 5.15

POINT!

点 C-B 間の部材を点 E に作用する荷重の作用線よりも左側で仮想切断したものを図 5.15（n）に、点 E よりも右側で仮想切断したものを図 5.15（o）にそれぞれ示す。また図 5.15（n）をもとにたてたモーメントの釣り合い式を式（5.49）、図 5.15（o）をもとにたてた釣り合い式を式（5.50）に示す。

図 5.15（n）をもとにたてた釣り合い式

$$-M_x + 7.5 \cdot 3 + 12.99 \cdot (2-x) = 0$$
$$M_x = -12.99 \cdot x + 48.48 \tag{5.49}$$

図 5.15（o）をもとにたてた釣り合い式

$$-M_x + 7.5 \cdot 3 - 12.99 \cdot (x-2) = 0$$
$$M_x = -12.99 \cdot x + 48.48 \tag{5.50}$$

このように、式（5.49）及び式（5.50）では＝の部分が異なるが、最終的には同一の式となる。そのため、仮想切断した時の距離を正確に図示して、その図に基づいてモーメントの符号を決めて、モーメントの釣り合い式を立てないと、モーメントの計算を間違える原因となる。

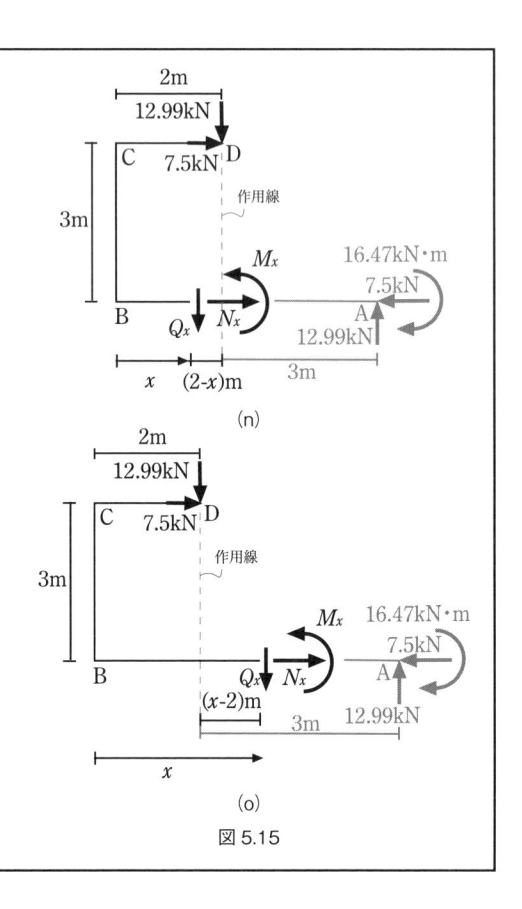

(n)

(o)

図 5.15

例題 27

図 5.16 (a) に示す部材の応力図を求めよ。

[解]

①部材に作用する反力を求める

反力はピンである点 A 及びローラーである点 B で生じる。各点における反力を図 5.16 (b) のように仮定して求めると次のようになり、反力を実際に作用する方向で図示すると図 5.16 (c) のようになる。なお、モーメントの釣り合い式は点 A まわりでたてている。

$$H_A = 0 \qquad H_A = 0$$
$$V_A + V_B - 20 = 0 \qquad V_A = 5$$
$$20 \cdot 3 - V_B \cdot 4 = 0 \qquad V_B = 15$$

$$H_A = 0 \text{kN} \tag{5.51-a}$$
$$V_A = 5 \text{kN}(\uparrow) \tag{5.51-b}$$
$$V_B = 15 \text{kN}(\uparrow) \tag{5.51-c}$$

よって、反力は図 5.16 (c) のようになる。

以降では、応力図を図示するための 2 種類の解法を示す。

[解 a]

今まで通り、応力を求めたい位置を一ヵ所のみ切断して、釣り合い式をたてる。

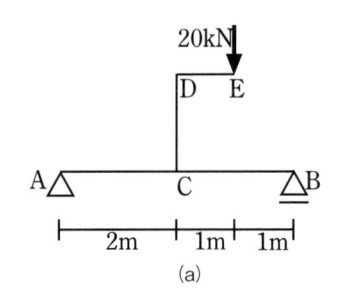

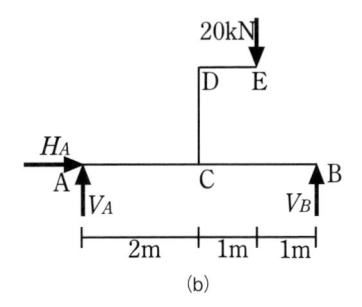

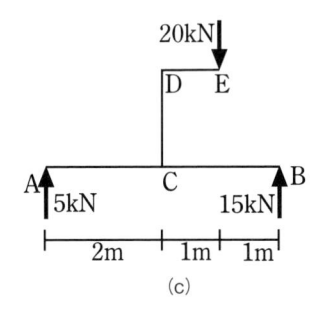

②点 E-D 間の応力を求める

点 E-D 間における任意の距離 xm ($0\text{m} \leq x \leq 1\text{m}$) で図 5.16 (d) のように応力を仮定して釣り合い式をたてる。

$$N_x = 0 \text{kN} \tag{5.52-a}$$
$$Q_x - 20 = 0 \qquad Q_x = 20 \text{kN} \tag{5.52-b}$$
$$M_x + 20 \cdot x = 0 \qquad M_x = -20 \cdot x \tag{5.52-c}$$

ここで、式 (5.52-c) より、点 E 及び点 D でのモーメントを求めると以下のようになる。

点 E $\quad M_{x=0} = -20 \cdot 0 = 0 \text{kN} \cdot \text{m} \tag{5.53-a}$
点 D $\quad M_{x=1} = -20 \cdot 1 = -20 \text{kN} \cdot \text{m} \tag{5.53-b}$

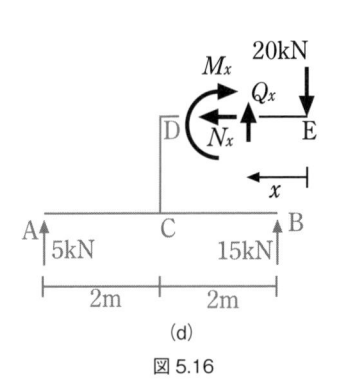

図 5.16

③点 D-C 間の応力を求める

　この区間の部材は、他区間の部材と比べて 90°回転しているため、Q が水平方向の力に、N が鉛直方向の力になることに注意して、点 D-C 間の任意の点における応力を図 5.16（e）のように仮定して釣り合い式をたてる。

$$-20 - N_y = 0 \quad N_y = -20\text{kN} \quad (5.54\text{-a})$$

$$Q_y = 0\text{kN} \quad (5.54\text{-b})$$

$$M_y + 20 = 0 \quad M_x = -20\text{kN}\cdot\text{m} \quad (5.54\text{-c})$$

④点 A-C 間の応力を求める

　点 A-C 間における任意の距離 xm（$0\text{m} \leqq x \leqq 2\text{m}$）で図 5.16（f）のように応力を仮定して釣り合い式をたてる。

$$N_x = 0\text{kN} \quad (5.55\text{-a})$$

$$5 - Q_x = 0 \quad Q_x = 5\text{kN} \quad (5.55\text{-b})$$

$$5\cdot x - M_x = 0 \quad M_x = 5\cdot x \quad (5.55\text{-c})$$

　ここで、式（5.55-c）より、点 A 及び点 C でのモーメントを求めると以下のようになる。

　点 A　　$M_{x=0} = 5\cdot 0 = 0\text{kN}\cdot\text{m} \quad (5.56\text{-a})$

　点 C　　$M_{x=2} = 5\cdot 2 = 10\text{kN}\cdot\text{m} \quad (5.56\text{-b})$

⑤点 C-B 間の応力を求める

　点 C-B 間における任意の距離 xm（$2\text{m} \leqq x \leqq 4\text{m}$）で図 5.16（g）のように応力を仮定して釣り合い式をたてる。

$$N_x = 0\text{kN} \quad (5.57\text{-a})$$

$$5 - 20 - Q_x = 0 \quad Q_x = -15\text{kN} \quad (5.57\text{-b})$$

$$5\cdot x + 20\cdot(3-x) - M_x = 0 \quad M_x = -15\cdot x + 60 \quad (5.57\text{-c})$$

　ここで、式（5.57-c）より、点 C 及び点 B でのモーメントを求めると以下のようになる。

　点 C　　$M_{x=2} = -15\cdot 2 + 60 = 30\text{kN}\cdot\text{m} \quad (5.58\text{-a})$

　点 B　　$M_{x=4} = -15\cdot 4 + 60 = 0\text{kN}\cdot\text{m} \quad (5.58\text{-b})$

⑥解答を図示する

　軸力図、せん断力図、モーメント図をそれぞれ図 5.16（h）、（i）、（j）に示す。図 5.16（k）、（l）に示すように、部材が直交して接合されている部分では、せん断力⇔軸力となって、力が伝わっていることが

(e)

(f)

(g)

(h)　N 図

図 5.16

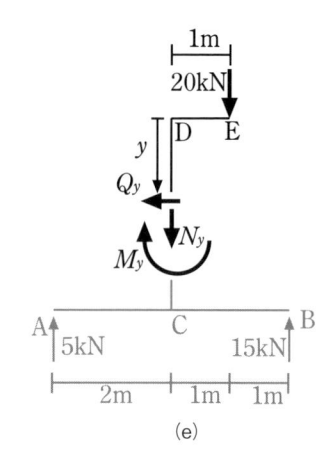

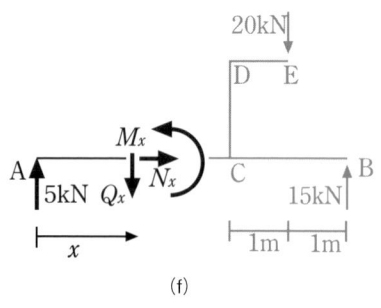

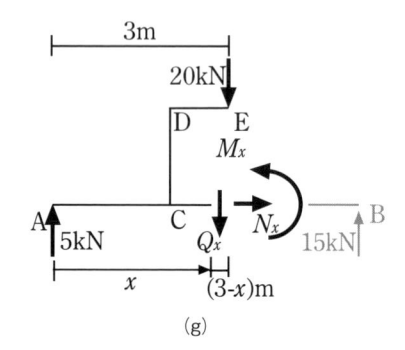

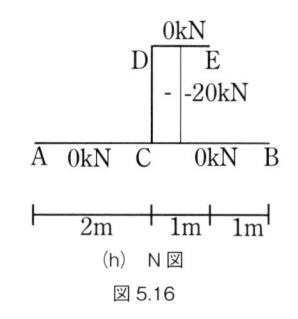

わかる。また、モーメントについては、点Cや点Dのように部材を接合している位置で「モーメントの和＝外力＝0」となっている。

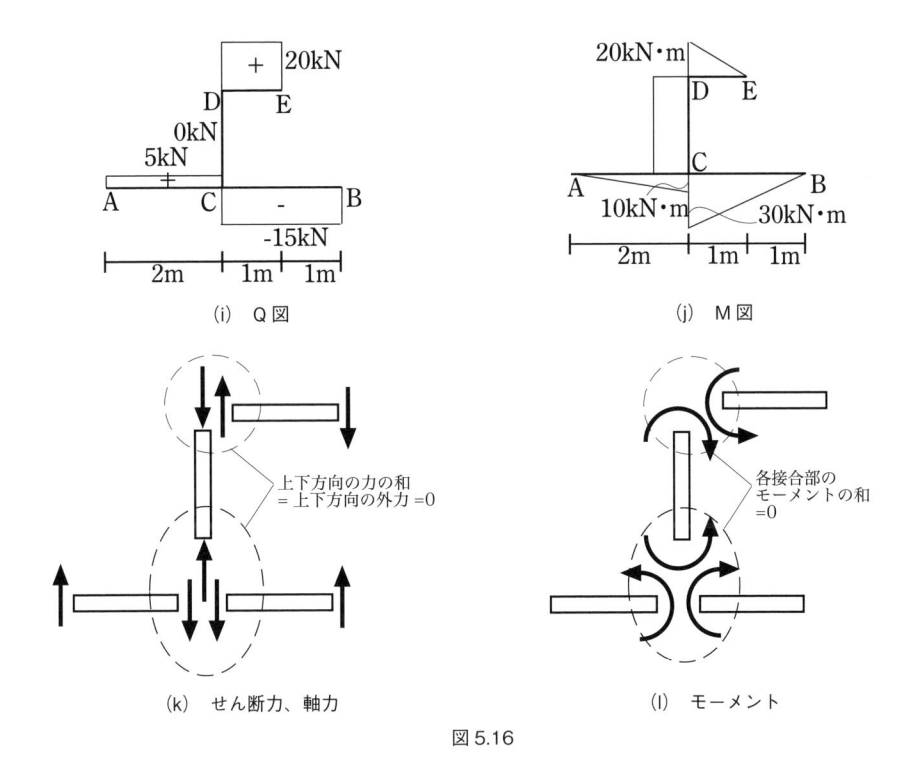

(i) Q図

(j) M図

(k) せん断力、軸力

(l) モーメント

図5.16

POINT!

点C-B間の部材を点Eに作用する荷重の作用線よりも左側で仮想切断したものを図5.16（m）に、点Eよりも右側で仮想切断したものを図5.16（n）にそれぞれ示す。

また、図5.16（m）をもとにたてたモーメントの釣り合い式を、式（5.59）、図5.16（n）をもとにたてた釣り合い式を式（5.60）にそれぞれ示す。

図5.16（m）をもとにたてた釣り合い式

$$5 \cdot x + \underline{\underline{20 \cdot (3-x)}} - M_x = 0$$
$$M_x = -15 \cdot x + 60 \qquad (5.59)$$

図5.16（n）をもとにたてた釣り合い式

$$5 \cdot x - \underline{\underline{20 \cdot (x-3)}} - M_x = 0$$
$$M_x = -15 \cdot x + 60 \qquad (5.60)$$

このように、式（5.59）及び式（5.60）では ＝ の部分が異なるが、最終的には同一の式となる。

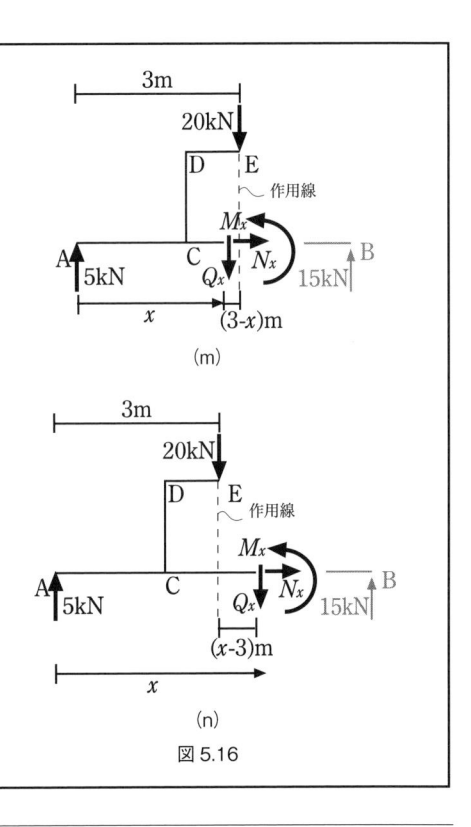

(m)

(n)

図5.16

[解 b] 部材の両端を仮想的に切断して部材毎に解く方法

部材全体を点 E-D 間、点 D-C 間、点 A-B 間の 3 種類にわけて応力図を作成する。

②点 E-D 間の応力を求める

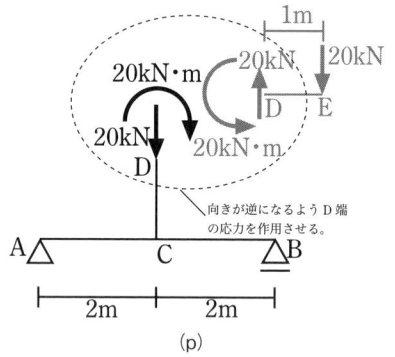

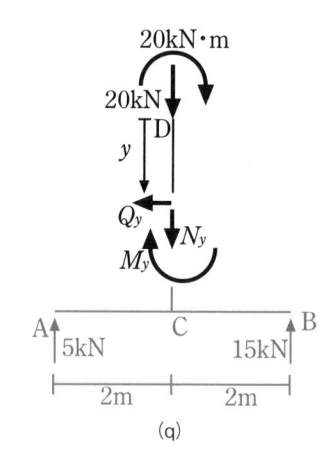

点 E-D 間における任意の距離 x m（0m ≦ x ≦ 1m）で図 5.16（o）のように応力を仮定して釣り合い式をたてる。

$$N_x = 0 \text{kN} \tag{5.61-a}$$
$$Q_x - 20 = 0 \quad Q_x = 20 \text{kN} \tag{5.61-b}$$
$$M_x + 20 \cdot x = 0 \quad M_x = -20 \cdot x \tag{5.61-c}$$

ここで、式（5.61-c）より、点 E 及び点 D でのモーメントを求めると以下のようになる。

点 E $\quad M_{x=0} = -20 \cdot 0 = 0 \text{kN} \cdot \text{m}$ (5.62-a)
点 D $\quad M_{x=1} = -20 \cdot 1 = -20 \text{kN} \cdot \text{m}$ (5.62-b)

③点 D-C 間の応力を求める

点 D-C 間の応力を考える際に、作用・反作用により図 5.16（p）のように②で求めた応力と同じ力で逆向きのものが点 D に作用しているとして、図 5.16（q）のように点 E-D 間の部材を無視して考えていく。また、点 E-D 間に対して点 D-C 間では 90°回転しているために、点 E-D 間のせん断力が点 D-C 間では軸力となって伝達されることに注意して、点 D-C 間の釣り合い式をたてると以下のようになる。

$$-20 - N_y = 0 \quad N_y = -20 \text{kN} \tag{5.63-a}$$
$$Q_y = 0 \text{kN} \tag{5.63-b}$$
$$M_y + 20 = 0 \quad M_x = -20 \text{kN} \cdot \text{m} \tag{5.63-c}$$

④点 A-C 間の応力を求める

点 A-C 間の応力を考える際に、図 5.16（r）のように③で求めた応力と大きさが同じで逆向きの応力を点 C に作用させることで、点 C-E 間の部材を無視することができる。

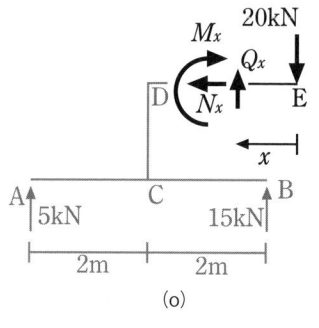

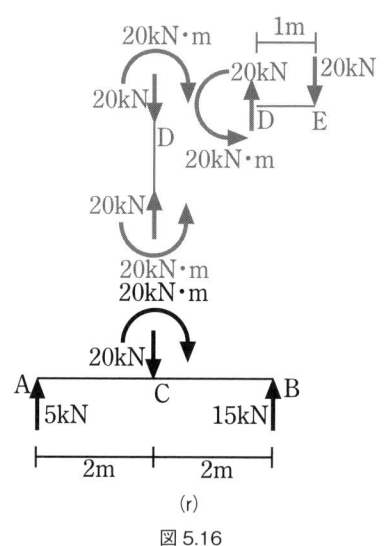

図 5.16

ここで、まず点 A-C 間における任意の距離 x m（$0\text{m} \leqq x \leqq 2\text{m}$）で図 5.16（s）のように応力を仮定して釣り合い式をたてる。

$$N_x = 0 \text{kN} \tag{5.64-a}$$
$$5 - Q_x = 0 \quad Q_x = 5\text{kN} \tag{5.64-b}$$
$$5 \cdot x - M_x = 0 \quad M_x = 5 \cdot x \tag{5.64-c}$$

ここで、式（5.64-c）より、点 A 及び点 C でのモーメントを求めると以下のようになる。

点 A $M_{x=0} = 5 \cdot 0 = 0 \text{kN} \cdot \text{m}$ (5.65-a)
点 C $M_{x=2} = 5 \cdot 2 = 10 \text{kN} \cdot \text{m}$ (5.65-b)

⑤点 C-B 間の応力を求める

点 C-B 間における任意の距離 x m（$2\text{m} \leqq x \leqq 4\text{m}$）で図 5.16（t）のように応力を仮定して釣り合い式をたてる。

$$N_x = 0\text{kN} \tag{5.66-a}$$
$$5 - 20 - Q_x = 0 \quad Q_x = -15\text{kN} \tag{5.66-b}$$
$$5 \cdot x + 20 - 20 \cdot (x-2) - M_x = 0 \quad M_x = -15 \cdot x + 60 \tag{5.66-c}$$

ここで、式（5.66-c）より、点 C 及び点 B でのモーメントを求めると以下のようになる。

点 C $M_{x=2} = -15 \cdot 2 + 60 = 30 \text{kN} \cdot \text{m}$ (5.67-a)
点 B $M_{x=4} = -15 \cdot 4 + 60 = 0 \text{kN} \cdot \text{m}$ (5.67-b)

⑥解答を図示する

以上より軸力図、せん断力図及びモーメント図は、それぞれ図 5.16（u）、（v）、（w）のようになる。よって解 a、解 b のどちらの方法でも同じ答えを導くことができることがわかる。

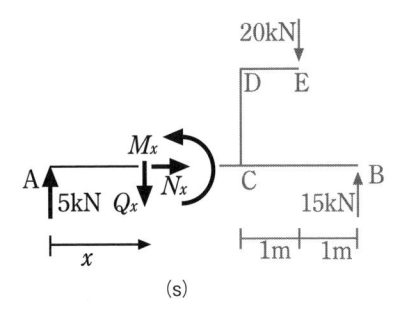

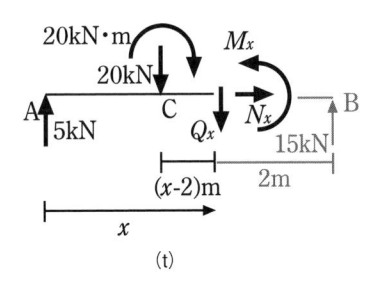

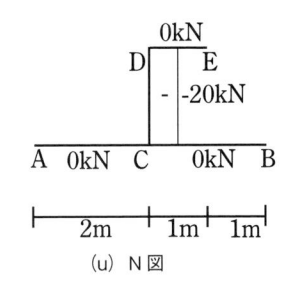

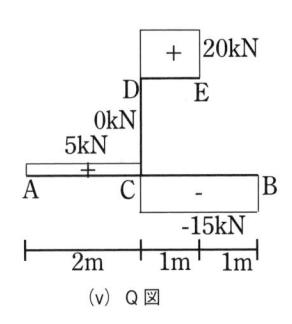

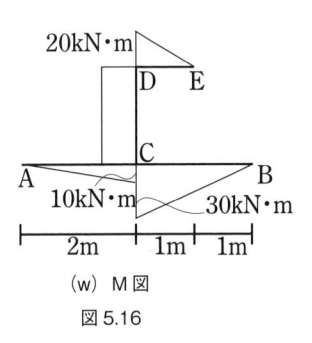

図 5.16

第6章　集中荷重のラーメンのMNQ図

　以下の写真のように、柱と梁から構成される構造を一般に**ラーメン**とよぶ。本章では、ラーメンに集中荷重が作用した際のM、N、Q図を求める解法を示す。

写真 6.1　大学校舎

写真 6.2　ホテルのロビー

写真 6.3　集合住宅

写真 6.4　淡路夢舞台

例題 28

図 6.1（a）に示す部材の応力図を求めよ。

[解]
①部材に作用する反力を求める

ピンである点 A 及びローラーである点 E で反力は生じる。各点における反力を図 6.1（b）のように仮定して求めると次のようになり、反力を実際の方向で示すと図 6.1（c）のようになる。なお、モーメントの釣り合い式は点 A まわりでたてている。

$H_A = 0$　　　　　$H_A = 0$
$V_A + V_E - 10 = 0$　$V_A = 6$
$10 \cdot 2 - V_E \cdot 5 = 0$　$V_E = 4$

$$H_A = 0 \text{kN} \qquad (6.1\text{-a})$$
$$V_A = 6 \text{kN}(\uparrow) \qquad (6.1\text{-b})$$
$$V_E = 4 \text{kN}(\uparrow) \qquad (6.1\text{-c})$$

②点 A-B 間の応力を求める

点 A-B 間における任意の距離 ym（$0\text{m} \leqq y \leqq 4\text{m}$）で図 6.1（d）のように応力を仮定して釣り合い式をたてる。

$$N_y + 6 = 0 \quad N_y = -6\text{kN} \qquad (6.2\text{-a})$$
$$Q_y = 0 \text{kN} \qquad (6.2\text{-b})$$
$$M_y = 0 \text{kN} \cdot \text{m} \qquad (6.2\text{-c})$$

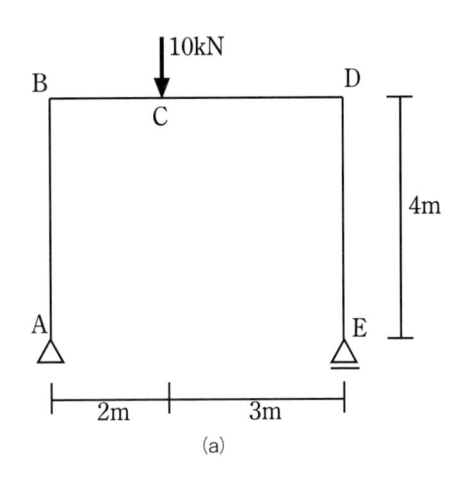

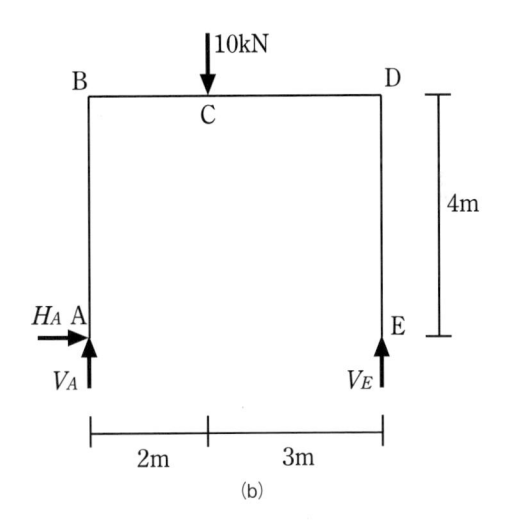

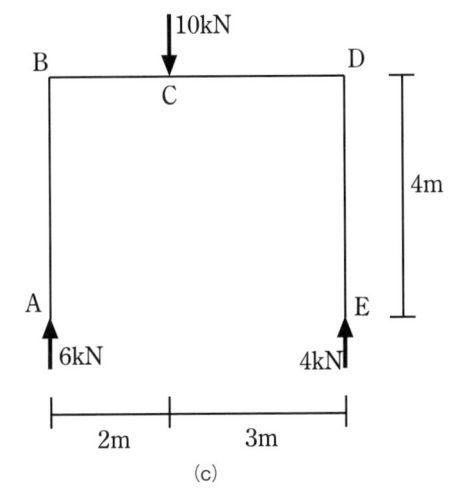

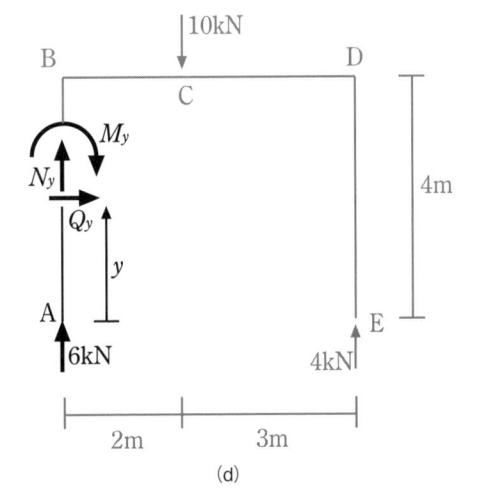

図 6.1

第 6 章　集中荷重のラーメンの MNQ 図

③点 B-C 間の応力を求める

点 B-C 間における任意の距離 x m（$0\text{m} \leq x \leq 2\text{m}$）で図 6.1（e）のように応力を仮定して釣り合い式をたてる。

$$N_x = 0\text{kN} \tag{6.3-a}$$
$$6 - Q_x = 0 \quad Q_x = 6\text{kN} \tag{6.3-b}$$
$$6 \cdot x - M_x = 0 \quad M_x = 6 \cdot x \tag{6.3-c}$$

ここで、式（6.3-c）より、点 B 及び点 C でのモーメントを求めると以下のようになる。

点 B　$M_{x=0} = 6 \cdot 0 = 0\text{kN}\cdot\text{m}$ (6.4-a)
点 C　$M_{x=2} = 6 \cdot 2 = 12\text{kN}\cdot\text{m}$ (6.4-b)

④点 C-D 間の応力を求める

点 C-D 間における任意の距離 x m（$2\text{m} \leq x \leq 5\text{m}$）で図 6.1（f）のように応力を仮定して釣り合い式をたてる。

$$N_x = 0\text{kN} \tag{6.5-a}$$
$$6 - 10 - Q_x = 0 \qquad Q_x = -4\text{kN} \tag{6.5-b}$$
$$6 \cdot x - 10 \cdot (x-2) - M_x = 0 \quad M_x = -4 \cdot x + 20 \tag{6.5-c}$$

ここで、式（6.5-c）より、点 C 及び点 D でのモーメントを求めると以下のようになる。

点 C　$M_{x=2} = -4 \cdot 2 + 20 = 12\text{kN}\cdot\text{m}$ (6.6-a)
点 D　$M_{x=5} = -4 \cdot 5 + 20 = 0\text{kN}\cdot\text{m}$ (6.6-b)

⑤点 D-E 間の応力を求める

点 D-E 間における任意の距離 y m（$0\text{m} \leq y \leq 4\text{m}$）で図 6.1（g）のように応力を仮定して釣り合い式をたてる。

$$6 - 10 - N_y = 0 \qquad N_y = -4\text{kN} \tag{6.7-a}$$
$$Q_y = 0\text{kN} \tag{6.7-b}$$
$$6 \cdot 5 - 10 \cdot 3 - M_y = 0 \quad M_y = 0\text{kN}\cdot\text{m} \tag{6.7-c}$$

(e)

(f)

(g)

図 6.1

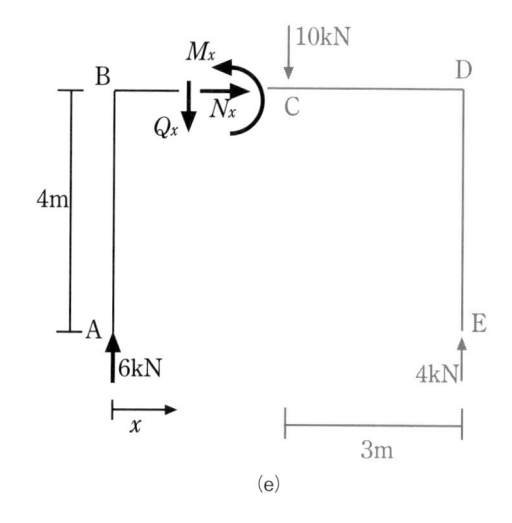

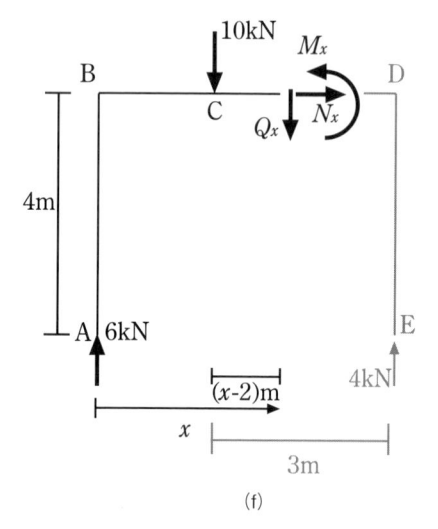

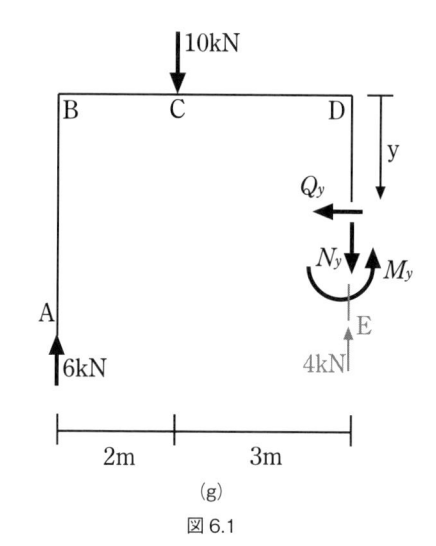

⑥解答を図示する

　ラーメンの応力図の描き方を以下に示す。
○モーメント図（M図）は、「縁の伸びる側に描く」というルールに従って作図する（図 5.7 (k) 参照）。
○せん断力図（Q図）及び軸力図（N図）に関しては、一般的にはラーメンの場合は図 6.1 (h) に示すとおり、梁を点Ａ及び点Ｂで折り返したイメージで正負の符号の方向を決めるルールに従って作図する。

　以上のルールに従うと、式 (6.2-a)、(6.3-a)、(6.5-a)、(6.7-a) より各区間の軸力図、式 (6.2-b)、(6.3-b)、(6.5-b)、(6.7-b) より各区間のせん断力図、式 (6.2-c)、(6.3-c)、(6.5-c)、(6.7-c) より各区間のモーメント図はそれぞれ図 6.1 (i)、(j)、(k) のようになる。

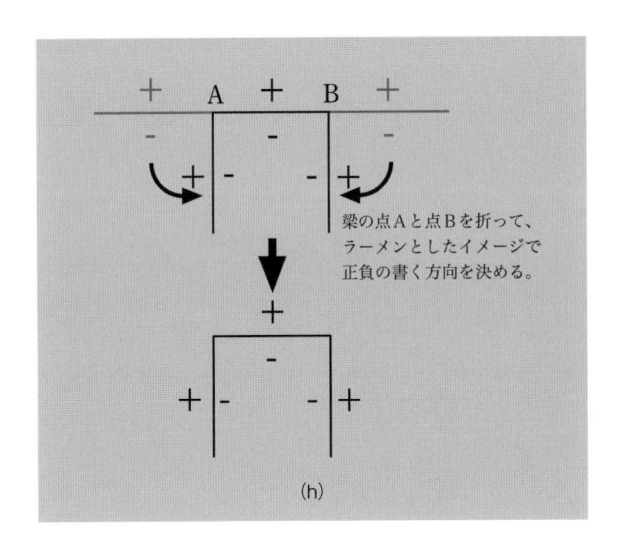

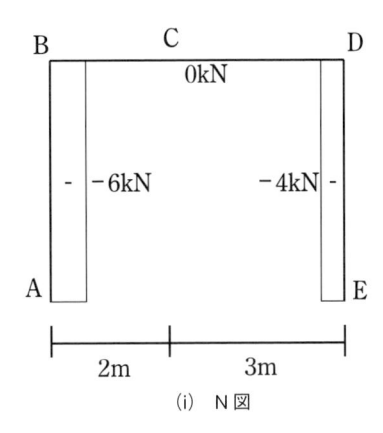

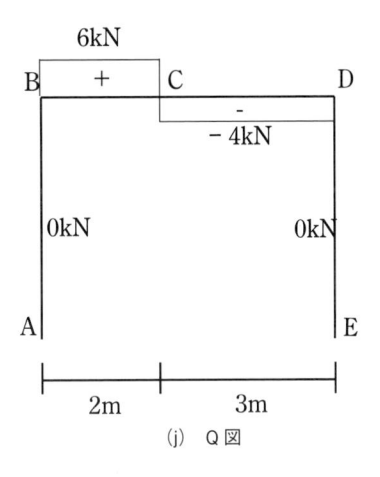

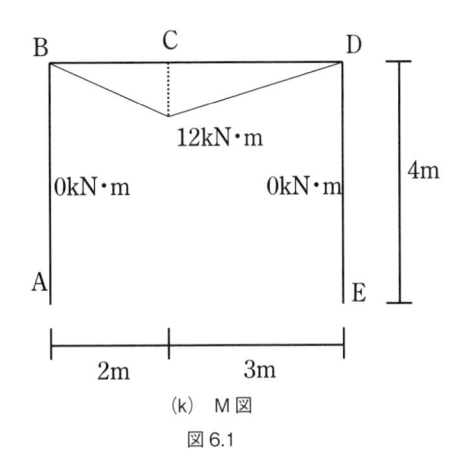

(h)

(i)　N図

(j)　Q図

(k)　M図

図 6.1

第6章　集中荷重のラーメンのMNQ図

例題 29

図 6.2（a）に示す部材の応力図を求めよ。

[解]

①部材に作用する反力を求める

ピンである点 A 及びローラーである点 D で反力は生じる。各点における反力を図 6.2（b）のように仮定して求めると次のようになり、反力を実際に作用する方向で図示すると図 6.2（c）のようになる。なお、モーメントの釣り合い式は点 A まわりでたてている。

$$H_A + 20 = 0 \qquad H_A = -20$$
$$V_A + V_D = 0 \qquad V_A = -16$$
$$20 \cdot 4 - V_D \cdot 5 = 0 \qquad V_D = 16$$

$$H_A = 20\text{kN}(\leftarrow) \tag{6.8-a}$$
$$V_A = 16\text{kN}(\downarrow) \tag{6.8-b}$$
$$V_D = 16\text{kN}(\uparrow) \tag{6.8-c}$$

②点 A-B 間の応力を求める

点 A-B 間における任意の距離 ym（0m $\leqq y \leqq$ 4m）で図 6.2（d）のように応力を仮定して釣り合い式をたてる。

$$N_y - 16 = 0 \qquad N_y = 16\text{kN} \tag{6.9-a}$$
$$Q_y - 20 = 0 \qquad Q_y = 20\text{kN} \tag{6.9-b}$$
$$M_y + 20 \cdot y = 0 \qquad M_y = -20 \cdot y \tag{6.9-c}$$

ここで、式（6.9-c）より、点 A 及び点 B でのモーメントを求めると以下のようになる。

点 A $M_{y=0} = -20 \cdot 0 = 0\text{kN} \cdot \text{m}$ (6.10-a)

点 B $M_{y=4} = -20 \cdot 4 = -80\text{kN} \cdot \text{m}$ (6.10-b)

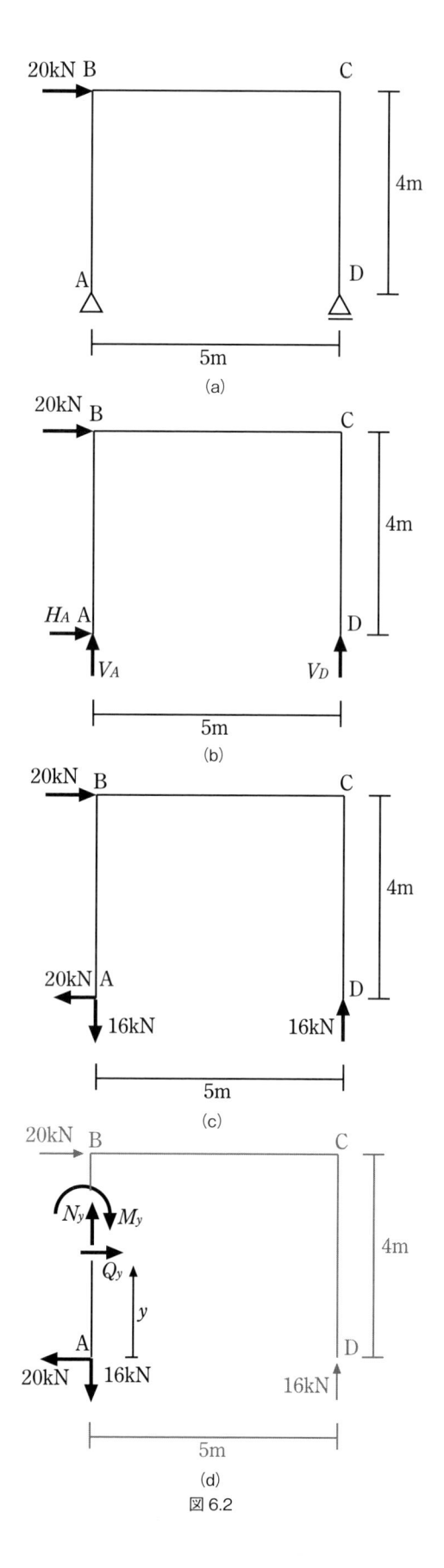

図 6.2

③点 B-C 間の応力を求める

点 B-C 間における任意の距離 xm（$0\text{m} \leq x \leq 5\text{m}$）で図6.2（e）のように応力を仮定して釣り合い式をたてる。

$$-20 + 20 + N_x = 0 \quad N_x = 0\text{kN} \quad (6.11\text{-a})$$
$$-16 - Q_x = 0 \quad Q_x = -16\text{kN} \quad (6.11\text{-b})$$
$$20 \cdot 4 - 16 \cdot x - M_x = 0 \quad M_x = -16 \cdot x + 80 \quad (6.11\text{-c})$$

ここで、式（6.11-c）より、点B及び点Cでのモーメントを求めると以下のようになる。

点B $\quad M_{x=0} = -16 \cdot 0 + 80 = 80\text{kN}\cdot\text{m} \quad (6.12\text{-a})$

点C $\quad M_{x=5} = -16 \cdot 5 + 80 = 0\text{kN}\cdot\text{m} \quad (6.12\text{-b})$

④点 C-D 間の応力を求める

点 C-D 間における任意の距離 ym（$0\text{m} \leq y \leq 4\text{m}$）で図6.2（f）のように応力を仮定して釣り合い式をたてる。

$$-16 - N_y = 0$$
$$-20 + 20 - Q_y = 0$$
$$20 \cdot y + 20 \cdot (4 - y) - 16 \cdot 5 - M_y = 0$$

$$N_y = -16\text{kN} \quad (6.13\text{-a})$$
$$Q_y = 0\text{kN} \quad (6.13\text{-b})$$
$$M_y = 0\text{kN}\cdot\text{m} \quad (6.13\text{-c})$$

④'点 D-C 間の応力を求める

応力は、点Dより順に求めることも可能である。点D-C 間における任意の距離 ym（$0\text{m} \leq y \leq 4\text{m}$）での釣り合い式をたてて、応力を求めると以下のようになる。また、点Dより距離 ym 離れた位置での応力を図6.2（g）に示す。

$$16 + N_y = 0 \quad N = -16\text{kN} \quad (6.14\text{-a})$$
$$Q_y = 0\text{kN} \quad (6.14\text{-b})$$
$$M_y = 0\text{kN}\cdot\text{m} \quad (6.14\text{-c})$$

よって、式（6.14）は式（6.13）と同値となり、応力を求める際はどちら側から解いてもよいことがわかる。

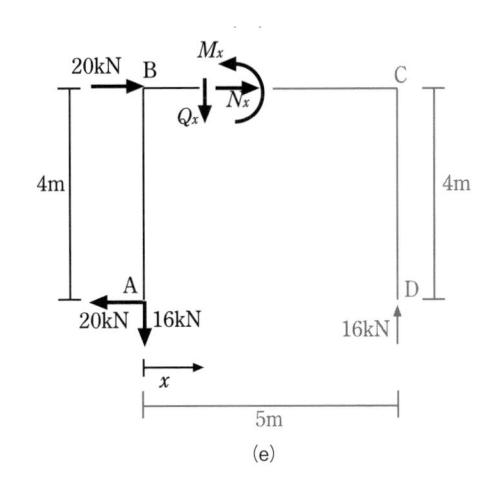

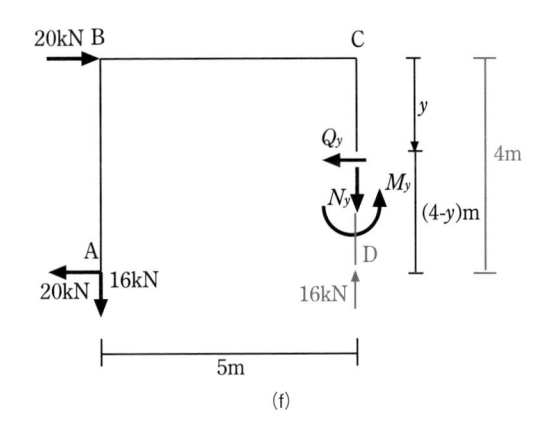

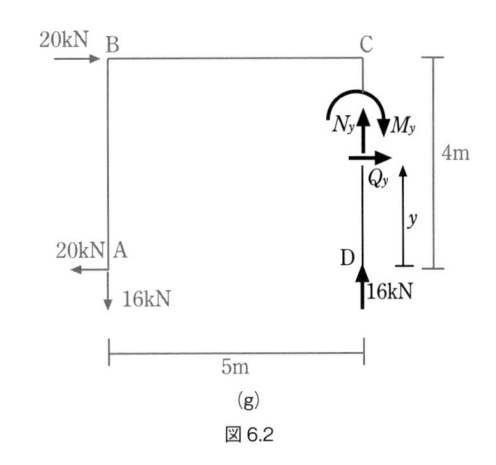

図6.2

POINT!

軸力及びせん断力の正の方向は、図6.2（h）に示すとおり定義されている。

ここで、点C-D間の応力を求めるために、点C-D間における任意の点で仮想切断した際、図6.2（h）中の断面Aは、図6.2（i）中の点D側より考えた時の断面に対応している。また、図6.2（h）中の断面Bは、図6.2（i）中の点C側より考えた時の断面に対応している。そのため、仮想切断面に作用する軸力及びせん断力の正の方向は、図6.2（i）に示すようになる。

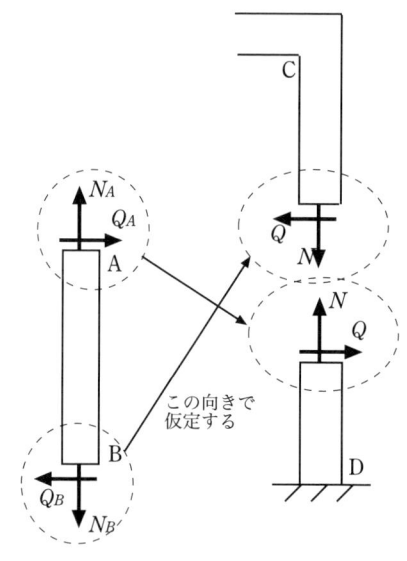

(h) 軸力とせん断力の正の方向　　(i)

⑤解答を図示する

外力として柱と梁の節点にモーメント荷重が作用していない場合では、梁のモーメントと柱のモーメントを足しあわすと、図6.2（j）のようにモーメント図は釣り合っていなければならない。そのため、図6.2（k）のようなモーメント図は作図されない。以上の点に注意して応力図をそれぞれ求める。軸力図、せん断力図、モーメント図は、それぞれ図6.2（l）、（m）、（n）のようになる。

POINT!

実際に作用する曲げモーメントの方向に対して、曲げモーメント図は伸びる側に書くルールに従うため、右回り・左回りのどちらに仮定してもよい。

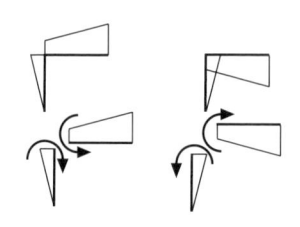

(j) 節点にモーメント荷重が作用しない場合の正しいM図

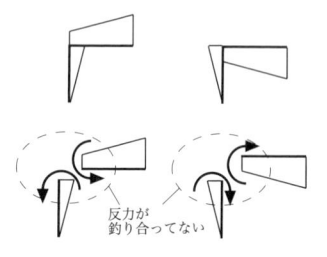

(k) 節点にモーメント荷重が作用しない場合の間違ったM図

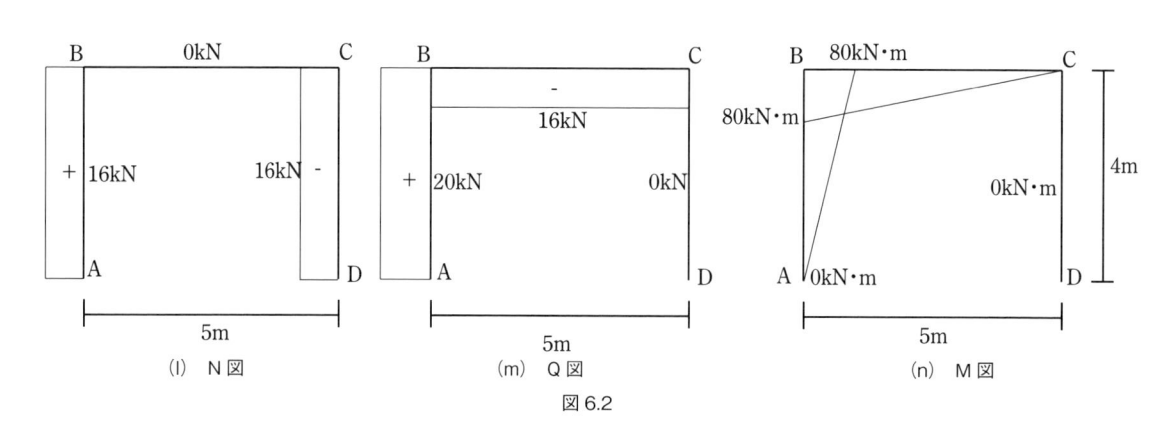

(l) N図

(m) Q図

(n) M図

図6.2

第7章　等分布荷重のMNQを求める

7.1 分布荷重

今まで、荷重が集中している部材の応力の計算方法を取り扱ってきたが、実際の構造物では、自重や風圧力など部材全体に分布して作用する。

自重を例に、荷重の計算方法を説明する。

鉄筋コンクリート造の梁を想定する。

材料の密度をρ（ロー）（例えば、コンクリートの場合は25kN/m³）とすると、図7.1に示すように、単位長さ1m当たりの荷重は$\rho \cdot B \cdot D$となり、それらが部材長の全体にわたり均等に分布する。このように、<u>均等に分布する荷重を**等分布荷重**とよび、等分布荷重は部材の単位長さ当たりの荷重（単位はkN/mなど）として</u>、一般的に図7.2のようにあらわす。

通常、構造計算では、鉄筋コンクリート造の梁に囲まれた床の重量は、図7.3のように隅から45°で床を仮想的に切断して、切断された床の重量をそれぞれの梁に負担させて、梁に作用する応力をもとめる。

床の単位面積当たりの重量は、床の自重（材料の密度×床の厚み）＋積載荷重（表1.2の値）で算出でき、梁に作用する分布荷重は、図7.4のようになる。この場合、床の自重と積載荷重は、図7.4に示すように梁端部付近では梁に作用する単位長さ当たりの分布荷重は梁の長さの1次関数となり、そのような荷重を**等変分布荷重**（三角形分布荷重）とよぶ。

7.2 分布荷重の作用する梁の応力の計算方法
分布荷重の合力の計算

分布荷重の合力は、下向きを正として式（7.1）のように表される。

$$\text{合力の大きさ} = \int_0^x w_{(s)} ds \quad (7.1)$$

すなわち、図7.5のように部材に垂直に荷重の値$w_{(x)}$を示した分布形の面積が合力の値となること

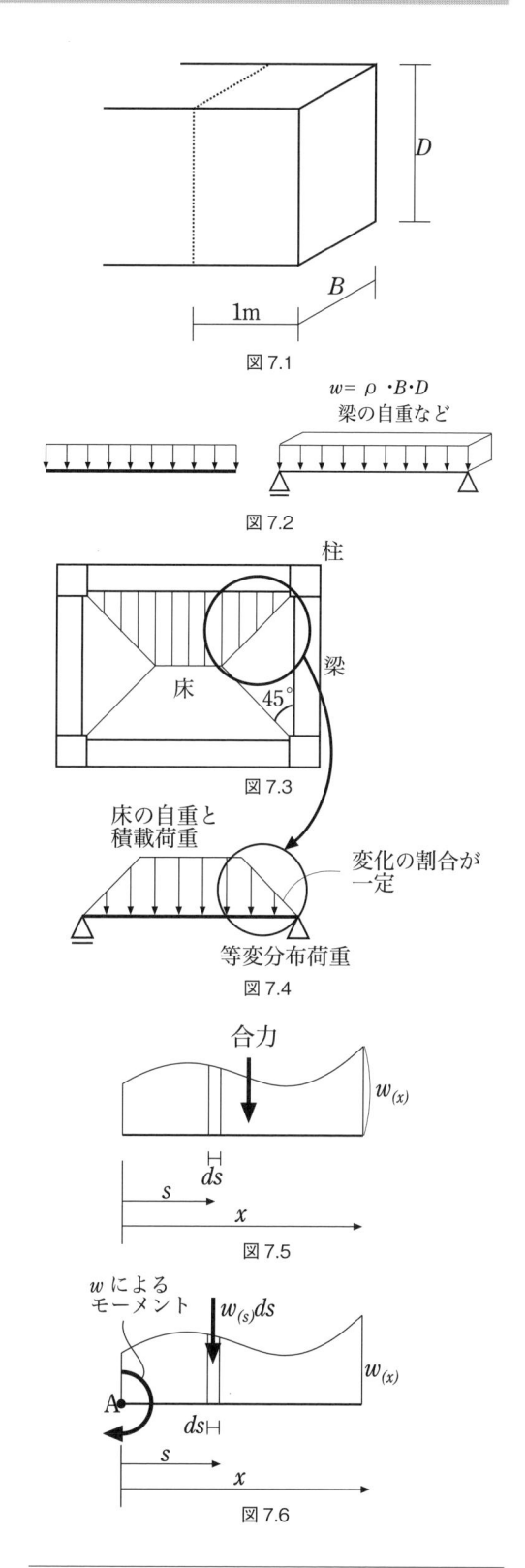

がわかる。

　分布荷重による点Aまわりのモーメントは右回りを正として式（7.2）のように表される。

$$M = \int_0^x \underbrace{s}_{\text{点Aから}s\text{までの距離}} \cdot w_{(s)} ds \tag{7.2}$$

　すなわち、微小区間 ds に作用する力 $w_{(s)} \cdot ds$ の点Aまわりのモーメント（距離は s）を積分区間にわたり累加することによって求めることができる。

　従って、分布荷重の合力の作用線の位置は、分布荷重によるモーメント＝合力によるモーメントとなるように決まるので、式（7.3）のように求めることができる。

$$x_0 = \frac{\int_0^x s \cdot w_{(s)} ds}{\int_0^x w_{(s)} ds} \tag{7.3}$$

　式（7.3）は、集中荷重の合力の作用位置の求め方（図7.8）と同じ考え方で誘導できる．

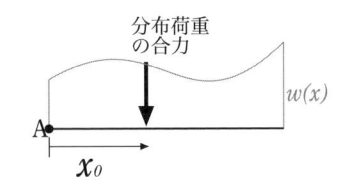

図 7.7　分布荷重の合力の作用位置

$$x_0 = \frac{P_1 \cdot x_1 + P_2 \cdot x_2}{P_1 + P_2}$$

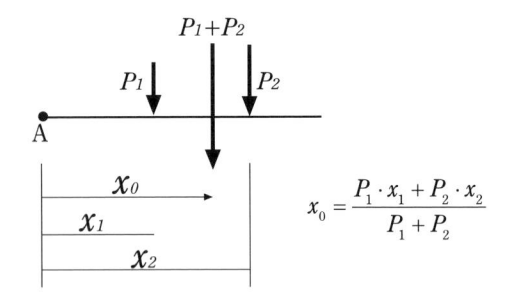

図 7.8　集中荷重の合力の作用位置

POINT!

積分について

　図7.9において、区間 a-b の面積を求める問題では式（7.4）となる。

$$\int_a^b f_{(x)} dx \tag{7.4}$$

　面積を求める場合の式（7.4）の積分とは、微小長さ dx を無限に小さくしながら、微小な区間で区切った長方形を足し合わせることであり、式（7.5）のような計算である。

$$\lim_{dx \to 0} \sum f_{(x_i)} dx \tag{7.5}$$

　式（7.4）は、図7.9のように区間 a-b の関数 $f_{(x)}$ と x 軸との間の面積となることから、積分は面積を求めることと理解している人が多いが、積分の本来の意味は<u>足し合わせて微小長さ dx を無限に小さくすること</u>であると理解し直そう。そうすると、式（7.2）のような積分の意味がよく理解できる。

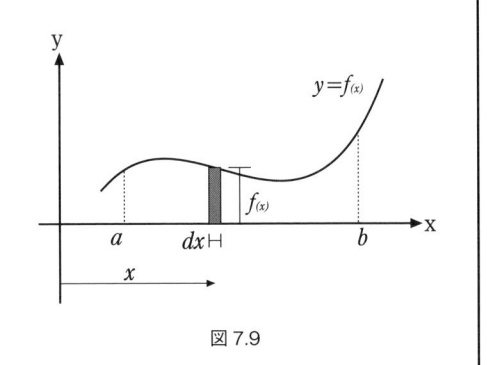

図 7.9

例題 30

図 7.10 (a) に示す部材の応力図を求めよ。

[解 a] 積分による方法

反力は、図 7.10 (b) よりたてた釣り合い式を用いて求めることができる。

$$H_B = 0\text{kN} \tag{7.6-a}$$

$$V_B - \int_0^{4.5} 40 ds = 0$$

$$V_B = \int_0^{4.5} 40 ds = [40 \cdot s]_0^{4.5} = 4.5 \cdot 40 = 180\text{kN}(\uparrow) \tag{7.6-b}$$

$$-M_B - \int_0^{4.5}(4.5-s) \cdot 40 ds = 0$$

$$M_B = -\int_0^{4.5}(4.5-s) \cdot 40 ds$$

$$= -\left[(4.5 \cdot s - \frac{s^2}{2}) \cdot 40\right]_0^{4.5}$$

$$= -10.125 \cdot 40 = -405\text{kN}\cdot\text{m}\ (\curvearrowright) \tag{7.6-c}$$

次に、図 7.10 (c) に示すように部材の左側より任意の距離 x m 離れた位置での応力を考える。点 A から任意の距離 x m での応力は、式 (7.7) に示すような釣り合い式より求めることができる。

$\Sigma X = 0$ より　　$N_x = 0\text{kN}$ 　　　(7.7-a)

$\Sigma Y = 0$ より
$$-Q_x - \int_0^x 40 ds = 0$$
$$Q_x = -\int_0^x 40 ds = -40 \cdot x \tag{7.7-b}$$

$\Sigma M = 0$ より
$$-M_x - \int_0^x (x-s) \cdot 40 ds = 0$$
$$M_x = -\int_0^x (x-s) \cdot 40 ds$$
$$= -\left[40 \cdot (x \cdot s - \frac{s^2}{2})\right]_0^x$$
$$= -\frac{40 \cdot x^2}{2} = -20 \cdot x^2 \tag{7.7-c}$$

w は一定値であるが、せん断力及びモーメントは x を変数とする関数となっている。そのため、点 A 及び点 B におけるせん断力及びモーメントの値をあらかじめ計算して、その値を用いて応力図を作成する。

点 A におけるせん断力及びモーメントは式 (7.8) に示すとおり計算できる。

$$Q_{x=0} = -40 \cdot 0 = 0\text{kN} \tag{7.8-a}$$

$$M_{x=0} = -20 \cdot 0^2 = 0\text{kN}\cdot\text{m} \tag{7.8-b}$$

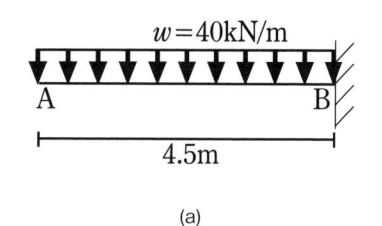

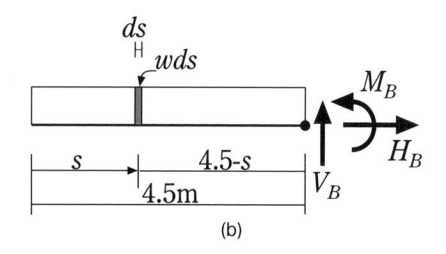

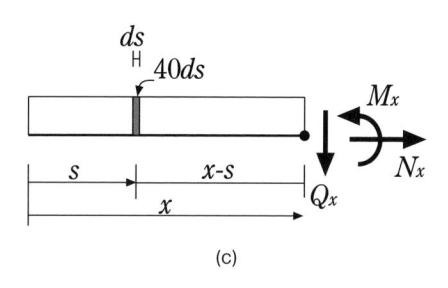

図 7.10

また、点 B におけるせん断力及びモーメントは式 (7.9) に示すように計算できる。

$$Q_{x=4.5} = -40 \cdot 4.5 = -180 \text{kN} \tag{7.9-a}$$

$$M_{x=4.5} = -20 \cdot 4.5^2 = -405 \text{kN} \cdot \text{m} \tag{7.9-b}$$

コラム　w の分布とせん断力図とモーメント図の勾配の関係

分布荷重とせん断力とモーメントの関係は式 (7.10) のようになっており、書き換えると式 (7.11) のようになる。すなわち、式 (7.11) よりせん断力図の勾配が分布荷重の値となり、式 (7.12) よりモーメント図の勾配がせん断力の値となる。従って、分布荷重の値はモーメント図の勾配の変化率（曲率）を表している。

$$Q - w \cdot dx - (Q + dQ) = 0 \tag{7.10}$$

$$\frac{dQ}{dx} = w \tag{7.11}$$

$$\frac{dM}{dx} = Q \tag{7.12}$$

$$\frac{d^2M}{dx^2} = \frac{dQ}{dx} = w \tag{7.13}$$

表 7.1 に示したとおり、分布荷重が一定の場合は、せん断力は x の 1 次関数、モーメント図は x の 2 次関数となり、分布荷重が等変分布（x の 1 次関数）の場合は、せん断力は x の 2 次関数、モーメント図は 3 次関数となる。

> **POINT!**
> 図 7.10 (e) に示すように、曲率とは角度の変化率を示している。x-y 座標系で曲率の絶対値が x の増加に従い大きくなるとき、曲線の形は図 7.10 (f) のようになる。また、x-y 座標系で曲率が x の増加に従い小さくなるとき、曲線の形は図 7.10 (g) のようになる。なお、図 7.10 (h)、(i) のように角度（勾配）= 0 となる場所ではモーメントが極値となる。すなわち、$Q = 0 \text{kN}$ の点で M 図は極値（最大値または最小値）をとる。

表 7.1

	$\frac{dQ}{dx} = \frac{dM^2}{d^2x}$	図の形式	
w の分布図		一定値	x の 1 次関数
Q 図	$\frac{dM}{dx}$	x の 1 次関数	x の 2 次関数
M 図		x の 2 次関数	x の 3 次関数

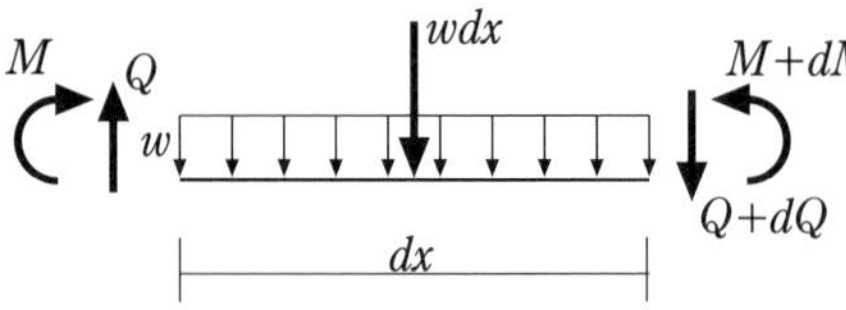

(d)

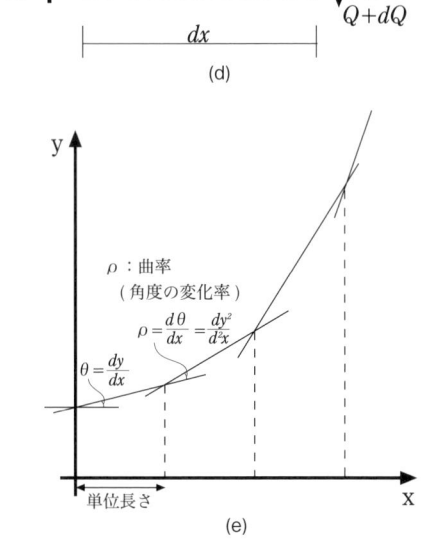

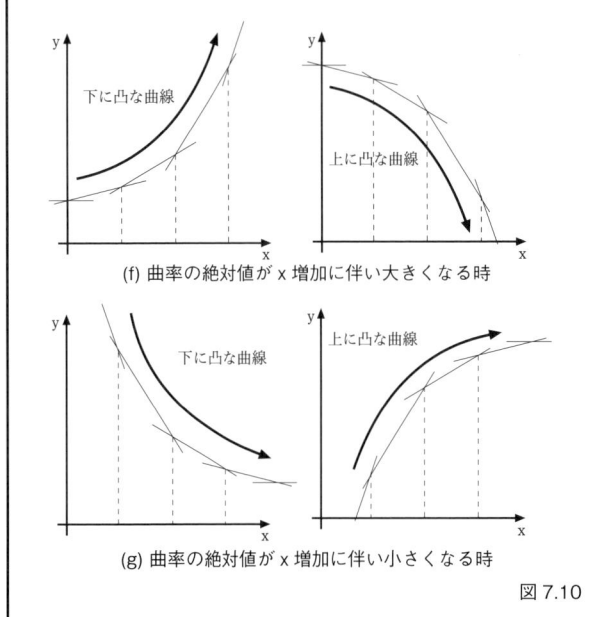

(f) 曲率の絶対値が x 増加に伴い大きくなる時

(e)

(g) 曲率の絶対値が x 増加に伴い小さくなる時

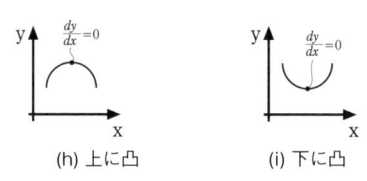

(h) 上に凸　　(i) 下に凸

図 7.10

分布荷重のモーメント図の描き方

図 7.10 (j) に示したせん断力図では、せん断力の値が点 A 側に比べて点 B 側の値が大きい。

次に、式 (7.10)、(7.11) より点 A 及び点 B におけるモーメント図の値を書き込み、両端を破線で結ぶと図 7.10 (l) に示すようになる。

次に、せん断力図の値を見ながら、モーメント図の勾配を決定する。図 7.10 (m) に示すように、点 A と点 B のモーメントの値を結んだ破線を基準にして、点 A 側はせん断力の値が小さいために、モーメントの勾配は緩く、点 B に近づくに従いせん断力の値が大きくなるため（絶対値で考える）、モーメントの勾配は急になる。最終的なモーメント図は、図 7.10 (m) の両端を滑らかに結んだ形状となる。

点 A 側より点 B 側のモーメントの勾配が緩く示されている図 7.10 (n) のようなモーメント図は間違いとなる。

ここで、分布荷重 w の分布図とせん断力図、モーメント図の関係を図 7.10 (o) に示す。

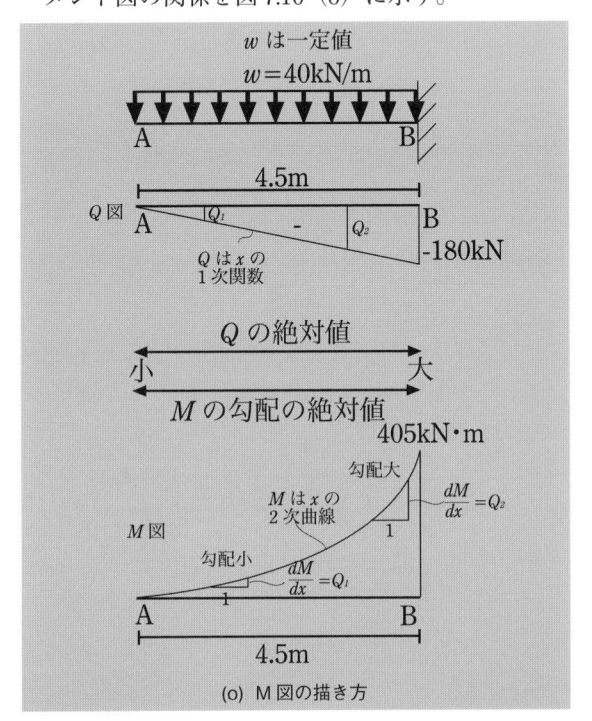

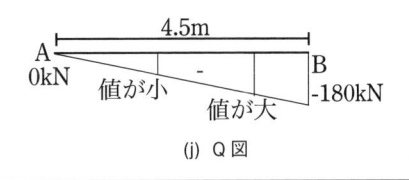

(j) Q 図

コラム　Q 図の描き方

分布荷重は単位長さ当たりの集中荷重 wdx が並んでいると考えると図 7.10 (k) のように階段状に Q 図が描ける。

$dx \to 0$ とするとなめらかな直線（式(7.7-b) に示す x の 1 次式）となり Q 図は図 7.10 (j) のようになる。

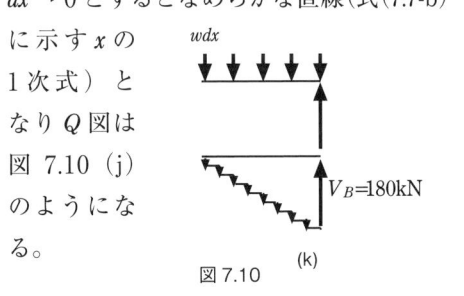

図 7.10 (k)

(o) M 図の描き方

POINT!
勾配が小さい時：材軸に対して平行に近くなる
勾配が大きい時：材軸に対して垂直に近くなる

図 7.10

(l) M 図（途中）

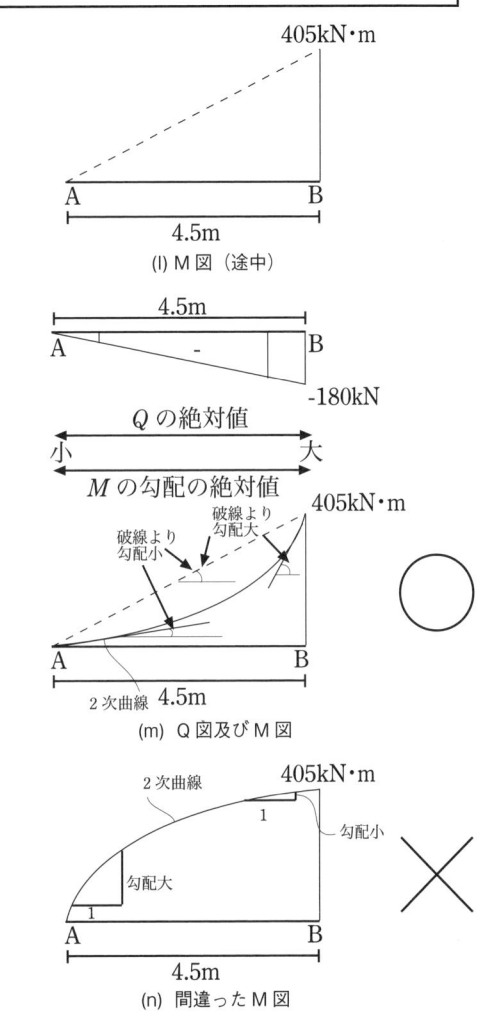

(m) Q 図及び M 図

(n) 間違った M 図

第 7 章　等分布荷重の MNQ を求める

[解 b] 分布荷重を合力に置き換える方法

コラム　等分布荷重を集中荷重に置き換える方法

点 A まわりの分布荷重によるモーメントは図 7.10 (p) に示す方法で微小区間当たりのモーメントを積分で累加して求める。一方、合力によるモーメントは図 7.10 (q) に示すようになる。両者が等しくなる x_0 を求めることにより、合力の作用位置が定まる。この時に合力（荷重分布形の面積 $w \cdot x$）が作用する位置は、式 (7.3) より以下のように求めることができ、それを図示すると図 7.10 (r) のようになる。

$$x_0 = \frac{\int_0^x s \cdot w_s \, ds}{\int_0^x w_s \, ds} = \frac{\frac{w \cdot x^2}{2}}{w \cdot x} = \frac{x}{2} \quad (7.14)$$

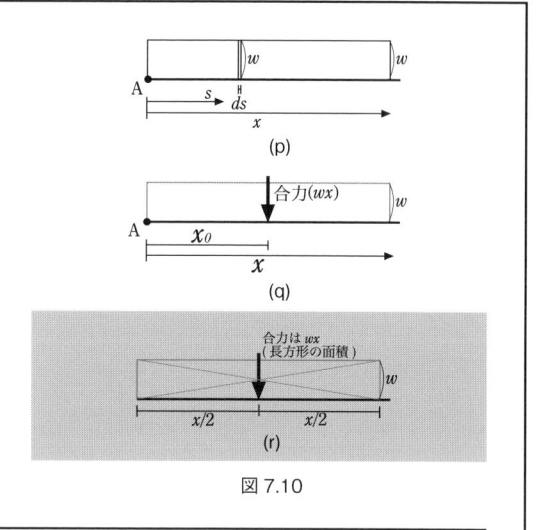

図 7.10

POINT!

荷重分布形の図形＝高さが w で長さが x の長方形
　合力の大きさ＝荷重分布形の図形（長方形）の面積
　合力の作用位置＝荷重分布形（長方形）の図心の位置

①部材に作用する反力を求める

点 B の反力を図 7.10 (s) のように仮定して求める。この場合は、構造物全体で釣り合い式をたてるため、分布荷重 w 全体を集中荷重に置き換える。なお、モーメントの釣り合い式は点 B まわりでたてている。

求まった反力を図中に書き込むと図 7.10 (t) に示すようになる。

POINT!

考えている範囲の分布荷重のみを集中荷重に置き換えて図示、計算する。

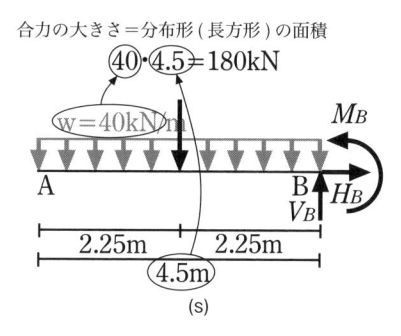

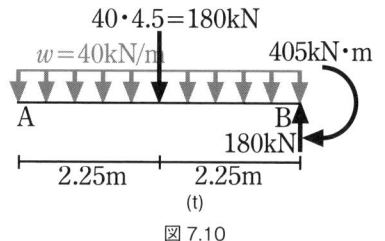

$$\begin{aligned} H_B &= 0 & H_B &= 0 \\ V_B - 180 &= 0 & V_B &= 180 \\ -180 \cdot 2.25 - M_B &= 0 & M_B &= -405 \end{aligned}$$

$$H_B = 0 \text{kN} \quad (7.15\text{-a})$$
$$V_B = 180 \text{kN} (\uparrow) \quad (7.15\text{-b})$$
$$M_B = -405 \text{kN} \cdot \text{m} \, (\circlearrowleft) \quad (7.15\text{-c})$$

POINT!

反力を計算する際は、点 A-B 間全体を考えるので、部材全体の分布荷重を集中荷重に置き換える。

図 7.10

②点 A-B 間の応力を求める

　分布荷重は、距離によって作用する荷重が変化するため、任意の距離 x m における分布荷重だけを集中荷重に置き換える。点 A-B 間において、点 A から任意の距離 x m（$0\mathrm{m} \leq x \leq 4.5\mathrm{m}$）で図 7.10（u）のように応力を仮定して釣り合い式をたてると以下のようになる。

$$N_x = 0 \qquad N_x = 0\mathrm{kN} \qquad (7.16\text{-}a)$$
$$-Q_x - 40 \cdot x = 0 \qquad Q_x = -40 \cdot x \qquad (7.16\text{-}b)$$
$$-(40 \cdot x) \cdot (x \cdot \frac{1}{2}) - M_x = 0 \qquad M_x = -20 \cdot x^2 \qquad (7.16\text{-}c)$$

　式（7.16-a）は一定値であるが、式（7.16-b）及び式（7.16-c）は x を変数とする関数となっている。そのため、点 A 及び点 B におけるせん断力及びモーメントの値をあらかじめ計算する。その値を用いて応力図を作成する。

　点 A におけるせん断力及びモーメントは式（7.17）に示すように計算できる。

$$Q_{x=0} = -40 \cdot 0 = 0\mathrm{kN} \qquad (7.17\text{-}a)$$
$$M_{x=0} = -20 \cdot 0^2 = 0\mathrm{kN} \cdot \mathrm{m} \qquad (7.17\text{-}b)$$

　また、点 B におけるせん断力及びモーメントは式（7.18）に示すように計算できる。

$$Q_{x=4.5} = -40 \cdot 4.5 = -180\mathrm{kN} \qquad (7.18\text{-}a)$$
$$M_{x=4.5} = -20 \cdot 4.5^2 = -405\mathrm{kN} \cdot \mathrm{m} \qquad (7.18\text{-}b)$$

③解答を図示する

　解答を図 7.10（v）、（w）に示す。図示した結果、点 B において反力と応力が一致していることがわかる。

　また、積分を用いた解法及び釣り合い式を用いた解法のどちらで解いても同じ応力図がかけることがわかる。そのため、作用する荷重が分布荷重になっても、集中荷重に置き換えることによって、今までどおりの方法で解いていくことができる。

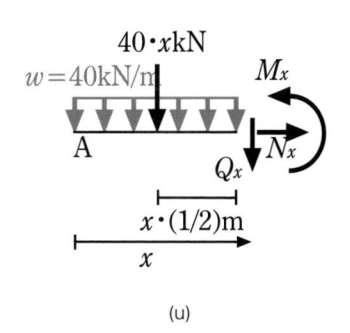

(u)

POINT!
図 7.10（q）では、点 A から x m 離れた点までを考えているため、点 A から x m 離れた点までの分布荷重のみを集中荷重に置き換える。

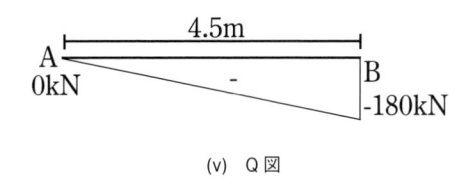

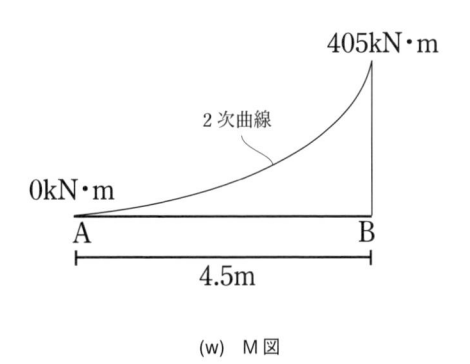

(v) Q 図

(w) M 図

図 7.10

例題31

図7.11 (a) に示す部材の応力図を求めよ。

[解a] 分布荷重を合力に置き換える方法
①部材に作用する反力を求める

点A、Bの反力を図7.11 (b) のように仮定して求める。この場合は、構造物全体で釣り合い式をたてるため、分布荷重w全体を集中荷重に置き換える。なお、モーメントの釣り合い式は点Aまわりでたてている。

求まった反力を図中に書き込むと図7.11 (c) に示すとおりになる。

$$H_A = 0 \qquad H_A = 0$$
$$V_A + V_B - 12 = 0 \qquad V_A = 6$$
$$12 \cdot 2 - V_B \cdot 4 = 0 \qquad V_B = 6$$

$$H_A = 0 \text{kN} \qquad (7.19\text{-a})$$
$$V_A = 6 \text{kN}(\uparrow) \qquad (7.19\text{-b})$$
$$V_B = 6 \text{kN}(\uparrow) \qquad (7.19\text{-c})$$

POINT!
反力を計算する際は、点A-B間全体を考えるので、部材全体の分布荷重を集中荷重に置き換える。

②点A-B間の応力を求める

分布荷重は、距離によって作用する荷重が変化するため、任意の距離xmにおける分布荷重だけを集中荷重に置き換える。点A-B間において、点Aから任意の距離xm (0m ≦ x ≦ 4m) で図7.11 (d) のように応力を仮定して釣り合い式をたてると以下のようになる。

$$N_x = 0 \qquad N_x = 0\text{kN} \qquad (7.20\text{-a})$$
$$6 - 3 \cdot x - Q_x = 0 \qquad Q_x = -3 \cdot x + 6 \qquad (7.20\text{-b})$$
$$6 \cdot x - (3 \cdot x) \cdot \frac{x}{2} - M_x = 0 \qquad M_x = -\frac{3 \cdot x^2}{2} + 6 \cdot x \qquad (7.20\text{-c})$$

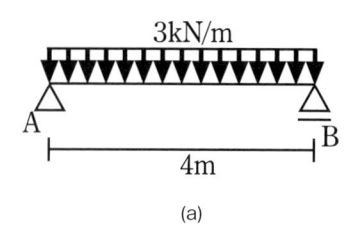

POINT!
考えている範囲の分布荷重のみを集中荷重に置き換えて図示、計算する。

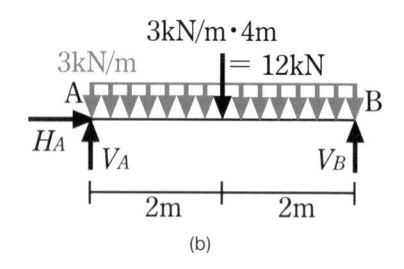

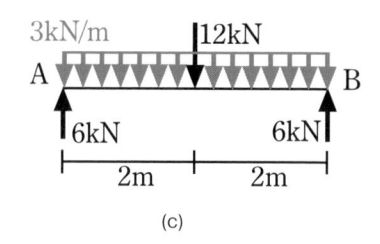

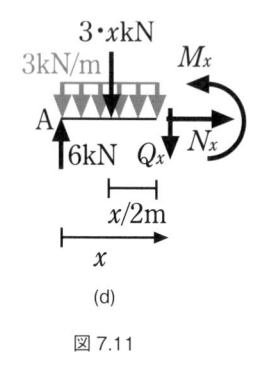

図7.11

POINT!
図7.11 (d) では、点Aからxm離れた点までを考えているため、点Aからxm離れた点までの分布荷重のみを集中荷重に置き換える。

ここで、式 (7.21)、(7.22) より各点の応力の値を求める。

点 A におけるせん断力及びモーメントは式(7.21)に示すように計算できる。

$$Q_{x=0} = -3 \cdot 0 + 6 = 6\mathrm{kN} \tag{7.21-a}$$

$$M_{x=0} = -\frac{3 \cdot 0^2}{2} + 6 \cdot 0 = 0\mathrm{kN} \cdot \mathrm{m} \tag{7.21-b}$$

点 B におけるせん断力及びモーメントは式(7.22)に示すように計算できる。

$$Q_{x=4} = -3 \cdot 4 + 6 = -6\mathrm{kN} \tag{7.22-a}$$

$$M_{x=4} = -\frac{3 \cdot 4^2}{2} + 6 \cdot 4 = 0\mathrm{kN} \cdot \mathrm{m} \tag{7.22-b}$$

③モーメントの極値を求める

次に、応力図を図示するために必要なモーメントの極値を求める。具体的には、式 (7.20-b) よりせん断力が 0kN となる位置を求めて、その位置を式 (7.20-c) に代入してモーメントの極値を求める。

式 (7.20-b) より

$$\begin{aligned} 0 &= -3 \cdot x + 6 \\ x &= 2\mathrm{m} \end{aligned} \tag{7.23}$$

式 (7.20-b) における x の範囲は $0\mathrm{m} \leqq x \leqq 4\mathrm{m}$ のため、$x = 2\mathrm{m}$ は範囲内でありモーメントの極値は存在する。モーメントの極値は $x = 2\mathrm{m}$ を式 (7.20-c) に代入して求めることができる。

$$M_{\max} = M_{x=2} = -\frac{3 \cdot 2^2}{2} + 6 \cdot 2 = 6\mathrm{kN} \cdot \mathrm{m} \tag{7.24}$$

④解答を図示する

せん断力図を図 7.11（e）に示す。点 A、点 B 及び極値の位置でのモーメントの値を求めて、図 7.11 (f) のようにそれらを破線で結んだモーメント図を描く。

次に、せん断力図の値を見ながら、モーメント図の勾配を決定する。図 7.11 (j) に示すように両端の点 A と点 B ではモーメント図の勾配は大きく、極値となる点 A より右側へ 2m の位置で勾配が 0 となり、図 7.11 (g) のようになることがわかる（絶対値で考える）。

応力図は、図 7.11 (h)、(i) に示すようになる。また、応力図内に 2 次曲線が出現した場合、極値と位置も記入する。

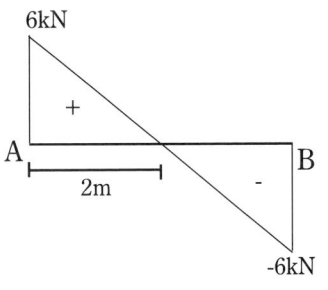

(e) Q図

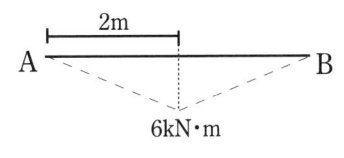

(f) M図（途中）

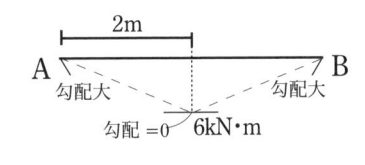

(g) M図（途中）

図 7.11

せん断力図はモーメント図の勾配を表しているので、図7.11 (j) に示すようにせん断力図の値が大きい時はモーメント図の勾配が急になり、逆にせん断力図の値が小さい時はモーメント図の勾配は緩やかになる。そのため、図7.11 (k) のようなモーメント図では間違いとなる。

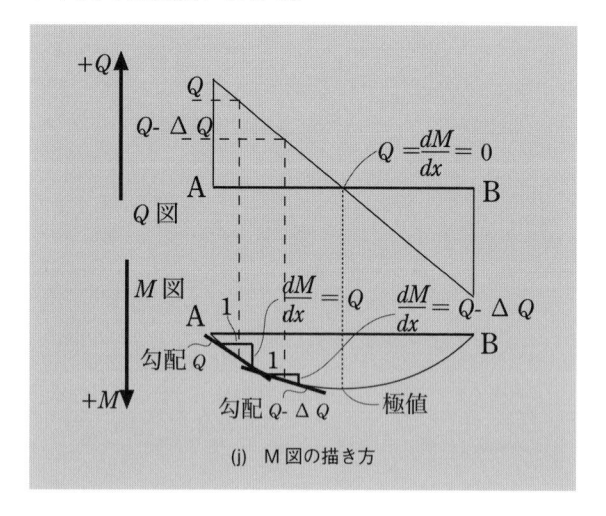

(h) Q図

(i) M図

(j) M図の描き方

(k) 間違ったM図

[解b] 積分による方法

次に、積分による解法を示す。図7.11 (l) より、以下のような釣り合い式をたてることにより、反力を求めることができる。

$$H_A = 0 \text{kN} \quad (7.25\text{-a})$$

$$V_A + V_B - \int_0^4 3ds = 0$$

$$V_A + V_B - \left[3 \cdot s\right]_0^4 = 0$$

$$V_A + V_B - 3 \cdot 4 = 0$$

$$V_A \cdot 4 - \int_0^4 (4-s) \cdot 3ds = 0$$

$$V_A = \frac{\left[3 \cdot \left(4 \cdot s - \frac{1}{2} \cdot s^2\right)\right]_0^4}{4} = \frac{3 \cdot (16-8)}{4} = 6\text{kN}(\uparrow) \quad (7.25\text{-b})$$

$$V_B = 12 - V_A = 12 - 6 = 6\text{kN}(\uparrow) \quad (7.25\text{-c})$$

又は、

$$-V_B \cdot 4 + \int_0^4 s \cdot 3ds = 0$$

$$V_B = \frac{\left[3 \cdot \frac{s^2}{2}\right]_0^4}{4} = \frac{3 \cdot \frac{4^2}{2}}{4} = 6\text{kN}(\uparrow) \quad (7.25'\text{-b})$$

$$V_A = 12 - V_B = 12 - 6 = 6\text{kN}(\uparrow) \quad (7.25'\text{-c})$$

求まった反力を図示すると、図7.11 (m) のようになる。

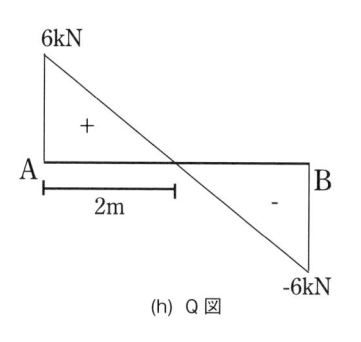

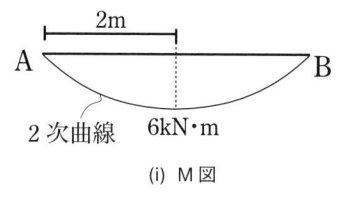

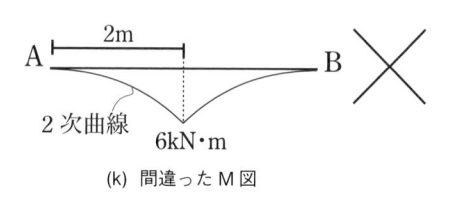

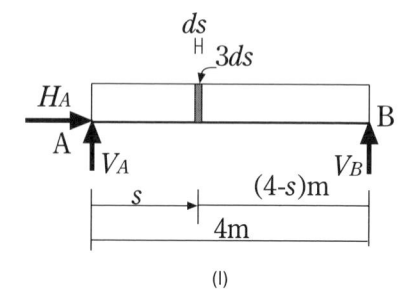

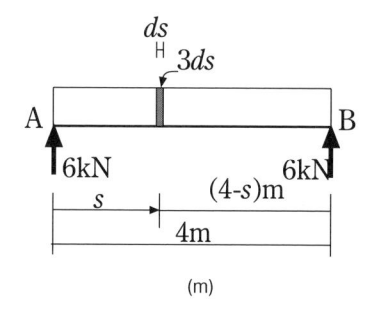

(l)

(m)

図7.11

次に、図 7.11 (n) に示すような、点 A から xm 離れた位置での応力を求めると以下のようになる。

$$N_x = 0\text{kN} \quad (7.26\text{-a})$$

$$6 - \int_0^x 3ds - Q_x = 0$$
$$Q_x = 6 - \int_0^x 3ds = 6 - 3 \cdot x \quad (7.26\text{-b})$$

$$6 \cdot x - \int_0^x (x-s) \cdot 3ds - M_x = 0$$
$$M_x = 6 \cdot x - \int_0^x (x-s) \cdot 3ds$$
$$= 6 \cdot x - \left[\left(x \cdot s - \frac{s^2}{2} \right) \cdot 3 \right]_0^x = -\frac{3 \cdot x^2}{2} + 6 \cdot x \quad (7.26\text{-c})$$

よって、解 a で求めた式 (7.20) と同じ応力の釣り合い式が求まった。これより先は、解 a と同じであるため割愛する。

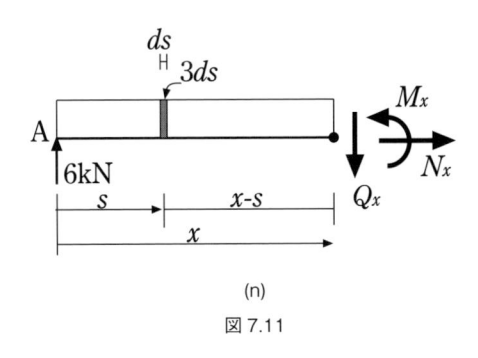

例題 32

図 7.12 (a) に示す部材の応力図を求めよ。

[解 a] 分布荷重を合力に置き換える方法
①部材に作用する反力を求める

点 A-B 間の分布荷重を集中荷重に置き換えて、点 A 及び点 D での反力を仮定すると、図 7.12 (b) に示すようになる。各釣り合い式をたてて反力を求めると以下の通りになる。なお、モーメントの釣り合い式は点 A まわりでたてている。

$$H_A = 0 \qquad H_A = 0$$
$$V_A - 4 + 4 + V_D = 0 \qquad V_A = 2$$
$$4 \cdot 1 - 4 \cdot 3 - V_D \cdot 4 = 0 \qquad V_D = -2$$

$$H_A = 0\text{kN} \quad (7.27\text{-a})$$
$$V_A = 2\text{kN}(\uparrow) \quad (7.27\text{-b})$$
$$V_D = 2\text{kN}(\downarrow) \quad (7.27\text{-c})$$

よって、反力を図示すると図 7.12 (c) に示すようになる。

②点 A-B 間の応力を求める

点 A-B 間における任意の距離 xm (0m $\leq x \leq$ 2m) での釣り合い式を、分布荷重が作用している

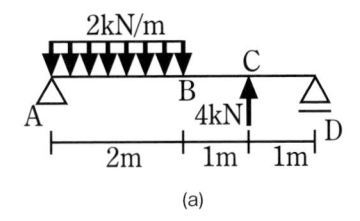

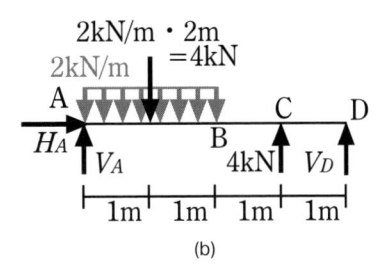

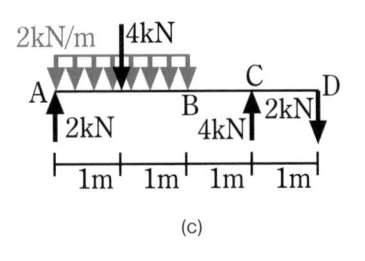

ことに注意してたてる。点 A より距離 xm 離れた位置での応力を図7.12（d）に示す。

$N_x = 0$ 　　　　　　　$N_x = 0\text{kN}$ 　　　(7.28-a)
$2 - 2 \cdot x - Q_x = 0$ 　　$Q_x = -2 \cdot x + 2$ 　(7.28-b)
$2 \cdot x - (2 \cdot x) \cdot \dfrac{x}{2} - M_x = 0$ 　$M_x = 2 \cdot x - x^2$ (7.28-c)

ここで、各点の応力の値を求める。

点 A におけるせん断力及びモーメントは式(7.29)に示すように計算できる。

$Q_{x=0} = -2 \cdot 0 + 2 = 2\text{kN}$ 　　(7.29-a)
$M_{x=0} = 2 \cdot 0 - 0^2 = 0\text{kN} \cdot \text{m}$ 　(7.29-b)

また、点 B におけるせん断力及びモーメントは式（7.30）に示すように計算できる。

$Q_{x=2} = -2 \cdot 2 + 2 = -2\text{kN}$ 　　(7.30-a)
$M_{x=2} = 2 \cdot 2 - 2^2 = 0\text{kN} \cdot \text{m}$ 　(7.30-b)

③点 B-C 間の応力を求める

点 B-C 間における任意の距離 xm（$2\text{m} \leq x \leq 3\text{m}$）で図7.12（e）のように応力を仮定して釣り合い式をたてる。

$N_x = 0$ 　　　　　　　$N_x = 0\text{kN}$ 　　　(7.31-a)
$2 - 4 - Q_x = 0$ 　　　$Q_x = -2\text{kN}$ 　　(7.31-b)
$2 \cdot x - 4 \cdot (x - 1) - M_x = 0$ 　$M_x = 4 - 2 \cdot x$ (7.31-c)

ここで、各点の応力の値を求める。

点 B におけるモーメントは式（7.32）のように計算できる。

$M_{x=2} = 4 - 2 \cdot 2 = 0\text{kN} \cdot \text{m}$ 　　(7.32)

また、点 C におけるモーメントは式（7.33）のように計算できる。

$M_{x=3} = 4 - 2 \cdot 3 = -2\text{kN} \cdot \text{m}$ 　　(7.33)

このとき、点 B ではモーメント荷重が作用していないので、②で求めた点 B のモーメントの値と③で求めた点 B のモーメントの値が一致していることを確認すること。

④点 C-D 間の応力を求める

点 C-D 間における任意の距離 xm（$3\text{m} \leq x \leq$

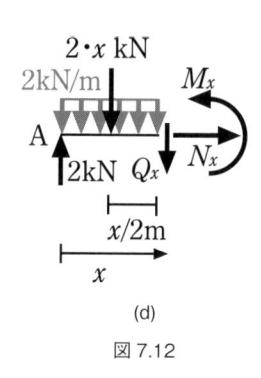

図7.12

POINT!
図7.12（d）では、点 A から xm 離れた点までを考えているため、点 A から xm 離れた点までの分布荷重のみを集中荷重に置き換える。

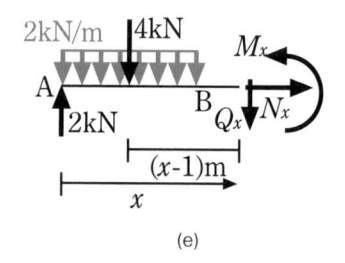

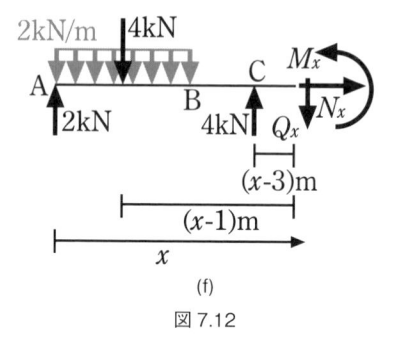

POINT!
仮想切断面が分布荷重の範囲外となるときには、図7.12（e）、（f）のように分布荷重全体を集中荷重に置き換えること。

4m）で図7.12（f）のように応力を仮定して釣り合い式をたてる。

$$N_x = 0$$
$$2 - 4 + 4 - Q_x = 0$$
$$2 \cdot x - 4 \cdot (x-1) + 4 \cdot (x-3) - M_x = 0$$

$$N_x = 0\text{kN} \tag{7.34-a}$$
$$Q_x = 2\text{kN} \tag{7.34-b}$$
$$M_x = 2 \cdot x - 8 \tag{7.34-c}$$

ここで、各点の応力の値を求める。
点Cにおけるモーメントは式（7.35）のように計算できる。

$$M_{x=3} = 2 \cdot 3 - 8 = -2\text{kN} \cdot \text{m} \tag{7.35}$$

また、点Dにおけるモーメントは式（7.36）のように計算できる。

$$M_{x=4} = 2 \cdot 4 - 8 = 0\text{kN} \cdot \text{m} \tag{7.36}$$

このとき、点Cではモーメント荷重が作用していないので、③で求めた点Cのモーメントの値と④で求めた点Cのモーメントの値が一致していることを確認すること。

⑤極値を求める

次に、点A-B間でのモーメントの極値を求める。具体的には、せん断力が0kNとなる点を式（7.28-b）より求めて、その位置のモーメントの値を式（7.28-c）より求めればよい。

式（7.28-b）より
$$-2 \cdot x + 2 = 0$$
$$x = 1\text{m} \tag{7.37}$$

式（7.28-b）におけるxの範囲は、$0\text{m} \leq x \leq 2\text{m}$であり、$x = 1\text{m}$は範囲内にあるため極値は存在する。よって、式（7.28-c）よりモーメントの極値を求めると以下のようになる。

$$M_{max} = M_{x=1} = 2 \cdot 1 - 1^2 = 1\text{kN} \cdot \text{m} \tag{7.38}$$

⑥解答を図示する

応力図内に2次曲線が出現した場合、極値とその点も記入する。図示する際には、点Bの点A側と点C側のせん断力の値が同じであるため、図7.12(g)

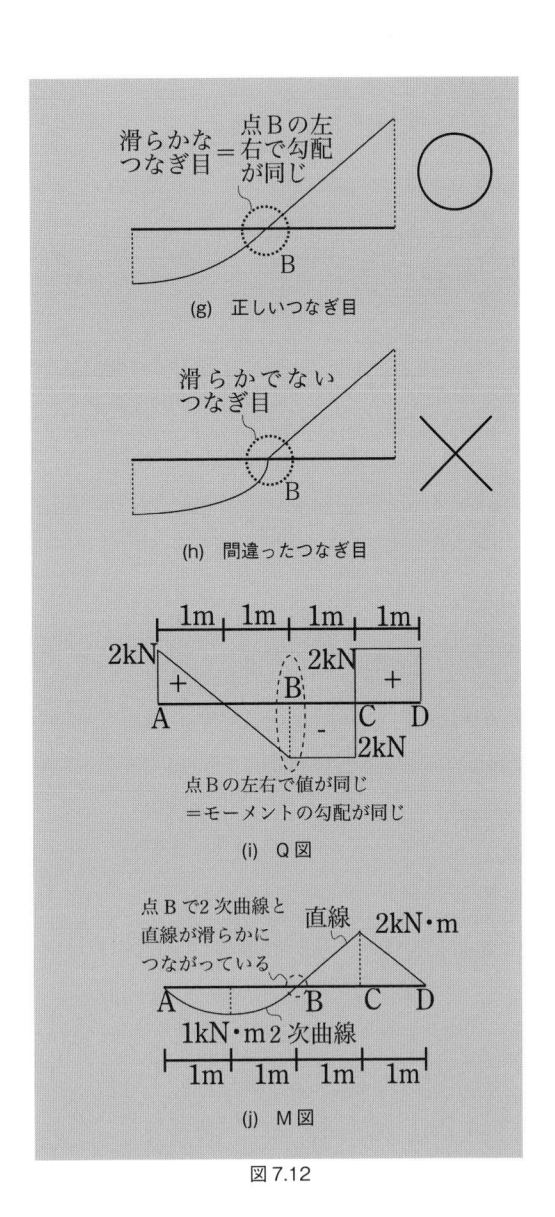

(g) 正しいつなぎ目

(h) 間違ったつなぎ目

(i) Q図

(j) M図

図7.12

ここがポイント
モーメント図の極値の位置と、その時の値を図中に記入すること。

に示すように2次曲線と直線のつなぎ目を滑らかに書かなければならない。

以上の注意点に気をつけて、図7.12 (i)、(j) のようにせん断力図及びモーメント図を図示する。

[解b] 積分による方法

次に、積分による解法を示す。図7.12 (k) より、以下のような釣り合い式をたてることにより、反力を求めることができる。なお、モーメントの釣り合い式は、点Aまわりのモーメントでたてている。

$H_A = 0$
$V_A + V_D - \int_0^2 2ds + 4 = 0$
$V_A + V_D - 2 \cdot 2 + 4 = 0$
$\int_0^2 s \cdot 2ds - 4 \cdot 3 - V_D \cdot 4 = 0$

$V_D = \dfrac{\left[\dfrac{s^2}{2} \cdot 2\right]_0^2 - 12}{4} = -2$

$V_A = -V_D + 2 \cdot 2 - 4 = 2$

$H_A = 0\text{kN}$ (7.39-a)
$V_A = 2\text{kN}(\uparrow)$ (7.39-b)
$V_D = 2\text{kN}(\downarrow)$ (7.39-c)

図7.12 (l) のように点A-B間において、点Aよりxm離れた位置での応力を仮定して、積分を用いて釣り合い式をたてると以下のようになる。

$N_x = 0\text{kN}$ (7.40-a)

$2 - \int_0^x 2ds - Q_x = 0$
$Q_x = 2 - \int_0^x 2ds = -2 \cdot x + 2$ (7.40-b)

$2 \cdot x - \int_0^x (x-s) \cdot 2ds - M_x = 0$
$M_x = 2 \cdot x - x^2$ (7.40-c)

次に、図7.12 (m) のように点B-C間において、点Aよりxm離れた位置での応力を仮定して、積分を用いて釣り合い式をたてると以下のようになる。

$N_x = 0\text{kN}$ (7.41-a)

$2 - \int_0^2 2ds - Q_x = 0$
$Q_x = 2 - \int_0^2 2ds = -2 \cdot 2 + 2 = -2\text{kN}$ (7.41-b)

$2 \cdot x - \int_0^2 (x-s) \cdot 2ds - M_x = 0$
$M_x = 2 \cdot x - \int_0^2 (x-s) \cdot 2ds$
$= 2 \cdot x - \left[\left(x \cdot s - \dfrac{s^2}{2}\right) \cdot 2\right]_0^2$
$= 2 \cdot x - 2 \cdot 2 \cdot x + 2 \cdot 2 = -2 \cdot x + 4$ (7.41-c)

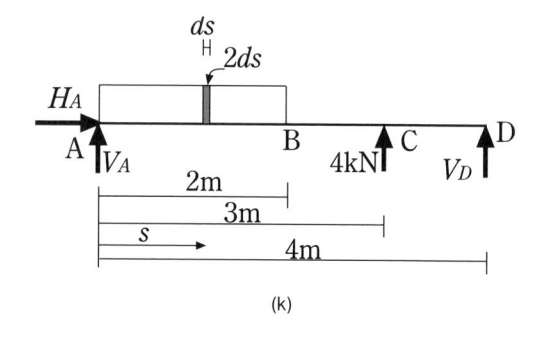

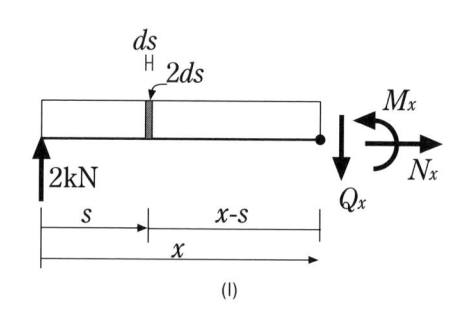

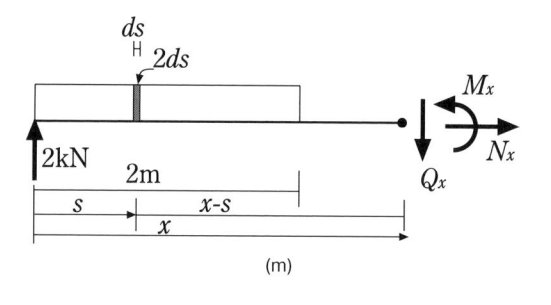

図7.12

最後に、点 C-D 間において図 7.12（n）のように点 A より xm 離れた位置での応力を、積分を用いて釣り合い式をたてると以下のようになる。

$$N_x = 0\text{kN} \quad (7.42\text{-a})$$

$$2 - \int_0^2 2ds + 4 - Q_x = 0$$
$$Q_x = 2 + 4 - \int_0^2 2ds = -2 \cdot 2 + 6 = 2\text{kN} \quad (7.42\text{-b})$$

$$2 \cdot x - \int_0^2 (x-s) \cdot 2ds + 4 \cdot (x-3) - M_x = 0$$
$$M_x = 2 \cdot x - \int_0^2 (x-s) \cdot 2ds + 4 \cdot (x-3)$$
$$= 2 \cdot x - \left[(x \cdot s - \frac{s^2}{2}) \cdot 2 \right]_0^2 + 4 \cdot (x-3)$$
$$= 6 \cdot x - 4 \cdot x + 4 - 12 = 2 \cdot x - 8 \quad (7.42\text{-c})$$

よって、解 a で求めた式（7.28）、（7.31）、（7.34）と式（7.40）～（7.42）は、同じ応力の釣り合い式が求まった。これより先は、解 a と同じであるため割愛する。

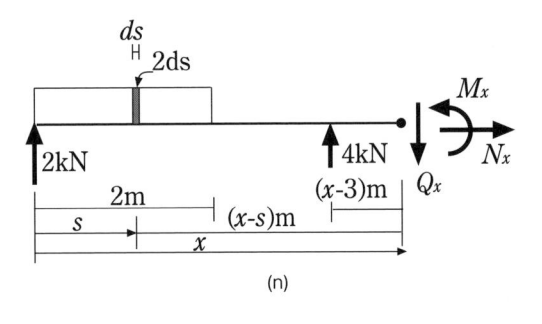

図 7.12

例題 33

図 7.13（a）に示す部材の応力図を求めよ。

[解 a] 分布荷重を合力に置き換える方法
①部材に作用する反力を求める

点 A-C 間の分布荷重を集中荷重に置き換えて、図 7.13（b）のように点 A 及び点 C での反力を仮定して、釣り合い式をたてて反力を求めると以下の通りになる。なお、モーメントの釣り合い式は点 A まわりでたてている。また、反力を図示すると図 7.13（c）に示すようになる。

$$\begin{array}{ll} H_A = 0 & H_A = 0 \\ V_A - 8 - 2 + V_C = 0 & V_A = 6.5 \\ 8 \cdot 1 + 2 \cdot 3 - V_C \cdot 4 = 0 & V_C = 3.5 \end{array}$$

$$H_A = 0\text{kN} \quad (7.43\text{-a})$$
$$V_A = 6.5\text{kN}(\uparrow) \quad (7.43\text{-b})$$
$$V_C = 3.5\text{kN}(\uparrow) \quad (7.43\text{-c})$$

②点 A-B 間の応力を求める

図 7.13（d）に示した範囲の分布荷重を集中荷重に置き換えて、応力を仮定して、点 A-B 間における任意の距離 xm（$0\text{m} \leq x \leq 2\text{m}$）での釣り合い式

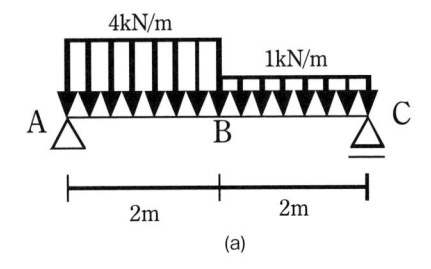

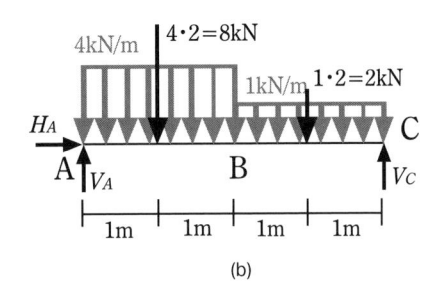

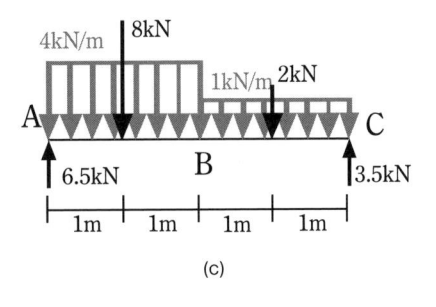

図 7.13

を以下のようにつくる。

$$N_x = 0\text{kN} \tag{7.44-a}$$

$$6.5 - 4 \cdot x - Q_x = 0$$
$$Q_x = -4 \cdot x + 6.5 \tag{7.44-b}$$

$$6.5 \cdot x - (4 \cdot x) \cdot \frac{x}{2} - M_x = 0$$
$$M_x = -2 \cdot x^2 + 6.5 \cdot x \tag{7.44-c}$$

点 A におけるせん断力及びモーメントは式(7.45)のように求まる。

$$Q_{x=0} = -4 \cdot 0 + 6.5 = 6.5\text{kN} \tag{7.45-a}$$

$$M_{x=0} = -2 \cdot 0^2 + 6.5 \cdot 0 = 0\text{kN} \cdot \text{m} \tag{7.45-b}$$

また、点 B におけるせん断力及びモーメントは式（7.46）のように求まる。

$$Q_{x=2} = -4 \cdot 2 + 6.5 = -1.5\text{kN} \tag{7.46-a}$$

$$M_{x=2} = -2 \cdot 2^2 + 6.5 \cdot 2 = 5\text{kN} \cdot \text{m} \tag{7.46-b}$$

③点 B-C 間の応力を求める

点 B-C 間における任意の距離 xm（$2\text{m} \leqq x \leqq 4\text{m}$）で、図 7.13（e）のように応力を仮定して釣り合い式をたてる。

$$N_x = 0\text{kN} \tag{7.47-a}$$

$$6.5 - 8 - 1 \cdot (x-2) - Q_x = 0$$
$$Q_x = -x + 0.5 \tag{7.47-b}$$

$$6.5 \cdot x - 8 \cdot (x-1) - \{1 \cdot (x-2)\} \cdot \frac{x-2}{2} - M_x = 0$$
$$M_x = -\frac{x^2}{2} + 0.5 \cdot x + 6 \tag{7.47-c}$$

点 B におけるせん断力及びモーメントは式(7.48)のように求まる。

$$Q_{x=2} = -2 + 0.5 = -1.5\text{kN} \tag{7.48-a}$$

$$M_{x=2} = -\frac{2^2}{2} + 0.5 \cdot 2 + 6 = 5\text{kN} \cdot \text{m} \tag{7.48-b}$$

また、点 C におけるせん断力及びモーメントは式（7.49）のように求まる。

$$Q_{x=4} = -4 + 0.5 = -3.5\text{kN} \tag{7.49-a}$$

$$M_{x=4} = -\frac{4^2}{2} + 0.5 \cdot 4 + 6 = 0\text{kN} \cdot \text{m} \tag{7.49-b}$$

点 B においては集中荷重及びモーメント荷重が作用していないので、②で求めた点 B におけるせ

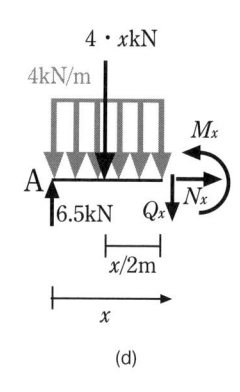

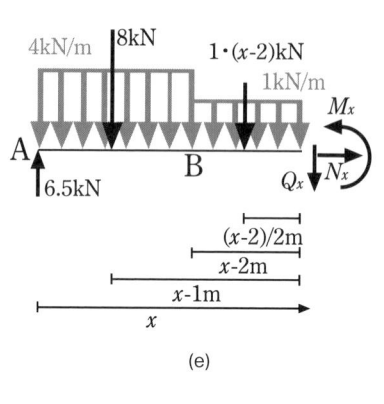

図 7.13

ん断力及びモーメントが、③で求めた値と同じとなる。

④極値を求める

次に、応力図を図示するために必要な極値を求める。具体的には、せん断力が 0kN となる点を式 (7.44-b)、(7.47-b) より求めて、その点のモーメントの値を式 (7.44-c)、(7.47-c) より求めればよい。

式 (7.44-b) より
$$0 = -4 \cdot x + 6.5$$
$$x = 1.625 \text{m} \quad (7.50)$$

式 (7.44-b) における x の範囲は $0\text{m} \leq x \leq 2\text{m}$ のため、$x = 1.625\text{m}$ は範囲内となり、極値は存在する。そこでモーメントの極値を計算すると式 (7.51) のようになる。

$$M_{\max} = M_{x=1.625} = -2 \cdot 1.625^2 + 6.5 \cdot 1.625$$
$$= 5.28 \text{kN} \cdot \text{m} \quad (7.51)$$

式 (7.47-b) より
$$0 = -x + 0.5$$
$$x = 0.5\text{m} \quad (7.52)$$

式 (7.52) における x の範囲は $2\text{m} \leq x \leq 4\text{m}$ のため、$x = 0.5\text{m}$ は範囲外となり極値は存在しない。

⑤解答を図示する

Q 図及び M 図は、それぞれ図 7.13 (f)、(g) のようになる。また、点 A より 1.625m 右側で Q 図が 0kN となり、その時の M 図が 5.28kN・m で極値であることがわかる。また、点 B においてはモーメント荷重が作用していないこと、及び B 点の A 側と C 側のせん断力の大きさが同じであることからグラフが滑らかにつながっていなければならない。

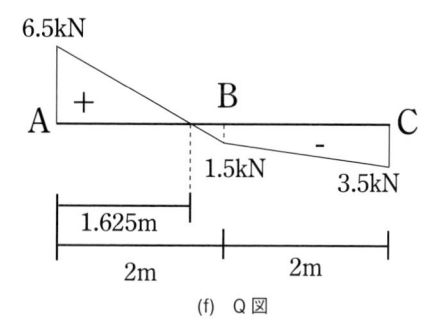

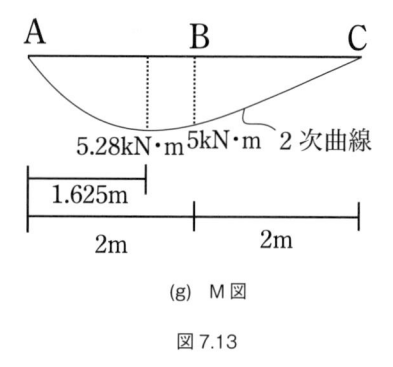

(f) Q 図

(g) M 図

図 7.13

[解 b] 積分による方法

次に、積分による解法を示す。図 7.13（h）より、以下のような釣り合い式をたてることにより、反力を求めることができる。なお、モーメントの釣り合い式は、点 A まわりのモーメントでたてた。

$$H_A = 0 \text{kN} \tag{7.53-a}$$

$$V_A + V_C - \int_0^2 4ds - \int_2^4 1dt = 0$$

$$V_A + V_C - \left[4 \cdot s\right]_0^2 - \left[t\right]_2^4 = 0$$

$$V_A + V_C - 4 \cdot 2 - (4-2) = 0$$

$$V_A + V_C - 10 = 0$$

$$\int_0^2 s \cdot 4ds + \int_2^4 t \cdot 1dt - V_C \cdot 4 = 0$$

$$V_C = \frac{\int_0^2 s \cdot 4ds + \int_2^4 t \cdot 1dt}{4} = \frac{\left[\frac{4 \cdot s^2}{2}\right]_0^2 + \left[\frac{t^2}{2}\right]_2^4}{4}$$

$$= \frac{\frac{4 \cdot 2^2}{2} + \frac{4^2}{2} - \frac{2^2}{2}}{4} = 3.5 \text{kN}(\uparrow) \tag{7.53-b}$$

$$V_A = 10 - V_C = 10 - 3.5 = 6.5 \text{kN}(\uparrow) \tag{7.53-c}$$

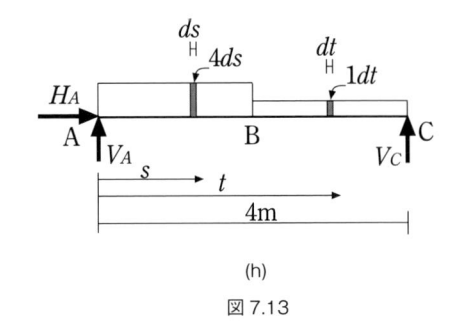

図 7.13 (h)

POINT!

なお、図 7.13（i）の図からたてた釣り合い式からでも反力は求めることができる。点 A まわりのモーメントで釣り合い式をたてると、右式のようになる。なお、距離を正しく式をつくることが出来れば原点はどこでもよい。

$$H_A = 0 \text{kN}$$

$$V_A + V_C - \int_0^2 4ds - \int_0^2 1dt = 0$$

$$\int_0^2 s \cdot 4ds + \int_0^2 (2+t) \cdot 1dt - V_C \cdot 4 = 0$$

図 7.13 (i)

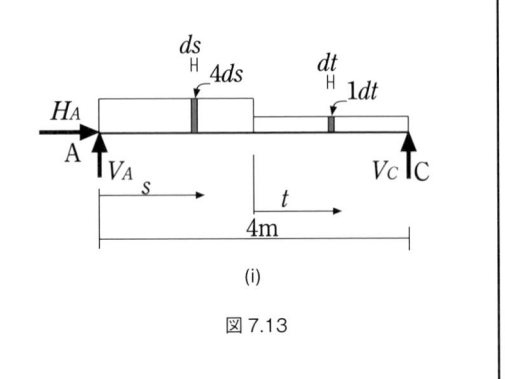

図 7.13（j）のように点 A-B 間において、点 A より xm 離れた位置での応力を、積分を用いて釣り合い式をたてると以下のようになる。

$$N_x = 0\text{kN} \tag{7.54-a}$$

$$6.5 - \int_0^x 4ds - Q_x = 0$$

$$Q_x = 6.5 - \int_0^x 4ds = 6.5 - 4 \cdot x \tag{7.54-b}$$

$$6.5 \cdot x - \int_0^x (x-s) \cdot 4ds - M_x = 0$$

$$M_x = 6.5 \cdot x - \int_0^x (x-s) \cdot 4ds$$

$$= 6.5 \cdot x - \left[(x \cdot s - \frac{s^2}{2}) \cdot 4\right]_0^x = -2x^2 + 6.5 \cdot x \tag{7.54-c}$$

図 7.13（k）のように点 B-C 間において、点 A より xm 離れた位置での応力を、積分を用いて釣り合い式をたてると以下のようになる。

$$N_x = 0\text{kN} \tag{7.55-a}$$

$$6.5 - \int_0^2 4ds - \int_2^x 1ds - Q_x = 0$$

$$Q_x = 6.5 - \int_0^2 4ds - \int_2^x 1ds = 0.5 - x \tag{7.55-b}$$

$$6.5 \cdot x - \int_0^2 (x-s) \cdot 4ds - \int_2^x (x-t) \cdot 1dt - M_x = 0$$

$$M_x = 6.5 \cdot x - \int_0^2 (x-s) \cdot 4ds - \int_2^x (x-t) \cdot 1dt$$

$$= 6.5 \cdot x - \left[(x \cdot s - \frac{s^2}{2}) \cdot 4\right]_0^2 - \left[(x \cdot t - \frac{t^2}{2})\right]_2^x$$

$$= 6.5 \cdot x - (x \cdot 2 - \frac{2^2}{2}) \cdot 4 - \left\{(x \cdot x - \frac{x^2}{2}) - (x \cdot 2 - \frac{2^2}{2})\right\}$$

$$= -\frac{x^2}{2} + 0.5 \cdot x + 6 \tag{7.55-c}$$

よって、解 a で求めた式（7.44）、(7.47) と式（7.54）、(7.55) は、同じ応力の釣り合い式となる。これより先は、解 a と同じであるため割愛する。

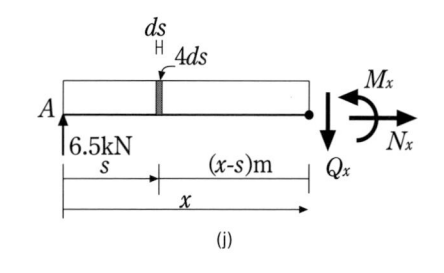

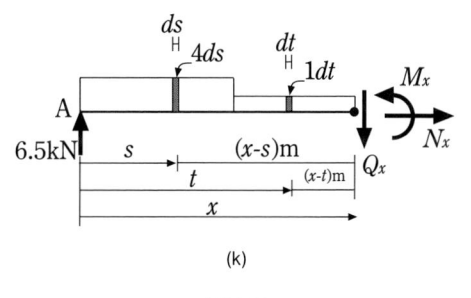

図 7.13

第8章　等変分布荷重の梁

例題34

図8.1（a）に示す部材の応力図を求めよ。

[解a]積分による方法（点Aより右側へ解いていく）

点A及び点Bの反力を求める。点Aより任意の距離s離れた位置での、微小区間dsについて考える。まず、点Aよりs離れた位置でのw_sは、三角形の比より以下のように求めることができる。

$$s:6 = W_s:3$$
$$W_s = \frac{3}{6} \cdot s = \frac{s}{2} \tag{8.1}$$

点A、Bでの反力を図8.1（b）に示すように仮定し、釣り合い式をたてて反力を求めると以下のようになる。なお、回転方向の釣り合い式は点Aまわりのモーメントから求めた。

$$H_A = 0$$
$$V_A + V_B - \int_0^6 \frac{s}{2} ds = 0$$
$$\int_0^6 s \cdot \frac{s}{2} ds - V_B \cdot 6 = 0$$
$$V_B = \frac{\int_0^6 s \cdot \frac{s}{2} ds}{6} = \frac{\left[\frac{s^3}{6}\right]_0^6}{6} = 6$$
$$V_A = -6 + \int_0^6 \frac{s}{2} ds = -6 + 9 = 3$$

$$H_A = 0 \text{kN} \tag{8.2-a}$$
$$V_A = 3 \text{kN}(\uparrow) \tag{8.2-b}$$
$$V_B = 6 \text{kN}(\uparrow) \tag{8.2-c}$$

よって、反力を図示すると図8.1（c）に示すようになる。

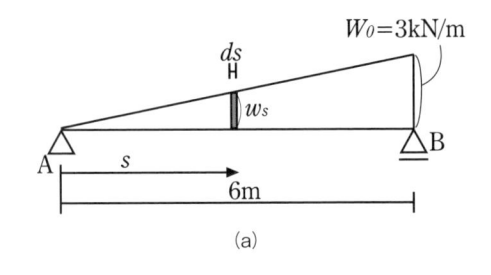

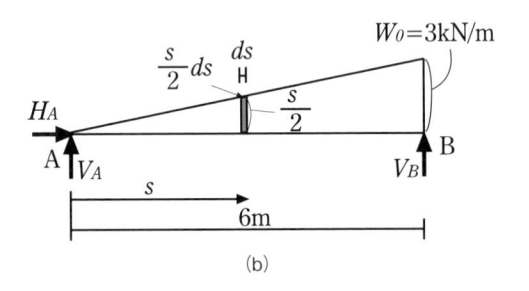

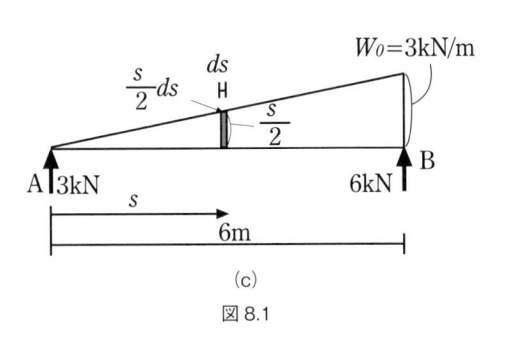

図8.1

図8.1 (d) に示すように、部材の左側より任意の点 xm 離れた位置での応力を考える。任意の距離 xm での応力は、以下のような釣り合い式より求めることができる。

等変分布荷重だけではなく、点Aにおける反力も考えて、以下のように釣り合い式をたてる。

$\Sigma X = 0$ より　$N_x = 0$kN　　　　　　　　(8.3-a)

$\Sigma Y = 0$ より　$-Q_x - \int_0^x \frac{s}{2} \cdot ds + 3 = 0$

$$Q_x = -\int_0^x \frac{s}{2} \cdot ds + 3 = -\frac{x^2}{4} + 3 \quad \text{(8.3-b)}$$

$\Sigma M = 0$ より　$-M_x - \int_0^x (x-s) \cdot \frac{s}{2} ds + 3 \cdot x = 0$

$$M_x = -\int_0^x (x-s) \cdot \frac{s}{2} ds + 3 \cdot x$$

$$= -\left[\frac{x \cdot s^2}{4} - \frac{s^3}{6}\right]_0^x + 3 \cdot x$$

$$= -\frac{x^3}{12} + 3 \cdot x \quad \text{(8.3-c)}$$

ここで、式 (8.3) より、点A及び点Bでのせん断力、モーメントをそれぞれ求めると以下のようになる。

点A

$$Q_{x=0} = -\frac{0^2}{4} + 3 = 3\text{kN} \quad \text{(8.4-a)}$$

$$M_{x=0} = -\frac{0^3}{12} + 3 \cdot 0 = 0\text{kN} \cdot \text{m} \quad \text{(8.4-b)}$$

点B

$$Q_{x=6} = -\frac{6^2}{4} + 3 = -6\text{kN} \quad \text{(8.5-a)}$$

$$M_{x=6} = -\frac{6^3}{12} + 3 \cdot 6 = 0\text{kN} \cdot \text{m} \quad \text{(8.5-b)}$$

○極値を求める

図8.1 (e) に式 (8.4)、(8.5) より求めたせん断力図を示す。点A-B間で $Q = 0$kN となる点が存在しており、その点でモーメントは極値をとる。$Q = 0$ となる位置を求める。

$$Q_x = -\frac{x^2}{4} + 3 = 0$$

$$\frac{x^2}{4} = 3$$

$$x = \sqrt{12} = 3.46\text{m} \quad \text{(8.6)}$$

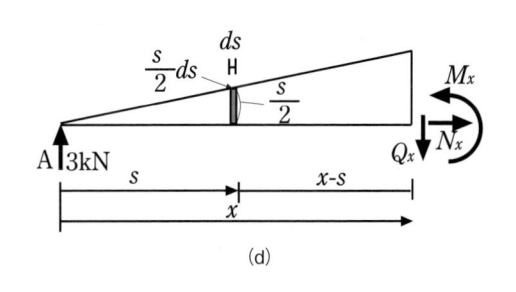

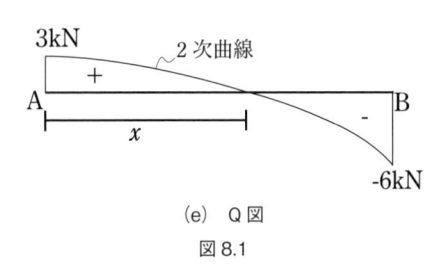

0m ≦ 3.46m ≦ 6m であるため、極値は範囲内に存在している。

よって、点 A より 3.46m 右側の位置で $Q = 0$kN となる点がモーメントの最大となる。

$$M_{x=3.46} = -\frac{3.46^3}{12} + 3 \cdot 3.46 = 6.93 \text{kN} \cdot \text{m} \quad (8.7)$$

以上の各点のせん断力とモーメントの値を用いて、せん断力図とモーメント図を図示する。せん断力とモーメントの関係は既出であるが、分布荷重とせん断力も同じ関係が成り立つ。すなわち、図 8.1 (f) に示すように分布荷重が大きくなるほど、せん断力図の勾配が急になる。

解答を図示する際には、2 次曲線と 3 次曲線の見分けがつかないため、図中に明記すること。以上の注意点等に気をつけて、解答を図示すると図 8.1 (g)、(h) に示すようになる。

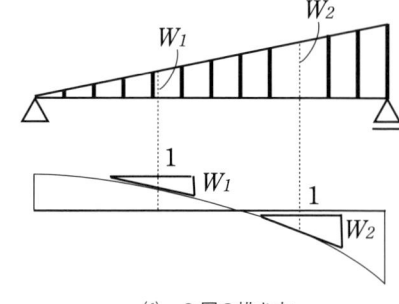

(f) Q 図の描き方

POINT!
w の分布図の値より、Q 図の勾配を決める。w の値が、その点の Q 図の傾き（1 進んだ時のせん断力の変化量）になる。

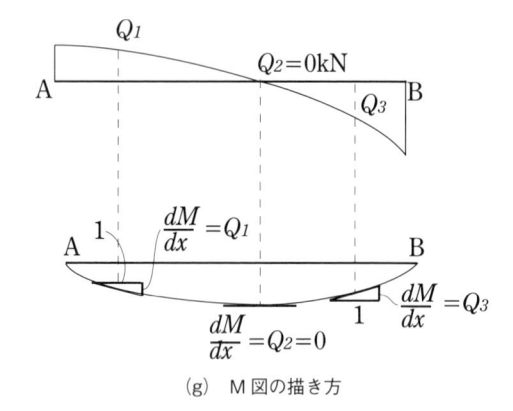

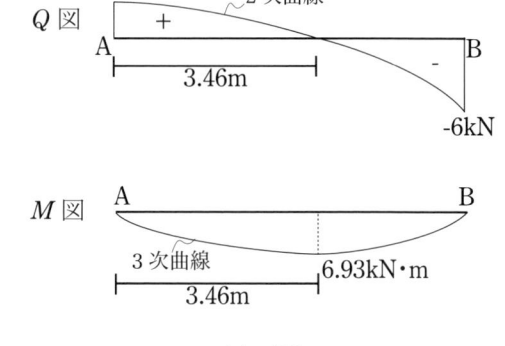

(g) M 図の描き方

POINT!
Q の値より、M 図の勾配を決める。Q の値が、その点の M 図の傾き（1 移動した時の変化量）になる。

(h) 解答

図 8.1

[解 b] 等変分布荷重を集中荷重に置き換えて、点 A より右側へ解いていく方法

等変分布荷重を集中荷重に置き換えて、今までと同じく点 A より右側へ解いて応力図を作成する。

コラム
等変分布荷重を集中荷重に置き換える方法

点 A まわりの分布荷重によるモーメントは図 8.1 (i) に示す方法で微小区間当たりのモーメントを積分で累加して求める。一方、合力（荷重分布形の面積 $1/2 \cdot w_0 \cdot x$）によるモーメントは図 8.1 (j) に示すようになる。両者が等しくなる x_0 を求めることにより、合力の作用位置が定まる。合力が作用する位置は、図 8.1 (j) にもとづいて式 (7.3) に準じて以下のように求めることができる。

$$x_0 = \frac{\int_0^x s \cdot w_{(s)} ds}{\int_0^x w_{(s)} ds} = \frac{\int_0^x s \cdot w_0 \cdot \frac{s}{x} ds}{\int_0^x w_0 \cdot \frac{s}{x} ds}$$

$$= \frac{\frac{w_0 \cdot x^2}{3}}{\frac{w_0 \cdot x}{2}} = \frac{2}{3} \cdot x \tag{8.8}$$

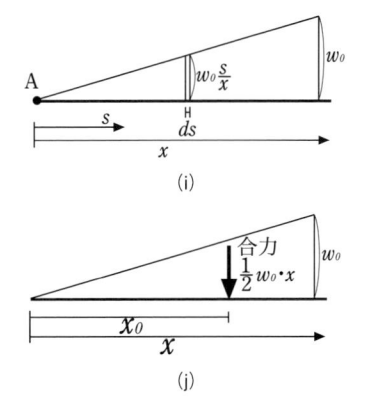

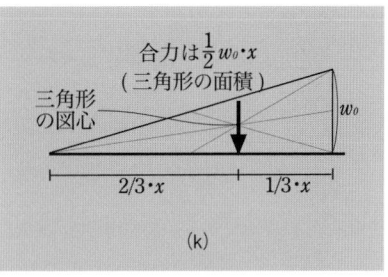

図 8.1

POINT!
荷重分布形＝高さを w_0 底辺を x とした直角三角形
合力の大きさ＝荷重分布形の図形（三角形）の面積
合力の作用位置＝荷重分布形（三角形）の図心の位置

---

①部材に作用する反力を求める

点 A-B 間の等変分布荷重を集中荷重に置き換えると、分布荷重の重心の位置、すなわち点 A より 4m 右側へいった位置に等変分布荷重の合力（三角形の面積）に相当する集中荷重が作用する。

$$合力の大きさ = 3 \cdot 6 \cdot \frac{1}{2} = 9 \text{kN} \tag{8.9}$$

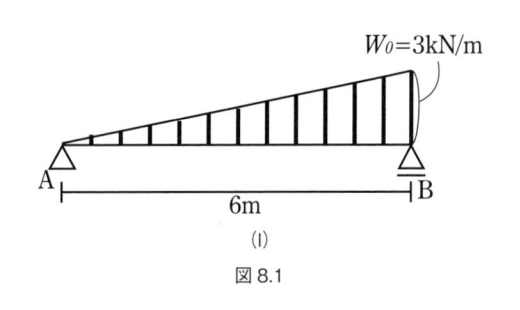

図 8.1

図 8.1（m）に示すように点 A、B の反力を仮定して、それぞれの釣り合い式をたてて反力を求めると以下のようになる。なお、回転方向の釣り合い式は点 A まわりのモーメントから求めた。

$H_A = 0$　　　　　$H_A = 0\text{kN}$　　　　　(8.10-a)
$V_A - 9 + V_B = 0$　$V_A = 3$　$V_A = 3\text{kN}(\uparrow)$　(8.10-b)
$9 \cdot 4 - V_B \cdot 6 = 0$　$V_B = 6$　$V_B = 6\text{kN}(\uparrow)$　(8.10-c)

よって、反力を図示すると図 8.1（n）に示すとおりになる。

②点 A-B 間の応力を求める

点 A から xm 離れた位置での等変分布荷重の w_x は三角形の相似より以下のように求めることが出来る。

$W_x : W_0 = x : 6$
$W_x = \dfrac{W_0}{6} \cdot x = \dfrac{3}{6} \cdot x = 0.5 \cdot x$　　　(8.11)

点 A-B 間における任意の距離 xm（0m $\leqq x \leqq$ 6m）で図 8.1（o）のように応力を仮定して釣り合い式をたてる。

$N_x = 0$
$3 - \left\{\dfrac{1}{2} \cdot (0.5 \cdot x) \cdot x\right\} - Q_x = 0$
$3 \cdot x - \left\{\dfrac{1}{2} \cdot (0.5 \cdot x) \cdot x\right\} \cdot (\dfrac{1}{3} \cdot x) - M_x = 0$

$\qquad N_x = 0\text{kN}$　　　　　(8.12-a)

$\qquad Q_x = -\dfrac{x^2}{4} + 3$　　　(8.12-b)

$\qquad M_x = -\dfrac{x^3}{12} + 3 \cdot x$　　(8.12-c)

積分での解法より求めた式（8.3）と釣り合い式より求めた式（8.12）が一致した。これより先は、解 a と同じであるため割愛する。

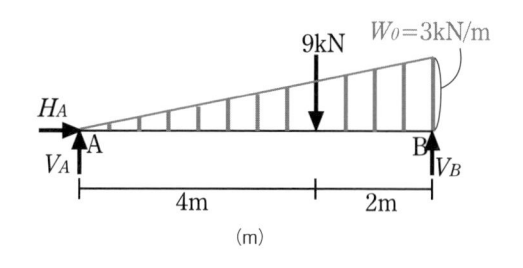

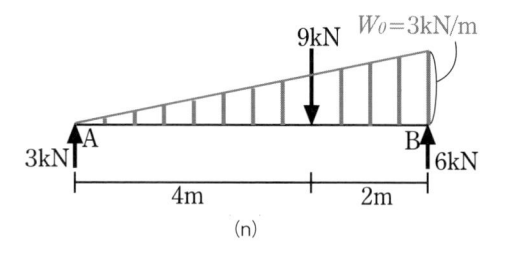

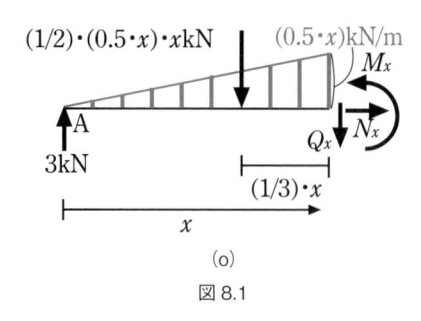

図 8.1

[解 c] 積分による方法
　　　（点 B より左向きに解いていく）

次に点 B より左向きに積分を用いて解答していく方法で応力図を作成する。

図 8.1（p）に従い、X、Y の各方向の釣り合い式と点 B まわりの回転方向の釣り合い式をつくる。その際、まずは、微少区間の荷重に対して式を作り、それを式（8.13）のように積分して等変分布荷重の総和をとる。

$$N_x = 0 \text{kN} \tag{8.13-a}$$

$$Q_x - \int_0^x (3 - 0.5 \cdot s) ds + 6 = 0$$

$$Q_x = \left[3 \cdot s - \frac{0.5}{2} \cdot s^2 \right]_0^x - 6 = 3x - 0.25x^2 - 6 \tag{8.13-b}$$

$$M_x + \int_0^x (x - s) \cdot (3 - 0.5s) ds - 6 \cdot x = 0$$

$$M_x = -\left[3 \cdot x \cdot s - \frac{3 + 0.5 \cdot x}{2} \cdot s^2 + \frac{0.5}{3} \cdot s^3 \right]_0^x + 6 \cdot x$$

$$= \frac{1}{12} \cdot x^3 - 1.5 \cdot x^2 + 6 \cdot x \tag{8.13-c}$$

ここで、式（8.13）より、点 A 及び点 B でのせん断力、モーメントはそれぞれ以下のように求まる。

点 A
$$Q_{x=6} = -0.25 \cdot 6^2 + 3 \cdot 6 - 6 = 3 \text{kN} \tag{8.14-a}$$
$$M_{x=6} = \frac{1}{12} \cdot 6^3 - 1.5 \cdot 6^2 + 6 \cdot 6 = 0 \text{kN} \cdot \text{m} \tag{8.14-b}$$

点 B
$$Q_{x=0} = -0.25 \cdot 0^2 + 3 \cdot 0 - 6 = -6 \text{kN} \tag{8.15-a}$$
$$M_{x=0} = \frac{1}{12} \cdot 0^3 - 1.5 \cdot 0^2 + 6 \cdot 0 = 0 \text{kN} \cdot \text{m} \tag{8.15-b}$$

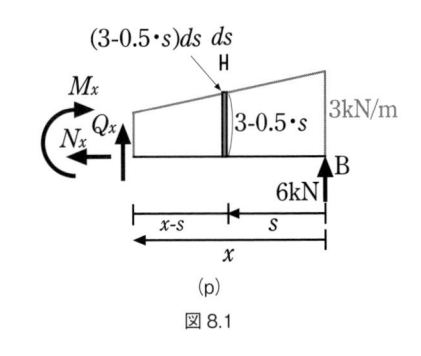

図 8.1

POINT!
積分とは、当該区間の面積を求めるものではなく、<u>当該区間にある数値の総和を求めるもの</u>である。

○極値を求める

図 8.1（q）に式（8.14）、(8.15) より求めたせん断力図を示す。点 B-A 間で $Q = 0\text{kN}$ となる点が存在し、その点でモーメントは極値をとる。

$$Q_x = -0.25 \cdot x^2 + 3 \cdot x - 6 = 0$$
$$x = \frac{-3 + \sqrt{3^2 - 4 \cdot (-0.25) \cdot (-6)}}{2 \cdot (-0.25)} = \frac{-3 + 1.73}{-0.5} = 2.54\text{m}$$
(8.16)

0m ≦ 2.54m ≦ 6m であるため、極値は範囲内であり、点 B より 2.54m 左側の位置でモーメントが最大値となる。

$$M_{\max} = M_{x=2.54} = \frac{1}{12} \cdot 2.54^3 - 1.5 \cdot 2.54^2 + 6 \cdot 2.54$$
$$= 6.93\text{kN} \cdot \text{m}$$
(8.17)

以上より、せん断力図及びモーメント図を図示すると、図 8.1（r）、(s) に示すとおりになる。

[解 d] 集中荷重に置き換えて、点 B より左向きに解いていく方法

集中荷重に置き換えて点 B より左側へ解いていく方法を示す。その際、等変分布荷重の分布形状は図 8.1（t）のように台形になる。台形の分布荷重を長方形 W_{0S} と三角形 W_{0T} の 2 種類の分布荷重に分解して、それぞれを集中荷重に置き換えることにより、計算できる。

$$W_{0T} = 3 - (3 - 0.5 \cdot x) = 0.5 \cdot x$$
$$W_{0S} = 3 - 0.5 \cdot x$$
(8.18)

(q)　Q 図

(r)　Q 図

(s)　M 図

(t)

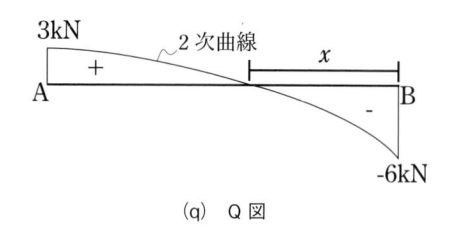

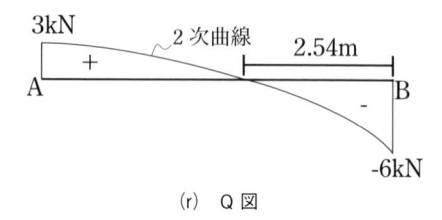

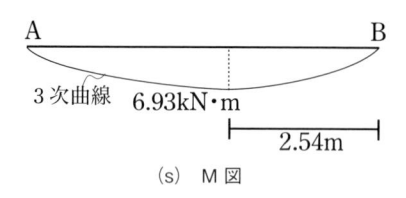

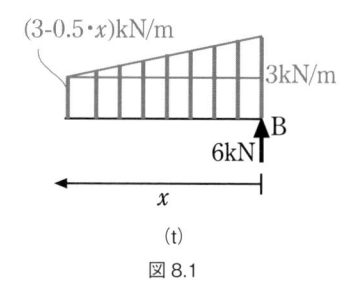

図 8.1

○点 B-A 間の応力を求める

点 B-A 間における任意の距離 x m（$0\text{m} \leq x \leq 6\text{m}$）で図8.1（u）のように応力を仮定して釣り合い式をたてる。

$$N_x = 0\text{kN} \tag{8.19-a}$$

$$Q_x - (3 - 0.5 \cdot x) \cdot x - \frac{1}{2} \cdot 0.5 \cdot x \cdot x + 6 = 0$$

$$Q_x = 3 \cdot x - 0.5 \cdot x^2 + 0.25 \cdot x^2 - 6$$

$$Q_x = -0.25 \cdot x^2 + 3 \cdot x - 6 \tag{8.19-b}$$

$$M_x + \{(3 - 0.5 \cdot x) \cdot x\} \cdot (\frac{1}{2} \cdot x) + (\frac{1}{2} \cdot 0.5 \cdot x \cdot x) \cdot (\frac{2}{3} \cdot x) - 6 \cdot x = 0$$

$$M_x = -1.5 \cdot x^2 + 0.25 \cdot x^3 - 0.17 \cdot x^3 + 6 \cdot x$$

$$M_x = 0.08 \cdot x^3 - 1.5 \cdot x^2 + 6 \cdot x \tag{8.19-c}$$

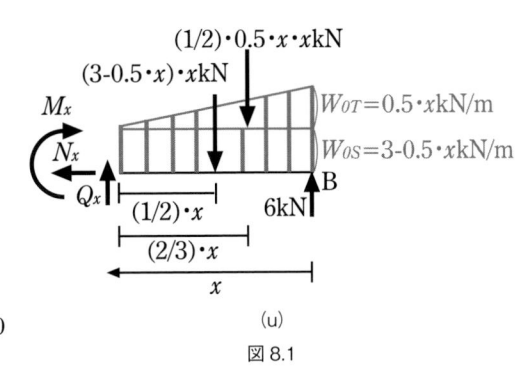

図 8.1

コラム

部材の左から右へ考えた場合と右から左へ考えた場合での等変分布荷重の関数の作り方を示す。

左→右の w_s の式

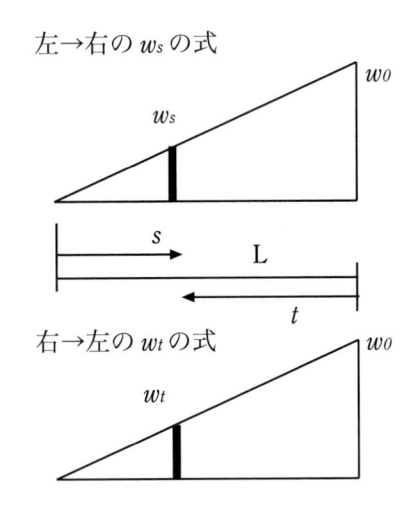

左から右向きに解いた時の w_s を求める

$$w_0 : w_s = L : s$$

$$w_s = \frac{w_0 \cdot s}{L} \tag{8.20}$$

右→左の w_t の式

右から左向きに解いた時の w_t を求める

$s = L - t$ となるので、代入すると以下のようになる。

$$w_t = \frac{w_0}{L}(L - t) = w_0 - \frac{w_0}{L} \cdot t \tag{8.21}$$

例題 35

図 8.2（a）に示す部材の応力図を求めよ。

[解 a] 等変分布荷重を合力に置き換える方法
①部材に作用する反力を求める

点 B-C 間の等変分布荷重を合力である集中荷重に置き換える。等変分布荷重の重心（三角形の図心）の位置、すなわち点 B より 2m 右側の位置に等変分布荷重（三角形）の面積に相当する集中荷重が作用すると考える。

$$\text{分布荷重の合力} = 6 \cdot 3 \cdot \frac{1}{2} = 9\text{kN} \quad (8.22)$$

図 8.2（b）のように点 A の反力を仮定して、各釣り合い式をたてて反力を求めると以下のようになる。なお、回転方向の釣り合い式は点 A まわりのモーメントから求めた。反力を正しい向きで図示すると図 8.2（c）のようになる。

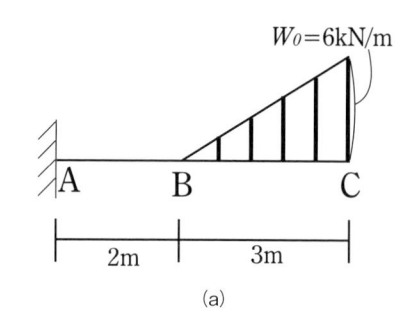

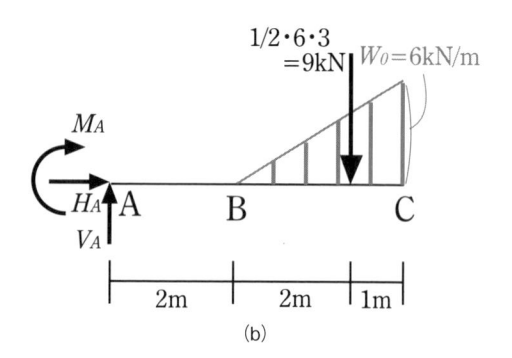

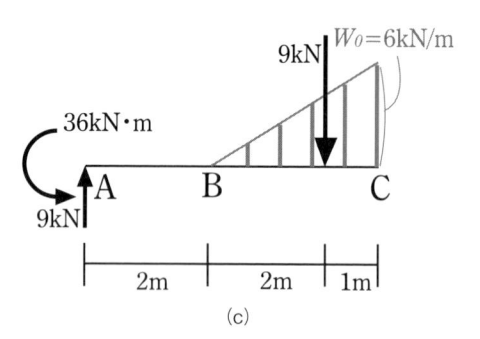

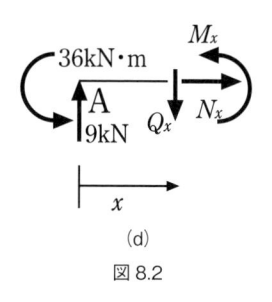

$$H_A = 0 \qquad H_A = 0\text{kN} \quad (8.23\text{-a})$$
$$V_A - 9 = 0 \qquad V_A = 9\text{kN}(\uparrow) \quad (8.23\text{-b})$$
$$M_A + 9 \cdot 4 = 0 \quad M_A = -36\text{kN}\cdot\text{m}\,(\circlearrowleft) \quad (8.23\text{-c})$$

②点 A-B 間の応力を求める

点 A-B 間における任意の距離 xm（$0\text{m} \leq x \leq 2\text{m}$）で図 8.2（d）のように応力を仮定して釣り合い式をたてる。

$$N_x = 0\text{kN} \quad (8.24\text{-a})$$
$$9 - Q_x = 0 \qquad Q_x = 9\text{kN} \quad (8.24\text{-b})$$
$$-36 + 9 \cdot x - M_x = 0 \quad M_x = 9 \cdot x - 36 \quad (8.24\text{-c})$$

ここで、式（8.24-b）、（8.24-c）より、点 A 及び点 B でのせん断力、モーメントをそれぞれ求めると以下のようになる。

点 A
$$Q_{x=0} = 9\text{kN} \quad (8.25\text{-a})$$
$$M_{x=0} = 9 \cdot 0 - 36 = -36\text{kN}\cdot\text{m} \quad (8.25\text{-b})$$

点 B
$$Q_{x=2} = 9\text{kN} \quad (8.26\text{-a})$$
$$M_{x=2} = 9 \cdot 2 - 36 = -18\text{kN}\cdot\text{m} \quad (8.26\text{-b})$$

図 8.2

③点 B-C 間の応力を求める

図 8.2（e）に示すように、点 B から xm 離れた位置での等変分布荷重の W_x は、三角形の相似より以下のように求めることができる。

$$W_x : W_0 = x : 3$$
$$W_x = \frac{W_0}{3} \cdot x = 2 \cdot x \tag{8.27}$$

点 B-C 間における任意の距離 xm（0m $\leq x \leq$ 3m）で図 8.2（f）のように応力を仮定して釣り合い式をたてる。

$$N_x = 0\text{kN} \tag{8.28-a}$$

$$9 - \frac{1}{2} \cdot 2 \cdot x^2 - Q_x = 0$$
$$Q_x = -x^2 + 9 \tag{8.28-b}$$

$$-36 + 9 \cdot \underbrace{(2+x)}_{\text{長さに注意}} - \left\{ \frac{1}{2} \cdot 2 \cdot x^2 \right\} \cdot \frac{x}{3} - M_x = 0$$
$$M_x = -\frac{x^3}{3} + 9 \cdot x - 18 \tag{8.28-c}$$

ここで、式（8.28-b）、（8.28-c）より、点 B 及び点 C でのせん断力、モーメントをそれぞれ求めると以下のようになる。

$$Q_{x=0} = -0^2 + 9 = 9\text{kN} \tag{8.29-a}$$

点 B
$$M_{x=0} = -\frac{0^3}{3} + 9 \cdot 0 - 18 = -18\text{kN}\cdot\text{m} \tag{8.29-b}$$

$$Q_{x=3} = -3^2 + 9 = 0\text{kN} \tag{8.30-a}$$

点 C
$$M_{x=3} = -\frac{3^3}{3} + 9 \cdot 3 - 18 = 0\text{kN}\cdot\text{m} \tag{8.30-b}$$

④解答を図示

図 8.2（g）、（h）に示すように図中に当該区間の曲線の次数を明記して、解答すること。

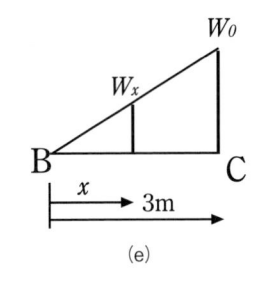

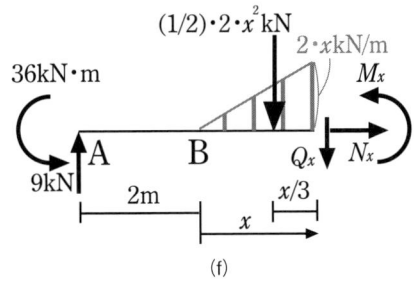

POINT!

x は、計算しやすい位置から決めてもよいが、距離のとり方等を間違えないように注意すること。

また、図の範囲の分布荷重のみを集中荷重に置き換えること。

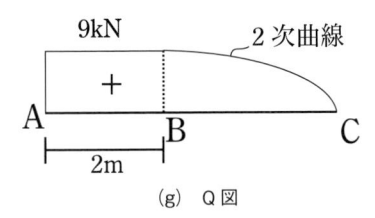

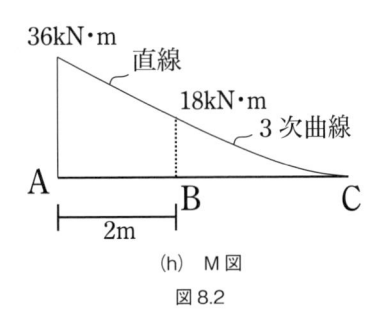

図 8.2

[解 b] 積分による方法

積分による解法を示す。図 8.2 (i) にもとづいて、以下のような釣り合い式をたてることにより、反力を求めることができる。なお、点 A まわりのモーメントで回転方向の釣り合い式はたてている。

$$H_A = 0 \text{kN} \tag{8.31-a}$$

$$V_A - \int_0^3 2 \cdot s \, ds = 0$$

$$V_A = \int_0^3 2 \cdot s \, ds = \left[\frac{2 \cdot s^2}{2}\right]_0^3 = 9 \text{kN} (\uparrow) \tag{8.31-b}$$

$$M_A + \int_0^3 (2+s) \cdot 2 \cdot s \, ds = 0$$

$$M_A = -\int_0^3 (2+s) \cdot 2 \cdot s \, ds = -\left[\frac{4 \cdot s^2}{2} + \frac{2 \cdot s^3}{3}\right]_0^3 = -36$$

$$= -36 \text{kN} \cdot \text{m} \,(\curvearrowleft) \tag{8.31-c}$$

点 A-B 間には分布荷重が作用していないため、解 a と同じ方法で釣り合い式をたてるため割愛する。図 8.2 (j) のように点 B-C 間において、点 B より xm 離れた位置での応力を、積分を用いて釣り合い式をたてると以下のようになる。

$$N_x = 0 \text{kN} \tag{8.32-a}$$

$$9 - \int_0^x 2 \cdot s \, ds - Q_x = 0$$

$$Q_x = 9 - \int_0^x 2 \cdot s \, ds = 9 - x^2 \tag{8.32-b}$$

$$-36 + 9 \cdot (x+2) - \int_0^x (x-s) \cdot 2 \cdot s \, ds - M_x = 0$$

$$M_x = -36 + 9 \cdot (x+2) - \left[x \cdot s^2 - \frac{2 \cdot s^3}{3}\right]_0^x$$

$$= -\frac{x^3}{3} + 9 \cdot x - 18 \tag{8.32-c}$$

これより先は、解 a と同じであるため割愛する。

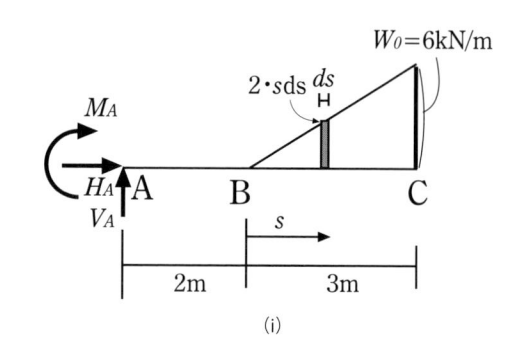

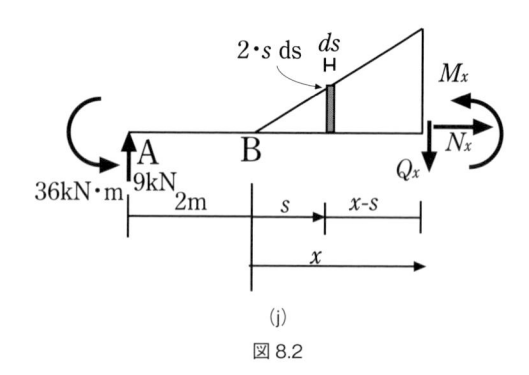

図 8.2

例題 36

図 8.3（a）に示す部材の応力図を求めよ。

[解]
①部材に作用する反力を求める

点 D の反力を積分を用いて以下のように求める。

$$H_D = 0\text{kN} \tag{8.33-a}$$

$$V_D - \int_0^4 \frac{s^2}{2} ds = 0$$

$$V_D = \int_0^4 \frac{s^2}{2} ds = \left[\frac{s^3}{6}\right]_0^4 = 10.67\text{kN}(\uparrow) \tag{8.33-b}$$

$$M_D + \int_0^4 s\frac{s^2}{2} ds = 0$$

$$M_D = -\int_0^4 s\frac{s^2}{2} ds = -\left[\frac{s^4}{8}\right]_0^4 = 32\text{kN}\cdot\text{m}(\circlearrowleft) \tag{8.33-c}$$

よって、反力を図示すると図 8.3（c）に示すとおりになる。

②点 A-B 間の応力を求める

点 A-B 間における任意の距離 x m（$0\text{m} \leqq x \leqq 4\text{m}$）で図 8.3（d）のように応力を仮定して釣り合い式をたてる。

$$N_x = 0\text{kN} \tag{8.34-a}$$

$$-Q_x - \int_0^x W_s ds = 0$$

$$Q_x = -\int_0^x \frac{1}{2}\cdot s^2 ds = -\left[\frac{s^3}{6}\right]_0^x = -\frac{x^3}{6} \tag{8.34-b}$$

$$-M_x - \int_0^x (x-s)\cdot W_s ds = 0$$

$$M_x = -\int_0^x \left(\frac{x\cdot s^2}{2} - \frac{s^3}{2}\right)ds = -\left[\frac{x\cdot s^3}{6} - \frac{s^4}{8}\right]_0^x$$

$$= -\frac{x^4}{6} + \frac{x^4}{8} = -\frac{x^4}{24} \tag{8.34-c}$$

ここで、式（8.34-b）、（8.34-c）より、点 A 及び点 B でのせん断力、モーメントをそれぞれ求めると以下のようになる。

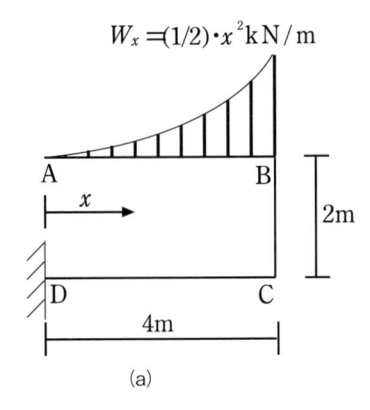

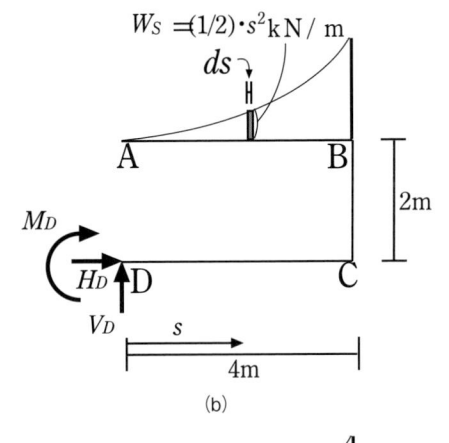

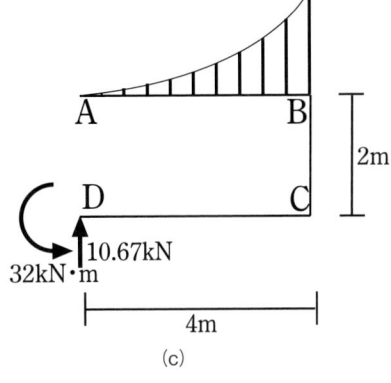

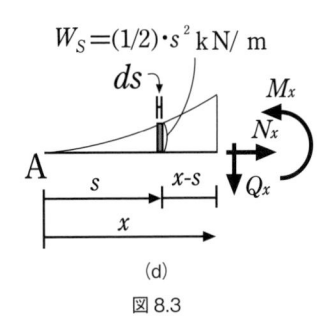

図 8.3

点 A
$$Q_{x=0} = -\frac{0^3}{6} = 0\text{kN} \quad (8.35\text{-a})$$
$$M_{x=0} = -\frac{0^4}{24} = 0\text{kN}\cdot\text{m} \quad (8.35\text{-b})$$

点 B
$$Q_{x=4} = -\frac{4^3}{6} = -10.67\text{kN} \quad (8.36\text{-a})$$
$$M_{x=4} = -\frac{4^4}{24} = -10.67\text{kN}\cdot\text{m} \quad (8.36\text{-b})$$

③点 B-C 間の応力を求める

点 B-C 間及び点 C-D 間における応力を計算するときは、点 A-B 間の分布荷重を集中荷重に置き換えて計算してもよい。

図 8.3 (e) に示すように、点 A-B 間の分布荷重を集中荷重に置き換えた時、分布荷重の合力が作用する位置 X_0 は、式 (7.14)、式 (8.8) に準じて以下のように求める。

$$X_0 = \frac{\int_0^4 s\cdot w_s ds}{\int_0^4 w_s ds} = \frac{\int_0^4 s\cdot \frac{1}{2}s^2 ds}{\int_0^4 \frac{1}{2}s^2 ds} = \frac{\frac{4^4}{8}}{\frac{4^3}{6}} = \frac{3}{4}\cdot 4 = 3\text{m} \quad (8.37)$$

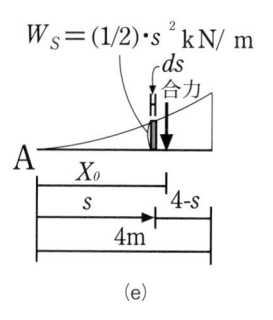

分布荷重の合力の大きさ
$$\int_0^4 W_s ds = \int_0^4 \frac{1}{2}s^2 ds = 10.67\text{kN}$$

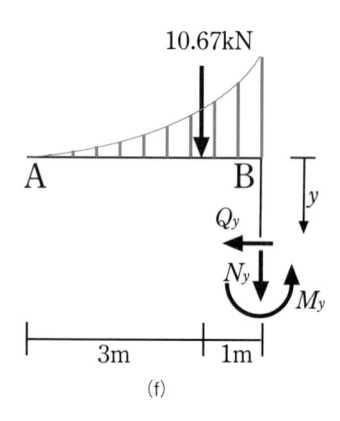

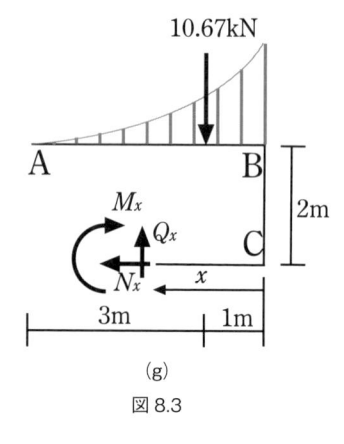

ここで、点 B-C 間における任意の距離 ym (0m $\leq y \leq$ 2m) で図 8.3 (f) のように応力を仮定して釣り合い式をたてる。

$$-N_y - 10.67 = 0$$
$$N_y = -10.67\text{kN} \quad (8.38\text{-a})$$
$$Q_y = 0\text{kN} \quad (8.38\text{-b})$$
$$-M_y - 10.67\cdot 1 = 0$$
$$M_y = -10.67\text{kN}\cdot\text{m} \quad (8.38\text{-c})$$

④点 C-D 間の応力を求める

点 C-D 間における任意の距離 xm (0m $\leq x \leq$ 4m) で図 8.3 (g) のように応力を仮定して釣り合い式をたてる。点 C より距離 xm 離れた位置での応力を図 8.3 (g) に示す。

$$N_x = 0\text{kN} \quad (8.39\text{-a})$$
$$Q_x - 10.67 = 0$$
$$Q_x = 10.67\text{kN} \quad (8.39\text{-b})$$
$$M_x + 10.67\cdot(x-1) = 0$$
$$M_x = 10.67\cdot(1-x) \quad (8.39\text{-c})$$

図 8.3

ここで、式（8.39-c）より、点C及び点Dでのモーメントをそれぞれ求めると以下のようになる。

点C　　$M_{x=0} = 10.67 \text{kN} \cdot \text{m}$ 　　　　（8.40）

点D　　$M_{x=4} = -32 \text{kN} \cdot \text{m}$ 　　　　（8.41）

⑤解答を図示

以上より、軸力図、せん断力図及びモーメント図は図8.3（h）～（j）のようになる。

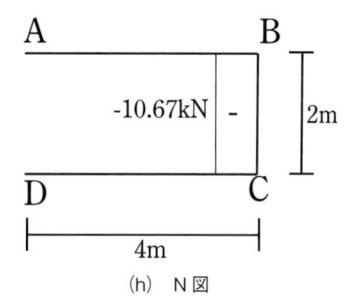

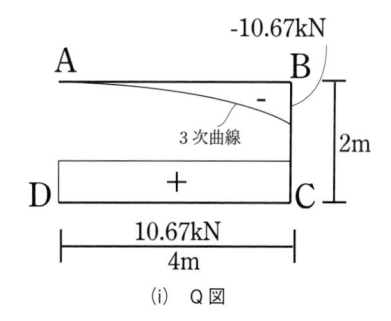

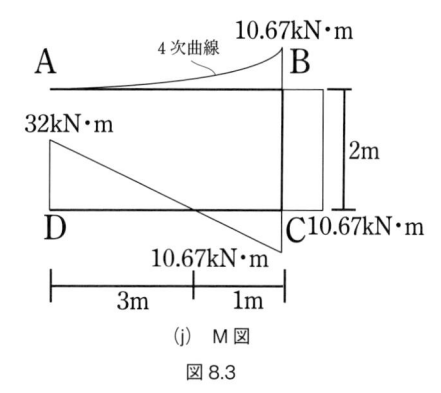

(h) N図

(i) Q図

(j) M図

図8.3　等変分布荷重の梁

第9章　分布荷重のラーメン

例題37

図9.1（a）に示す部材の応力図を求めよ。

[解]

①部材に作用する反力を求める

点A-B間及び点C-D間の分布荷重を集中荷重に置き換え、図9.1（b）のように点A及び点Dでの反力を仮定して、釣り合い式より反力を求める。なお、モーメントの釣り合い式は点Aまわりでたてている。反力の正しい方向は図9.1（c）のようになる。

$$H_A + 9 + 12 = 0$$
$$V_A + V_D = 0$$
$$9 \cdot 2 + 12 \cdot 1.5 - V_D \cdot 4 = 0$$

$$H_A = -21 \quad H_A = 21\text{kN}(\leftarrow) \quad (9.1\text{-a})$$
$$V_A = -9 \quad V_A = 9\text{kN}(\downarrow) \quad (9.1\text{-b})$$
$$V_D = 9 \quad V_D = 9\text{kN}(\uparrow) \quad (9.1\text{-c})$$

②点A-B間の応力を求める

図9.1（d）のように点A-B間における任意の距離 y m（$0\text{m} \leqq y \leqq 3\text{m}$）で応力を仮定して、釣り合い式をたてる。

$$N_y - 9 = 0$$
$$N_y = 9\text{kN} \quad (9.2\text{-a})$$

$$Q_y + \left\{\frac{1}{2} \cdot (2 \cdot y) \cdot y\right\} - 21 = 0$$
$$Q_y = -y^2 + 21 \quad (9.2\text{-b})$$

$$M_y - \left\{\frac{1}{2} \cdot (2 \cdot y) \cdot y\right\} \cdot \frac{y}{3} + 21 \cdot y = 0$$
$$M_y = \frac{y^3}{3} - 21 \cdot y \quad (9.2\text{-c})$$

ここで、式（9.2-b）、（9.2-c）より、点A及び点Bでのせん断力とモーメントをそれぞれ求める。

点A
$$Q_{y=0} = -0^2 + 21 = 21\text{kN} \quad (9.3\text{-a})$$
$$M_{y=0} = \frac{0^3}{3} - 21 \cdot 0 = 0\text{kN} \cdot \text{m} \quad (9.3\text{-b})$$

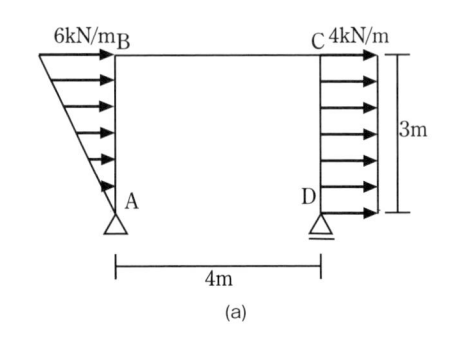

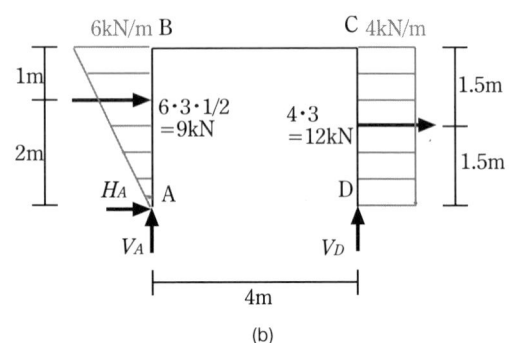

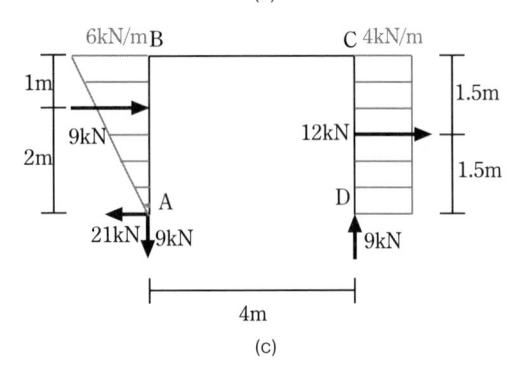

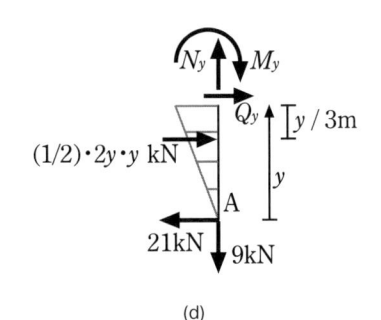

図9.1

点 B
$$Q_{y=3} = -3^2 + 21 = 12\text{kN} \quad (9.4\text{-a})$$
$$M_{y=3} = \frac{3^3}{3} - 21 \cdot 3 = -54\text{kN}\cdot\text{m} \quad (9.4\text{-b})$$

③点 B-C 間の応力を求める

図 9.1（e）のように点 B-C 間における任意の距離 xm（$0\text{m} \leqq x \leqq 4\text{m}$）で応力を仮定して、釣り合い式をたてる。

$$N_x + 9 - 21 = 0$$
$$N_x = 12\text{kN} \quad (9.5\text{-a})$$
$$-Q_x - 9 = 0$$
$$Q_x = -9\text{kN} \quad (9.5\text{-b})$$
$$-M_x - 9\cdot 1 + 21\cdot 3 - 9\cdot x = 0$$
$$M_x = -9\cdot x + 54 \quad (9.5\text{-c})$$

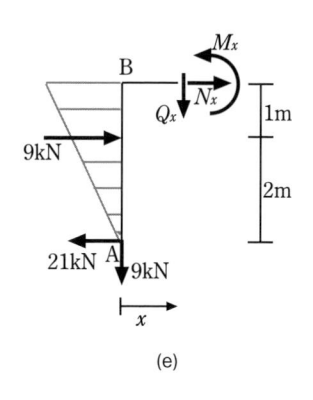

ここで、式（9.5）より、点 B 及び点 C でのモーメントをそれぞれ求めると以下のようになる。

点 B $\quad M_{x=0} = -9\cdot 0 + 54 = 54\text{kN}\cdot\text{m} \quad (9.6)$

点 C $\quad M_{x=4} = -9\cdot 4 + 54 = 18\text{kN}\cdot\text{m} \quad (9.7)$

④点 C-D 間の応力を求める

図 9.1（f）のように点 C-D 間における任意の距離 ym（$0\text{m} \leqq y \leqq 3\text{m}$）で応力を仮定して、釣り合い式をたてる。

$$-N_y - 9 = 0$$
$$N_y = -9\text{kN} \quad (9.8\text{-a})$$
$$-Q_y + 4\cdot y + 9 - 21 = 0$$
$$Q_y = 4\cdot y - 12 \quad (9.8\text{-b})$$
$$-M_y + 4\cdot y\cdot\frac{y}{2} + 9(y-1) + 21(3-y) - 9\cdot 4 = 0$$
$$M_y = 2\cdot y^2 - 12\cdot y + 18 \quad (9.8\text{-c})$$

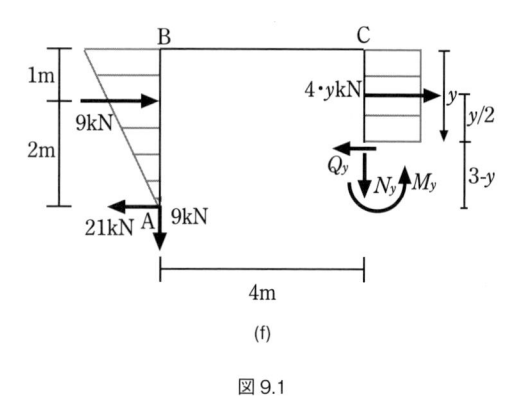

ここで、式（9.8-b）、（9.8-c）より、点 C 及び点 D でのせん断力とモーメントをそれぞれ求めると以下のようになる。

点 C $\quad Q_{y=0} = 4\cdot 0 - 12 = -12\text{kN} \quad (9.9\text{-a})$
$\quad\quad\quad M_{y=0} = 2\cdot 0^2 - 12\cdot 0 + 18 = 18\text{kN}\cdot\text{m} \quad (9.9\text{-b})$

図 9.1

点D　　$Q_{y=3} - 4 \cdot 3 - 12 = 0 \text{kN}$　　(9.10-a)

　　　　$M_{y=3} = 2 \cdot 3^2 - 12 \cdot 3 + 18 = 0 \text{kN} \cdot \text{m}$　(9.10-b)

⑤解答を図示

点A～Dのせん断力とモーメントの値をもとに、N図、Q図及びM図を図示すると図9.1（g）～（i）のようになる。

なお、等変分布荷重の区間では、分布荷重wの分布図とQ図の関係及びQ図とM図の関係が、それぞれ図9.1（j）、（k）のようになることに注意して正確に描く。

(g)　N図

(h)　Q図

(i)　M図

(j)　分布荷重とQ図の関係

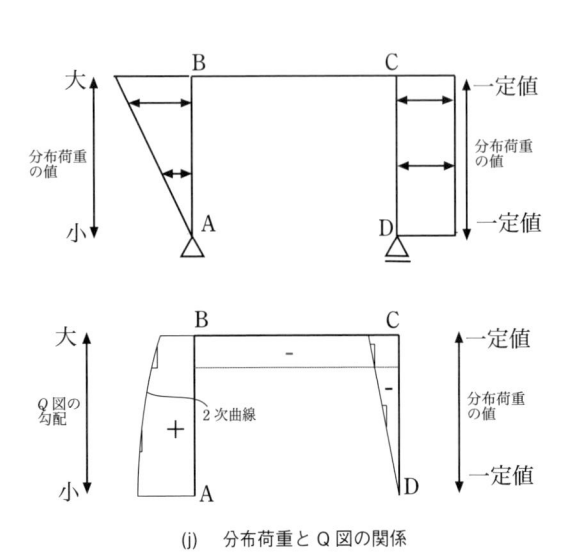

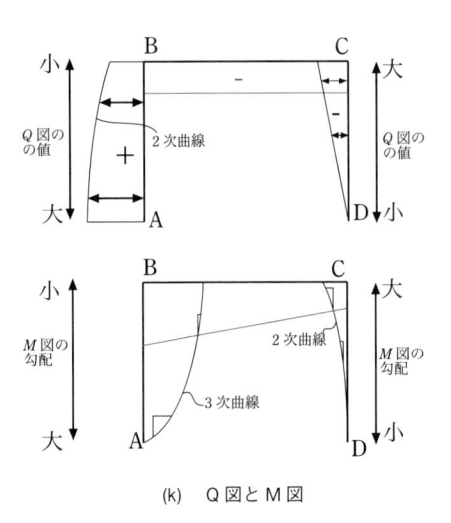

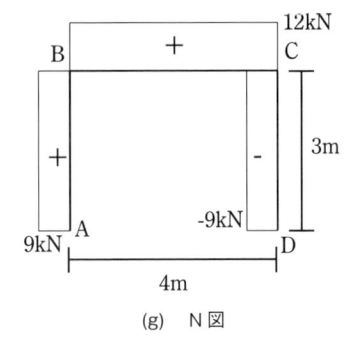

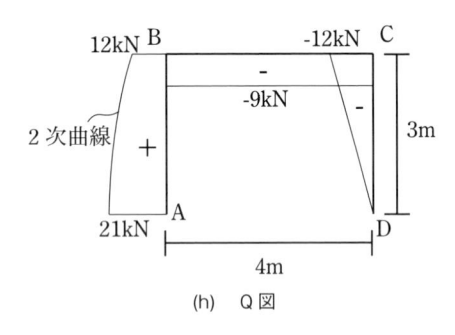

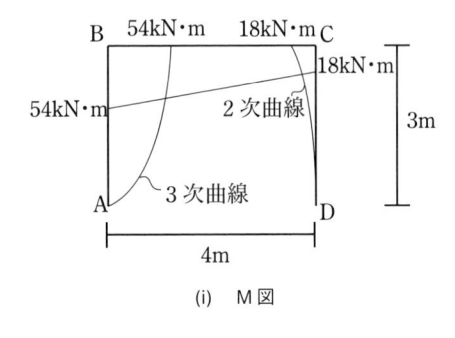

(k)　Q図とM図

図9.1

第10章　ゲルバー梁

　今まで扱ってきた構造物では、図10.1に示すように未知反力の数は3つであり、構造物全体のX方向、Y方向、回転方向の3つの力の釣り合い式を解くことによって未知反力を求めることができた。本節では、未知反力が4つとなる図10.2に示すような構造物の応力を求める。図10.2に示すように、いずれの構造物も部材の接合部分に1ヵ所「ヒンジ」とよばれる図10.3に示すような回転のみが可能な接合部（ヒンジ接合またはピン接合とよぶ）を含んでおり、このような形式の梁を**ゲルバー梁**、ラーメンを**3ヒンジラーメン**（11章）とよぶ。

　ヒンジ部分では、部材は回転できるが、軸方向とせん断方向には動かないように接合されている。すなわち、ヒンジ部分では、部材間で軸力とせん断力は伝達できるが、モーメントは伝達できない。モーメントが伝達できないヒンジ部分ではモーメント＝0となり、その条件を考慮することにより、釣り合い式は4つでき、未知反力が4つであっても反力は全て求まる。

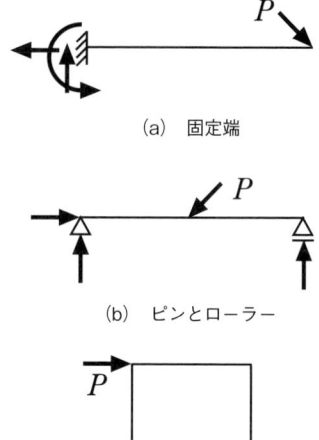

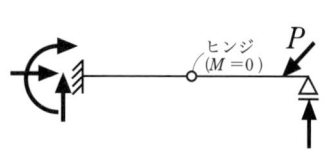

(a) 固定端
(b) ピンとローラー
(c) ラーメン
図10.1

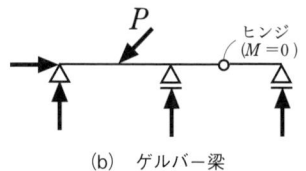

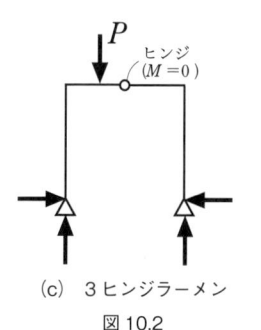

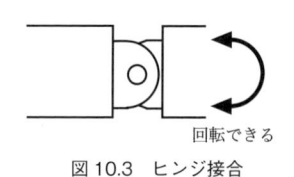

(a) ゲルバー梁
(b) ゲルバー梁
(c) 3ヒンジラーメン
図10.2

図10.3　ヒンジ接合

例題 38

図 10.4(a)に示す部材の応力図を求めよ。

[解]

①部材に作用する反力を求める

点 A-B 間の分布荷重を集中荷重に置き換え、点 A、点 B 及び点 E の反力の作用する向きを図 10.4(b)のように仮定する。

ゲルバー梁の問題では未知反力が 4 つあるため、以下の要領で反力を求めていく。

具体的な計算方法としては、今までどおり反力を仮定して、構造物全体に対して X 方向、Y 方向、回転方向の 3 つの釣り合い式をたてる。

$H_A = 0$ 　　　　　　　　　$H_A = 0$ 　　　　(10.1-a)
$V_A + V_B + V_E - 4 - 6 = 0$ 　　$V_A + V_B + V_E = 10$ (10.1-b)
$4 \cdot 1 - V_B \cdot 2 + 6 \cdot 6 - V_E \cdot 8 = 0$ 　$2 \cdot V_B + 8 \cdot V_E = 40$ (10.1-c)

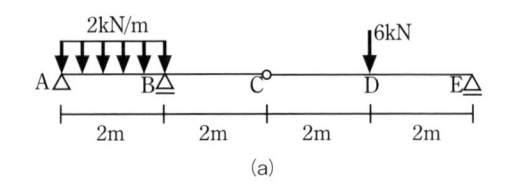

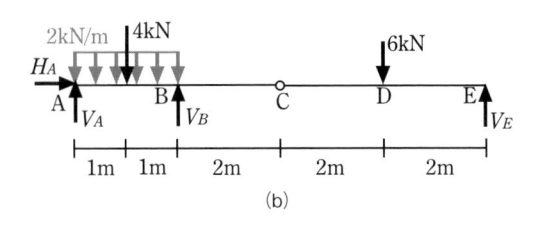

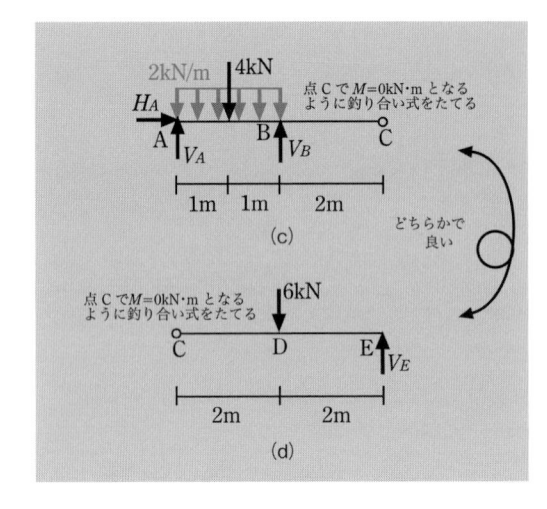

そして、ヒンジの位置でモーメント = 0 となる条件式を以下の要領でたてる。今までどおりヒンジを意識せず、ヒンジ位置で部材を仮想切断してモーメント M を仮定して、切断した左右のいずれか一方に対してモーメントの釣り合い式を作り、その式で $M = 0$ とすることによって 4 つ目の釣り合い式が得られ、4 つの未知反力を求めることができる。この時、図 10.4(c)及び(d)のようにヒンジに対して左右いずれの側でモーメントの釣り合い式をたてても、結果は同じである。そのため、ヒンジ位置でのモーメントの釣り合い式をたてるときは、未知数の少ない側を用いると、効率よく計算することができることがわかる。

図 10.4(c)からたてた釣り合い式を式(10.2)に、図 10.4(d)からたてた釣り合い式を式(10.4)にそれぞれ示す。各点の反力を求めると以下のとおりになる。

点 C より左側のモーメントの釣り合い式より求める

$V_A \cdot 4 - 4 \cdot 3 + V_B \cdot 2 = 0$
$4 \cdot V_A + 2 \cdot V_B = 12$ 　　　　　(10.2)

式 (10.1)、(10.2) より各点の反力は以下のように求まる。

$$H_A = 0\text{kN} \tag{10.3-a}$$
$$V_A = 1\text{kN}(\downarrow) \tag{10.3-b}$$
$$V_B = 8\text{kN}(\uparrow) \tag{10.3-c}$$
$$V_E = 3\text{kN}(\uparrow) \tag{10.3-d}$$

図 10.4 (e) に示すように、得られた反力を正しい方向で図示し直して、ここからはヒンジを意識せず、今までどおり各部の応力を求めて、応力図を描けばよい。出来上がった応力図において、ヒンジの位置で $M = 0$ となっていることを確認すること。

②点 A-B 間の応力を求める

点 A-B 間における任意の距離 xm（$0\text{m} \leqq x \leqq 2\text{m}$）で図 10.4 (f) のように応力を仮定して釣り合い式をたてる。

$$N_x = 0\text{kN} \tag{10.5-a}$$
$$-1 - 2 \cdot x - Q_x = 0$$
$$Q_x = -1 - 2 \cdot x \tag{10.5-b}$$
$$-M_x - 1 \cdot x - (2 \cdot x) \cdot \frac{x}{2} = 0$$
$$M_x = -x^2 - x \tag{10.5-c}$$

ここで、式 (10.5-b)、(10.5-c) より、点 A 及び点 B でのせん断力とモーメントはそれぞれ以下のように求まる。

点 A
$$Q_{x=0} = -1 - 2 \cdot 0 = -1\text{kN} \tag{10.6-a}$$
$$M_{x=0} = -0^2 - 0 = 0\text{kN} \cdot \text{m} \tag{10.6-b}$$

点 B
$$Q_{x=2} = -1 - 2 \cdot 2 = -5\text{kN} \tag{10.7-a}$$
$$M_{x=2} = -2^2 - 2 = -6\text{kN} \cdot \text{m} \tag{10.7-b}$$

POINT!

点 C より右側のモーメントの釣り合い式から、部材の反力を求めても以下のように同じ答えが求まる。

$$6 \cdot 2 - V_E \cdot 4 = 0$$
$$V_E = 3 \tag{10.4}$$

式 (10.1)、(10.4) より各点の反力は式 (10.3 a~d) のようになる。

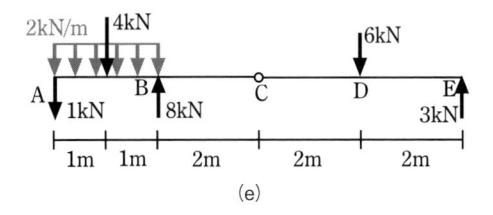

図 10.4

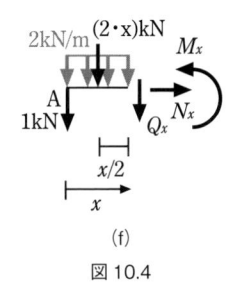

③点 B-D 間の応力を求める

　ヒンジで $M = 0$ になるように反力が求まっているので、応力を求める際には、ヒンジを意識しなくてよいため、点 C で区間を区切る必要はない。そのため、点 B-D 間における任意の距離 x m（$2m \leq x \leq 6m$）で応力を図 10.4（g）のように仮定して、釣り合い式をたてる。

$$N_x = 0 \text{kN} \tag{10.8-a}$$

$$-1 - 4 + 8 - Q_x = 0$$
$$Q_x = -1 - 4 + 8 = 3 \text{kN} \tag{10.8-b}$$

$$-M_x - 1 \cdot x - 4 \cdot (x-1) + 8 \cdot (x-2) = 0$$
$$M_x = 3 \cdot x - 12 \tag{10.8-c}$$

　ここで、式（10.8-c）より、点 B、点 C 及び点 D でのモーメントを求めると以下のようになる。

点 B　　$M_{x=2} = 3 \cdot 2 - 12 = -6 \text{kN} \cdot \text{m}$ 　　(10.9-a)

点 C　　$M_{x=4} = 3 \cdot 4 - 12 = 0 \text{kN} \cdot \text{m}$ 　　(10.9-b)

点 D　　$M_{x=6} = 3 \cdot 6 - 12 = 6 \text{kN} \cdot \text{m}$ 　　(10.9-c)

④点 D-E 間の応力を求める

　点 D-E 間における任意の距離 x m（$6m \leq x \leq 8m$）で図 10.4（h）のように応力を仮定して釣り合い式をたてる。

$$N_x = 0 \text{kN} \tag{10.10-a}$$

$$-1 - 4 + 8 - 6 - Q_x = 0$$
$$Q_x = -1 - 4 + 8 - 6 = -3 \text{kN} \tag{10.10-b}$$

$$-M_x - 1 \cdot x - 4 \cdot (x-1) + 8 \cdot (x-2) - 6 \cdot (x-6) = 0$$
$$M_x = -3 \cdot x + 24 \tag{10.10-c}$$

　ここで、式（10.10-c）より、点 D 及び点 E でのモーメントを求めると以下のようになる。

点 D　　$M_{x=6} = -3 \cdot 6 + 24 = 6 \text{kN} \cdot \text{m}$ 　　(10.11)

点 E　　$M_{x=8} = -3 \cdot 8 + 24 = 0 \text{kN} \cdot \text{m}$ 　　(10.12)

　せん断力図とモーメント図はそれぞれ図 10.4（i）、（j）のようになる。なおヒンジ接合されている点 C ではモーメントが 0 になっている。

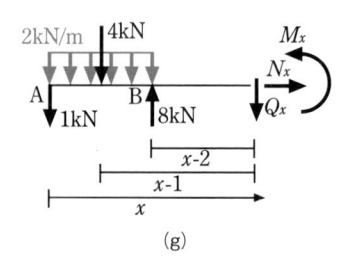

POINT!
　反力が求まってからは、**ヒンジを意識せずに力の釣り合い式をつくる。**

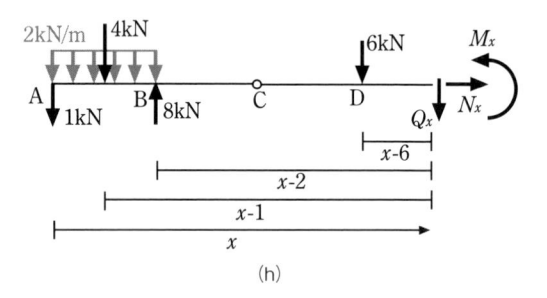

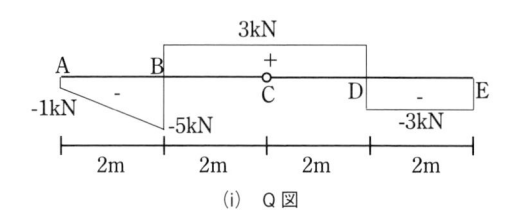

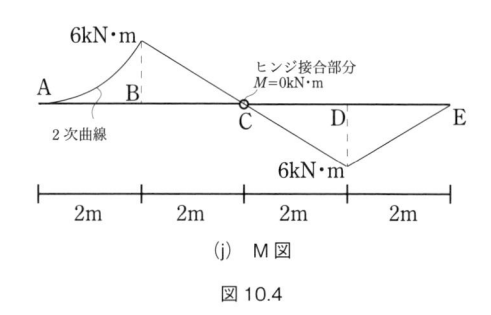

図 10.4

例題 39

図 10.5（a）に示す部材の応力図を求めよ。

[解]

①部材に作用する反力を求める

図 10.5（b）のように点 A-C 間の分布荷重を集中荷重に置き換え、点 A 及び点 C での反力の作用する向きを仮定する。

反力を求めるために以下の 4 つの釣り合い式をたてる。

①水平方向の釣り合い式
②鉛直方向の釣り合い式
③点 A まわりのモーメントの釣り合い式
④分布荷重を図 10.5（c）に示すように集中荷重に置き換えた時の、点 B より右側の部材全体における点 B まわりのモーメントの釣り合い式

$H_A = 0$ 　　　　　　　　　$H_A = 0$
$V_A - 18 + V_C - 6 = 0$ 　　$V_A + V_C = 24$
$M_A + 18 \cdot 4 - V_C \cdot 6 + 6 \cdot 8 = 0$ 　$M_A - V_C \cdot 6 = -120$
$8 \cdot 1 + 2 \cdot \dfrac{4}{3} - V_C \cdot 2 + 6 \cdot 4 = 0$ 　$2 \cdot V_C = 34.7$

$H_A = 0 \text{kN}$ 　　　　　　(10.13-a)
$V_A = 6.7 \text{kN}(\uparrow)$ 　　(10.13-b)
$M_A = 16 \text{kN} \cdot \text{m} (\curvearrowright)$ 　(10.13-c)
$V_C = 17.4 \text{kN}(\uparrow)$ 　(10.13-d)

求まった反力を正しい方向に書き直したものを、図 10.5（d）に示す。

なお、ここでは割愛するが、④を点 B より左側の部材全体における点 B まわりのモーメントの釣り合い式を用いても、同じように反力を求めることができる。

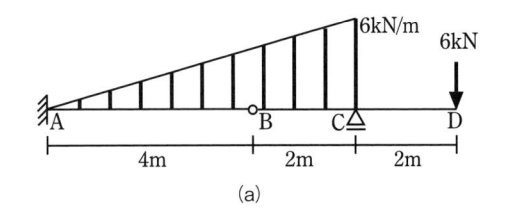

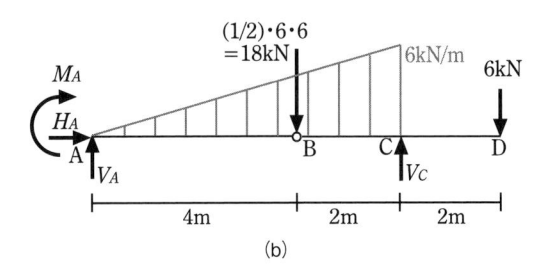

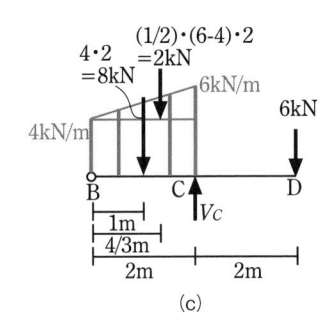

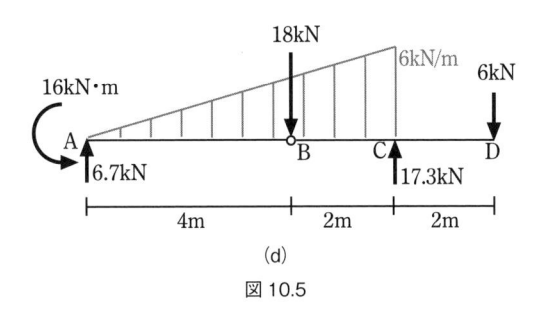

図 10.5

②点 A-C 間の応力を求める

点 A-C 間における任意の距離 x m（$0\text{m} \leq x \leq 6\text{m}$）で図 10.5（e）のように応力を仮定して釣り合い式をたてる。

$$N_x = 0 \text{kN} \tag{10.14-a}$$

$$6.7 - \frac{x^2}{2} - Q_x = 0$$

$$Q_x = 6.7 - \frac{x^2}{2} \tag{10.14-b}$$

$$-16 + 6.7 \cdot x - \frac{x^2}{2} \cdot \frac{x}{3} - M_x = 0$$

$$M_x = -\frac{x^3}{6} + 6.7 \cdot x - 16 \tag{10.14-c}$$

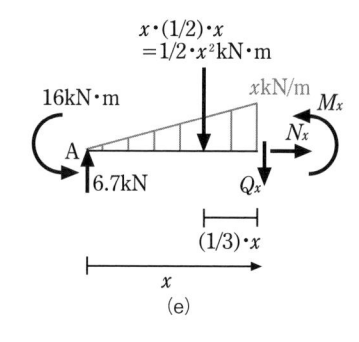

ここで、式（10.14-b）、（10.14-c）より、点 A 及び点 C でのせん断力とモーメントをそれぞれ求めると以下のようになる。

点 A
$$Q_{x=0} = 6.7 - \frac{0^2}{2} = 6.7 \text{kN} \tag{10.15-a}$$

$$M_{x=0} = -\frac{0^3}{6} + 6.7 \cdot 0 - 16 = -16 \text{kN} \cdot \text{m} \tag{10.15-b}$$

点 C
$$Q_{x=6} = 6.7 - \frac{6^2}{2} = -11.3 \text{kN} \tag{10.16-a}$$

$$M_{x=6} = -\frac{6^3}{6} + 6.7 \cdot 6 - 16 = -12 \text{kN} \cdot \text{m} \tag{10.16-b}$$

③点 C-D 間の応力を求める

点 C-D 間における任意の距離 x m（$6\text{m} \leq x \leq 8\text{m}$）で図 10.5（f）のように応力を仮定して釣り合い式をたてる。

$$N_x = 0 \text{kN} \tag{10.17-a}$$

$$6.7 - 18 + 17.3 - Q_x = 0$$

$$Q_x = 6.7 - 18 + 17.3 = 6 \text{kN} \tag{10.17-b}$$

$$-16 + 6.7 \cdot x - 18 \cdot (x - 4) + 17.3 \cdot (x - 6) - M_x = 0$$

$$M_x = 6 \cdot x - 48 \tag{10.17-c}$$

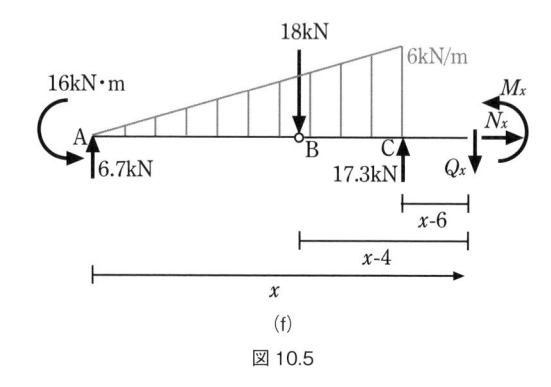

POINT!

反力が求まってからは、**ヒンジを意識せずに力の釣り合い式をつくる。**

図 10.5

ここで、式（10.17-c）より、点C及び点Dでのモーメントを求めると以下のようになる。

点C　　$M_{x=6} = 6 \cdot 6 - 48 = -12\text{kN} \cdot \text{m}$　　　(10.18)

点D　　$M_{x=8} = 6 \cdot 8 - 48 = 0\text{kN} \cdot \text{m}$　　　(10.19)

○極値を求める

せん断力図を図示すると、図10.5（g）のように点A-C間にて$Q = 0$となる点が存在し、モーメントは極値をとる。そのため、せん断力が0kNとなる位置を、式（10.14-b）を用いて計算する。

$$Q_x = 6.7 - \frac{x^2}{2} = 0$$

$$\frac{x^2}{2} = 6.7$$

$$x = \sqrt{2 \cdot 6.7} = 3.7\text{m} \quad (10.20)$$

式（10.14-b）は、0m ≤ x ≤ 6mの範囲であるため、x = 3.7mは範囲内であり、モーメントの極値は以下のように計算できる。

$$\begin{aligned} M_{x=3.7} &= -\frac{x^3}{6} + 6.7 \cdot x - 16 \\ &= -\frac{3.7^3}{6} + 6.7 \cdot 3.7 - 16 \\ &= 0.35\text{kN} \cdot \text{m} \end{aligned} \quad (10.21)$$

④解答を図示

以上より、せん断力図とモーメント図はそれぞれ図10.5（h）、（i）のようになる。ヒンジ接合されている点Bではモーメントの値が0kN・mになっている。

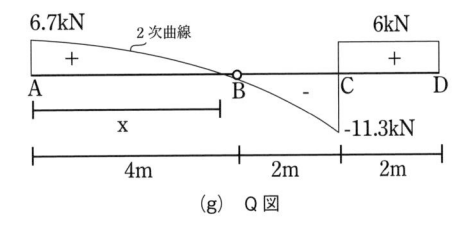

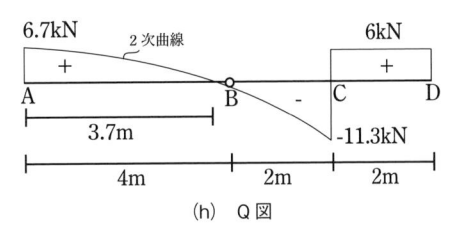

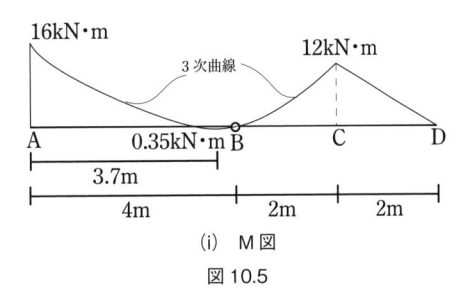

(g) Q図

(h) Q図

(i) M図

図10.5

第11章　3ヒンジラーメン

例題40

図11.1（a）に示す部材の応力図を求めよ。

[解]

①部材に作用する反力を求める

点A及び点Fの反力を図11.1（b）のように仮定する。

未知反力が4つあるため、3ヒンジラーメンの反力計算も、ゲルバー梁と同じ要領で行う。なお、モーメントの釣り合い式は、点Aまわりでたてている。

$$V_A + V_F - 40 = 0 \quad (11.1\text{-a})$$
$$H_A + H_F = 0 \quad (11.1\text{-b})$$
$$40 \cdot 1 - V_F \cdot 4 = 0 \quad (11.1\text{-c})$$

次に、式（11.2）のように点Dのヒンジの位置でモーメント＝0kN・mとなる条件式をたてる。なお、点Dより左側の部材のモーメントの釣り合い式を用いた。

$$-H_A \cdot 4 + V_A \cdot 2 - 40 \cdot 1 = 0 \quad (11.2)$$

式（11.1）、（11.2）より、部材に作用する反力を求める。

$$H_A = 5\text{kN}(\rightarrow) \quad (11.3\text{-a})$$
$$H_F = 5\text{kN}(\leftarrow) \quad (11.3\text{-b})$$
$$V_A = 30\text{kN}(\uparrow) \quad (11.3\text{-c})$$
$$V_F = 10\text{kN}(\uparrow) \quad (11.3\text{-d})$$

よって、求まった反力は図11.1（c）のようになる。

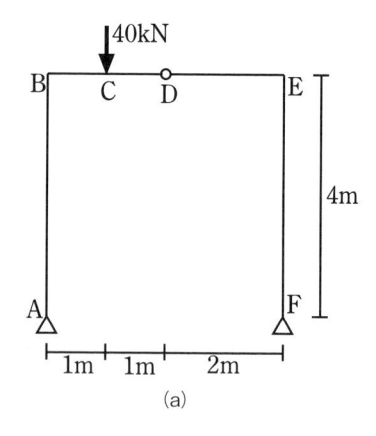

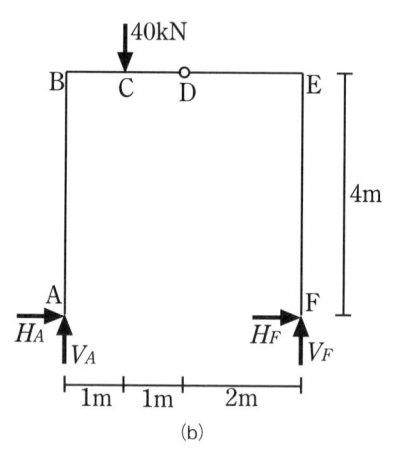

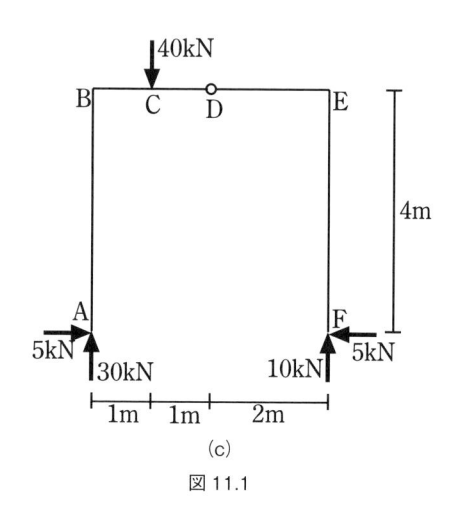

図11.1

②点 A-B 間の応力を求める

点 A-B 間における任意の距離 y m（$0\text{m} \leq y \leq 4\text{m}$）で図 11.1（d）のように応力を仮定して釣り合い式をたてる。

$$N_y + 30 = 0 \qquad N_y = -30\text{kN} \qquad (11.4\text{-a})$$
$$Q_y + 5 = 0 \qquad Q_y = -5\text{kN} \qquad (11.4\text{-b})$$
$$-5 \cdot y - M_y = 0 \qquad M_y = -5 \cdot y \qquad (11.4\text{-c})$$

ここで、式（11.4）より、点 A 及び点 B でのモーメントを求めると以下のようになる。

点 A $M_{y=0} = -5 \cdot 0 = 0 \text{kN} \cdot \text{m}$ (11.5)
点 B $M_{y=4} = -5 \cdot 4 = -20 \text{kN} \cdot \text{m}$ (11.6)

③点 B-C 間の応力を求める

点 B-C 間における任意の距離 x m（$0\text{m} \leq x \leq 1\text{m}$）で図 11.1（e）のように応力を仮定して釣り合い式をたてる。

$$N_x + 5 = 0 \qquad N_x = -5\text{kN} \qquad (11.7\text{-a})$$
$$30 - Q_x = 0 \qquad Q_x = 30\text{kN} \qquad (11.7\text{-b})$$
$$-5 \cdot 4 + 30 \cdot x - M_x = 0 \qquad M_x = 30 \cdot x - 20 \qquad (11.7\text{-c})$$

ここで、式（11.7）より、点 B 及び点 C でのモーメントを求めると以下のようになる。

点 B $M_{x=0} = 30 \cdot 0 - 20 = -20 \text{kN} \cdot \text{m}$ (11.8)
点 C $M_{x=1} = 30 \cdot 1 - 20 = 10 \text{kN} \cdot \text{m}$ (11.9)

④点 C-E 間の応力を求める

点 C-E 間における任意の距離 x m（$1\text{m} \leq x \leq 4\text{m}$）で図 11.1（f）のように応力を仮定して釣り合い式をたてる。

$$N_x + 5 = 0$$
$$N_x = -5\text{kN} \qquad (11.10\text{-a})$$
$$30 - 40 - Q_x = 0$$
$$Q_x = -10\text{kN} \qquad (11.10\text{-b})$$
$$-5 \cdot 4 + 30 \cdot x - 40 \cdot (x-1) - M_x = 0$$
$$M_x = -10 \cdot x + 20 \qquad (11.10\text{-c})$$

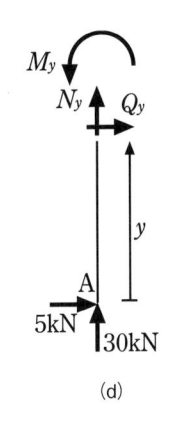

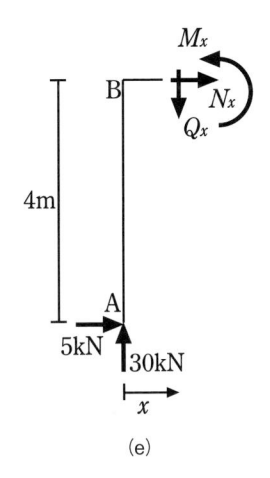

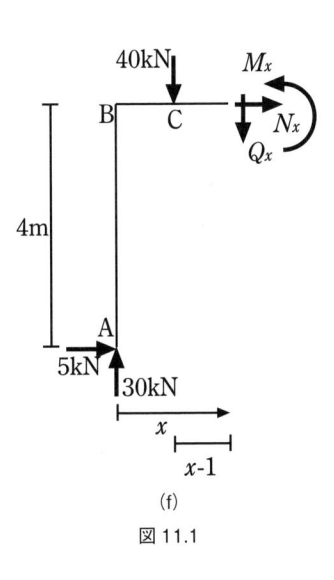

図 11.1

ここで、式（11.10）より、点C及び点Eでのモーメントを求めると以下のようになる。

点C　　$M_{x=1} = -10 \cdot 1 + 20 = 10 \text{kN} \cdot \text{m}$　　(11.11)

点E　　$M_{x=4} = -10 \cdot 4 + 20 = -20 \text{kN} \cdot \text{m}$　　(11.12)

⑤点F-E間の応力を求める

点F-E間における任意の距離ym（$0\text{m} \leq y \leq 4\text{m}$）で図11.1（g）のように応力を仮定して釣り合い式をたてる。

$N_y + 10 = 0$　　$N_y = -10\text{kN}$　　(11.13-a)

$Q_y - 5 = 0$　　$Q_y = 5\text{kN}$　　(11.13-b)

$5 \cdot y - M_y = 0$　　$M_y = 5 \cdot y$　　(11.13-c)

ここで、式（11.13）より、点F及び点EでのモーメントをRめると以下のようになる。

点F　　$M_{y=0} = 5 \cdot 0 = 0 \text{kN} \cdot \text{m}$　　(11.14)

点E　　$M_{y=4} = 5 \cdot 4 = 20 \text{kN} \cdot \text{m}$　　(11.15)

⑥解答を図示する

せん断力図、軸力図、モーメント図をそれぞれ図11.1（h）～（j）に示す。ヒンジ接合されている点Dではモーメントが0kN・mになっている。

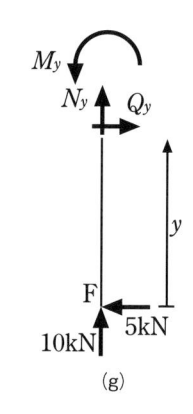

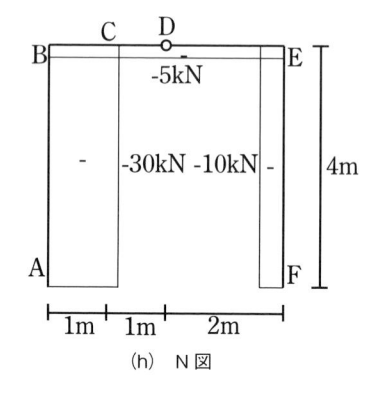

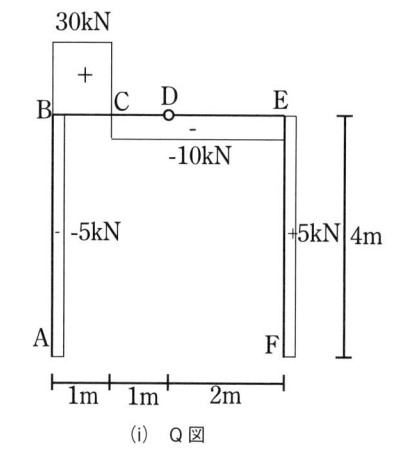

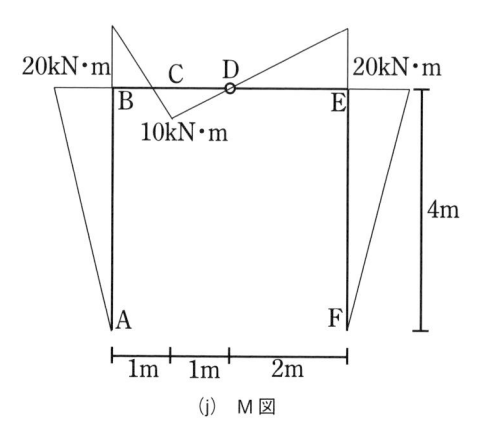

図11.1

例題 41

図 11.2（a）に示す部材の応力図を求めよ。

[解]
①部材に作用する反力を求める

図 11.2（b）に示すように点 B-D 間の分布荷重を集中荷重に置き換え、点 A、点 E での反力の作用する向きを仮定して釣り合い式をたてる。なお、モーメントの釣り合い式は点 A まわりでたてている。

$$V_A + V_E - 20 \cdot 8 = 0 \quad (11.16\text{-a})$$
$$H_A + H_E = 0 \quad (11.16\text{-b})$$
$$(20 \cdot 8) \cdot 4 - V_E \cdot 8 = 0 \quad (11.16\text{-c})$$

次に、図 11.2（c）のように点 C より左の部材で、点 C のヒンジの位置でモーメント = 0kN・m となる条件式は、式（11.17）のようになる。

$$-H_A \cdot (4 + 2.31) + V_A \cdot 4 - (20 \cdot 4) \cdot 2 = 0 \quad (11.17)$$

式（11.16）、（11.17）より、部材に作用する反力を求めると以下のように求まる。

$$H_A = 25.4\text{kN}(\rightarrow) \quad (11.18\text{-a})$$
$$H_E = 25.4\text{kN}(\leftarrow) \quad (11.18\text{-b})$$
$$V_A = 80\text{kN}(\uparrow) \quad (11.18\text{-c})$$
$$V_E = 80\text{kN}(\uparrow) \quad (11.18\text{-d})$$

よって、反力は図 11.2（d）のようになる。

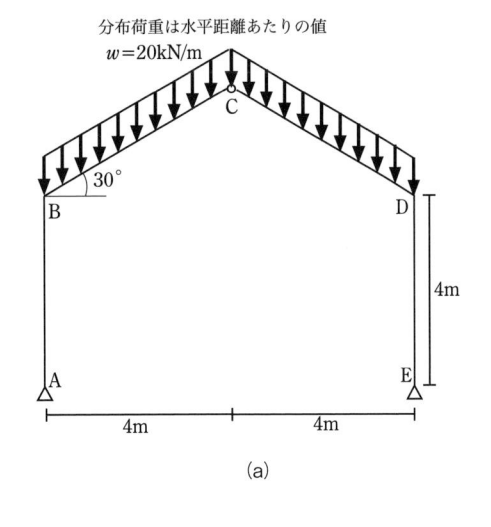

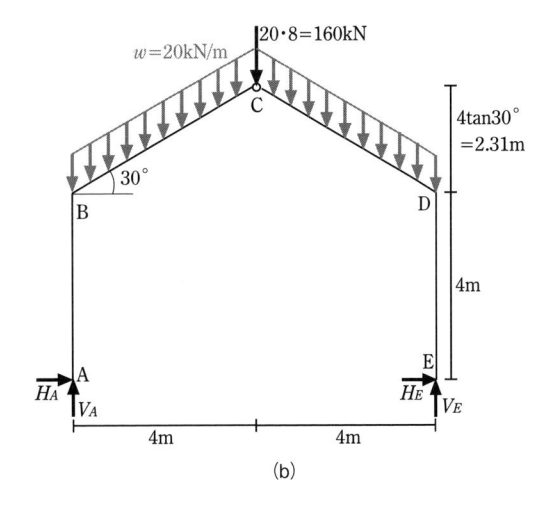

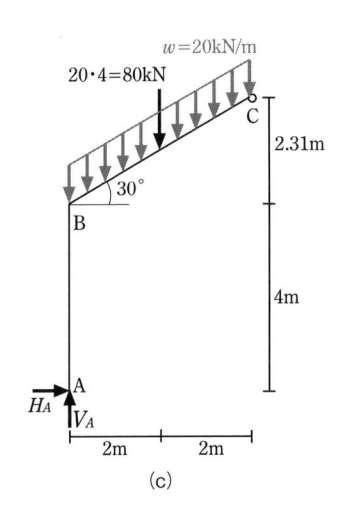

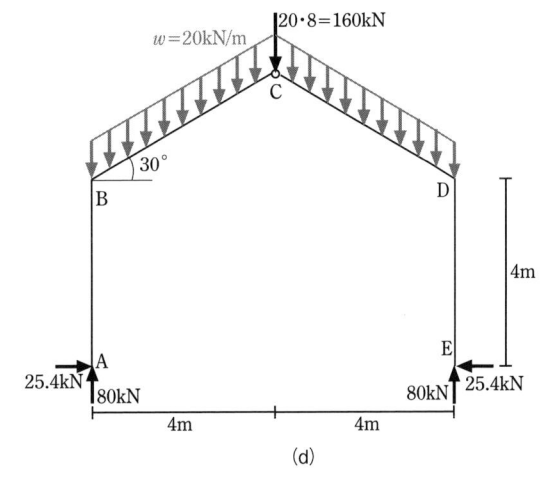

図 11.2

②点 A-B 間の応力を求める

点 A-B 間における任意の距離 ym（$0\text{m} \leq y \leq 4\text{m}$）で図 11.2（e）のように応力を仮定して釣り合い式をたてる。

$$N_y + 80 = 0 \qquad N_y = -80\text{kN} \qquad (11.19\text{-a})$$
$$25.4 + Q_y = 0 \qquad Q_y = -25.4\text{kN} \qquad (11.19\text{-b})$$
$$-25.4 \cdot y - M_y = 0 \qquad M_y = -25.4 \cdot y \qquad (11.19\text{-c})$$

ここで、式（11.19）より、点 A 及び点 B でのモーメントを求めると以下のようになる。

点 A $\quad M_{y=0} = -25.4 \cdot 0 = 0\text{kN} \cdot \text{m} \qquad (11.20)$
点 B $\quad M_{y=4} = -25.4 \cdot 4 = -101.6\text{kN} \cdot \text{m} \qquad (11.21)$

③点 B-C 間の応力を求める

点 B-C 間における任意の距離 xm（$0\text{m} \leq x \leq 4\text{m}$）で図 11.2（f）、（i）のように応力を仮定して釣り合い式をたてる。

まず、図 11.2（f）より、せん断力と軸力の釣り合い式をたてる。その際、Q 及び N の正の方向は図中に示すように BC 材の座標に従う。

$$25.4 \cdot \cos 30° + 80 \cdot \sin 30° - 20 \cdot x \cdot \sin 30° + N_x = 0$$
$$N_x = -62 + 10 \cdot x \qquad (11.22\text{-a})$$
$$80 \cdot \cos 30° - 25.4 \cdot \sin 30° - 20 \cdot x \cdot \cos 30° - Q_x = 0$$
$$Q_x = 56.6 - 17.3 \cdot x \qquad (11.22\text{-b})$$

(e)

(f)

図 11.2

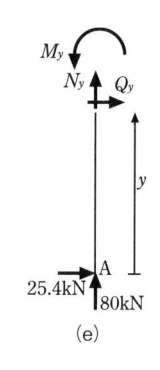

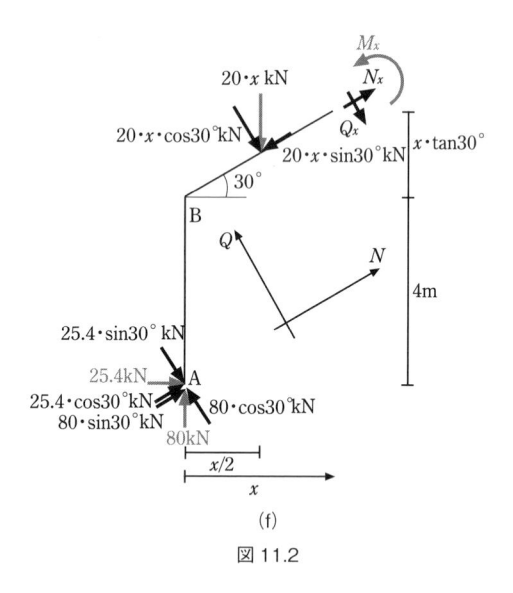

POINT!

軸力とせん断力を求める際、外力を全て計算対象としている部材の Q_x と N_x の方向に分解する。点 A の外力を例にとると、図 11.2（g）、（h）のように分解する。

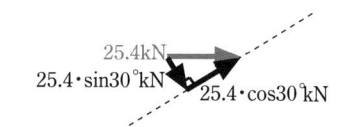

(g) 点 A に作用する水平方向の力の分解

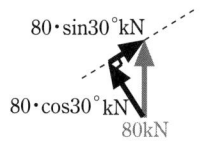

(h) 点 A に作用する鉛直方向の力の分解

図 11.2

次に、図11.2（i）より、モーメントの釣り合い式をたてる。モーメントの計算では、斜めの部材であっても荷重は鉛直方向に作用しているため、回転中心から作用点までの最短距離は、図11.2（i）のように水平距離となる。

$$80 \cdot x - 25.4 \cdot (4 + x \cdot \tan 30°) - 20 \cdot x \cdot \frac{x}{2} - M_x = 0$$
$$M_x = -10 \cdot x^2 + 65.34 \cdot x - 101.6 \quad (11.22\text{-c})$$

ここで、式（11.22）より、点B及び点Cでのモーメントを求めると以下のようになる。

点B
$$N_{x=0} = -62 + 10 \cdot 0 = -62 \text{kN} \quad (11.23\text{-a})$$
$$Q_{x=0} = 56.6 - 17.3 \cdot 0 = 56.6 \text{kN} \quad (11.23\text{-b})$$
$$M_{x=0} = -10 \cdot 0^2 + 65.34 \cdot 0 - 101.6 = -101.6 \text{kN} \cdot \text{m} \quad (11.23\text{-c})$$

点C
$$N_{x=4} = -62 + 10 \cdot 4 = -22 \text{kN} \quad (11.24\text{-a})$$
$$Q_{x=4} = 56.6 - 17.3 \cdot 4 = -12.6 \text{kN} \quad (11.24\text{-b})$$
$$M_{x=4} = -10 \cdot 4^2 + 65.34 \cdot 4 - 101.6 = 0 \text{kN} \cdot \text{m} \quad (11.24\text{-c})$$

点B-C間において、せん断力が0kNになる位置を式(11.25)より求め、モーメントの極値を式(11.26)より計算する。

$$Q = 56.6 - 17.3 \cdot x = 0$$
$$x = 3.27 \text{m} \quad (11.25)$$
$$M_{\max} = M_{x=3.27} = -10 \cdot 3.27^2 + 65.34 \cdot 3.27 - 101.6$$
$$= 5.1 \text{kN} \cdot \text{m} \quad (11.26)$$

以上より、点B-C間のみのせん断力図及びモーメント図は図11.2（j）、（k）のようになる。

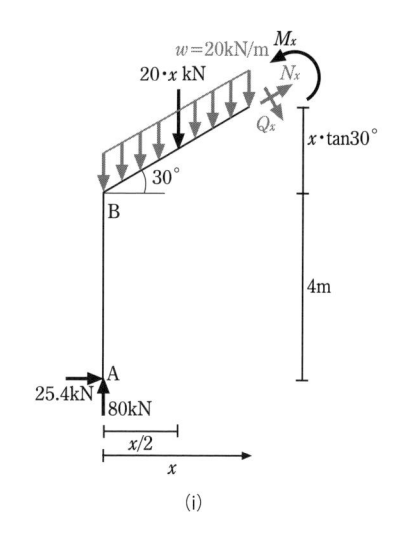

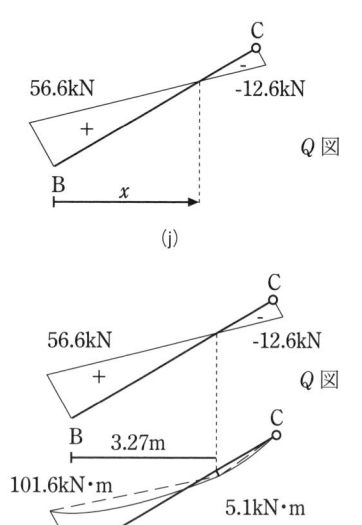

図11.2

図11.2（l）に示すように、y-y軸に対して構造物及び作用している荷重が線対称になるため、応力図も基本的にy-y軸に対して線対称になる。

しかし、図11.2（m）のように、応力の作用方向が同じであっても仮想切断面の左側と右側で、せん断力の符号が逆になるため、せん断力図のみx-y軸に対して値は同じであるが符号がすべて逆になってあらわれる。それを考慮して、応力図を書くと図11.2（n）～（p）のようになる。

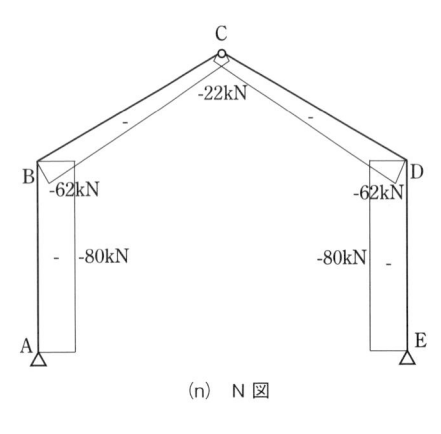

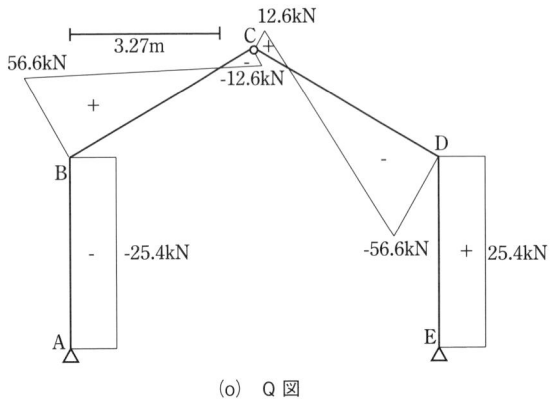

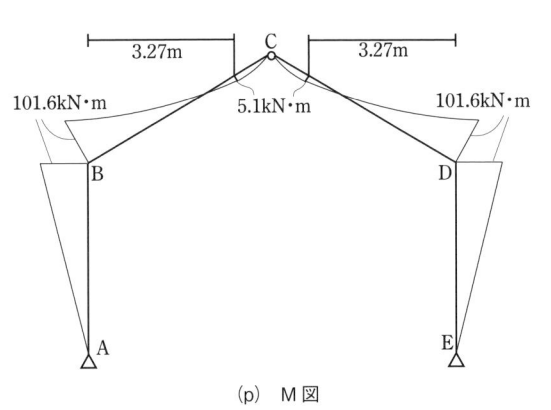

(l)

(m)

(n) N図

(o) Q図

(p) M図

図11.2

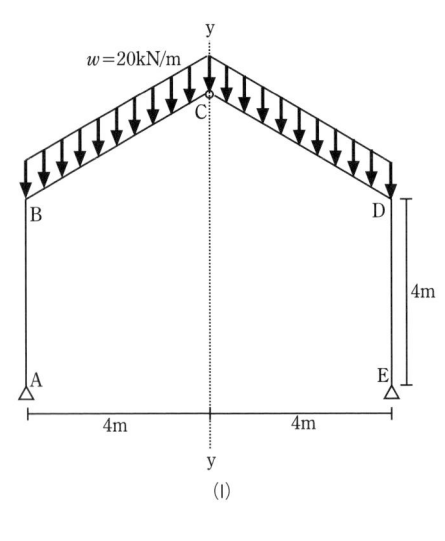

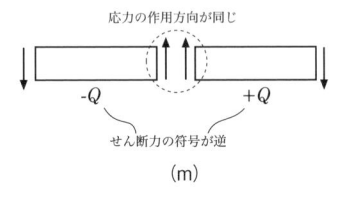

第12章　トラス

　外力に対して主として曲げモーメントにより抵抗する構造物と、軸力により抵抗する構造物に分類できる。柱と梁の曲げモーメントにより抵抗する構造物をラーメン構造とよぶ。**トラス構造**とは、部材間を全てピンで接合した構造物であり、三角形を構成することによって構造体は成り立っている。トラス構造の部材は、両端がピン接合されているため、部材の両端には曲げモーメントは作用しないため、せん断力＝0となり、軸力のみが部材の応力として生じる。

　トラス構造の各部材の応力は、節点法と切断法の2通りの方法で求めることができる。

トラスとは

　各接合部がピン接合になっており、部材端ではモーメントが発生しない構造物。トラスの問題では、ピンを省略して表すこともある。

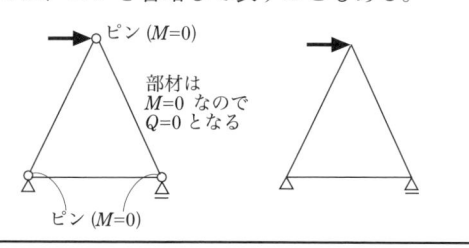

ピン ($M=0$)
部材は $M=0$ なので $Q=0$ となる
ピン ($M=0$)

コラム

　有名なトラスの形状と名称を以下に示す。

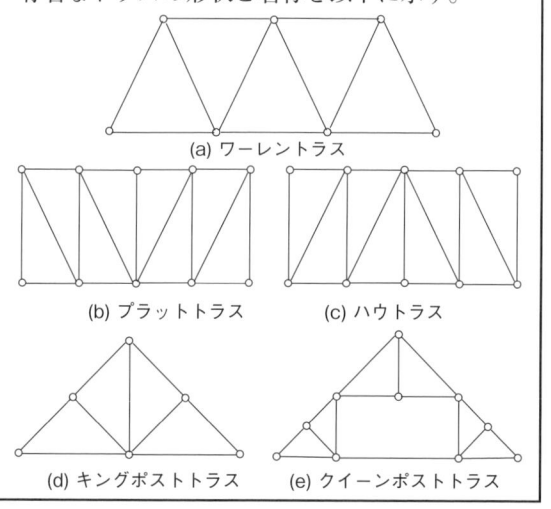

(a) ワーレントラス
(b) プラットトラス
(c) ハウトラス
(d) キングポストトラス
(e) クイーンポストトラス

写真12.1　トラス

写真12.2　トラス（ピン接合）

写真12.3　トラス橋

写真12.4　地震で大破した石蔵の洋小屋組

トラスの解き方

反力を求める
反力を仮定して力のみを $\Sigma X=0$、$\Sigma Y=0$、$\Sigma M=0$ の釣り合い式をたてて反力を求める（梁やラーメンの反力計算と同じやり方）。

節点法
各部材の応力を正（引張方向）に仮定して、節点に作用する力で考えて、各節点で $\Sigma X=0$ と $\Sigma Y=0$ の釣り合い式をたてる。

↓

未知応力が2以下の節点から順次解き、求まった応力を代入して全ての部材の軸力を求める。

切断法
梁やラーメンの問題では、応力を求めたい点で仮想切断して M、N、Q の3つの未知応力を仮定して $\Sigma X=0$、$\Sigma Y=0$、$\Sigma M=0$ の3つの釣り合い式をたてて未知応力を求める。

考え方は同じ　⇅　3つの未知応力／3つの釣り合い式

トラスの場合は、軸力のみしか作用しないので、3つの部材のみを切断することにより未知応力（軸力）が3つとなり、$\Sigma X=0$、$\Sigma Y=0$、$\Sigma M=0$ の3つの釣り合い式をたてて未知応力を求める。

例題42

図12.1（a）に示すトラスの軸力を節点法を用いて求めよ。

[解]

はじめに、図12.1（b）のように、点A、Eでの反力を仮定して釣り合い式をたてる。なお、点Aまわりでモーメントの釣り合い式はたてている。

$$H_A = 0 \quad (12.1\text{-a})$$

$$H_A = 0$$
$$V_A + V_E - P = 0 \qquad V_A = \frac{P}{2} \quad (12.1\text{-b})$$
$$P \cdot 4 - V_E \cdot 8 = 0$$
$$\qquad\qquad\qquad\qquad V_E = \frac{P}{2} \quad (12.1\text{-c})$$

求まった反力を正しい方向に書き直すと図12.1（c）のようになる。

節点法の計算では、<u>節点に取り付く部材全てを図のように切断して、節点を含む切断された部位のX方向、Y方向の力の釣り合いを考える。その際、切断された部材断面に作用する応力は、図12.1（d）のように引張軸力となるように仮定する（引張が正）</u>。

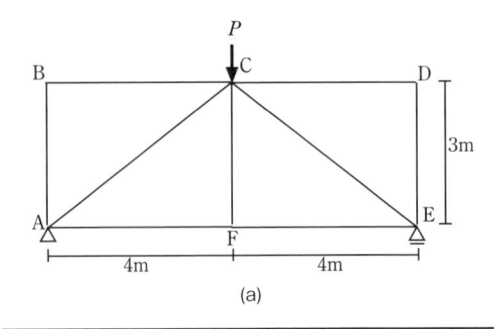

POINT!
反力の計算は力の釣り合いのみなので、今までと同じやり方で行う。

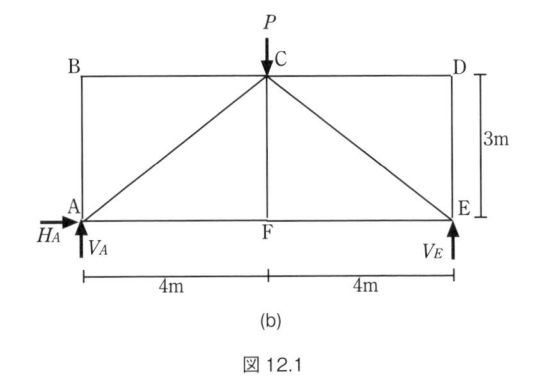

図12.1

部材の長さを $l = 0$ として以下の図では図示する。

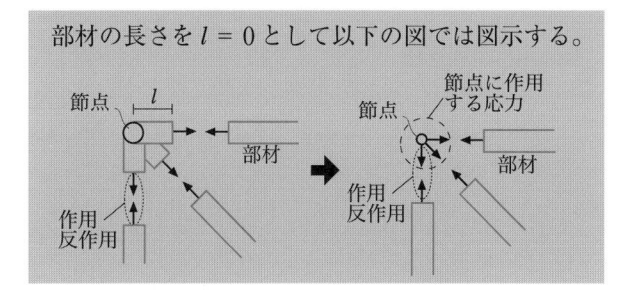

ここで、各部材の軸力の作用線は節点で全て交わっているため、節点におけるモーメントの和 = 0 は自動的に成り立っているので、各節点モーメントの釣り合い式はたてる必要がない。

斜めの部材に作用する軸力は X 方向、Y 方向に分解してから、各点の釣り合い式をたてると以下のようになる。

節点 A

X方向　　$\dfrac{4}{5} \cdot N_{AC} + N_{AF} = 0$　　　(12.2-a)

Y方向　　$\dfrac{P}{2} + N_{AB} + \dfrac{3}{5} \cdot N_{AC} = 0$　　(12.2-b)

節点 B

X方向　　$N_{BC} = 0$　　　(12.3-a)

Y方向　　$-N_{BA} = 0$　　　(12.3-b)

節点 C

X方向　　$-N_{CB} - \dfrac{4}{5} \cdot N_{CA} + N_{CD} + \dfrac{4}{5} \cdot N_{CE} = 0$　(12.4-a)

Y方向　　$-P - \dfrac{3}{5} \cdot N_{CA} - N_{CF} - \dfrac{3}{5} \cdot N_{CE} = 0$　(12.4-b)

節点 D

X方向　　$-N_{DC} = 0$　　　(12.5-a)

Y方向　　$-N_{DE} = 0$　　　(12.5-b)

節点 E

X方向　　$-\dfrac{4}{5} \cdot N_{EC} - N_{EF} = 0$　　(12.6-a)

Y方向　　$\dfrac{3}{5} \cdot N_{EC} + N_{ED} + \dfrac{P}{2} = 0$　(12.6-b)

節点 F

X方向　　$-N_{FA} + N_{FE} = 0$　　　(12.7-a)

Y方向　　$N_{FC} = 0$　　　(12.7-b)

POINT!

トラスの応力計算では節点に作用する力で全て考える。

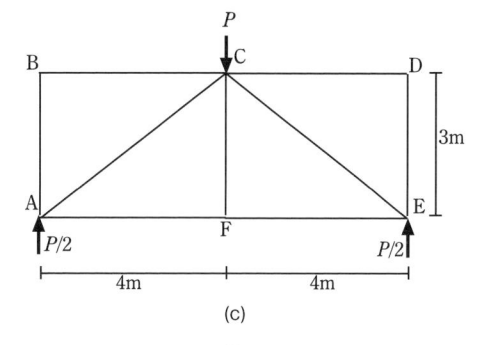

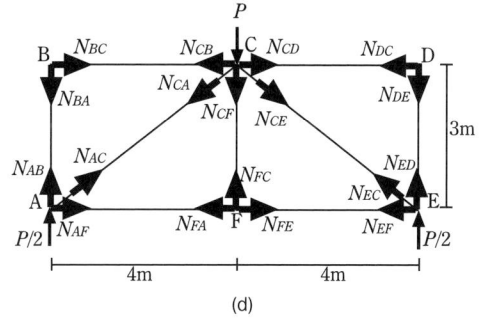

POINT!

節点に作用する力で釣り合い式をたてる。

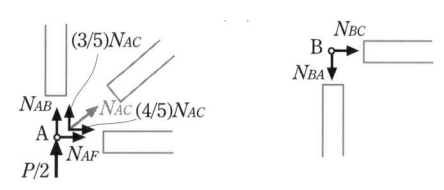

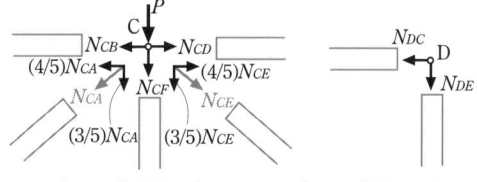

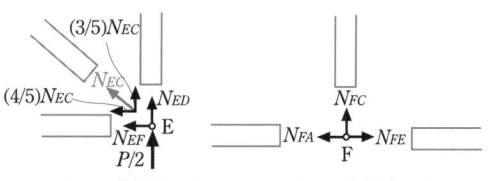

図 12.1

節点毎に釣り合い式ができ、未知反力が2以下の節点から順に部材の軸力が確定し、順次それを代入することによって、全ての部材の軸力を求めることができる。

式 (12.3)、(12.5)、(12.7) より式 (12.8) のような5つの軸力が求まる。

$$N_{BC} = 0 \quad\quad N_{DE} = 0$$
$$N_{BA} = 0 \quad\quad N_{FC} = 0$$
$$N_{DC} = 0 \quad\quad\quad\quad\quad\quad (12.8)$$

部材の途中で外力が作用していないため、同一部材内の軸力は一定値となる。そのため、点 B-C、点 B-A、点 D-C、点 D-E、点 C-F 間の部材に作用する軸力は0となる。

$$N_{CB} = 0 \quad N_{AB} = 0$$
$$N_{CD} = 0 \quad N_{ED} = 0$$
$$N_{CF} = 0 \quad\quad\quad\quad (12.9)$$

式 (12.9) を式 (12.2) に代入して、点 A における釣り合い式を計算し直すと以下のようになる。

$$\frac{P}{2} + 0 + \frac{3}{5} \cdot N_{AC} = 0$$
$$N_{AC} = -\frac{5}{3} \cdot \frac{P}{2} = -\frac{5 \cdot P}{6} \quad\quad (12.10\text{-a})$$

$$\frac{4}{5} \cdot \left(-\frac{5 \cdot P}{6}\right) + N_{AF} = 0$$
$$N_{AF} = \frac{2 \cdot P}{3} \quad\quad\quad\quad (12.10\text{-b})$$

次に、式 (12.9) を式 (12.6) に代入して、点 E における釣り合い式を計算し直すと以下のようになる。

$$\frac{3}{5} \cdot N_{EC} + 0 + \frac{P}{2} = 0$$
$$N_{EC} = -\frac{5 \cdot P}{6} \quad\quad\quad\quad (12.11\text{-a})$$

$$-\frac{4}{5} \cdot N_{EC} - N_{EF} = 0$$
$$N_{EF} = \frac{2 \cdot P}{3} \quad\quad\quad\quad (12.11\text{-b})$$

式 (12.10)、(12.11) より求まった N_{FA}、N_{FE} を式 (12.7) に代入すると、点 F の釣り合い式が成り立つことが分かる。最後に、式 (12.4) より点 C-F 間

写真 12.5　JR 京都駅構内

写真 12.6　トラスを用いた耐震補強

コラム
トラス応力の性質
（節点に外力が作用していない場合）

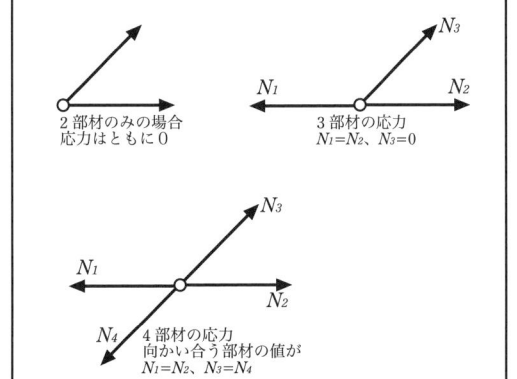

2部材のみの場合
応力はともに0

3部材の応力
$N_1 = N_2$、$N_3 = 0$

4部材の応力
向かい合う部材の値が
$N_1 = N_2$、$N_3 = N_4$

の部材に作用する軸力を計算すると以下のようになる。

$$-P - \frac{3}{5} \cdot \left(-\frac{5 \cdot P}{6}\right) - N_{CF} - \frac{3}{5} \cdot \left(-\frac{5 \cdot P}{6}\right) = 0$$

$$N_{CF} = -P + \frac{P}{2} + \frac{P}{2} = 0 \quad (12.12)$$

応力の表示は、通常引張を正として図 12.1（k）のように節点に作用する力の矢印として表示する。

POINT！
軸力の矢印は節点に作用する力の方向で表示する。（梁やラーメンの問題とは逆方向）
軸力の符号に関しては、引張を正、圧縮を負として表示する。

例題 43

図 12.2（a）に示すトラスの軸力を節点法を用いて求めよ。

[解]

図 12.2（b）のように、点 A、D での反力を仮定して釣り合い式をたてる。なお、点 A まわりでモーメントの釣り合い式はたてている。

よって、求まった反力を正しい方向に書き直すと図 12.2（c）のようになる。

$$V_A + V_D = 0 \qquad V_A = 20\text{kN}(\downarrow) \quad (12.13\text{-a})$$
$$60 + H_A = 0 \qquad H_A = 60\text{kN}(\leftarrow) \quad (12.13\text{-b})$$
$$60 \cdot 2 - V_D \cdot 6 = 0 \qquad V_D = 20\text{kN}(\uparrow) \quad (12.13\text{-c})$$

部材に作用する軸力が引張となるように仮定し、各節点で X 方向、Y 方向の力の釣り合い式をたてると以下のようになる。

節点 A　X 方向　$-60 + \frac{3}{5} N_{AB} + N_{AE} = 0$

　　　　Y 方向　$-20 + \frac{4}{5} N_{AB} = 0$

$$N_{AB} = 25\text{kN} \quad (12.14\text{-a})$$
$$N_{AE} = 45\text{kN} \quad (12.14\text{-b})$$

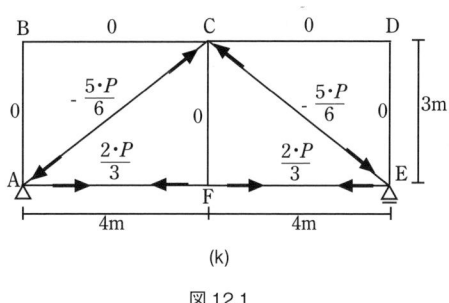

図 12.1

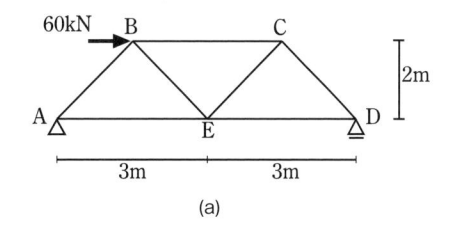

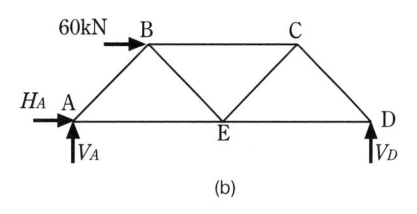

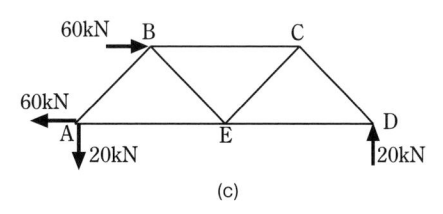

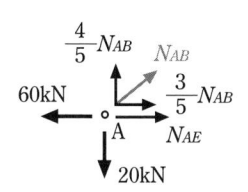

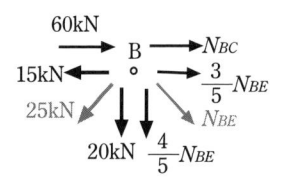

図 12.2

式（12.14）で求めた A-B 間の軸力を代入すると節点 B の軸力が求まる。

節点 B
X方向　　$60 + N_{BC} - \dfrac{3}{5}N_{BA} + \dfrac{3}{5}N_{BE} = 0$

Y方向　　$-\dfrac{4}{5}N_{BA} - \dfrac{4}{5}N_{BE} = 0$

$$N_{BE} = -25\text{kN} \qquad (12.15\text{-a})$$
$$N_{BC} = -30\text{kN} \qquad (12.15\text{-b})$$

式（12.15）で求めた B-C 間の軸力を代入すると節点 C の軸力が求まる。

節点 C
X方向　　$-N_{CB} - \dfrac{3}{5}N_{CE} + \dfrac{3}{5}N_{CD} = 0$

Y方向　　$-\dfrac{4}{5}N_{CE} - \dfrac{4}{5}N_{CD} = 0$

$$N_{CE} = 25\text{kN} \qquad (12.16\text{-a})$$
$$N_{CD} = -25\text{kN} \qquad (12.16\text{-b})$$

節点 D
X方向　　$-\dfrac{3}{5}N_{DC} - N_{DE} = 0$

Y方向　　$\dfrac{4}{5}N_{DC} + 20 = 0$

$$N_{DE} = 15\text{kN} \qquad (12.17)$$

よって応力の表示は、通常引張を正として図 12.2 (h) のように表示する。

(f) 点 C に作用する力
(g) 点 D に作用する力
(h)

図 12.2

例題 44

図 12.3（a）に示すトラスのうち点 C-D、C-G、G-H 間の軸力を切断法を用いてそれぞれ求めよ。

[解]

図 12.3（b）のように、点 A、E での反力を仮定して釣り合い式をたてる。なお、モーメントの釣り合い式は点 A まわりでたてている。

$$\begin{array}{ll} H_A = 0 & H_A = 0 \\ V_A + V_H - P = 0 & V_A = 2P(\downarrow) \\ -V_H \cdot 4 + P \cdot 12 = 0 & V_H = 3P(\uparrow) \end{array} \qquad (12.18)$$

よって、求まった反力を正しい方向に書き直すと図 12.3（c）のようになる。

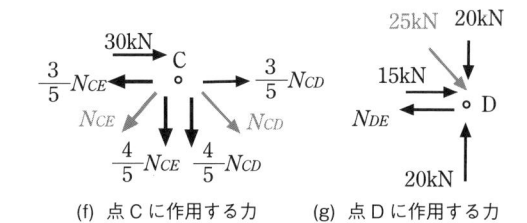

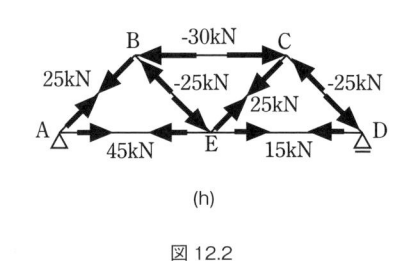

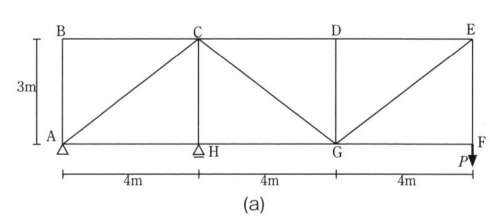

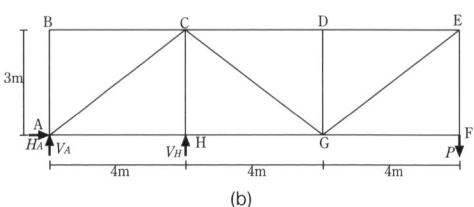

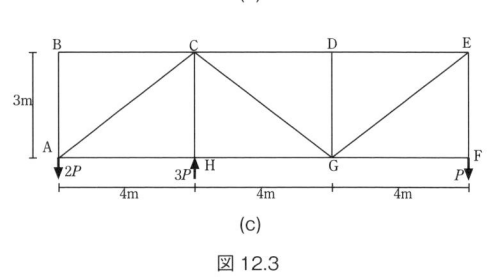

図 12.3

計算の POINT!

モーメントの釣り合い式をつくる際には、2つの力の作用線の交点まわりでモーメントの釣り合い式をつくると未知軸力が1つのみとなり、計算が簡単になる！

力の釣り合い式は、$\Sigma X = 0$、$\Sigma Y = 0$、$\Sigma M = 0$ の3つであるので、トラスを切断する場合、未知軸力が3つになるように切断する。

トラスを点C-D、C-G、G-H間を通るように切断し、この切断面に作用する軸力をすべて引張りとして仮定すると、図12.3（d）のようになる。

ここで、点G-H間の軸力を求めるために、他の2つの未知の軸力 N_{CG}、N_{CD} がモーメントの釣り合い式に現われないよう、図12.3（e）のように N_{CG}、N_{CD} の交点である点Cまわりのモーメントの釣り合い式をたてる。

$$\Sigma M_C = 0 \qquad -N_{HG} \cdot 3 - 2 \cdot P \cdot 4 = 0$$
$$N_{HG} = -\frac{8 \cdot P}{3} \qquad (12.19)$$

次に、点C-G間の軸力を求めるために、求まった N_{HG} を考慮して図12.3（f）より鉛直方向の釣り合い式をたてる。

$$\Sigma Y = 0 \qquad -2 \cdot P + 3 \cdot P - \frac{3}{5} \cdot N_{CG} = 0$$
$$N_{CG} = \frac{5 \cdot P}{3} \qquad (12.20)$$

最後に、点C-D間の軸力を求めるために、求まった N_{HG}、N_{CG} を考慮して図12.3（g）より水平方向の釣り合い式をたてる。

$$\Sigma X = 0 \qquad -\frac{8 \cdot P}{3} + \frac{4 \cdot P}{3} + N_{CD} = 0$$
$$N_{CD} = \frac{4 \cdot P}{3} \qquad (12.21)$$

よって、それぞれの軸力は図12.2（h）のようになる。

$$N_{HG} = -\frac{8 \cdot P}{3} \text{（圧縮力）} \qquad (12.22\text{-a})$$

$$N_{CG} = \frac{5 \cdot P}{3} \text{（引張力）} \qquad (12.22\text{-b})$$

$$N_{CD} = \frac{4 \cdot P}{3} \text{（引張力）} \qquad (12.22\text{-c})$$

［別解］
N_{CD} は点Gまわりのモーメントの釣り合い式をたてると直接求めることができる。

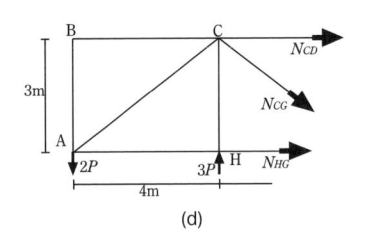

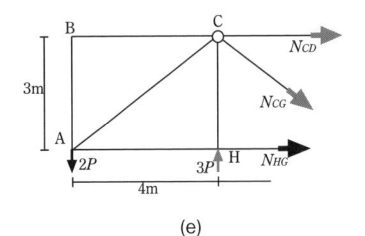

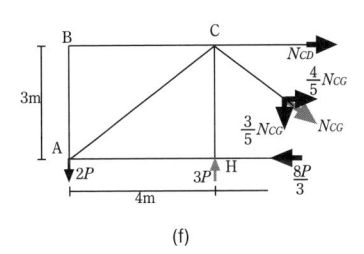

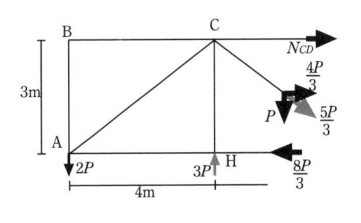

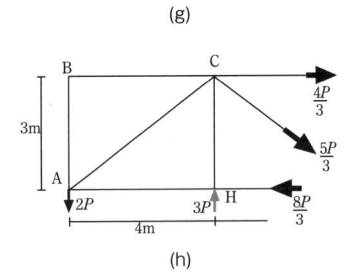

図12.3

写真12.7　メガフレーム構造

$$-2P \cdot 8 + 3P \cdot 4 + N_{CD} \cdot 3 = 0$$
$$N_{CD} = \frac{4}{3}P \tag{12.23}$$

例題 45

図 12.4（a）に示すトラスのうち点 A-C、B-C、D-E 間の軸力を切断法を用いてそれぞれ求めよ。

[解]

図 12.4（b）のように、点 D、F での反力を仮定して釣り合い式をたてる。なお、モーメントの釣り合い式は点 D まわりでたてている。

$$V_D + V_F - P = 0 \quad V_D = \frac{2}{3}P(\uparrow) \tag{12.24-a}$$

$$P + H_F = 0 \quad H_F = P(\leftarrow) \tag{12.24-b}$$

$$P \times 2 - V_F \times 6 = 0 \quad V_F = \frac{P}{3}(\uparrow) \tag{12.24-c}$$

よって、求まった反力を正しい方向に書き直すと図 12.4（c）のようになる。

力の釣り合い式は、$\Sigma X = 0$、$\Sigma Y = 0$、$\Sigma M = 0$ の 3 つであるので、トラスを切断する場合、未知軸力が 3 つになるように切断する。

トラスを図 12.4（d）の点 A-A' で仮想切断し、右側全体の釣り合い式を考えると図 12.4（e）のようになる。モーメントの釣り合い式は未知軸力の作用線の交点である点 C まわりで考えると計算が楽になる。

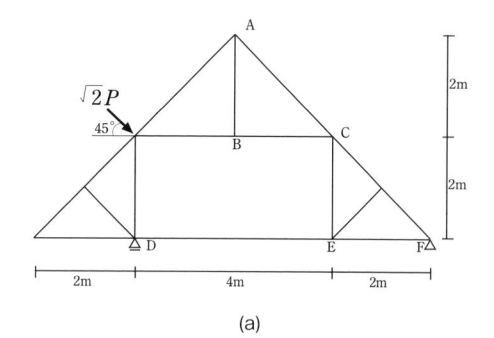

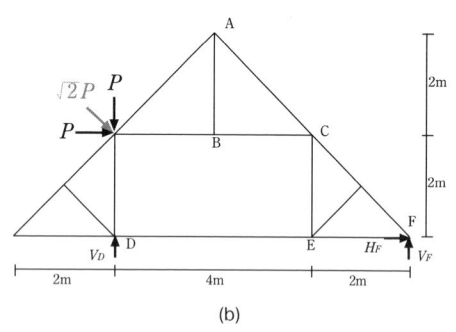

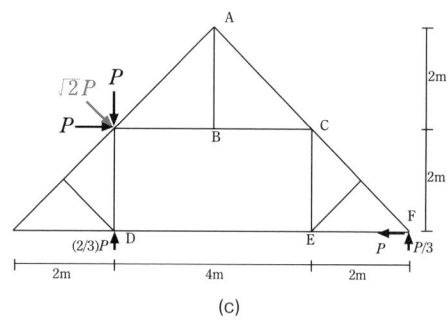

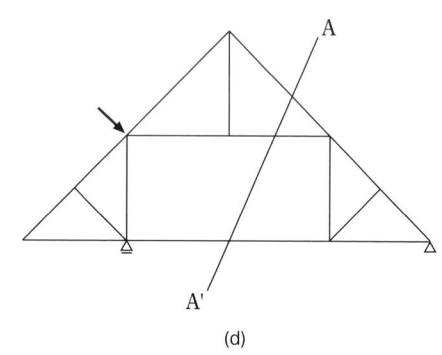

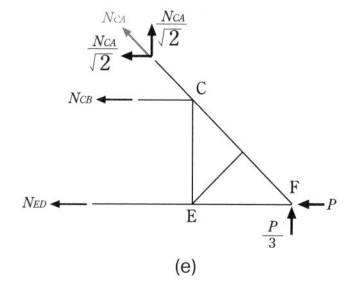

図 12.4

$\Sigma X = 0 \quad -N_{CA} \cdot \dfrac{1}{\sqrt{2}} - N_{CB} - N_{ED} - P = 0$

$\Sigma Y = 0 \quad N_{CA} \cdot \dfrac{1}{\sqrt{2}} + \dfrac{P}{3} = 0$

$\Sigma M = 0 \quad N_{ED} \cdot 2 + P \cdot 2 - \dfrac{P}{3} \cdot 2 = 0$

$$N_{CA} = -\dfrac{\sqrt{2}}{3}P \quad (12.25\text{-a})$$

$$N_{CB} = 0 \quad (12.25\text{-b})$$

$$N_{ED} = -\dfrac{2}{3}P \quad (12.25\text{-c})$$

よって、求めるべき軸力は式（12.25）のようになり、点 A-C、B-C、D-E 間に作用する軸力は図 12.4（f）のようになる。

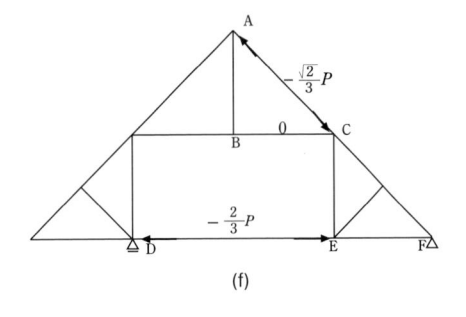

図 12.4

第13章　不静定次数

13.1 不静定次数の判別

今までは、図13.1に示すように、構造物に作用する反力や部材に作用する応力は、釣り合い式をたてることによって求めることができた。このように釣り合い式のみで反力や部材の応力が計算できる構造物を「静定構造物」とよぶ。

一方、図13.2に示すように3つの釣り合い式に対して未知反力が2以下の構造物では、外力によって静止できず移動する。その様な構造物を「不安定構造物」とよぶ。釣り合い式の数に対して未知反力が不足した構造物を不安定構造物と呼び、未知反力が1つ不足した構造物をを1次不安定構造物、2つ不足した構造物を2次不安定構造物とよぶ。

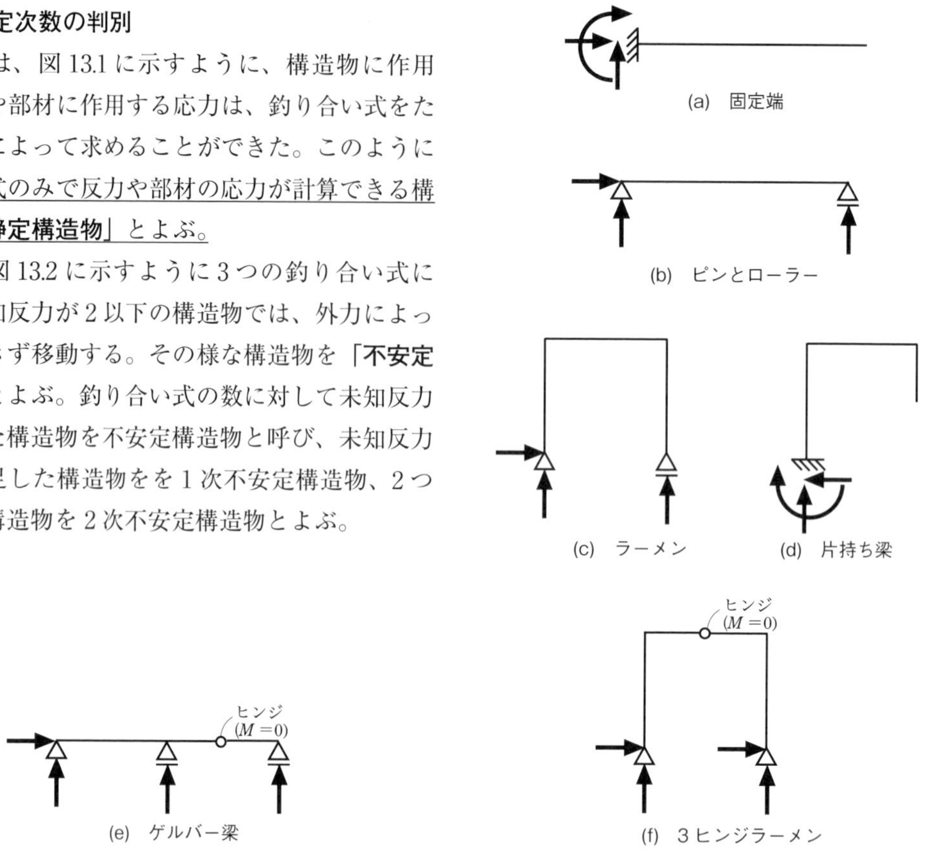

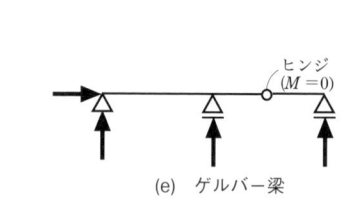

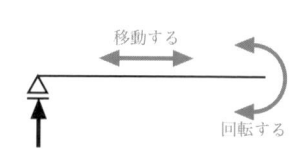

(a) 固定端
(b) ピンとローラー
(c) ラーメン
(d) 片持ち梁
(e) ゲルバー梁
(f) 3ヒンジラーメン

図13.1

(a) 1次不安定構造物
(b) 1次不安定構造物
(c) 2次不安定構造物

図13.2

逆に釣り合い式の数に対して未知反力が多い構造物や未知応力の多い構造物もあり、それらの構造物では、$N = $（未知力の数 − 釣り合い式の数）として、**N次不静定構造物**とよぶ。また、Nの値を「**不静定次数**」とよぶ。

不静定構造物の例とその不静定次数を図13.3に示す。

これらの構造物の応力解法に関しては、部材の変

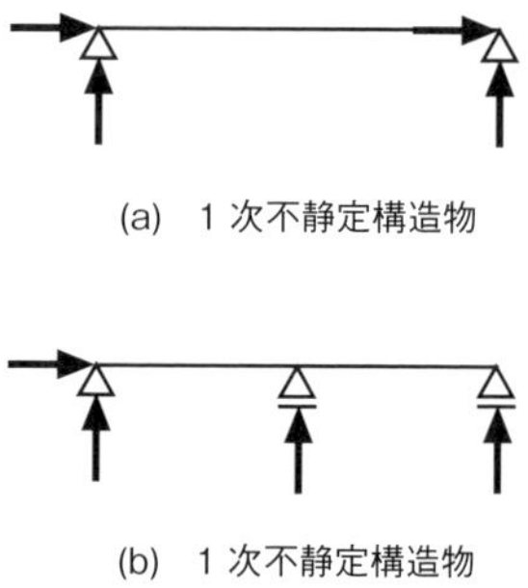

(a) 1次不静定構造物
(b) 1次不静定構造物

図13.3

形を考慮する必要があり、不静定構造力学でその解法を学習する。ここでは、構造物の不静定次数の判別式による求め方を説明する。

13.2 判別式

不静定次数とは、部材に作用する応力や反力の未知数の数と、節点での釣り合い式の差であり、それを求めることにより構造物の安定・不安定の判別を行う。

判別式

公式：　　$N = (m + r + \sum P) - 2 \cdot k$　　　(13.1)

m：節点と節点で挟まれている部材数
r：反力数
p：1つの節点で剛接合されている部材の数 − 1
　　（ピン接合されている部材は数えない）
k：自由端も含む節点数

図 13.4 にそれぞれの数え方の例を示す。

式（13.1）より求めた N の値によって、以下のように当該構造物がどのような性質を持っているのかがわかる。

$N > 0$	N 次不静定構造物	安定
$N = 0$	静定構造物	安定
$N < 0$	不安定構造物	不安定

以下に判別式の誘導過程を示す。

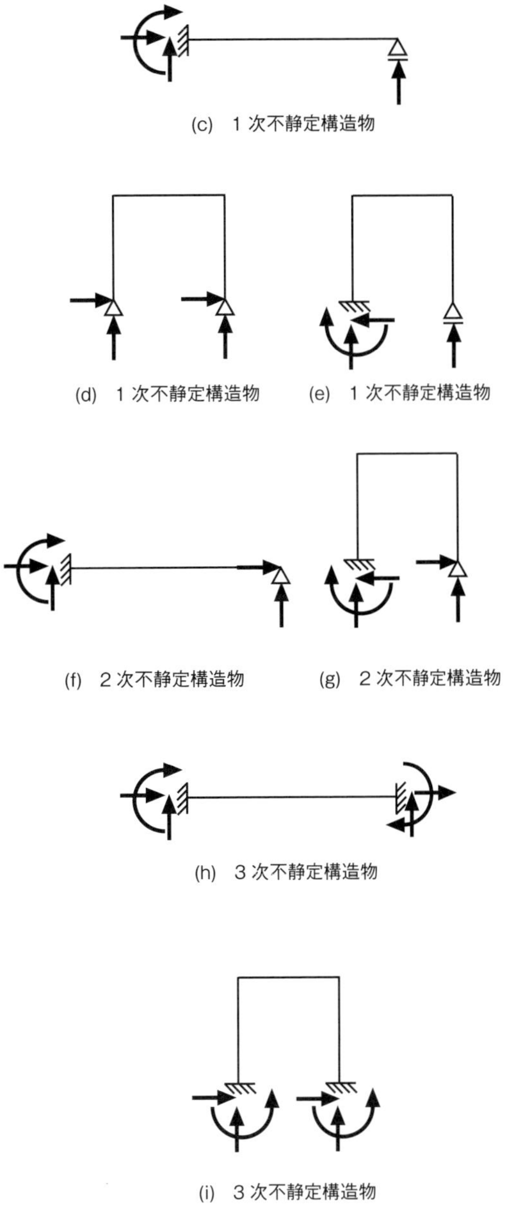

(c) 1次不静定構造物
(d) 1次不静定構造物
(e) 1次不静定構造物
(f) 2次不静定構造物
(g) 2次不静定構造物
(h) 3次不静定構造物
(i) 3次不静定構造物

図 13.3

P の数え方のルール
何ヶ所を剛で接合したらよいかを数える
（ピン接合は数えない）

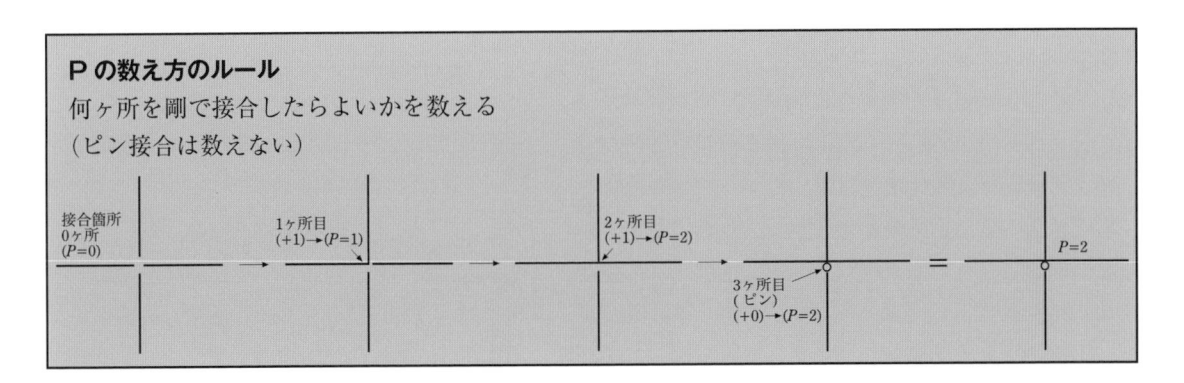

接合箇所 0ヶ所 (P=0)　　1ヶ所目 (+1)→(P=1)　　2ヶ所目 (+1)→(P=2)　　3ヶ所目（ピン）(+0)→(P=2)　　=　　P=2

■部材応力を決める未知数の数

(a) PP：両端ピン接合（軸力 N のみ→未知数 1。ここで P は Pin（ピン接合）の略）
(b) PF：一端ピン接合他端剛接合（軸力 N と一端の曲げモーメント M →未知数 2。ここで F は Fix（剛接合）の略）
(c) FF：両端剛接合（軸力 N と両端の曲げモーメント $M_左$、$M_右$ →未知数 3）

部材に作用する応力を確定するにあたって、図 13.5（a）では軸力 N のみ作用するケースである。

図 13.5（b）では、部材に作用する応力は曲げモーメント M、軸力 N、せん断力 Q であり、M と Q の間には式（13.2）のような関係がある。

$$Q = \frac{M_左 + M_右}{L} \tag{13.2}$$

この場合は一端がピン接合であるため、

$$Q = \frac{M}{L} \tag{13.3}$$

となり、応力を確定するには N と M または Q の 2 つが必要となる。よって、未知数は 2 つ。

図 13.5（c）では式（13.2）において $M_左$、$M_右$、Q のうちいずれか 2 つと N が与えられれば、応力は確定できる。よって未知数は 3 つ。

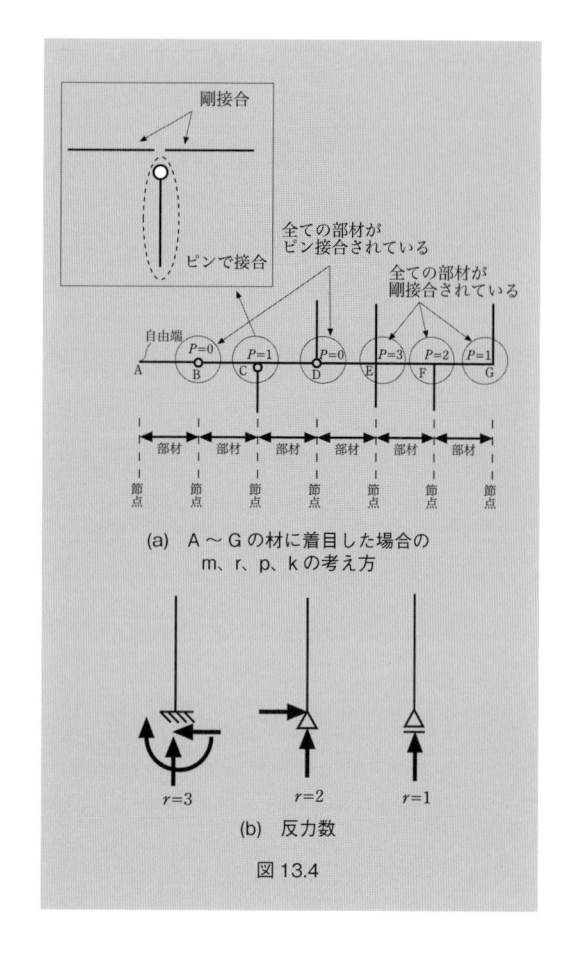

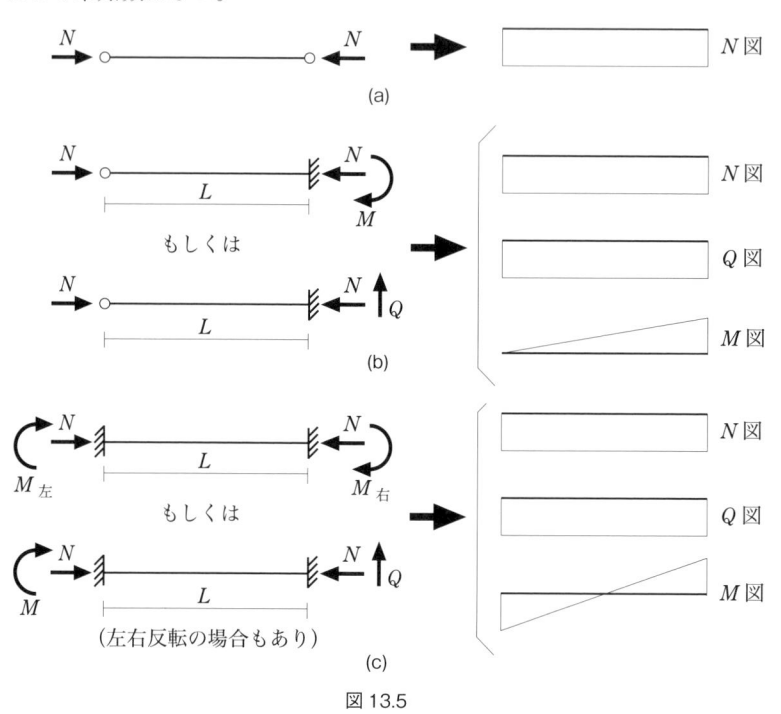

(a) A～Gの材に着目した場合の m、r、p、k の考え方

(b) 反力数

図 13.4

図 13.5

■**各接合点での釣り合い式の数**

(a) P：ピン接合点（P）では、釣り合い式の数は、ピン接合であるので回転できるため接合点で $M = 0$ となり、釣り合い式は $\Sigma X = 0$、$\Sigma Y = 0$ のみの 2 つ。

(b) F：剛接合点（F）では、釣り合い式は、$\Sigma X = 0$、$\Sigma Y = 0$、$\Sigma M = 0$ の 3 つ。

■**判別式の誘導**

部材数
$$m = S_{PP} + S_{PF} + S_{FF} \tag{13.4}$$

S_{PP}：両端ピン接合の部材数
S_{PF}：一端ピン接合他端剛接合の部材数
S_{FF}：両端剛接合の部材数

反力数
r

接合点の数
$$k = k_P + k_F \tag{13.5}$$

k_P：ピン接合点の数
k_F：剛接合点の数

未知数
$$\begin{aligned} n &= S_{PP} + 2S_{PF} + 3S_{FF} \\ &= m + S_{PF} + 2S_{FF} \end{aligned} \tag{13.6}$$

釣り合い式の数 $= \quad 2k_P + 3k_F \tag{13.7}$

判別式
$$\begin{aligned} N &= (\text{反力数} + \text{未知数}) - (\text{釣り合い式の数}) \\ &= (r + m + S_{PF} + 2S_{FF}) - (2k_P + 3k_F) \\ &= r + m + (S_{PF} + 2S_{FF} - k_F) - 2(k_P + k_F) \\ &= (m + r + p) - 2k \end{aligned} \tag{13.8}$$

ここで、$p = S_{PF} + 2S_{FF} - k_F$

p は剛接合の部材数であり、各接合点で 1 つの部材に接合されている剛接合の部材の数の和、または（剛接部材端の数 − 剛接合点の数）からも計算できる。

以上のことから、判別式の値 N は未知数と釣り合い式の数の差であり、<u>$N < 0$ の場合は不安定</u>であり、<u>$N = 0$ の場合は静定構造物</u>となる。<u>$N > 0$ の場合は、N 次不静定構造物</u>となる。

例題 46

図 13.6 (a) に示す部材について、安定、不安定、静定、不静定（不静定次数）を判別せよ。

[解]

判別式の算定をするために必要な数値を図 13.6 (b) に示す。その数値を用いて判別式を解くと以下のようになる。

$$N = (m + r + p) - 2k \tag{13.9}$$

$m = 1 \quad r = 3 \quad p = 0 \quad k = 2$
$$N = (1 + 3 + 0) - 2 \cdot 2 = 0 \tag{13.10}$$

安定・静定

図 13.6

POINT!
支点のある位置も節点としてカウントする。

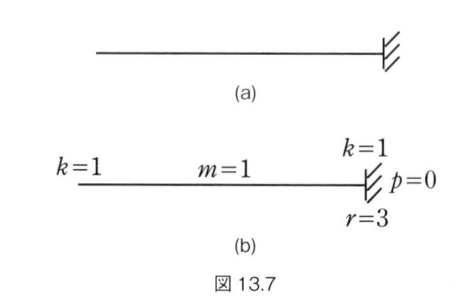

例題 47

図 13.7 (a) に示す部材について、安定、不安定、静定、不静定（不静定次数）を判別せよ。

[解]

判別式の算定をするために必要な数値を図 13.7 (b) に示す。その数値を用いて判別式を解くと以下のようになる。

$$N = (m + r + p) - 2k \tag{13.11}$$

$m = 1 \quad r = 3 \quad p = 0 \quad k = 2$
$$N = (1 + 3 + 0) - 2 \cdot 2 = 0 \tag{13.12}$$

安定・静定

図 13.7

POINT!
自由端である点も節点としてカウントする。

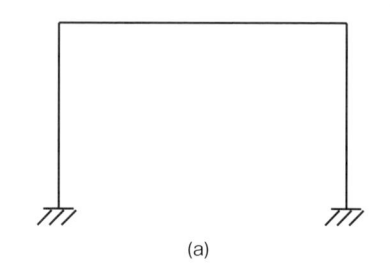

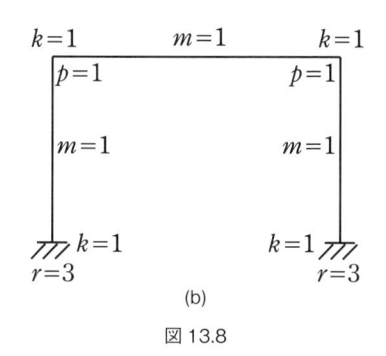

例題 48

図 13.8 (a) に示す部材について、安定、不安定、静定、不静定（不静定次数）を判別せよ。

[解]

判別式の算定をするために必要な数値を図 13.8 (b) に示す。その数値を用いて判別式を解くと以下のようになる。

$$N = (m + r + p) - 2k \tag{13.13}$$

$m = 3 \quad r = 6 \quad p = 2 \quad k = 4$
$$N = (3 + 6 + 2) - 2 \cdot 4 = 3 \tag{13.14}$$

安定・3 次不静定

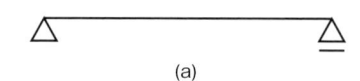

図 13.8

例題 49

図 13.9 (a) に示す部材について、安定、不安定、静定、不静定（不静定次数）を判別せよ。

[解]

判別式の算定をするために必要な数値を図 13.9 (b) に示す。その数値を用いて判別式を解くと以下のようになる。

$$N = (m + r + p) - 2k \tag{13.15}$$
$$m = 3 \quad r = 6 \quad p = 2 \quad k = 4$$
$$N = (3 + 6 + 2) - 2 \cdot 4 = 3 \tag{13.16}$$

安定・3 次不静定

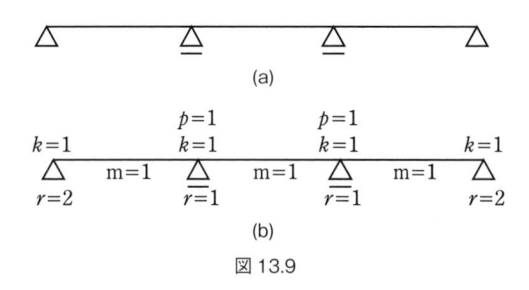

例題 50

図 13.10 (a) に示す部材について、安定、不安定、静定、不静定（不静定次数）を判別せよ。

[解]

判別式の算定をするために必要な数値を図 13.10 (b) に示す。その数値を用いて判別式を解くと以下のようになる。

$$N = (m + r + p) - 2k \tag{13.17}$$
$$m = 7 \quad r = 3 \quad p = 0 \quad k = 5$$
$$N = (7 + 3 + 0) - 2 \cdot 5 = 0 \tag{13.18}$$

安定・静定

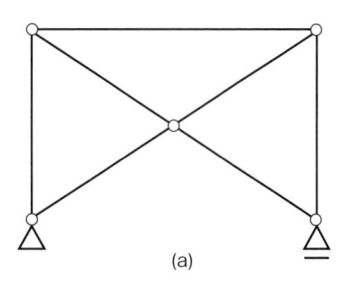

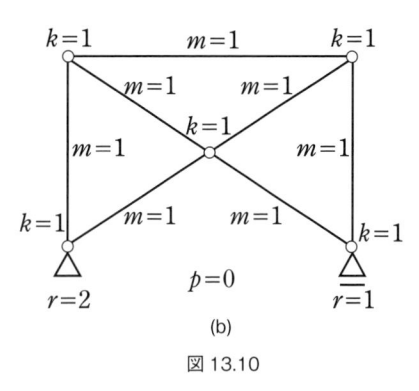

例題 51

図 13.11 (a) に示す部材について、安定、不安定、静定、不静定（不静定次数）を判別せよ。

[解]

判別式の算定をするために必要な数値を図 13.11 (b) に示す。その数値を用いて判別式を解くと以下のようになる。

$$N = (m + r + p) - 2k \tag{13.19}$$
$$m = 5 \quad r = 3 \quad p = 0 \quad k = 4$$
$$N = (5 + 3 + 0) - 2 \cdot 4 = 0 \tag{13.20}$$

安定・静定

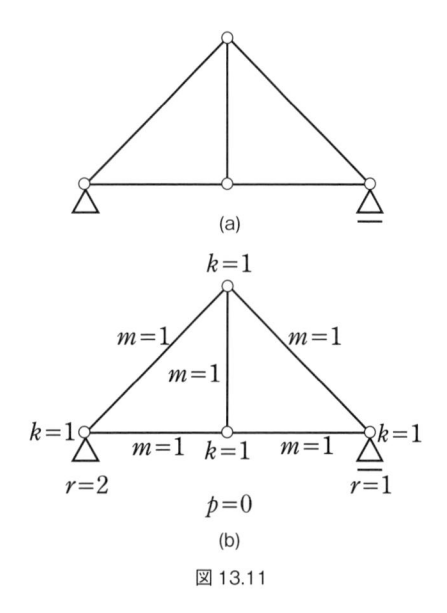

図 13.9

図 13.10

図 13.11

第14章　フックの法則、応力度、ひずみ度、許容応力度

14.1 フックの法則

図14.1のようにバネの一端を固定して他端をPの力で引っ張った。そのとき、バネに生じる伸び（変形）δ（デルタ）は、式（14.1）のようなPに対して比例関係となる。そのときのバネ定数kを**剛性**とよぶ。このように力と変形が比例関係になることを**フックの法則**という。

$$P = k \cdot \delta \tag{14.1}$$

いま、剛性k（$= P/\delta$）の複数のバネが直列配置または並列配置となる場合のバネ全体の見かけの剛性（バネ定数）を求めてみよう。

14.2 並列配置の場合

n個のバネが図14.2のように並列配置となる場合の見かけの剛性は、以下のように計算できる。

それぞれのバネがδずつ伸びるために必要な力は$P = k \cdot \delta$であるので、n個のバネを全てδ伸ばすための力は$n \cdot P$となり、n個のバネに対する見かけの剛性Kは式（14.2）となる。

$$K = \frac{n \cdot P}{\delta} = n \cdot k \tag{14.2}$$

14.3 直列配置の場合

n個のバネが図14.3のように直列配置の場合の見かけの剛性は、以下のように計算できる。

それぞれのバネに作用する力はPであり、剛性の等しいそれぞれのバネはδずつ伸びる。そのため、全体の伸びは$n \cdot \delta$となる。従って、見かけの剛性Kは、式（14.3）となる。

$$K = \frac{P}{n \cdot \delta} = \frac{k}{n} \tag{14.3}$$

14.4 応力度

断面に対して垂直に作用する応力度を**垂直応力度**、断面に対して平行に作用する応力度を**せん断応力度**とよぶ。図14.4のように接着剤で2枚の板を貼り合わせたとき、(a)では接着剤には垂直応力度（引

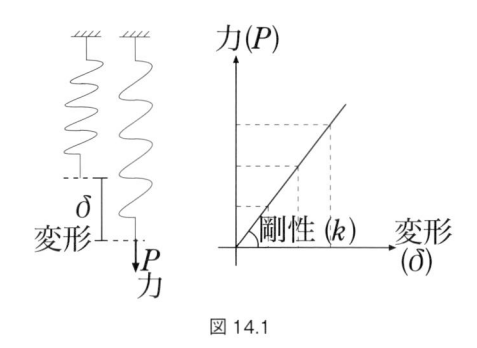

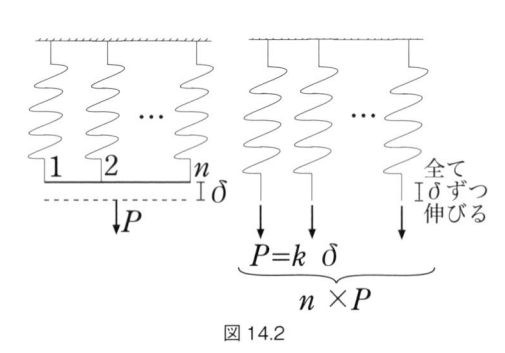

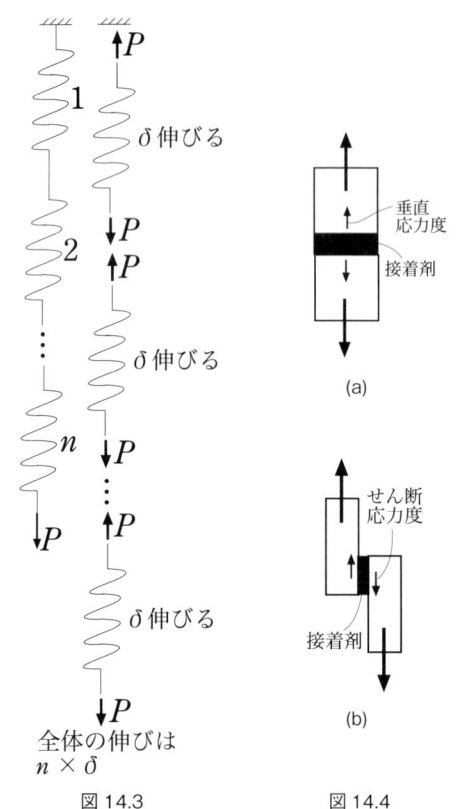

張）が作用し、(b) では接着剤にはせん断応力度が作用している。力 P が面積 A の断面に作用するときの単位面積当りの力 σ（シグマ）を応力度とよび、式 (14.4) で定義される（長さの単位を mm、力の単位を N とした場合の**応力度**の単位は N/mm^2)。

公式： $\sigma = \dfrac{P}{A}$ \hfill (14.4)

通常、垂直応力度は<u>引張となる応力度を正として</u>表し、そのとき、図 14.5 のように<u>断面に作用する外力の方向で表示する</u>。

14.5 ひずみ度

力が作用すると、鉄、コンクリート、木材、プラスチックなど全ての固体は変形する。図 14.5 のように建築物を構成する梁や柱なども軸力が作用すると軸方向に変形する。もとの長さ L に対する変形（伸び・縮み）した長さ ΔL の比を**ひずみ度** ε（イプシロン）とよび、式 (14.5) で定義される。<u>ひずみ度は比率なので、単位はない。</u>

公式： $\varepsilon = \dfrac{\Delta L}{L}$ \hfill (14.5)

14.6 ヤング率

部材の軸力が作用して、軸方向に変形するとき、力と変形の関係にはフックの法則が成り立つ。軸方向の剛性を特に**軸剛性**とよび、図 14.6 のように材料の単位体積あたりの**軸剛性（ヤング率）** で定義することによって、任意の大きさの部材の軸剛性を容易に計算することが可能となる。長さの単位を mm、力の単位を N とした場合、応力度とひずみ度との関係はヤング率 E を用いてフックの法則より式 (14.6) のように表される。ヤング率の単位は $[N/mm^2]$ であり、応力度と同じである。

公式： $\sigma = E \cdot \varepsilon$ \hfill (14.6)

図 14.7 のように、厚みが 1mm で断面積が $A\,mm^2$ の場合の軸剛性は、単位体積あたりのバネが A 個

コラム

本書では断面全体に作用する軸力、せん断力、曲げモーメントなどを「**応力**」、断面内の単位面積当たりに作用する力を「**応力度**」として使い分けている。

本によっては、両者を共に「**応力**」と呼ぶ場合もある。

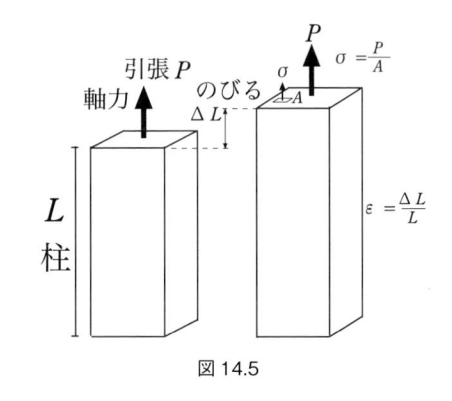

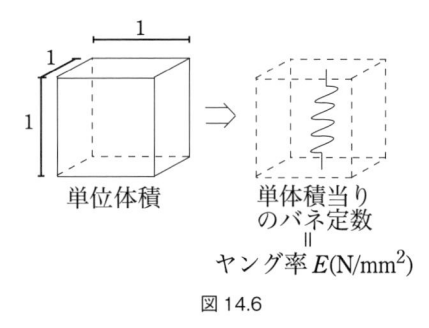

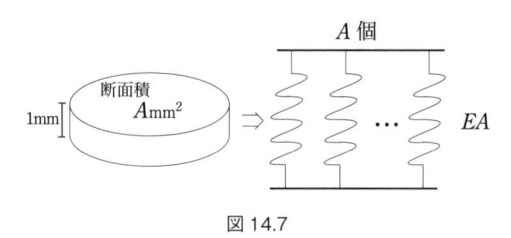

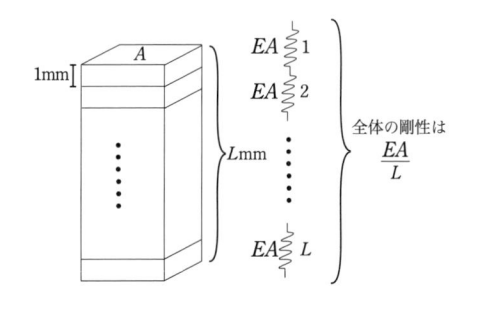

図 14.5

図 14.6

図 14.7

図 14.8

並列配置されている場合と考えることが出来るので、EA となる。

図 14.8 のように、長さが L mm で断面積が A mm^2 の部材の軸剛性は、単位長さあたりの軸剛性 EA のバネが L 個直列配置されていると考えることが出来るので、部材全体の軸剛性は EA/L となる。また、式 (14.4) から (14.6) を用いて変形すると、式 (14.7) が得られる。

$$P = \frac{E \cdot A}{L} \cdot \Delta L \quad (14.7)$$

14.7 せん断応力度 τ、せん断ひずみ γ、せん断弾性係数 G

断面積 A の断面にせん断力 Q が作用するとき、単位面積あたりの平均せん断応力度 τ（タウ）は、式 (14.8) で与えられる。

公式： $\tau = Q/A \quad (14.8)$

単位長さからなる立方体にせん断力 τ が作用すると、図 14.9 のようにひし形に変形する。そのとき、立方体の各辺の長さは変わらない。ひし形の度合いを表す角度を**せん断ひずみ γ（ガンマ）**とよび、τ と γ の間には**せん断弾性係数 G** を用いて式 (14.9) のようなフックの法則で関係づけられる。

公式： $\tau = G \cdot \gamma \quad (14.9)$

各種の材料は応力度が小さい範囲では、フックの法則である式 (14.6) や式 (14.9) が成立し、その範囲であれば、応力を取り除くとひずみは無くなり（$\varepsilon = 0$、$\gamma = 0$）、そのような挙動を**弾性**挙動とよぶ。しかしながら、応力がある限界（弾性限界）を超えると、応力度は一定でひずみのみが増加する**降伏**現象が生じる。降伏が生じるときの応力度を**降伏点**とよぶ。応力を取り除いてもひずみは残留し（残留ひずみ）そのような状態を**塑性**とよぶ。

14.8 許容応力度

材料に引張、圧縮、曲げ、せん断などの応力が作用して、それらが材料の限界値（基準強度）を超え

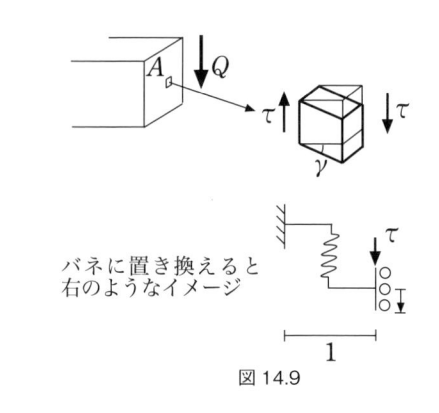

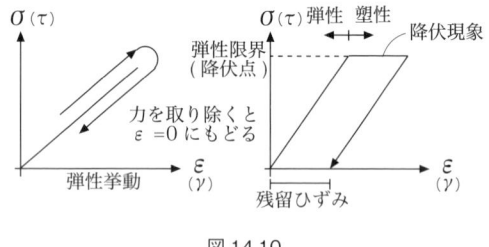

図 14.9

図 14.10

表 14.1 主な建築材料の許容応力度とヤング率（例）

	基準強度 N/mm^2	許容応力度 N/mm^2 ( ) は安全率		ヤング率 kN/mm^2
		長期荷重に対して	短期荷重に対して	
鉄	235 引張 圧縮 曲げ	156 (3/2)	235 (1.0)	206
コンクリート (Fc21)	21 圧縮	7 (3)	14 (3/2)	21.9
木材 (スギ)	22.2 曲げ	8.1 (3/1.1)	14.8 (3/2)	7.0

ると材料の破壊が始まる。材料を安全に使用するためには、荷重の種類（長期荷重や短期荷重など。1章参照）により基準強度を安全率で除して**許容応力度**を定めている。構造設計では、構造物の各部に生じる軸力や曲げモーメントやせん断力の作用している断面の応力度の最大値が許容応力度以下となるように部材の断面の大きさや荷重の大きさを決める。

許容応力度＝基準強度／安全率

部材の構造安全性は次式で確認され、その作業を**検定**とよぶ。

| 材料の
許容応力度 | ＞ | 部材中に作用している
応力度の最大値 |

例題 52

図 14.11 (a) に示すような、直径 10mm の丸鋼（鉄筋）が埋め込まれている 100mm 角の長さ 1m のコンクリートの柱に $P = 100$kN の圧縮軸力が作用した時、部材は何 mm 縮むかを求めよ。但し、鉄のヤング率 Es、コンクリートのヤング率 Ec、鉄筋の断面積 As 及びコンクリートの断面積 Ac は以下の通りとする。

$$Es = 2.06 \times 10^5 \, \text{N/mm}^2$$
$$Ec = 2.19 \times 10^4 \, \text{N/mm}^2$$
$$As = 5 \cdot 5 \cdot 3.14 = 78.5 \, \text{mm}^2$$
$$Ac = 100 \cdot 100 - 78.5 = 9921.5 \, \text{mm}^2$$

[解]
$$\underset{\text{軸力}=}{P} = \underset{\substack{\text{鉄筋に}\\\text{作用する力}}}{As \cdot \sigma_s} + \underset{\substack{\text{コンクリートに}\\\text{作用する力}}}{Ac \cdot \sigma_c} \quad (14.10)$$

鉄筋とコンクリートは、並列なので同じひずみ度になるため、式 (14.11) が書ける。

鉄筋の応力度 　　　$\sigma_s = Es \cdot \varepsilon$ 　(14.11-a)
コンクリートの応力度 　$\sigma_c = Ec \cdot \varepsilon$ 　(14.11-b)

$$\varepsilon = \frac{\Delta L}{L} \quad (14.12)$$

式 (14.10) に式 (14.11)、(14.12) を代入すると、以下のようになる。

$$P = As \cdot \sigma_s + Ac \cdot \sigma_c$$
$$= (As \cdot Es + Ac \cdot Ec) \cdot \varepsilon$$
$$= (As \cdot Es + Ac \cdot Ec) \cdot \frac{\Delta L}{L} \quad (14.13)$$

図 14.11

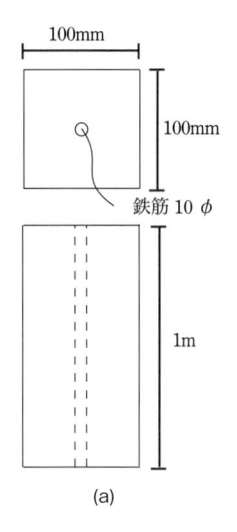

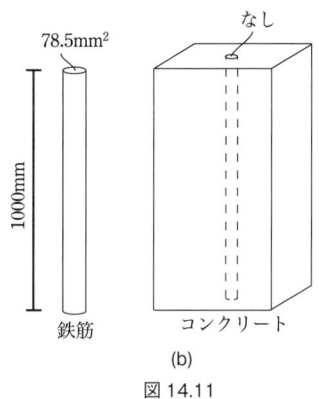

部材の縮み量は、以下のように求めることが出来る。

$$\Delta L = \frac{P \cdot L}{As \cdot Es + Ac \cdot Ec}$$
$$= \frac{100000 \cdot 1000}{78.5 \cdot 2.06 \cdot 10^5 + 9921.5 \cdot 2.19 \cdot 10^4}$$
$$= 0.4284 \text{mm} \qquad (14.14)$$

$\varepsilon = \dfrac{\Delta L}{L} = \dfrac{0.4284}{1000}$ より、鉄とコンクリートの応力度はそれぞれ以下のように求めることが出来る。

$$\sigma_s = Es \cdot \varepsilon = 2.06 \cdot 10^5 \cdot \frac{0.4284}{1000} = 88.25 \text{N/mm}^2 \quad (14.15\text{-a})$$

$$\sigma_c = Ec \cdot \varepsilon = 2.19 \cdot 10^4 \cdot \frac{0.4284}{1000} = 9.382 \text{N/mm}^2 \quad (14.15\text{-b})$$

14.9 ポアソン比

物体は図14.12のように一方向に応力が作用して ε_x がひずむと、直交方向にもポアソン比（ν：ニュー）分だけひずみ ε_y が生じる。

体積変化の生じない物体では $\nu = 0.5$、鉄は $\nu =$ 約0.3、コンクリートは $\nu = 1/6$ である。

公式： $\nu = \dfrac{-\varepsilon_y}{\varepsilon_x}$ \qquad (14.16)

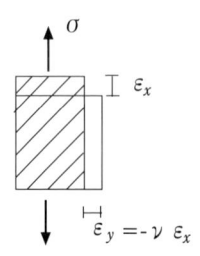

X方向に ε_x 伸びると Y方向は ε_y 縮むので、ν を正値とするために、式(14.15)でマイナスの符号が付いている。

図14.12

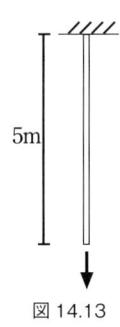

例題53

1辺が $a = 10$mm の正方形断面で長さが5mの鋼棒に質量 $m = 1500$kg の荷物を吊った。鋼材の許容引張応力度を156N/mm² とするとき、安全かどうか検定せよ。但し鋼棒の自重は無視する。そのとき鋼材は何mm伸びるか、また、各辺の長さの変化を求めよ。但し、鋼材のヤング率を206kN/mm²、ポアソン比を0.3とする。

[解]

$$mg = 1500 \cdot 9.8 = 14700 \text{N} \qquad (14.17)$$

鋼棒の断面積は100mm²より、鋼材に作用する引張応力度は、

$$\frac{14700\text{N}}{100\text{mm}^2} = 147\text{N/mm}^2 \overset{\text{許容引張応力度}}{<} 156\text{N/mm}^2 \qquad (14.18)$$

図14.13

よって、安全である。

$\varepsilon = \dfrac{\sigma}{E}$ より

$$\varepsilon = \dfrac{147}{206000} = 0.000714 \quad (14.19)$$

伸びを ΔL とすると、$L = 5000$mm より

$\varepsilon = \dfrac{\Delta L}{L}$

$$\Delta L = \varepsilon \cdot L = 0.000714 \cdot 5000 = 3.57\text{mm} \quad (14.20)$$

横ひずみは式 (14.16) より

$$\varepsilon_y = -\nu \cdot \varepsilon_x = -0.3 \cdot 0.000714 = -0.000214 \quad (14.21)$$

従って、横方向の伸縮量は $\varepsilon_y \times a$ より、

$$\varepsilon_y \cdot 10 = -0.000214 \cdot 10 = -0.0021\text{mm} \quad (縮む) \quad (14.22)$$

POINT!
ひずみは元の長さに対する伸縮量の比
　伸びは＋　　縮みは－

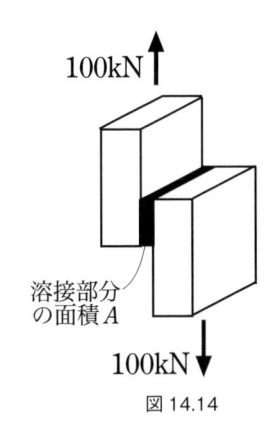

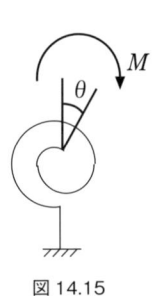

例題 54

図 14.14 のように軸力 100kN が作用する 2 本の部材を溶接した。溶接部分の許容せん断応力度が 90N/mm² であるとき、軸力を伝えるために必要な面積 A（mm²）を求めよ。

[解]　$\dfrac{100000(\text{N})}{A} \leq 90$

$A \geq 1111\text{mm}^2 \quad (14.23)$

図 14.14

14.10 モーメント、回転剛性、回転角

ゼンマイ（回転バネ）を回転させるのに必要な力はモーメントである。モーメント M により回転バネが変形して回転角 θ（シータ）だけ回転するとき、式 (14.24) の関係が成り立ち、K_θ を**回転剛性**とよぶ。

$$M = K_\theta \cdot \theta \quad (14.24)$$

フックの法則とは、力と変形の関係が比例関係となることであり、式 (14.24) もフックの法則である。

図 14.15

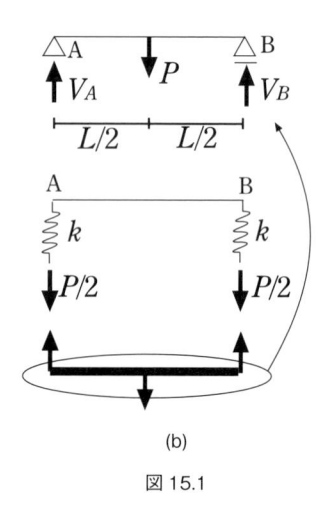

第15章 回転剛性、剛心

本章では、モーメントが作用したときのフックの法則である回転剛性の計算方法の基礎を学ぶ。

例題 55

図 15.1（a）に示すような、バネ定数 k のバネが両端に取り付いた長さ L の剛な棒を中央で引張ったとき、棒の両端のバネの伸びを求めよ。

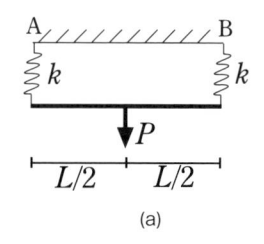

[解]

剛な棒の両端はバネで支持されているので、図に示すようにバネの下端で切断して単純ばりとして考えて、その反力を求める。その反力がバネに作用する力となる。

Y 方向の力の釣り合いより
$$V_A + V_B - P = 0 \tag{15.1}$$
モーメントの釣り合いより
$$P \cdot \frac{L}{2} - V_B \cdot L = 0$$
$$\therefore V_B = \frac{P}{2} \tag{15.2}$$

また、式（15.1）、（15.2）を用いて V_A を求めると、以下のようになる。
$$V_A = \frac{P}{2} \tag{15.3}$$

各バネの伸びは以下のようになる。

バネ A: $\quad \delta_A = \dfrac{\frac{P}{2}}{k} = \dfrac{P}{2 \cdot k} \tag{15.4-a}$

バネ B: $\quad \delta_B = \dfrac{\frac{P}{2}}{k} = \dfrac{P}{2 \cdot k} \tag{15.4-b}$

例題 56

図 15.2（a）に示すような、バネ定数 k のバネが両端に取り付いた長さ L の剛な棒を図の位置で引張ったとき、棒はどのように移動するか。

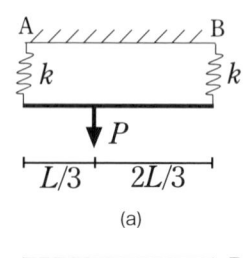

[解]

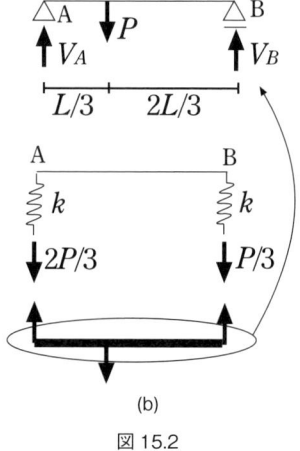

Y 方向の力の釣り合いより
$$V_A + V_B - P = 0 \tag{15.5}$$

図 15.1

図 15.2

モーメントの釣り合いより

$$P \cdot \frac{L}{3} - V_B \cdot L = 0$$

$$V_B = \frac{P}{3} \quad (15.6)$$

また、式(15.5)、(15.6)を用いてV_Aを求めると、以下のようになる。

$$\therefore V_A = \frac{2P}{3} \quad (15.7)$$

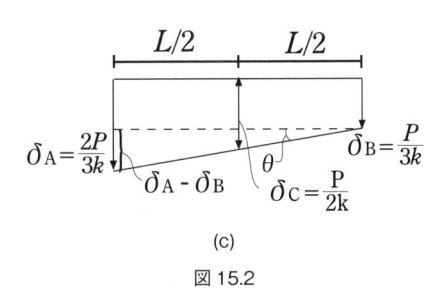

各バネの伸びは

バネA: $\delta_A = \dfrac{\frac{2P}{3}}{k} = \dfrac{2P}{3k}$ (15.8-a)

バネB: $\delta_B = \dfrac{\frac{P}{3}}{k} = \dfrac{P}{3k}$ (15.8-b)

このとき、棒は $\theta = \dfrac{\delta_A - \delta_B}{L} = \dfrac{P}{3k \cdot L}$ の角度(rad.)で傾く。

A点より$L/2$の位置Cでの棒の移動量(変位)は、

$$\delta_C = \frac{\delta_A + \delta_B}{2} = \frac{P}{2k}$$

となり、例題55の場合と同じになる。

図15.2

ひとくちメモ(ラジアンについて)

ラジアンと角度との関係は、$360° = 2\pi$ ラジアン(rad.と書く)である。一方、半径rの円の円周は$2 \cdot \pi \cdot r$である。

θ(ラジアン)の円弧の長さは$\theta \cdot r$であり、$\theta < 1$(ラジアン)の範囲では近似的に $\sin\theta \fallingdotseq \tan\theta \fallingdotseq \theta$ となる。従って、θが小さい時は右図のような関係がある。

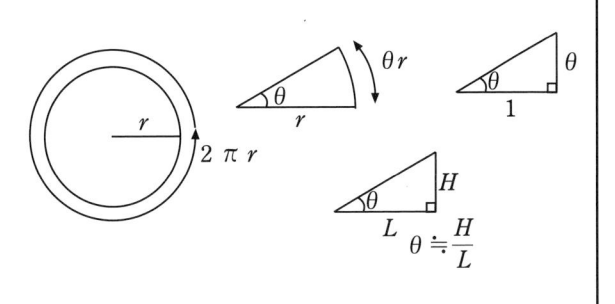

例題57

バネAとBが同じ伸びδとなるように引けるためのPの作用位置を求めよ。

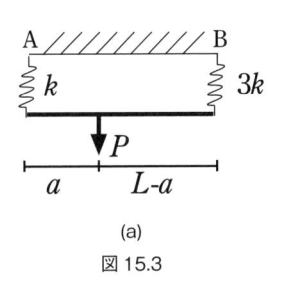

[解]

バネAに作用する力: $P_A = k \cdot \delta$ (15.9-a)
バネBに作用する力: $P_B = 3k \cdot \delta$ (15.9-b)

平行に引ける位置をA点よりaと仮定して、図15.3(b)のような状態の釣り合い式をつくる。

図15.3

Y 方向の力の釣り合いより

$$-P + k \cdot \delta + 3k \cdot \delta = 0$$
$$\therefore P = 4k \cdot \delta \quad (15.10)$$

A 点のモーメントの釣り合い式

$$P \cdot a - 3k \cdot \delta \times L = 0 \quad (15.11)$$

式 (15.11) の P に式 (15.10) を代入して A 点からの距離 a を求める。

$$4k \cdot \delta \cdot a - 3k \cdot \delta \times L = 0$$
$$a = \frac{3}{4}L \quad (15.12)$$

よって、P の作用位置は A 点から $3L/4$

例題 58

剛な棒にモーメント M のみが作用するときの棒に生じる回転角 θ を求めよ。また、棒の変位 = 0 となる位置 C を求めよ。

[解]

Y 方向の力の釣り合いより

$$V_A - V_B = 0 \quad (15.13)$$

モーメントの釣り合いより

$$-M + V_B \cdot L = 0 \quad (15.14)$$

式 (15.13)、(15.14) より点 A、B の反力は次のように求まる。

$$V_A = V_B = \frac{M}{L} \quad (15.15)$$

図 15.4 (c) より棒の回転角 θ を求めると以下のようになる。

$$\theta = \frac{\delta_A + \delta_B}{L} = \frac{4M}{3L^2 \cdot k} \quad (15.16)$$

力(モーメント)と変形(回転角)の関係(フックの法則)で書き直すと、式 (15.17) となる。

$$M = \frac{3L^2 \cdot k}{4} \cdot \theta \quad (15.17)$$

また、$\dfrac{3L^2 \cdot k}{4}$ を**回転剛性**とよぶ。

よって、変位 = 0 となる点は三角形の相似より 3:1 となり、AC 間の距離 = $3L/4$ で、例題 57 のバネ A とバネ B を同じ変位で引ける点と一致する。

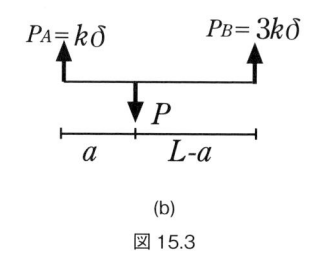

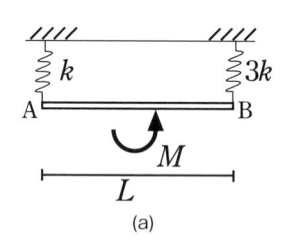

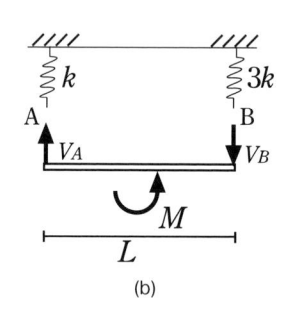

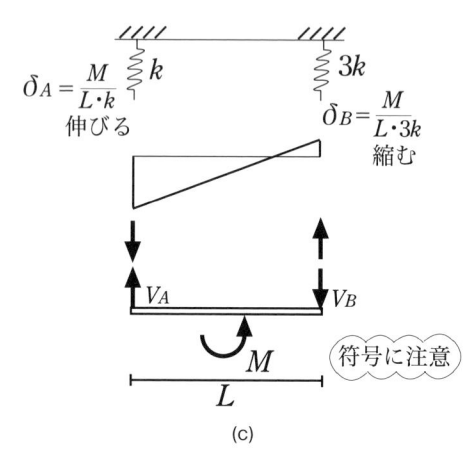

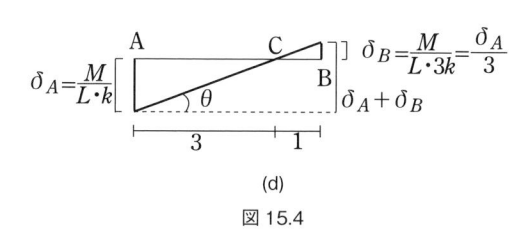

図 15.3

図 15.4

例題 59

図 15.5（a）のように D 点に P が作用する時の棒の回転角 θ と C 点の変位を求めよ。

[解法 1]

例題 55 よりバネ A とバネ B に作用する力はそれぞれ P/2 となり、各バネの伸び量は式（15.18）に示すとおりになる。

$$\delta_A = \frac{P}{2k} \tag{15.18-a}$$

$$\delta_B = \frac{P}{2 \times 3k} = \frac{P}{6k} \tag{15.18-b}$$

剛な棒の回転角は、図 15.5（b）より $\theta = \dfrac{\delta_A - \delta_B}{L}$ となり、式（15.18）を代入して式（15.19）で与えられる。

$$\theta = \frac{P}{3k \cdot L} \tag{15.19}$$

C 点の変位 δ_C は、図 15.5（b）より

$$\begin{aligned}\delta_C &= \delta_B + \theta \cdot \frac{L}{4} \\ &= \frac{P}{6k} + \frac{P}{3k \cdot L} \cdot \frac{L}{4} \\ &= \frac{3P}{12k} = \frac{P}{4k}\end{aligned} \tag{15.20}$$

δ_C の変位は図 15.5（c）としたときの C 点の変位と同じとなる（例題 57 参照）。

$$\begin{aligned}\delta_A &= \frac{P}{4k} \\ \delta_B &= \frac{3P}{4 \times 3k} = \frac{P}{4k}\end{aligned} \tag{15.21}$$

$$\delta_A = \delta_B$$

よって $\delta_A = \delta_B = \delta_C = \dfrac{P}{4k}$

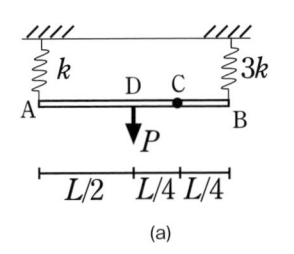

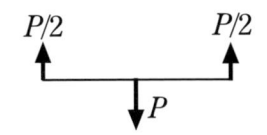

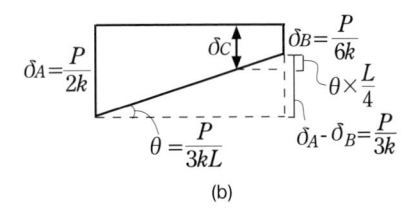

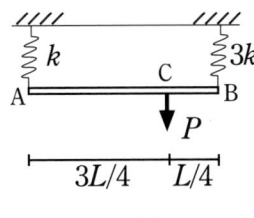

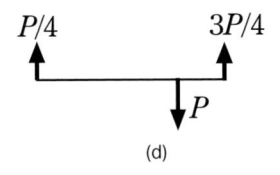

図 15.5

[解法2]

図 15.5 (e)、(f) は C 点に関して y 方向の力の大きさとモーメントの大きさは同じとなるので、図 15.5 (e) から図 15.5 (f) へ置き換えることが出来る。そこで、例題 58 の式 (15.17) の回転剛性 K_θ を用いて剛な棒の回転角 θ を求めてみる。

$$M = \underbrace{\frac{3L^2 \cdot k}{4}}_{K_\theta} \cdot \theta$$

より θ は式 (15.22) に示すとおりになり、[解法1] の式 (15.19) と一致する。

$$\theta = \frac{P \cdot L}{4} \cdot \frac{4}{3L^2 \cdot k} = \frac{P}{3L \cdot k} \qquad (15.22)$$

例題 58 において、C 点の変位は図 15.5 (g) のようになるので、C 点の変位は $\delta = 0$ となる。従って、モーメントのみが生じた場合は、平行に引ける位置を中心として棒は回転する。C 点を**回転中心**とよぶ。

図 15.5 (h) の状態は、図 15.5 (i) と (j) を重ねた状態と等価と考えることが出来る。

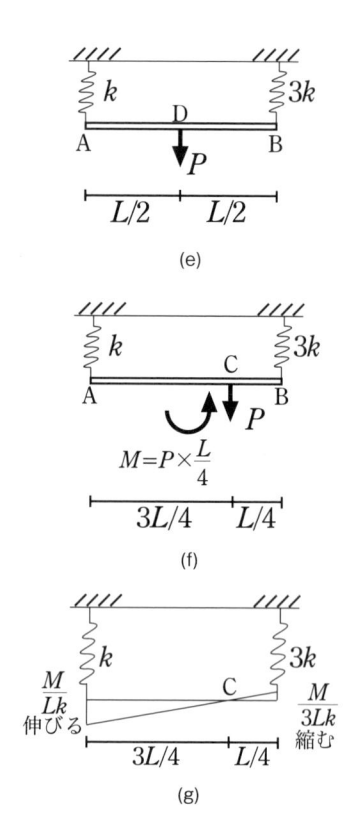

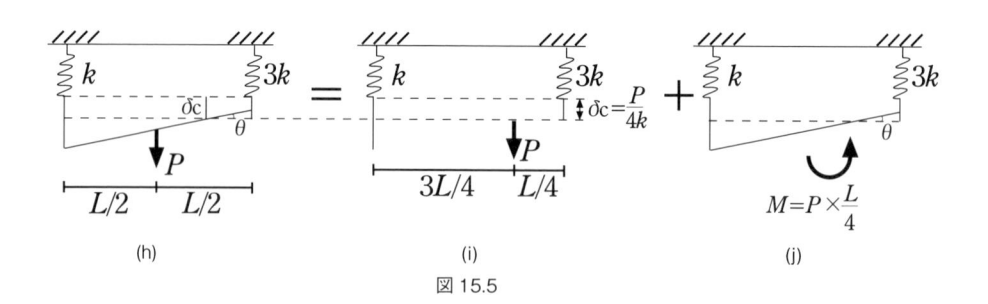

図 15.5

> **まとめ**
> ① モーメントのみを作用させた時の回転中心の位置（例題58）は、引張力 P のみを作用させるとバネが一様に伸びる位置（例題57）である。その位置を**剛心**とよぶ。
> ② 図15.5（c）の状態は、図15.5（f）のように回転中心に作用する力 P と、（e）の力 P が回転中心に及ぼすモーメント M に分けて置き換えて計算できる。
> ③ 図15.5（g）のようにモーメントのみが作用した時の各バネに生じる力は
> バネAでは $k \cdot \dfrac{M}{Lk} = \dfrac{M}{L}$ （引張）、
> バネBでは $3k \cdot \dfrac{M}{3Lk} = \dfrac{M}{L}$ （圧縮）となり、
> バネAとBに生じる力の合力は0となる。
>
> ---
>
> **剛心**
> 剛心に引張力、あるいは圧縮力のみを作用させると、全てのバネは均等に変形（伸びるあるいは縮む）する。
> モーメントのみを作用させると、剛心の位置は動かず、剛心を中心に回転する。
>
> （これらの性質を応用すると）
>
> 任意の位置に力 P（引張力あるいは圧縮力）が作用した状態は、P と同じ大きさと向きの力を剛心の位置に作用させた状態と、P の剛心に対するモーメント M を作用させた状態に分けることができる。従って、両者の計算結果を足し合わせることで、各バネに作用する力や変形を計算することができる。
>
> ---
>
> **一般論として……**
> （ⅰ）力の釣り合い式より、モーメントのみが作用するときは、全てのバネに作用する力の和 = 0 となる。（例題58 の式（15.13）参照）
> （ⅱ）剛心の位置に引張力、あるいは圧縮力のみを作用させたときのバネに生じる変形を求める際の見かけの剛性（バネ定数）は、全てのバネのバネ定数の和である。（例題59 の式（15.21）参照）

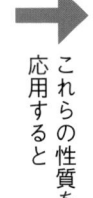

15.1 回転中心（剛心）の求め方

例題57より一般的に回転中心（以下、剛心とよぶ）は以下のように求めることが出来る。

図15.6 に示すとおり、剛心に力 P を作用させると、全てのバネは同じ変位 δ で変形するので式（15.23）が成り立つ。

P は各バネに作用する $k_i \cdot \delta$ の合力であるので、Y方向の力の釣り合いより、次式のようになる。

$$\sum_{i=1}^{n}\left(k_i \cdot \delta\right) = P \tag{15.23}$$

剛心は平行な力 $k_i \cdot \delta$ の合力 P の作用位置であるので、平行な力の合力の作用位置の計算式である「各

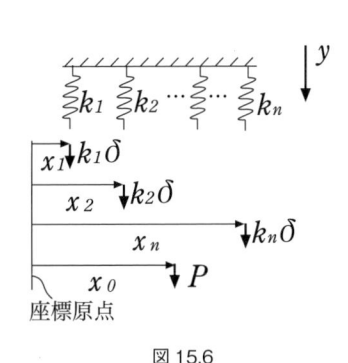

図15.6

バネに作用する力（分力）によるモーメントの和＝合力によるモーメント」である式（15.24）を変形して、座標原点から剛心までの距離は式（15.25）のように求めることができる。

$$\sum_{i=1}^{n}(k_i \delta \cdot x_i) = P \cdot x_0 \tag{15.24}$$

$$\therefore x_0 = \frac{\sum_{i=1}^{n}(k_i \delta \cdot x_i)}{\sum_{i=1}^{n}(k_i \delta)} = \frac{\sum(k_i \cdot x_i)}{\sum k_i} \tag{15.25}$$

15.2 剛心まわりの回転剛性の計算方法

図 15.7 のように、右回りの M が作用して回転角 θ が生じているとき、各バネに生じる変位は

$$\delta_i = (x_i - x_0)\theta \tag{15.26}$$

で表される。

$\delta_i > 0$ のとき　伸びる

$\delta_i < 0$ のとき　縮む

そのとき、各バネに作用する力 F_i はフックの法則より式（15.27）が成り立つ。

$$F_i = k_i \cdot \delta_i \tag{15.27}$$

式（15.27）に式（15.26）を代入すると

$$F_i = k_i(x_i - x_0)\theta \tag{15.28}$$

$F_i > 0$ のとき　引張（上向き）

$F_i < 0$ のとき　圧縮（下向き）

となる。

バネ i の C 点まわりのモーメント m_i は C 点より左側、右側とも右回りのモーメントとなるので、力の方向と回転方向の符号を考慮すると

$$m_i = F_i(x_i - x_0) = k_i(x_i - x_0)^2 \theta \tag{15.29}$$

よって、全てのバネによるモーメントの総和 M は

$$M = \sum m_i = \sum k_i(x_i - x_0)^2 \theta \tag{15.30}$$

となる。

従って、C 点まわりの回転剛性 K_θ は式（15.31）で表される。

$$K_\theta = \sum k_i(x_i - x_0)^2 \tag{15.31}$$

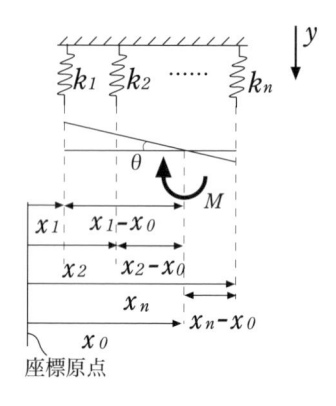

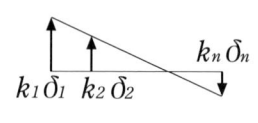

図 15.7

例題60

図15.8（a）において、E点にPが作用する時の棒の回転角θとE点の変位を求めよ。

[解]

A点を原点として剛心の位置x_0を式（15.25）より求める。

$$\sum k_i = 4k + 3k + 2k + k = 10k$$
$$\sum (k_i \cdot x_i) = 4k \cdot 0 + 3k \cdot 0.25L + 2k \cdot 0.75L + k \cdot L = 3.25k \cdot L$$
$$\therefore x_0 = \frac{\sum (k_i \cdot x_i)}{\sum k_i} = \frac{3.25k \cdot L}{10k} = 0.325L \qquad (15.32)$$

回転剛性の計算は、式（15.31）より求める。

$$K_\theta = \sum k_i (x_i - x_0)^2$$
$$= 4k(0 - 0.325L)^2 + 3k \cdot (0.25L - 0.325L)^2$$
$$\qquad + 2k \cdot (0.75L - 0.325L)^2 + k \cdot (L - 0.325L)^2$$
$$= 1.256k \cdot L^2 \qquad (15.33)$$

E点を作用点とする力Pを、剛心を作用点とした等価な力に書き換えると、図15.8（b）のようになる。従って棒に生じる回転角は、「回転角＝モーメント／回転剛性」となるように式（15.30）を変形して求める。

$$\theta = \frac{0.175P \cdot L}{1.256k \cdot L^2} = 0.139 \frac{P}{k \cdot L} rad. \qquad (15.34)$$

剛心位置での変位$\delta_{剛心}$は、まとめの（ii）より、式（15.35）で求まる。

$$\delta_{剛心} = \frac{P}{\sum k_i} = \frac{P}{10k} = 0.1 \frac{P}{k} \qquad (15.35)$$

E点の変位δ_Eは式（15.35）のようになる。

$$\delta_E = \delta_{剛心} + \theta \cdot 0.175L = 0.1 \frac{P}{k} + 0.139 \frac{P}{k \cdot L} \cdot 0.175L = 0.124 \frac{P}{k} \qquad (15.36)$$

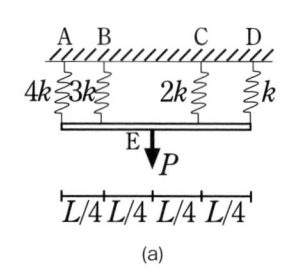

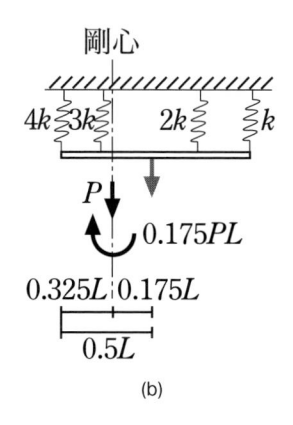

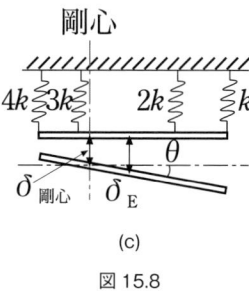

図15.8

第16章　任意形状の断面の諸定数

16.1 曲げモーメントによる変形とは？

曲げモーメントが作用したとき、梁を単位長さで材軸に直角に切り出して、梁が曲げモーメントによってどのように変形するかを考える。部材に直角に切った面を**断面**と呼ぶ。

曲げモーメントが作用していない状態では、断面Aと断面Bは平行である（図16.1）。梁の断面に図16.2のように曲げモーメント M が作用すると、梁の一方の縁が縮み、他方の縁が伸びて、断面Aと断面Bは角度 ϕ（ファイ）をなす。このとき、断面Aと断面Bは単位長さ（長さ = 1）だけ離れているので、ϕ は角度の変化の割合＝**曲率**となる。

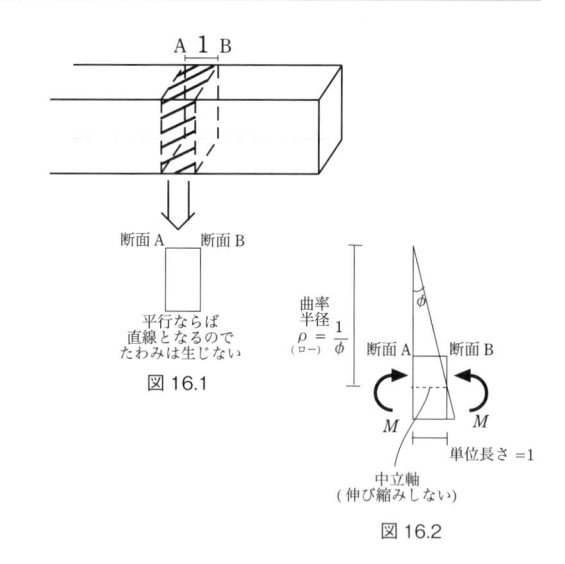

コラム（曲率について）

x-y 座標において、$y = f_{(x)}$ の接線の傾き dy/dx は角度、角度 θ は y の x に対する変化の割合、曲率は角度 θ の x に対する変化の割合であり、x が1離れたときの θ の変化の割合である。

$$\theta = \frac{dy}{dx} \tag{16.1}$$

$$\phi = \frac{d\theta}{dx} = \frac{d^2 y}{dx^2} \tag{16.2}$$

曲げモーメントが作用する部材では、必ず圧縮側では縮み、引張側で伸びることによって曲率が生じる。曲げモーメントと曲率とは、フックの法則より式（16.3）の関係が成り立つ。

$$M = K_m \phi \tag{16.3}$$

ここで、K_m は断面の回転剛性である。

単位長さ1離れた位置での断面を延長した交点と中立軸の距離は $1/\phi$ となり、曲率半径とよぶ。

曲率の単位は？

曲率は角度の変化率なので rad./mm となる。一方 rad. は無次元なので曲率は 1/mm となる。

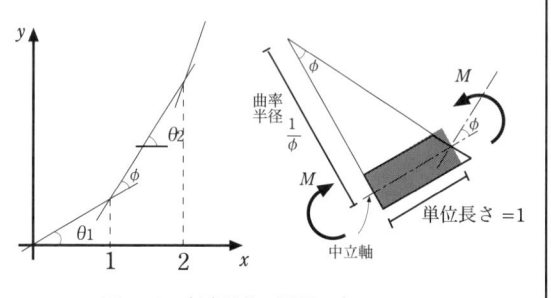

図16.3　任意形状の断面2次モーメント

断面に x 軸まわりの曲げモーメント M が作用した状態を考える。断面が平面保持した状態で曲率 ϕ の変形が生じる状態である図16.4（a）を、剛な棒にバネがとりついた状態である図16.4（b）に置き換えて回転剛性を求めてみる。

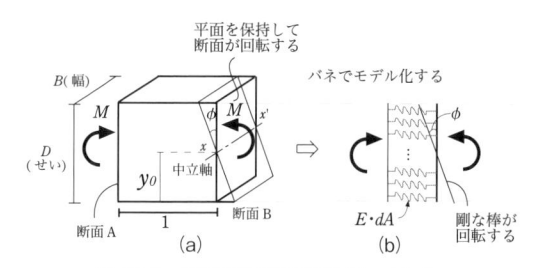

図16.4　任意形状の断面2次モーメント

16.2 中立軸

材料のヤング率 E は単位立方体のバネ定数であるので（14.6 節参照）、図 16.5（a）のように y の位置での断面の幅を $B_{(y)}$ とすると、その位置での断面積は $dA = B_{(y)}dy$ となる。従って、図 16.5（b）のように座標原点から y の位置でのバネ定数は $E \cdot dA$ となる。

断面が変形するときの回転中心を**中立軸**とよぶ。15 章で学んだバネを剛な棒で接合したモデルでは、剛な棒は断面が平面保持して回転している現象に、また、バネは断面内の y の位置でのバネ定数 $E \cdot dA$ に相当しており、15.1 節を対応させながら以下を読むと理解しやすい。中立軸の位置で軸力 P を作用させると断面は一様なひずみ ε で伸縮する。そのときの軸方向の力の釣り合いは式（16.4）となる（バネのモデルでは式（15.23）に対応）。

$$\int_0^D E \cdot \varepsilon dA = \int_0^D E \cdot \varepsilon \cdot B_{(y)} dy = P \tag{16.4}$$

軸力 P は断面の各部で生じている応力 $\varepsilon \cdot E \cdot B_{(y)} \cdot dy$ の合力であるので、それらの応力の座標原点に対するモーメントの和と合力のモーメントが等しくなることから式（16.5）が導かれる（バネのモデルでは式（15.24）に対応）。

$$\int_0^D y \cdot E \cdot \varepsilon \cdot B_{(y)} dy = P \cdot y_0 \tag{16.5}$$

式（16.5）に式（16.4）を代入して、座標原点から中立軸までの距離 y_0 は式（16.6）のように求まる（バネのモデルでは式（15.25）に対応）。

$$y_0 = \frac{E \cdot \varepsilon \cdot \int_0^D y \cdot B_{(y)} dy}{E \cdot \varepsilon \cdot \int_0^D B_{(y)} dy} = \frac{\int y dA}{\int dA} = \frac{S}{A} \tag{16.6}$$

（分子：断面1次モーメント、分母：断面積）

ここで、A は断面積、$\int ydA$ は断面1次モーメント S とよぶ（x-x' 軸のまわりの中立軸位置を求めるときの断面1次モーメントは S_x と書く）。

x-x' 軸のまわりの中立軸と y-y' 軸のまわりの中立軸の交点は図形の図心（重心）と一致する（次ページのコラム参照）。

$$y_0 = \frac{\int_0^D B \cdot y dy}{\int_0^D B dy} = \frac{\frac{1}{2} \cdot B \cdot D^2}{B \cdot D} = \frac{D}{2} \tag{16.7}$$

図 16.5

x 軸に対する断面1次モーメント
$$S_x = \int y dA = \underbrace{\int B \cdot y dy}_{\text{（長方形の場合）}}$$

(a) 積分で計算する場合

x 軸に対する断面1次モーメント $S_x =$ 面積 $A \times y$
面積 $A = B \times D$（長方形の場合）
y：x 軸から図形の図心までの距離

(b)

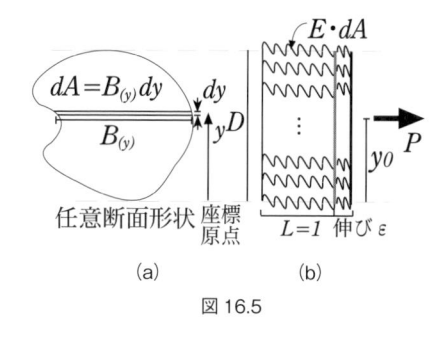

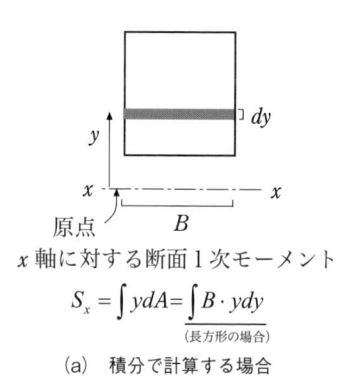

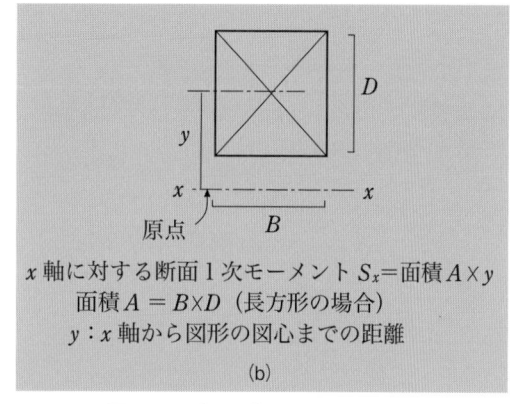

図 16.6　断面1次モーメントの計算

POINT!
積分は微小な要素の総和

重要！

コラム（図心を求める）

　図心とは、一定の厚さの板でできた図形を図16.7（a）のように糸で吊ったときに水平にバランスする位置で、長方形では対角線の交点が図心となる。すでに図心位置のわかっている図形（ここでは長方形）に分割して、以下のようにして任意の断面形状の図心を求める。

　図16.7（c）のようにT型断面の下端に座標原点をとり、図心位置を座標軸からの距離y_0とする。

> **手順1**
> 　図16.7（c）のように、T型図形を長方形にわける。
> **手順2**
> 　図16.7（c）のように、それぞれの長方形の面積A_1、A_2と座標原点から各長方形の図心までの距離y_1、y_2を求める。
> **手順3**
> 　図16.7（b）のように、T型図形を板に見立てて吊るし、図16.7（d）のように、横から見ると以下のような釣り合い式が出来る。

ここで、$W_1 = A_1 \times t \times \rho$、$W_2 = A_2 \times t \times \rho$
（tは板の厚さ、ρは板の単位体積重量）

鉛直方向の力の釣り合い式

$$P - W_1 - W_2 = 0 \tag{16.8}$$

座標軸まわりのモーメントの釣り合い式

$$W_1 \cdot y_1 + W_2 \cdot y_2 - P \cdot y_0 = 0 \tag{16.9}$$

$$y_0 = \frac{W_1 \cdot y_1 + W_2 \cdot y_2}{P} = \frac{A_1 \cdot y_1 + A_2 \cdot y_2}{A_1 + A_2} \tag{16.10}$$

（分子）T型断面の座標原点まわりの断面1次モーメント
（分母）T型断面の断面積

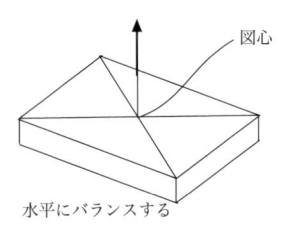

（a） 長方形の板の図心

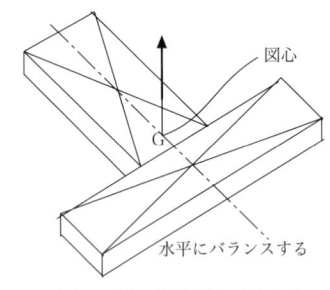

（b） T型の板を図心で吊るす

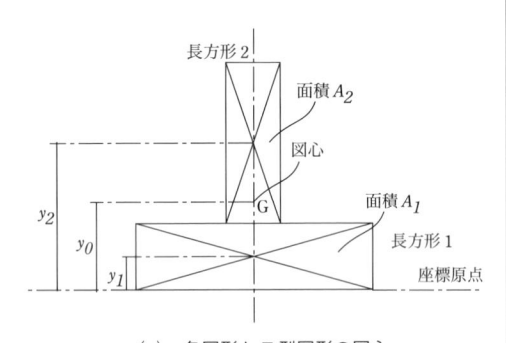

（c） 各図形とT型図形の図心

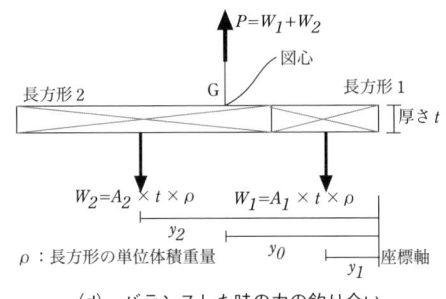

（d） バランスした時の力の釣り合い

図16.7

例題 61

図 16.8（a）の図形の S_x、S_y 及び図心位置（x_0、y_0）を求めよ。

[解]

x、y の両方向に対してそれぞれ以下のように計算する。図 16.8（b）に示すように L 型では 2 つの長方形 A と B に分けて座標軸まわりの断面 1 次モーメントを求めて足し合わせて、L 型の断面 1 次モーメントを計算する。

$$S_x = (100 \cdot 20) \cdot 50 + (60 \cdot 20) \cdot 10$$
$$= 1.12 \times 10^5 \text{mm}^3 \qquad (16.11\text{-a})$$

$$S_y = (100 \cdot 20) \cdot 10 + (60 \cdot 20) \cdot 50$$
$$= 8.0 \times 10^4 \text{mm}^3 \qquad (16.11\text{-b})$$

積分で計算をする場合は、

$$S_x = \int_0^{100} 20 \cdot y\, dy + \int_0^{20} 60 \cdot y\, dy$$
$$= 1.12 \times 10^5 \text{mm}^3 \qquad (16.11\text{-a'})$$

$$S_y = \int_0^{20} 100 \cdot x\, dx + \int_{20}^{80} 20 \cdot x\, dx$$
$$= 8.0 \times 10^4 \text{mm}^3 \qquad (16.11\text{-b'})$$

次に図心 G の座標を求める。

$$A = 3200 \text{mm}^2$$

$$x_0 = \frac{8.0 \times 10^4}{3200} = 25 \text{mm} \qquad (16.12\text{-a})$$

$$y_0 = \frac{1.12 \times 10^5}{3200} = 35 \text{mm} \qquad (16.12\text{-b})$$

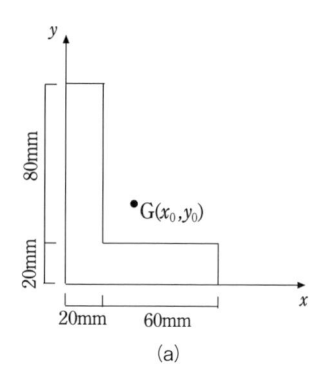

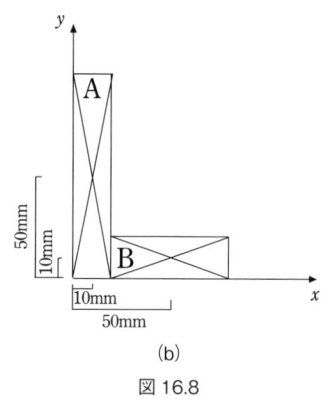

図 16.8

POINT!

S_x と S_y の添字に注意。

添字は計算に用いる座標原点の軸の名称（x 軸、y 軸）を示している。

16.3 断面 2 次モーメント

回転剛性は 15.2 節に準じて、以下のように求めることができる。

図 16.9 のように x 軸まわりの曲げモーメント M が作用して、単位長さ（= 1）離れた断面が平面を保持して曲率 ϕ 回転したとき、中立軸を座標原点とすると、y の位置でのひずみ $\varepsilon_{(y)}$ は式（16.13）で、応力はフックの法則より式（16.14）と表すことができる。

$$\varepsilon_{(y)} = \phi \cdot y \qquad (16.13)$$

（長さ 1 に対する伸縮量なので、ひずみとなる）

$$\sigma_{(y)} = E \cdot \varepsilon_{(y)} = E \cdot \phi \cdot y \qquad (16.14)$$

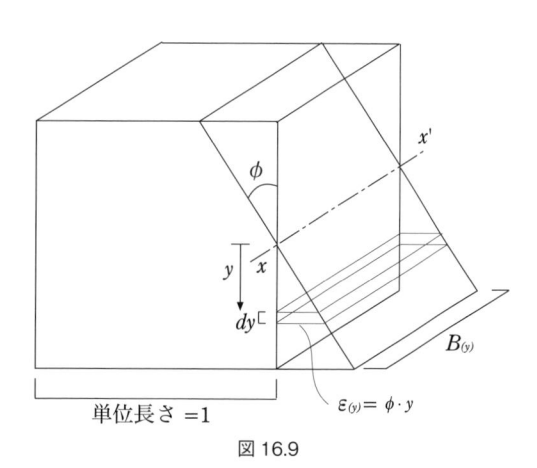

図 16.9

このように、中立軸からの距離 y に比例して分布する応力を **曲げ応力度** とよぶ。このとき、中立軸から y 離れた位置の微小区間 dy に作用する力は式 (16.15)、中立軸に関するモーメントは式 (16.16) となる。断面全体でのモーメントの総和は式 (16.17) と表すことができる。

$$\sigma_{(y)} \cdot B_{(y)} dy = E \cdot \phi \cdot y \cdot B_{(y)} dy \tag{16.15}$$

$$y \cdot \sigma_{(y)} \cdot B_{(y)} dy = E \cdot \phi \cdot y^2 \cdot B_{(y)} dy \tag{16.16}$$

$$M = \int E \cdot \phi \cdot y^2 \cdot B_{(y)} dy \tag{16.17}$$

> y は中立軸からの距離であることに注意！

（バネのモデルでは式 (15.30) と対応する。）

$B_{(y)} dy = dA$ として書き改めると、フックの法則より式 (16.18) のように整理される。

$$\underbrace{M}_{モーメント} = \underbrace{E}_{曲げ剛性} \cdot \int y^2 dA \cdot \underbrace{\phi}_{曲率} = E \cdot I \cdot \phi \tag{16.18}$$

断面の回転剛性（曲げ剛性）は、材料のヤング率 E と断面の形状による $I = \int y^2 dA$ の積で表され、I を **断面 2 次モーメント** とよぶ。

図 16.6 に示すような長方形断面では、$B_{(y)} = B$（一定値）となるので、中立軸 y_0 は式 (16.7) のようになる。

長方形断面の中立軸まわりのモーメントは式 (16.19) のようになる。ここで、y は図 16.10 のように中立軸を原点とした距離であるので、式 (16.5) とは異なることに注意すること。

$$M = E \cdot \phi \cdot \int_{-D/2}^{D/2} y^2 \cdot B dy = \underbrace{\underset{\substack{ヤング率 \\ (材料の剛性)}}{\boxed{E}} \cdot \underbrace{\frac{B \cdot D^3}{12}}_{曲げ剛性}}_{} \cdot \underbrace{\phi}_{曲率} = E \underset{\substack{断面2次モーメント \\ (形状による剛性係数)}}{\boxed{I}} \phi \tag{16.19}$$

ここで、$I = \dfrac{BD^3}{12}$

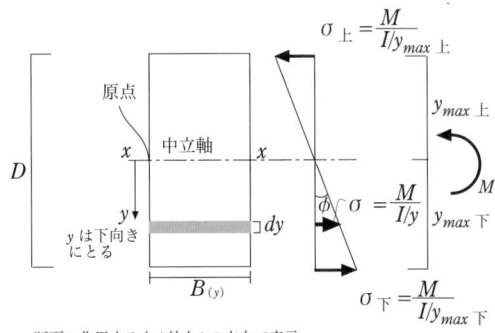

図 16.10 断面 2 次モーメントの計算

$$\sigma_{上} = \frac{M}{I/y_{max \, 上}}$$
$$\sigma = \frac{M}{I/y}$$
$$\sigma_{下} = \frac{M}{I/y_{max \, 下}}$$

断面に作用する力（外力）の方向で表示

コラム

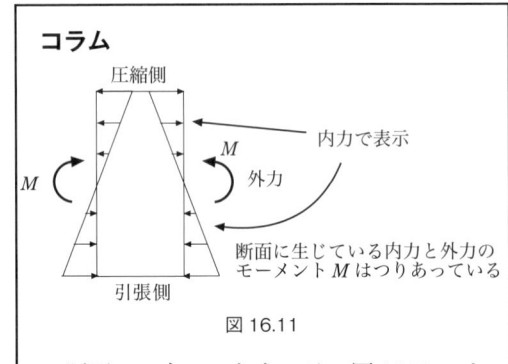

断面での力のつりあいは、図 16.11 のようになっている。

図 16.11

断面に生じている内力と外力のモーメント M はつりあっている

断面係数とは？

断面に軸力 P が作用した時に、断面に作用する応力度 σ は $\sigma = \dfrac{P}{A}$（断面積）で求まる。

断面に曲げモーメント M が作用した時に、断面に作用する縁応力度 σ_{max} は

$$\sigma_{max} = \frac{M}{Z} \quad （断面係数）で求まる。$$

POINT!

- 断面 1 次モーメントと断面 2 次モーメントの計算の原点は異なる。
- 断面 1 次モーメントの計算時の原点は図形の端
- 断面 2 次モーメントの計算時の原点は図形の図心（中立軸）

16.4 断面係数

中立軸から y の位置に作用する応力度 $\sigma_{(y)}$ は、以下のように計算できる。

$$\varepsilon_{(y)} = \phi \cdot y \quad \text{より}$$
$$\sigma_{(y)} = E \cdot \varepsilon_{(y)} = E \cdot \phi \cdot y \quad (16.20)$$
$$M = E \cdot I \cdot \phi \quad \text{より}$$
$$E \cdot \phi = \frac{M}{I}$$

となり、式 (16.20) に代入して

$$\sigma_{(y)} = \frac{M \cdot y}{I} = \frac{M}{\dfrac{I}{y}} \quad (16.21)$$

従って、曲げ応力度 $\sigma_{(y)}$ は中立軸からの距離 y に比例するので、断面の最外縁で曲げ応力度は最も大きくなる。断面の上縁の曲げ応力度を $\sigma_上$、下縁の曲げ応力度を $\sigma_下$ とすると、それぞれ式 (16.22) で与えられる。

公式：
$$\sigma_上 = \frac{M}{\dfrac{I}{y_{\max 上}}} = \frac{M}{Z_上} \quad (16.22\text{-a})$$

$$\sigma_下 = \frac{M}{\dfrac{I}{y_{\max 下}}} = \frac{M}{Z_下} \quad (16.22\text{-b})$$

ここで、Z を断面係数とよぶ

公式：
$$Z_上 = \frac{I}{y_{\max 上}}$$
$$Z_下 = \frac{I}{y_{\max 下}}$$

長方形断面の断面係数は次のようになる。

$$I = \frac{BD^3}{12}$$
$$y_{\max 上} = y_{\max 下} = \frac{D}{2} \quad \text{より、}$$
$$Z_上 = Z_下 = \frac{I}{\dfrac{D}{2}} = \frac{BD^2}{6} \quad (16.23)$$

コラム
（断面2次モーメントの誘導の別解）

長方形断面では、以下のようにして断面2次モーメント I を求めることもできる。

断面内に作用している引張と圧縮の曲げ応力の合力をそれぞれ T と C とすると、三角形分布であるので、合力の大きさと作用位置は下図のようになる。

外力のモーメント M と断面に作用する C と T による中立軸まわりのモーメントの和がつりあうので、式 (16.25) のようになる。

$$T = -C = \underbrace{\sigma_{\max} \cdot \frac{D}{2} \cdot \frac{1}{2} \cdot B}_{\text{三角形なので}} = E \cdot \frac{D^2 B}{8} \cdot \phi$$
$$(16.24)$$

モーメントのみが作用している時は、断面内に作用する力の和＝0となる（例題58参照）。

$$M = C \cdot \frac{D}{3} + T \cdot \frac{D}{3}$$
$$= 2 \cdot E \cdot \frac{D^2 B}{8} \cdot \phi \cdot \frac{D}{3} = E \cdot \underbrace{\frac{B \cdot D^3}{12}}_{\text{断面2次モーメント}} \cdot \phi$$
$$(16.25)$$

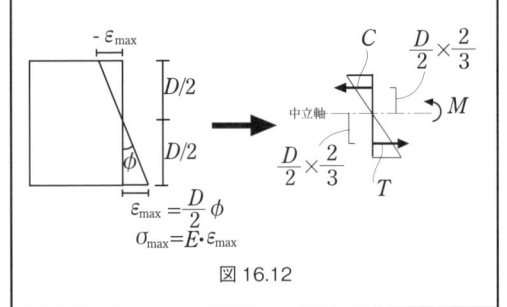

図16.12

例題62

直径 $D\ (=2r)$ の円の直径軸に対する I_x と Z_x を求めよ。

[解]

図16.13のように dA をとれば以下の通りとなる。

$$dA = 2\sqrt{r^2-y^2}\,dy \qquad (16.26\text{-a})$$

$$I_x = \int_{-r}^{r} 2\sqrt{r^2-y^2}\,y^2\,dy \qquad (16.26\text{-b})$$

$y = r\sin\theta$ とおけば

$dy = r\cos\theta\,d\theta$

$$I_x = 2\int_{-\frac{\pi}{2}}^{\frac{\pi}{2}} r^2\sin^2\theta\sqrt{r^2-r^2\sin^2\theta}\,r\cos\theta\,d\theta$$

$$= 2r^4\int_{-\frac{\pi}{2}}^{\frac{\pi}{2}} \sin^2\theta\cos^2\theta\,d\theta$$

$$= \frac{1}{4}r^4\int_{-\frac{\pi}{2}}^{\frac{\pi}{2}} (1-\cos4\theta)\,d\theta$$

$$= \frac{1}{4}r^4\left[\theta - \frac{1}{4}\sin4\theta\right]_{-\frac{\pi}{2}}^{\frac{\pi}{2}}$$

$$= \frac{\pi}{4}r^4 = \frac{1}{64}\pi D^4 \qquad (16.27\text{-a})$$

$$Z_x = \frac{I_x}{r} = \frac{1}{32}\pi D^3 \qquad (16.27\text{-b})$$

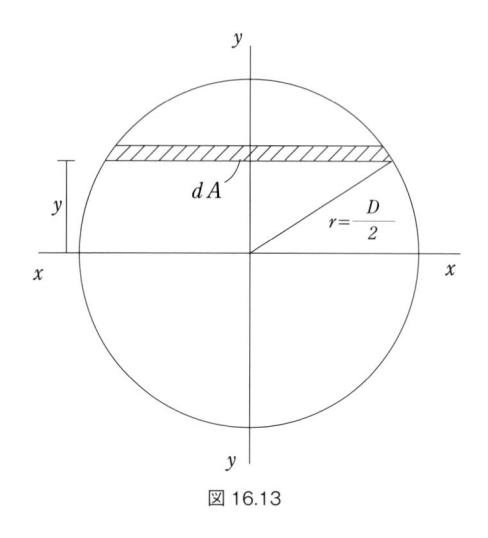

図16.13

復習

$$\sin^2\theta\cos^2\theta = (\sin\theta\cos\theta)^2$$
$$= \left(\frac{1}{2}\sin2\theta\right)^2 = \frac{1}{4}\sin^2 2\theta$$
$$= \frac{1}{4}\left\{\frac{1}{2}(1-\cos4\theta)\right\} = \frac{1}{8}(1-\cos4\theta)$$

例題63

図16.14(a)のようなスギ材の単純ばりの中央に $P = 8$kN の長期集中荷重が作用している。このとき、安全かどうか検定せよ。なお、スギの長期曲げ許容応力度は $8.1\text{N}/\text{mm}^2$ とする。

[解]

曲げモーメントにより図16.14(b)のように中立軸が生じるので $B = 100$mm、$D = 200$mm として式(16.23)より Z を求める。

$$Z = \frac{BD^2}{6} = \frac{100\cdot 200^2}{6} = 666667\text{mm}^3 \qquad (16.28)$$

モーメント図より、M の最大値を求める。なお、モーメント図の求め方は例題21参照。

$$M_{\max} = 6\text{kNm} \qquad (16.29)$$

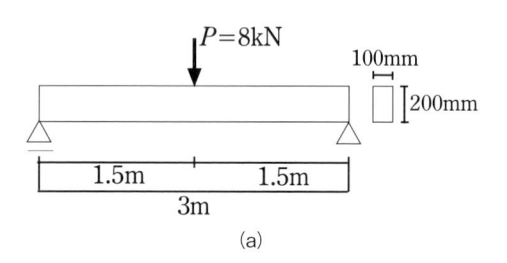

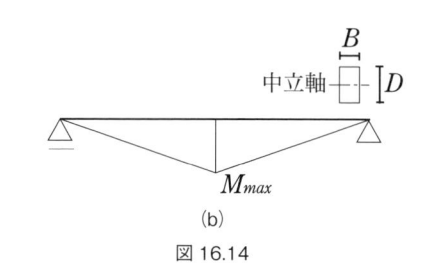

図16.14

縁応力度 σ_{max} の計算

$$\sigma_{max} = \frac{M}{Z} = \frac{6\text{kNm}}{666667\text{mm}^3}$$
$$= \frac{6000000\text{Nmm}}{666667\text{mm}^3} = 9.0\text{N}/\text{mm}^2 > 8.1\text{N}/\text{mm}^2 \qquad (16.30)$$

よって、危険となるため、再度断面を検討する必要がある。

16.5 複数の図形で構成された断面の断面2次モーメントと断面係数の求め方

公式

図16.15の図形のx軸およびy軸に関する断面1次モーメントS_xおよびS_yは次式で示される。

$$S_x = \int_A y dA = A y_0 \qquad (16.31\text{-a})$$

$$S_y = \int_A x dA = A x_0 \qquad (16.31\text{-b})$$

$$A = \int_A dA \qquad (16.32)$$

ただし、

A：図形の断面積

x_0, y_0：図心からそれぞれの座標軸までの距離

（断面1次モーメント＝面積×座標軸からの距離）

従って、S_x、S_yがわかれば、次式から図心（x_0, y_0）が求まる。

$$y_0 = \frac{S_x}{A} = \frac{\int_A y dA}{A} \qquad (16.33\text{-a})$$

$$x_0 = \frac{S_y}{A} = \frac{\int_A x dA}{A} \qquad (16.33\text{-b})$$

複雑な図形では、単純な図形に分けそれぞれについて断面1次モーメントを求めて加えればよい。

$$S_x = A_1 \cdot y_1 + A_2 \cdot y_2 + \cdots = \int_A y dA \qquad (16.34)$$

図16.15の図形のx軸およびy軸に関する断面2次モーメントは次式で定義される。

$$I_x = \int_A y^2 dA \qquad (16.35\text{-a})$$

$$I_y = \int_A x^2 dA \qquad (16.35\text{-b})$$

（断面2次モーメント＝面積×（図心軸からの距離）^{2}）

断面2次モーメントの計算では、座標原点を中立軸位置とする（断面1次モーメントの計算と座標原点が異なることに注意!!）。

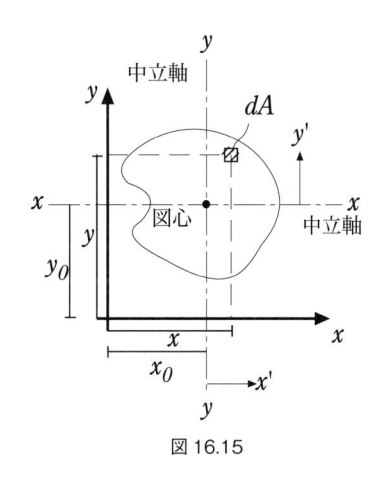

図 16.15

次に図 16.16 に示す中立軸が x-x 軸から a 離れた X-X 軸になるときの図形①による断面 2 次モーメントを導いてみる。

$$\begin{aligned}I_{X①} &= \int_A Y^2 dA = \int_A (y+a)^2 dA \\ &= \int_A (y^2 + 2ya + a^2) dA \\ &= \int_A y^2 dA + 2a\int_A y dA + a^2 \int_A dA \\ &= I_{x①} + a^2 A\end{aligned} \quad (16.36)$$

$\int_A y^2 dA$ は図心軸に関するもので、式 (16.36) で表される。

また、$\int_A y dA = 0$（図心軸を通る断面 1 次モーメント = 0）である。なお、この値は矩形の場合では次式でも求まる。

$$\begin{aligned}I_X &= \int_{a-\frac{h}{2}}^{a+\frac{h}{2}} Y^2 dA = \int_{a-\frac{h}{2}}^{a+\frac{h}{2}} Y^2 b dY \\ &= b\int_{a-\frac{h}{2}}^{a+\frac{h}{2}} Y^2 dY = b\left[\frac{Y^3}{3}\right]_{a-\frac{h}{2}}^{a+\frac{h}{2}} \\ &= \frac{bh^3}{12} + a^2 bh = I_x + a^2 A\end{aligned} \quad (16.37)$$

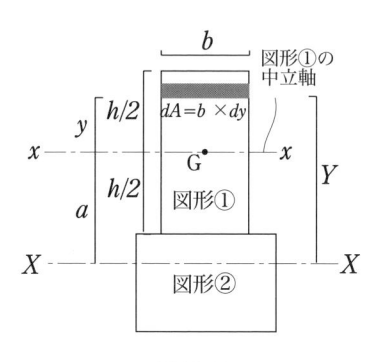

図 16.16

公式：$I_X = I_x + A \cdot a^2$
任意の軸に関する I = 図心軸に関する I + {面積 A × (図心軸からの移動量 a)^2}

中立軸位置 y_0 は以下のように求める。

$$S_x = A_1 \cdot y_1 + A_2 \cdot y_2 \quad (16.38\text{-a})$$
$$A = A_1 + A_2 \quad (16.38\text{-b})$$
$$y_0 = \frac{S_x}{A} \quad (16.38\text{-c})$$

ここで、S_x：断面 1 次モーメント
　　　　A：断面積
　　　　y_0：図心軸位置

従って、図 16.17 のように図形①と図形②で構成された断面の断面 2 次モーメント $I_{x①+②}$ は次式で与えられる。

$$I_{x①+②} = I_{x1} + A_1(y_1 - y_0)^2 + I_{x2} + A_2(y_2 - y_0)^2 \quad (16.39)$$

断面係数は 16.4 節より次式のようになる。

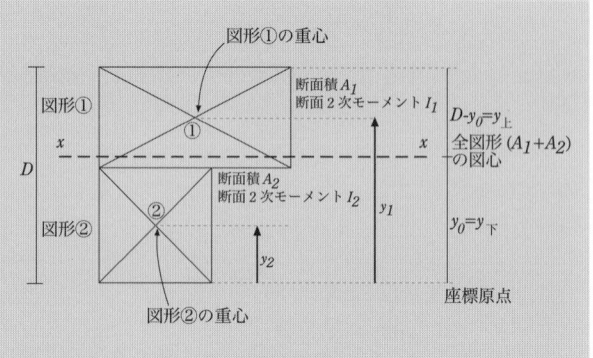

$$Z_{上} = \frac{I_{①+②}}{y_{上}} \quad (16.40\text{-a})$$

$$Z_{下} = \frac{I_{①+②}}{y_{下}} \quad (16.40\text{-b})$$

図 16.17

POINT!
断面係数は、2 つの図形の断面係数を足し合わせて求めることは出来ない。必ず、まず図形全体の断面 2 次モーメントを求めてから式 (16.40) を用いて $Z_{上}$ と $Z_{下}$ を求めること。

コラム

式（16.39）の物理的意味は以下のように説明できる。

図 16.18（a）のような断面の梁にモーメントが作用すると、断面全体が図 16.18（b）の状態 A のように変形して曲げモーメント M_x とつりあっている。その時の状態をそれぞれの図形の図心（中立軸）に対する曲率 ϕ によるモーメント $M_①+M_②$（同図、状態 B）と、それぞれの図形が一様に伸縮するために必要なモーメント $M_③$（同図、状態 C）の和と考える。

状態 A になるためには、状態 B のそれぞれの図形の図心位置を $\varepsilon_1 = (y_1-y_0)\phi$ と $\varepsilon_2 = (y_2-y_0)\phi$ のひずみで変形させることで状態 C になる。そのためには、それぞれの図心の位置に $EA_1\varepsilon_1$ と $EA_2\varepsilon_2$ の力を作用させる必要があり、それらの力の中立軸回りのモーメントは次式で与えられる。

$$M_③ = EA_1\varepsilon_1(y_1-y_0) + EA_2\varepsilon_2(y_2-y_0)$$
$$= EA_1(y_1-y_0)^2\phi + EA_2(y_2-y_0)^2\phi \quad (16.41)$$

よって、状態 A ＝ 状態 B ＋ 状態 C より式（16.41）は式（16.42）となる。

$$M_x = EI_{①+②}\phi$$
$$= \underbrace{EI_1\phi + EI_2\phi}_{\text{状態 B}} + \underbrace{EA_1(y_1-y_0)^2\phi + EA_2(y_2-y_0)^2\phi}_{\text{状態 C}} = E\{I_1+I_2+A_1(y_1-y_0)^2+A_2(y_2-y_0)^2\}\phi \quad (16.42)$$

（注）状態 B は、図形①と図形②の断面のはりを単に重ねた時の応力状態
　　　状態 C は、図形①と図形②の断面のはりを接着して一体化した時の応力状態

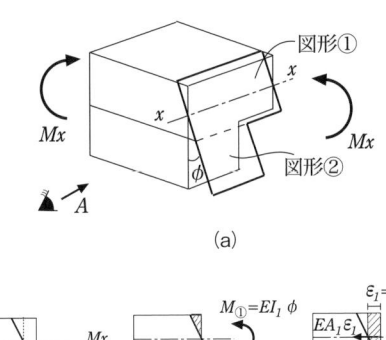

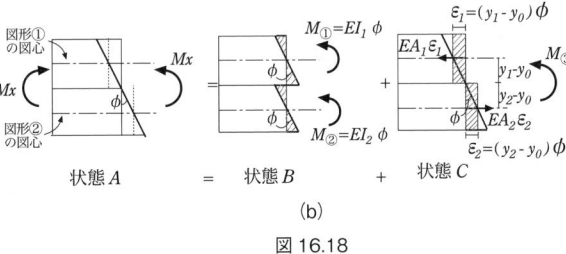

図 16.18

例題64

図16.19に示す長方形のX-X軸に関するI_{x1}を求めよ。

[解]

図心軸x-xに関する断面2次モーメントをI_xとすると、

$$I_{x1} = I_x + (bh)\cdot\left(\frac{h}{2}\right)^2$$
$$= \frac{bh^3}{12} + \frac{bh^3}{4} = \frac{bh^3}{3} \quad (16.43)$$

図16.19

例題65

図16.20(a)に示す梁断面の最大引張応力度と最大圧縮応力度を求めよ。

[解]

まず、図心位置y_0を求める。

$$y_0 = \frac{\sum S_x}{\sum A} = \frac{\overbrace{150\cdot 250\cdot\frac{250}{2}}^{①} + \overbrace{400\cdot 150\cdot\left(250+\frac{150}{2}\right)}^{②}}{\underbrace{150\cdot 250}_{①} + \underbrace{400\cdot 150}_{②}} = 248\text{mm}$$

$$(16.44)$$

x-x軸に関する断面2次モーメントを求める。

$$I = \left[\frac{150\cdot 250^3}{12} + 150\cdot 250\cdot 123^2\right] + \left[\frac{400\cdot 150^3}{12} + 400\cdot 150\cdot 77^2\right]$$
$$= 1.231\times 10^9 \text{mm}^4 \quad (16.45)$$

例題21を参考に、最大モーメントを求める(M図は図16.20(b))。

$$M = 125\text{kNm} \quad (16.46)$$

従って、M図より上側が圧縮、下側が引張となるので

$$\sigma_c = \frac{M}{Z_\text{上}} = \frac{M}{(I/y_c)}$$
$$= \frac{125\cdot 10^6}{1.231\cdot 10^9}\cdot 152 = 15.4\text{N}/\text{mm}^2 \quad (16.47\text{-a})$$

$$\sigma_t = \frac{M}{Z_\text{下}} = \frac{M}{(I/y_t)}$$
$$= \frac{125\cdot 10^6}{1.231\cdot 10^9}\cdot 248 = 25.2\text{N}\ \text{mm}^2 \quad (16.47\text{-b})$$

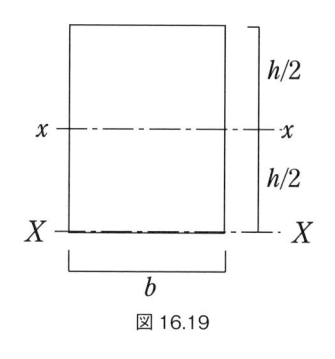

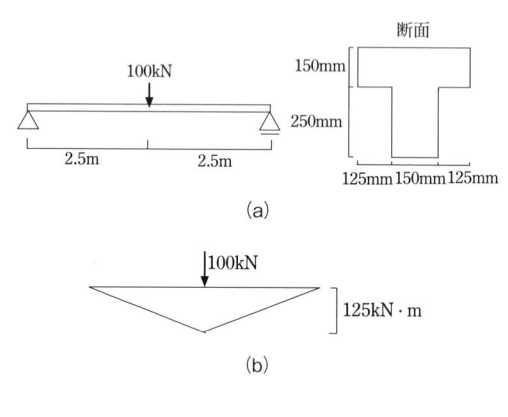

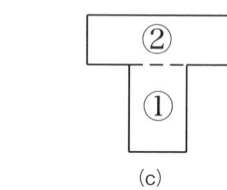

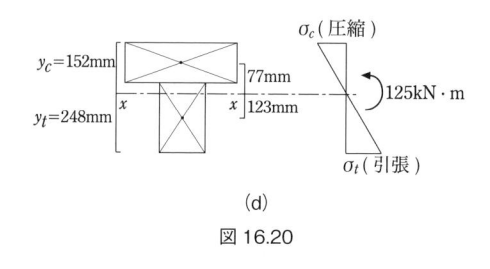

図16.20

例題 66

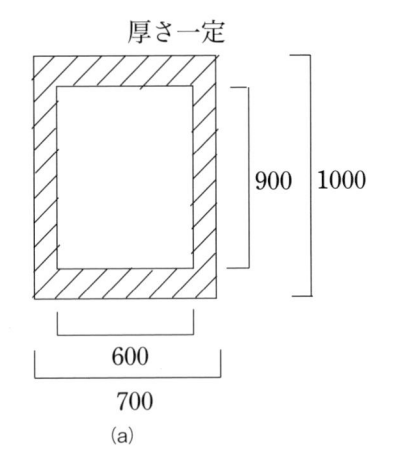

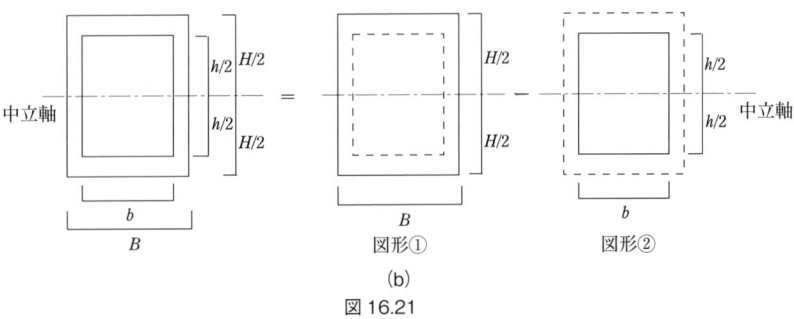

図 16.21（a）に示したパイプの断面2次モーメント I、断面係数 Z を求めよ。

［解］

図 16.21（a）に示す断面は上下対称形なので、中立軸は断面の中心を通り、かつ、図形①と図形②の図心と一致する。したがって、中空断面の断面2次モーメント I は式（16.48）のようになる。

$$I = \underbrace{\left(\frac{B \cdot H^3}{12} + B \cdot H \cdot a^2\right)}_{\text{図形①の中立軸に対する}I} - \underbrace{\left(\frac{b \cdot h^3}{12} + b \cdot h \cdot a^2\right)}_{\text{図形②の中立軸に対する}I} \quad (16.48)$$

式（16.48）に図 16.21（a）に示した数値を代入すると次式となる。

$$I = \left(\frac{700 \cdot 1000^3}{12} + 700 \cdot 1000 \cdot 0^2\right) - \left(\frac{600 \cdot 900^3}{12} + 600 \cdot 900 \cdot 0^2\right)$$

図心と中立軸が一致するので $a = 0$

$$= 58333333333 - 36450000000$$
$$= 21883333333 \text{mm}^4 \quad (16.49)$$

$$Z = \frac{I}{\frac{H}{2}} = \frac{21883333333}{500} = 43766667 \text{mm}^3 \quad (16.50)$$

したがって、H形鋼やパイプなど<u>軸対象な断面の断面2次モーメントは、全体の図形と不要な図形の図心軸が一致する場合</u>は、全体の図形の断面2次モーメントから不要な図形の断面2次モーメントを差し引くことにより求めることができる。

図 16.21

例題 67

図 16.22 (a) に示す断面の断面 2 次モーメント I、断面係数 Z を求めよ。

[解]

図 16.22 (b) のように、もとの断面の中立軸（x-x 軸）と各図形の図心が一致するように分割した場合は、断面 2 次モーメントは図 16.22 (b) のように差し引き計算にて求めることができる。

$$I = \underbrace{\frac{6 \cdot 10^3}{12}}_{\text{図形①の }I} - 2 \cdot \underbrace{\frac{2 \cdot 6^3}{12}}_{\text{図形②の }I} = 428 \text{cm}^4 \quad (16.51\text{-a})$$

$$Z = \frac{428}{5} = 85.6 \text{cm}^3 \quad (16.51\text{-b})$$

図 16.22 (c) のように、図形③と③'及び④に分割した場合は、それぞれの図形ともとの断面の中立軸（x-x 軸）が一致しないので、図形③と③'については、$I_X = I_x + A \cdot a^2$ の公式を用いること。

$$I = 2 \cdot \left(\underbrace{\frac{6 \cdot 2^3}{12}}_{\text{図形③または③'の }I} + \underbrace{6 \cdot 2}_{\text{図形③または③'の }A} \times \underbrace{4^2}_{a} \right) + \underbrace{\frac{2 \cdot 6^3}{12}}_{\text{図形④の }I} = 428 \text{cm}^4 \quad (16.52)$$

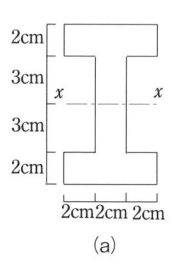

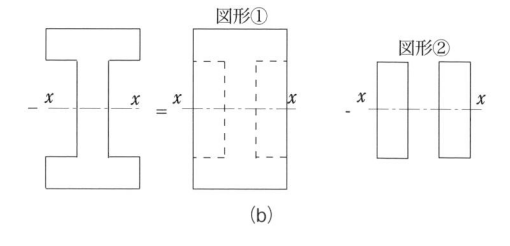

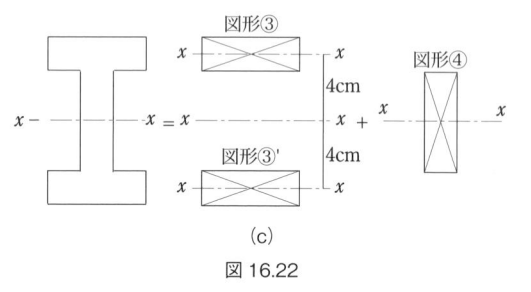

図 16.22

POINT!

薄肉断面の断面係数の計算では、断面 2 次モーメント計算のように、差し引き計算はできない！（図 16.23）

必ず、断面 2 次モーメント I を求めたのち、式 (16.53) によって求めること。

$$Z = \frac{I}{\frac{H}{2}} = \left(\frac{BH^3 - bh^3}{12} \right) \div \frac{H}{2} = \frac{BH^3 - bh^3}{6H} \quad (16.53)$$

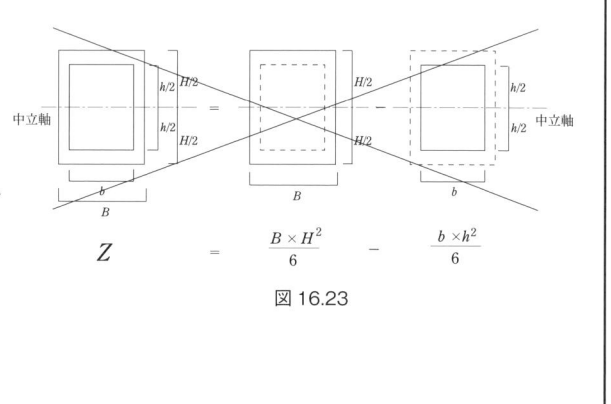

$$Z \quad \cancel{= \quad \frac{B \times H^2}{6} - \frac{b \times h^2}{6}}$$

図 16.23

表 16.1 各種断面形状の断面の諸定数

断面	断面積 $A(\text{mm}^2)$	図心軸より縁までの距離 $y(\text{mm})$	断面2次モーメント $I(\text{mm}^4)$	断面係数 $Z(\text{mm}^3)$	断面2次半径 $i(\text{mm})$
長方形	bh	$\dfrac{h}{2}$	$\dfrac{bh^3}{12}$	$\dfrac{bh^2}{6}$	$\dfrac{h}{\sqrt{12}}=0.289h$
長方形(下端)	bh	h	$\dfrac{bh^3}{3}$	$\dfrac{bh^2}{3}$	$\dfrac{h}{\sqrt{3}}=0.577h$
中空長方形	$BH-bh$	$\dfrac{H}{2}$	$\dfrac{1}{12}(BH^3-bh^3)$	$\dfrac{1}{6H}(BH^3-bh^3)$	$\sqrt{\dfrac{BH^3-bh^3}{12(BH-bh)}}$
菱形	h^2	$\dfrac{h}{\sqrt{2}}$	$\dfrac{h^4}{12}$	$\dfrac{h^3}{6\sqrt{2}}=0.118h^3$	$\dfrac{h}{\sqrt{12}}=0.289h$
三角形	$\dfrac{bh}{2}$	$y_1=\dfrac{2h}{3}$ $y_2=\dfrac{h}{3}$	$\dfrac{bh^3}{36}$	$Z_1=\dfrac{bh^2}{24}$ $Z_2=\dfrac{bh^2}{12}$	$\dfrac{h}{\sqrt{18}}=0.236h$
台形	$\dfrac{(a+b)h}{2}$	$y_1=\dfrac{h}{3}\cdot\dfrac{2a+b}{a+b}$ $y_2=\dfrac{h}{3}\cdot\dfrac{a+2b}{a+b}$	$\dfrac{a^2+4ab+b^2}{36(a+b)}h^3$	$Z_1=\dfrac{a^2+4ab+b^2}{12(2a+b)}h^2$ $Z_2=\dfrac{a^2+4ab+b^2}{12(a+2b)}h^2$	$\dfrac{h\sqrt{2(a^2+4ab+b^2)}}{6(a+b)}$
円形	$\dfrac{\pi D^2}{4}$	$\dfrac{D}{2}$	$\dfrac{\pi D^4}{64}$	$\dfrac{\pi D^3}{32}$	$\dfrac{D}{4}$
中空円形	$\dfrac{\pi}{4}(D^2-d^2)$	$\dfrac{D}{2}$	$\dfrac{\pi}{64}(D^4-d^4)$	$\dfrac{\pi}{32}\cdot\dfrac{D^4-d^4}{D}$	$\dfrac{\sqrt{D^2+d^2}}{4}$

POINT!

中立軸に平行な方向の断面の長さを断面の幅 b、中立軸に垂直な方向の断面の長さを断面のせい h とする。

16.6 軸力と曲げモーメントが同時に作用する断面の応力度

柱のように軸力とXとY方向の曲げモーメントが同時に作用する断面の垂直応力度は以下のようにして求める。

図16.24のように軸力Nが断面の図心に作用すると、同図（a）のように断面内に軸力による一様な垂直応力度が生じる。曲げモーメントM_x、M_yが作用すると、同図（b）（c）のようにM_x、M_y毎に断面内に曲げによる垂直応力度が発生する。それらの垂直応力度の和が断面内に生じる垂直応力度となる。

断面の図心（中立軸x-x'と中立軸y-y'の交点）に軸力N（引張力）が作用すると、断面全体に一様に軸力による垂直応力度σ_Nが式（16.54-a）のように生じる。

$$\sigma_N = \frac{N}{A} \quad (16.54\text{-a})$$

ここで、Aは断面積

中立軸x-x'まわりに作用するモーメントM_x、断面2次モーメントをI_xとすると、中立軸x-x'よりy離れた位置の曲げによる垂直応力度$\sigma_{(y)}$の大きさは、式（16.21）を書き換えた式（16.54-b）で求まる。

$$\sigma_{(y)} = \frac{M_x \cdot y}{I_x} = \frac{M_x}{\dfrac{I_x}{y}} \quad (16.54\text{-b})$$

同様に、中立軸y-y'まわりに作用するモーメントM_y、断面2次モーメントをI_yとすると、中立軸y-y'よりx離れた位置の曲げによる垂直応力度$\sigma_{(x)}$は式（16.54-c）で求まる。

$$\sigma_{(x)} = \frac{M_y \cdot x}{I_y} = \frac{M_y}{\dfrac{I_y}{x}} \quad (16.54\text{-c})$$

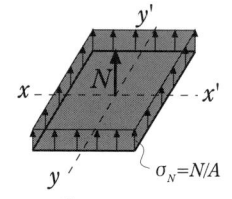

（a） Nのみが作用するとき　$\sigma_N = N/A$

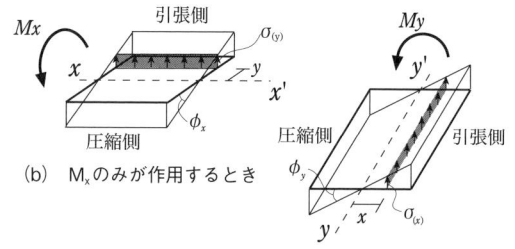

（b） M_xのみが作用するとき

（c） M_yのみが作用するとき
（太線は断面の外形を、細線は応力分布を表す）

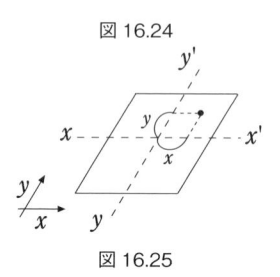

図16.24

図16.25

POINT!

式（16.54-b）～式（16.54-c）中において、M_x、y、M_y、xの値を絶対値としての$\sigma_{(y)}$、$\sigma_{(x)}$をそれぞれ計算して、モーメントの作用方向を考えて（図16.24（b）（c）における引張側）、各垂直応力度（$\sigma_{(y)}$、$\sigma_{(x)}$、σ_N）に対して、**引張が正となるように符号をつける。**

曲げによる垂直応力度は三角形分布となり、中立軸x-x'からの距離に比例するので、中立軸x-x'からy離れた位置での垂直応力度$\sigma_{(y)}$は、図16.26のように三角形の相似より求めることもできる。

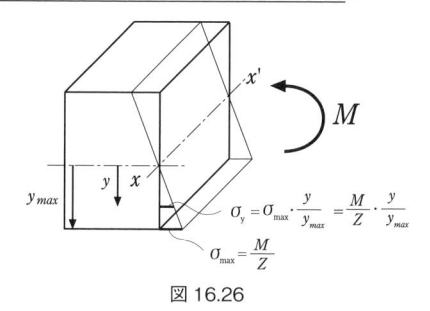

$$\sigma_y = \sigma_{max} \cdot \frac{y}{y_{max}} = \frac{M}{Z} \cdot \frac{y}{y_{max}}$$

$$\sigma_{max} = \frac{M}{Z}$$

図16.26

一般に、M_x、M_y、N が同時に作用したとき、図 16.25 のように座標軸を中立軸 x-x' と中立軸 y-y' とした断面内の任意の点 (x, y) の垂直応力度は、**圧縮をマイナス（−）引張をプラス（＋）**として足し合わせることにより、式 (16.55) のように求まる。

$$\sigma_{(x,y)} = \sigma_{(y)} + \sigma_{(x)} + \sigma_N = \dfrac{M_x}{\dfrac{I_x}{y}} + \dfrac{M_y}{\dfrac{I_y}{x}} + \dfrac{N}{A}$$

$$= \dfrac{M_x}{Z_x} \cdot \dfrac{y}{y_{\max}} + \dfrac{M_y}{Z_y} \cdot \dfrac{x}{x_{\max}} + \dfrac{N}{A} \quad (16.55)$$

ここで、 $Z_x = \dfrac{I_x}{y_{\max}}$ 、 $Z_y = \dfrac{I_y}{x_{\max}}$

(a) 軸力と曲げモーメント（M_x, M_y）が同時に作用する場合

(b) 軸力のみが作用する場合
$\sigma_{AN} = \sigma_{BN} = \sigma_{CN} = \sigma_{DN} = -\dfrac{N}{A}$ （圧縮）

今、図 16.27 の様に断面に圧縮軸力と曲げモーメント（M_x, M_y）が作用する状態を考える。

曲げ応力度は図 16.27 より、断面の最外縁でそれぞれ最大値となる。そこで、最外縁までの各距離を y_1、y_2、x_1、x_2 として式 (16.55) に代入すると、式 (16.56) が得られる。

$\sigma_a = \sigma_{aN} + \sigma_{aM_x} + \sigma_{aM_y} = -\dfrac{N}{A} - \dfrac{M_x}{Z_{ab}} + \dfrac{M_y}{Z_{ac}}$ (16.56-a)

$\sigma_b = \sigma_{bN} + \sigma_{bM_x} + \sigma_{bM_y} = -\dfrac{N}{A} - \dfrac{M_x}{Z_{ab}} - \dfrac{M_y}{Z_{bd}}$ (16.56-b)

$\sigma_c = \sigma_{cN} + \sigma_{cM_x} + \sigma_{cM_y} = -\dfrac{N}{A} + \dfrac{M_x}{Z_{cd}} + \dfrac{M_y}{Z_{ac}}$ (16.56-c)

$\sigma_d = \sigma_{dN} + \sigma_{dM_x} + \sigma_{dM_y} = -\dfrac{N}{A} + \dfrac{M_x}{Z_{cd}} - \dfrac{M_y}{Z_{bd}}$ (16.56-d)

ここで、 $Z_{ab} = \dfrac{I_x}{y_1}$, $Z_{cd} = \dfrac{I_x}{y_2}$

$Z_{ac} = \dfrac{I_y}{x_1}$, $Z_{bd} = \dfrac{I_y}{x_2}$

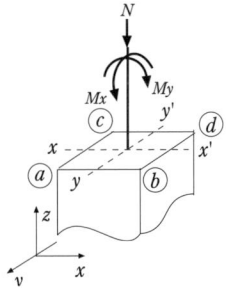

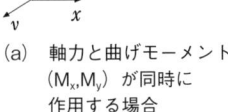

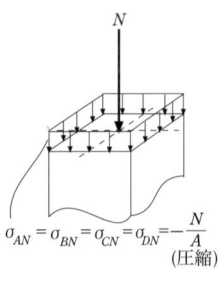

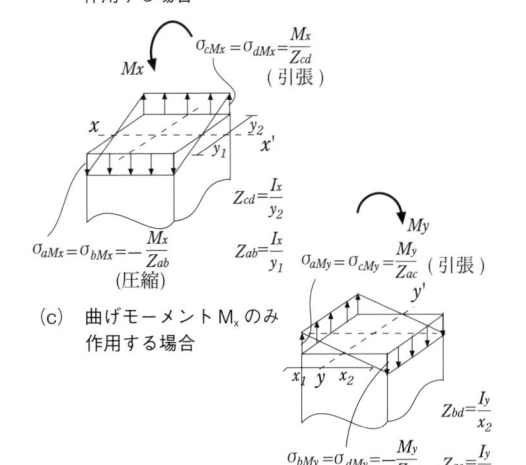

(c) 曲げモーメント M_x のみ作用する場合
$\sigma_{aMx} = \sigma_{bMx} = -\dfrac{M_x}{Z_{ab}}$ （圧縮）
$\sigma_{cMx} = \sigma_{dMx} = \dfrac{M_x}{Z_{cd}}$ （引張）
$Z_{cd} = \dfrac{I_x}{y_2}$, $Z_{ab} = \dfrac{I_x}{y_1}$

(d) 曲げモーメント M_y のみ作用する場合
$\sigma_{aMy} = \sigma_{cMy} = \dfrac{M_y}{Z_{ac}}$ （引張）
$\sigma_{bMy} = \sigma_{dMy} = -\dfrac{M_y}{Z_{bd}}$ （圧縮）
$Z_{bd} = \dfrac{I_y}{x_2}$, $Z_{ac} = \dfrac{I_y}{x_1}$

I_x は x-x' 軸まわりの断面2次モーメント
I_y は y-y' 軸まわりの断面2次モーメント

(注) 柱には、通常建物自重による圧縮力が作用する。よってここでは圧縮軸力が作用する場合で説明している。

図 16.27

コラム

中立軸（図心）とは、図 16.4 のように断面をバネでモデル化したときの回転中心（剛心）である。

σ_c と σ_t について

σ の添え字 c と t は <u>C</u>OMPRESSION（圧縮）と <u>T</u>ENSION（引張）を表す。従って、断面に作用するモーメントの向きにより σ_c と σ_t は異なる。

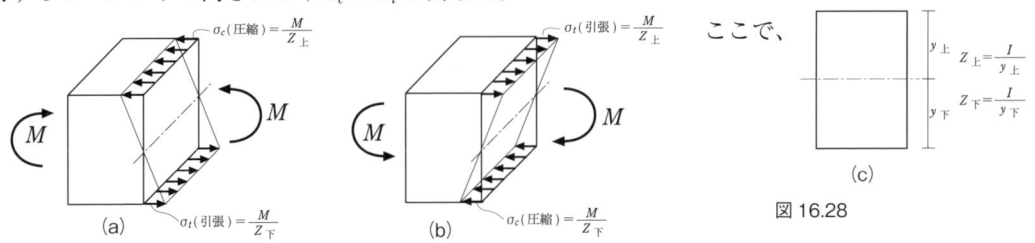

(a) σ_c（圧縮）$= \dfrac{M}{Z_上}$, σ_t（引張）$= \dfrac{M}{Z_下}$

(b) σ_t（引張）$= \dfrac{M}{Z_上}$, σ_c（圧縮）$= \dfrac{M}{Z_下}$

ここで、 $Z_上 = \dfrac{I}{y_上}$, $Z_下 = \dfrac{I}{y_下}$

(c)

図 16.28

> **重要！ POINT！**
>
> 軸力は図心に作用したときのみ、断面に一応な応力度 $\sigma = N/A$ が生じる（15章まとめ参照）。軸力の作用点が図16.29のように図心からずれている場合は図心から作用点までの距離に応じた曲げモーメントが生じる（例題59参照）。このように、図心からずれて作用する軸力を偏心軸力とよぶ。
>
> 図16.29

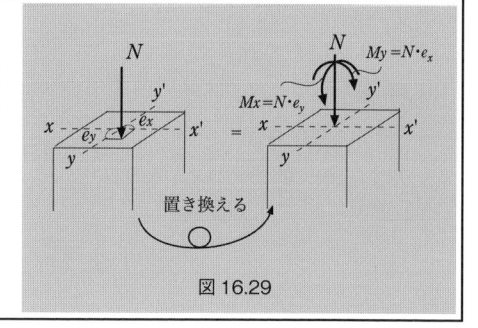

例題68

図16.30（a）、（b）に示す柱のA-B断面における応力分布と縁応力度を求めよ。

[解]

柱の断面より断面積 A と断面係数 Z を求める。

$$A = 60 \cdot 100 = 6000 \text{cm}^2 \qquad (16.57\text{-a})$$

$$Z = \frac{60 \cdot 100^2}{6} = 100000 \text{cm}^3 \qquad (16.57\text{-b})$$

図16.30（a）のA-B断面に作用する応力度は、図16.30（c）のように圧縮力 N、曲げモーメント M ごとに計算する。

圧縮応力度 σ_N

$$\sigma_N = \frac{360\text{kN}}{6000\text{cm}^2} = \frac{360000\text{N}}{6000\text{cm}^2} = 60\text{N}/\text{cm}^2 \qquad (16.58\text{-a})$$

曲げ応力度 σ_M

$$\sigma_M = \frac{40\text{kNm}}{100000\text{cm}^3} = \frac{4000000\text{Ncm}}{100000\text{cm}^3} = 40\text{N}/\text{cm}^2 \quad (16.58\text{-b})$$

そして、求めるべき応力分布は図16.30（d）のように引張・圧縮の符号を考慮してそれぞれの応力度分布図を足し合わせによって求める。

次に図16.30（b）のA-B断面の圧縮力 N、曲げモーメント M は図16.30（e）のようになる。

圧縮応力度 σ_N

$$\sigma_N = \frac{180\text{kN}}{6000\text{cm}^2} = \frac{180000\text{N}}{6000\text{cm}^2} = 30\text{N}/\text{cm}^2 \qquad (16.59\text{-a})$$

曲げ応力度 σ_M

$$\sigma_M = \frac{90\text{kNm}}{100000\text{cm}^3} = \frac{9000000\text{Ncm}}{100000\text{cm}^3} = 90\text{N}/\text{cm}^2 \quad (16.59\text{-b})$$

求めるべき応力分布は図16.30（f）のように引張・圧縮の符号を考慮してそれぞれの応力度分布図を足し合わせにより求める。

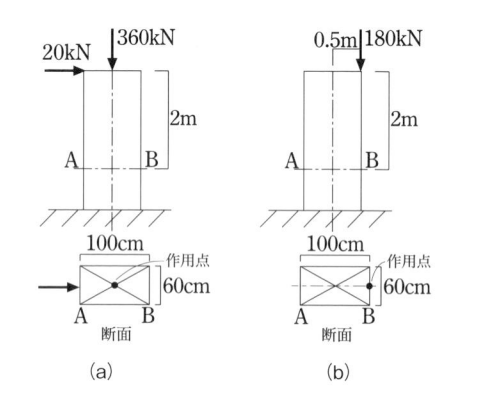

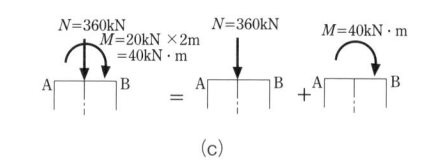

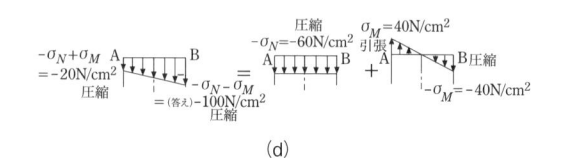

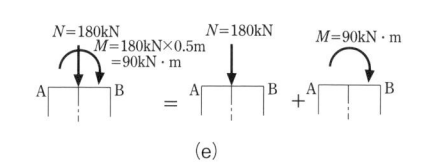

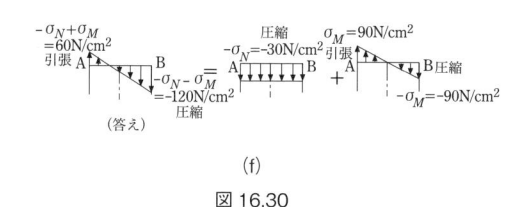

図16.30

コラム

曲げ応力度 σ_M ＞ 圧縮応力度 σ_N の場合

曲げ応力度が圧縮応力度を上回っていると、図16.31（a）のように柱の片側に引張りが生じる。

圧縮応力度 σ_N ＞ 曲げ応力度 σ_M の場合

圧縮応力度が曲げ応力度を上回っていると、図16.31（b）のように**全面圧縮**になる。

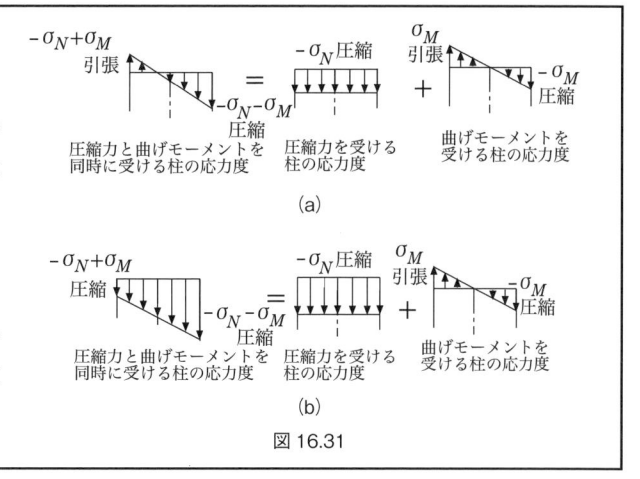

図 16.31

例題 69

図 16.32（a）、に示すラーメンの柱 A-B の上から 1m の位置の縁応力度を求めよ。また、断面内の G 点の応力度も求めよ。

[解]

ラーメンの応力図は、例題 29 に従って求める。

柱 AB の軸力は 16kN（引張）上から 1m の位置のモーメントは式（6.9-c）で $y = 3m$ を代入して

$$M_{y=3m} = -60\text{kN} \times \text{m} \quad (16.60)$$

柱の断面、断面2次モーメント、断面係数を求める。

柱 AB の軸力は 16kN（引張）となるため、軸力による応力度の符号は＋となる。

$$A = 400 \cdot 300 - 380 \cdot 280 = 1.36 \cdot 10^4 \text{mm}^2 \quad (16.61\text{-a})$$

$$I = \frac{300 \cdot 400^3}{12} - \frac{280 \cdot 380^3}{12} = 3.197 \cdot 10^8 \text{mm}^4 \quad (16.61\text{-b})$$

$$Z = \frac{3.197 \cdot 10^8}{200} = 1.599 \cdot 10^6 \text{mm}^3 \quad (16.61\text{-c})$$

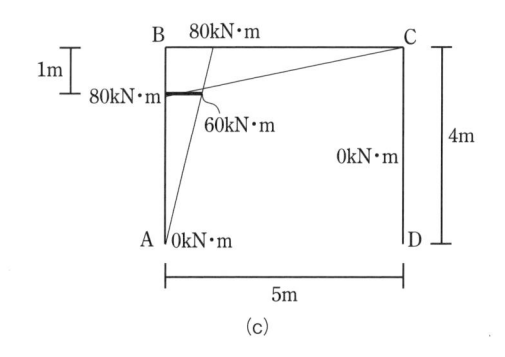

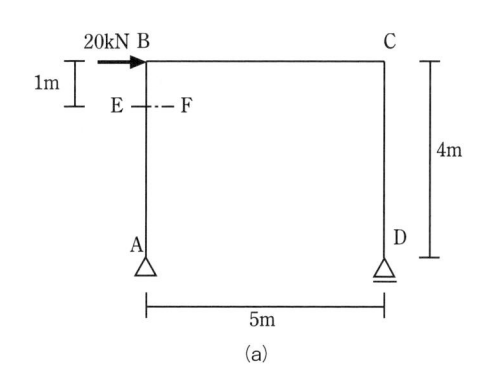

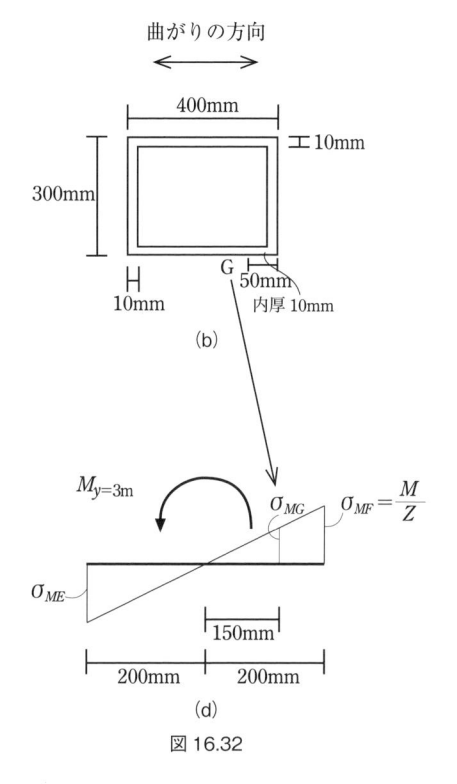

図 16.32

曲げモーメントによる応力度は、曲げモーメントの向きを考えて、E・F 側の引張又は圧縮を判定して符号を付ける。

$$\sigma_N = \frac{16 \cdot 10^3}{1.36 \cdot 10^4} = 1.18 \text{N/mm}^2 \quad (16.62\text{-a})$$

$$\sigma_{ME} = -\frac{6.0 \cdot 10^7}{1.599 \cdot 10^6} = -37.52 \text{N/mm}^2 \text{（圧縮）} \quad (16.62\text{-b})$$

$$\sigma_{MF} = +\frac{6.0 \cdot 10^7}{1.599 \cdot 10^6} = +37.52 \text{N/mm}^2 \text{（引張）} \quad (16.62\text{-c})$$

従って、縁応力度は以下のようになる。

$$\sigma_E = \sigma_N + \sigma_{ME} = 1.18 - 37.52 = -36.34 \text{N/mm}^2 \text{（圧縮）}$$
$$(16.63\text{-a})$$

$$\sigma_F = \sigma_N + \sigma_{MF} = 1.18 + 37.52 = 38.70 \text{N/mm}^2 \text{（引張）}$$
$$(16.63\text{-b})$$

断面内の G 点の曲げモーメントによる応力度は図 16.26 より以下のようになる。

$$\sigma_{MG} = +\sigma_{MF} \cdot \frac{(200-50)}{200} = 37.52 \cdot \frac{150}{200} = +28.14 \text{N/mm}^2 \text{（引張）}$$
$$(16.64\text{-a})$$

$$\sigma_G = 1.18 + 28.14 = 29.32 \text{N/mm}^2 \text{（引張）} \quad (16.64\text{-b})$$

16.7 断面の核

基礎においた柱に圧縮偏心軸力が作用するとき、軸力と曲げモーメントにより生じる縁応力度が引張となる場合は、基礎に引張力が伝達する仕組み（例えば、鉄筋コンクリート造の柱では鉄筋で柱と基礎を繋ぐ、鉄骨の柱ではアンカーボルトで基礎に固定する）で緊結しないと柱は転倒する。柱の断面内に引張力が生じない場合は、柱と基礎の緊結がなくても柱は転倒しない。そこで、柱断面内に引張応力が生じないような全面圧縮となる限界の偏心圧縮力の作用位置の範囲を求める。

図 16.34 に示すように、圧縮力が断面の図心から e はずれた位置（K 点）に偏心荷重が作用した場合を考える。偏心荷重 P をモーメント $P \cdot e$ と断面の図心に作用する軸力 P に分解することにより、縁応力度 σ は次式で与えられる。

$$\sigma = \pm \frac{P}{A} \pm \frac{P \cdot e}{Z_y} \quad (16.65)$$

POINT!
通常は、軸力は断面の図心に作用すると考える。

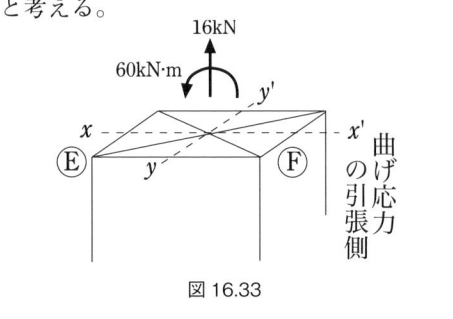

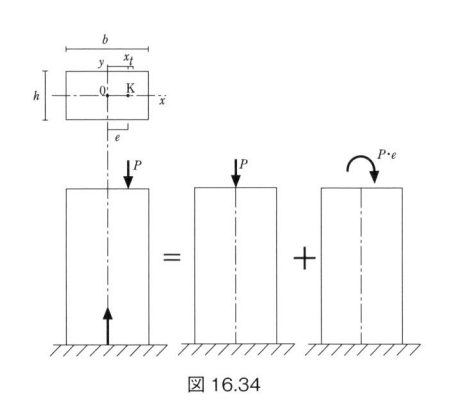

図 16.33

図 16.34

Pとして圧縮力のみを考えると引張縁応力度 σ_t は次式で与えられる。

$$\sigma_t = -\frac{P}{A} + \frac{P \cdot e}{Z_y} \tag{16.66}$$

この引張縁応力度 σ_t が0または負、すなわち断面内に引張応力度が生じない偏心距離 e の条件は、式（16.66）より式（16.67）で与えられる。

$$\frac{P}{A} \geq \frac{P \cdot e}{Z_y}$$
$$e \leq \frac{Z_y}{A} \tag{16.67}$$

以上は、図16.35（a）の断面の x 軸上で e だけ偏心している場合についての説明である。一般的には図16.35（a）のように断面の任意の位置（偏心距離 e_x、e_y）に荷重が作用するが、この場合、断面内に引張力が生じないための e_x と e_y の限度の範囲を**断面の核**とよぶ。

図16.35（b）の長方形断面について核の限界を求めてみよう。任意の偏心荷重点Kの座標を e_x および e_y とすると、引張縁応力度が最大となる点の縁応力度は次式で与えられる。

$$\sigma_t = -\frac{P}{A} + \frac{P \cdot e_y}{Z_x} + \frac{P \cdot e_x}{Z_y} \tag{16.68}$$

従って

$$\sigma_t = -\frac{P}{bh} + \frac{P \cdot e_y}{\frac{bh^2}{6}} + \frac{P \cdot e_x}{\frac{hb^2}{6}}$$
$$= -\frac{P}{bh}\left(1 - \frac{6e_y}{h} - \frac{6e_x}{b}\right) \tag{16.69}$$

$\sigma_t = 0$ になるような軌跡（e_x、e_y）が求める境界線である。従って次式が得られる。

$$1 - \frac{6e_y}{h} - \frac{6e_x}{b} = 0$$
$$\therefore \frac{6e_y}{h} + \frac{6e_x}{b} = 1 \tag{16.70}$$

この式は第1象限の式であるが、他の象限も同様に考えられ、図16.35（b）の斜線部分が求める核となる。

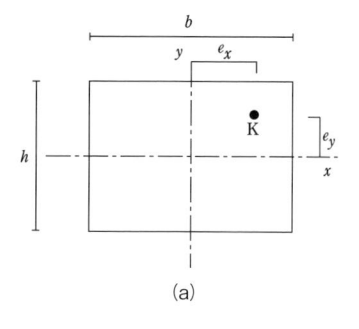

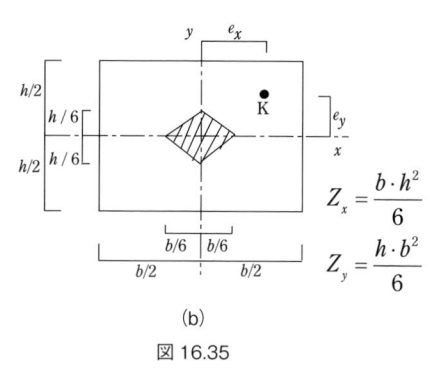

$$Z_x = \frac{b \cdot h^2}{6}$$
$$Z_y = \frac{h \cdot b^2}{6}$$

図 16.35

したがって、圧縮力 P の作用する位置により断面内に生じる垂直応力度の分布は図 16.36 のように異なる。P が断面の核の境界に作用するときは、偏心モーメントにより引張側となる縁では、縁応力度 $= 0$ となる。

例題 70

図 16.37（a）の H 形鋼断面の核を求めよ。

[解]

はじめに、H 形鋼の断面積、断面 2 次モーメント及び断面係数を求めると以下の通りとなる。

$$A = (200 \cdot 200) - 2 \cdot (94 \cdot 184) = 5408 \text{mm}^2 \quad (16.71\text{-a})$$

$$I_x = \frac{200 \cdot 200^3}{12} - \frac{188 \cdot 184^3}{12} = 3.57 \cdot 10^7 \text{mm}^4 \quad (16.71\text{-b})$$

$$I_y = 2 \cdot \frac{8 \cdot 200^3}{12} + \frac{184 \cdot 12^3}{12} = 1.07 \cdot 10^7 \text{mm}^4 \quad (16.71\text{-c})$$

$$Z_x = \frac{3.57 \cdot 10^7}{100} = 3.57 \cdot 10^5 \text{mm}^3 \quad (16.71\text{-d})$$

$$Z_y = \frac{1.07 \cdot 10^7}{100} = 1.07 \cdot 10^5 \text{mm}^3 \quad (16.71\text{-e})$$

$$\sigma_t = -\frac{P}{A} + \frac{P \cdot e_y}{Z_x} + \frac{P \cdot e_x}{Z_y}$$

$$= -\frac{P}{5408} + \frac{P \cdot e_y}{3.57 \cdot 10^5} + \frac{P \cdot e_x}{1.07 \cdot 10^5} \quad (16.72)$$

ここで、P：圧縮力とする

従って、境界線は式（16.72）で $\sigma_t = 0$ とすることにより式（16.73）が得られ、核は図 16.37（b）の斜線部分となる。

$$\frac{e_y}{3.57 \cdot 10^5} + \frac{e_x}{1.07 \cdot 10^5} = \frac{1}{5408} \quad (16.73)$$

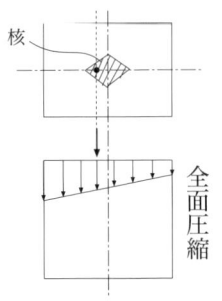

$e_x = 0$ のとき $e_y = 66.0\text{mm}$、$e_y = 0$ のとき $e_x = 19.8\text{mm}$

(a) P が核の内部に作用するとき

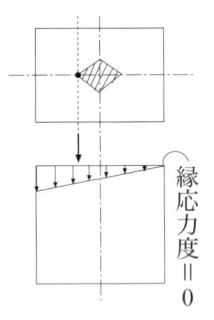

(b) P が核の境界に作用するとき

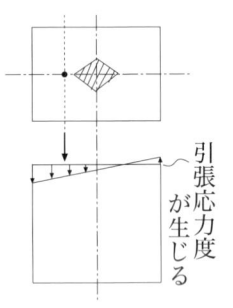

(c) P が核の外に作用するとき

図 16.36

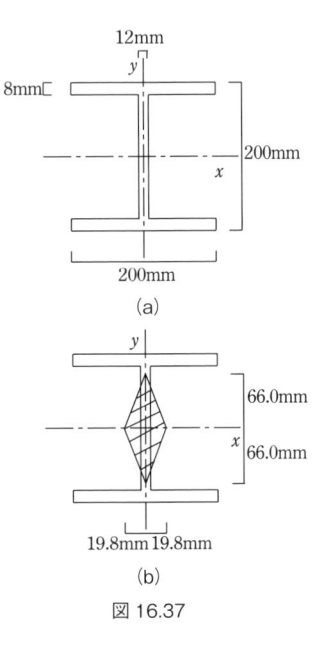

図 16.37

第17章　曲げモーメントとせん断力が作用する断面の応力度

17.1 曲げモーメントとせん断力が作用する断面のせん断応力度

2枚の板を重ねた状態の梁に荷重を作用させると、図17.1（a）のように曲がり、板の重ね合わせ面でずれが生ずる。重ね合わせた面を接着すると、2枚の板は図17.1（b）のように1枚の板として曲がる。2枚の板がずれないように接着面に平行に作用する力がせん断応力度 τ（タウ）であり、図17.1（c）のように生じている。曲げモーメントの作用する梁に生ずるせん断応力度 τ は、曲げモーメントの影響を受け、軸力 N による垂直応力度 $\sigma = N/A$（A：断面積）のように断面に均等に分布していない。

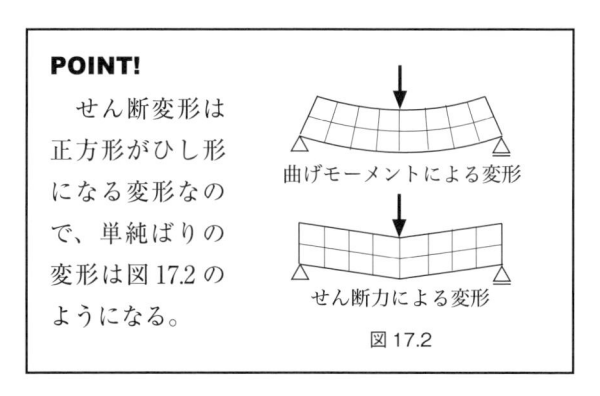

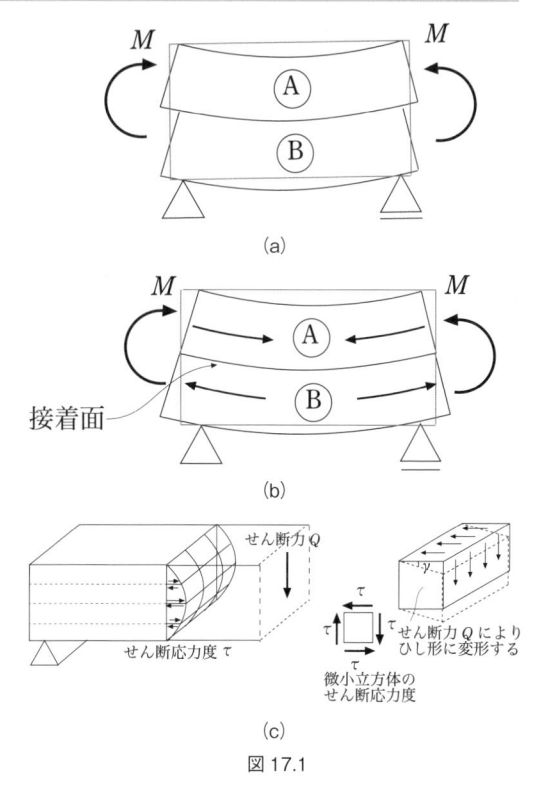

POINT!
せん断変形は正方形がひし形になる変形なので、単純ばりの変形は図17.2のようになる。

図17.2

図17.1

そこで、断面内のせん断応力度 τ の分布を求める公式の誘導を以下に示す。

せん断力 Q は曲げモーメント M の材軸方向の変化率であるから、せん断力の作用している長さ dx の微小部分では、図17.3（a）のように断面①よりも断面②の方が dM だけ大きな曲げモーメントが作用している。

曲げモーメントにより断面内の中立軸位置から y の位置に生じる垂直応力度 σ は式（17.1）で表される。

$$\sigma = \frac{M}{\left(\dfrac{I}{y}\right)} \tag{17.1}$$

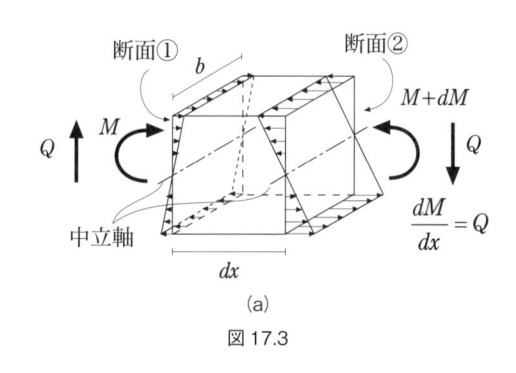

図17.3

図17.3 (b) のように中立軸から y 離れた水平断面より下側の部分を考えると、微小部分の左右に作用する垂直応力度の合力 N_1 及び N_2 は式（17.2-a）と式（17.2-b）で与えられる。

$$N_1 = \int_y^{y_t} \sigma dA \tag{17.2-a}$$

$$N_2 = \int_y^{y_t} (\sigma + d\sigma) dA \tag{17.2-b}$$

中立軸から y 離れた水平断面には、せん断応力度 τ が働くものとすると、図17.3 (c) のように水平断面より下側のみの力のつりあいより式（17.3）が得られる。

$$N_2 - N_1 - \tau \cdot b \cdot dx = 0 \tag{17.3}$$

ここで、b は τ を求める位置 y の断面の幅

式（17.2）を式（17.3）に代入することにより次式が求まる。

$$\tau = \frac{1}{b} \cdot \int_y^{y_t} \frac{d\sigma}{dx} dA \tag{17.4}$$

また、式（17.1）において、σ と M は x の関数であるので、x で微分して式（17.5）が成り立つ。

$$\frac{d\sigma}{dx} = \frac{d}{dx}\left(\frac{M \cdot y}{I}\right) = \frac{y}{I} \cdot \frac{dM}{dx} = \frac{y}{I} \cdot Q \tag{17.5}$$

式（17.5）を式（17.4）に代入することにより、次式が求まる。

$$\tau = \frac{1}{b} \cdot \int_y^{y_t} \frac{y}{I} \cdot Q dA = \frac{Q}{bI} \cdot \int_y^{y_t} y dA \tag{17.6}$$

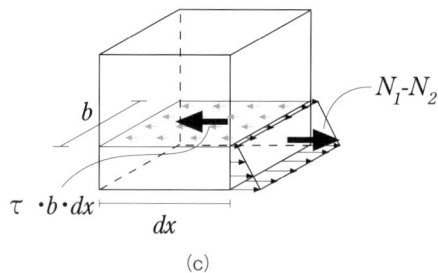

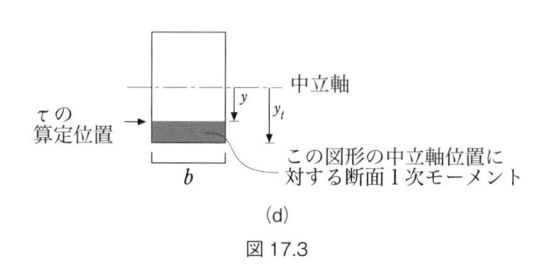

図17.3

POINT!

b はせん断応力度 τ の算定位置での幅

τ は Q の絶対値で計算して、τ の作用方向は Q の作用方向と同じとなるように決める。

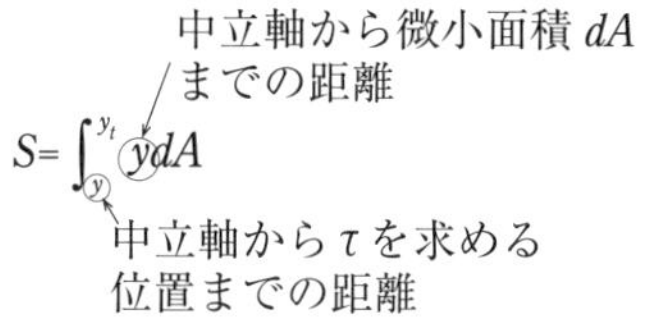

式（17.6）の $\int_y^{y_t} y dA$ は、図17.3 (d) のように**断面全体の中立軸を原点とした y から y_t までの図形の断面1次モーメント**であるから、それを S とすると式（17.7）が得られる。

公式： $$\tau = \frac{Q \cdot S}{b \cdot I} \tag{17.7}$$

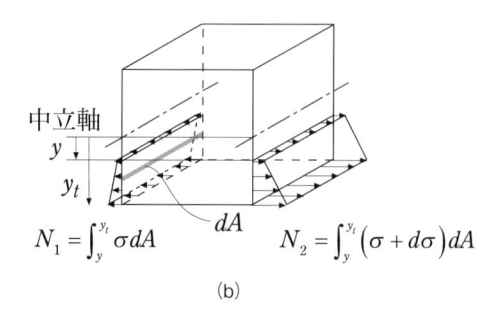

$$S = \int_y^{y_t} y dA$$

中立軸から微小面積 dA までの距離
中立軸から τ を求める位置までの距離

例題 71

図 17.4 に示す長方形断面にせん断力 Q が作用するときの断面のせん断応力度を求めよ。

[解]

式（17.7）より

$$\tau = \frac{Q \cdot S}{B \cdot I} \tag{17.8}$$

ここで、$I = \dfrac{BD^3}{12}$

$S = \int_y^{y_t} h dA = \int_y^{\frac{D}{2}} h \cdot B \cdot dh = B \cdot \left[\dfrac{h^2}{2} \right]_y^{\frac{D}{2}} = \dfrac{b}{8}(D^2 - 4y^2)$ なので

$$\tau_{(y)} = \frac{Q}{B \cdot \dfrac{BD^3}{12}} \cdot \frac{B}{8}(D^2 - 4y^2) = \frac{3Q}{2BD^3}(D^2 - 4y^2) \tag{17.9}$$

せん断応力度は中立軸からの距離 y に関する 2 次曲線になる。<u>最大値 τ_{max} は中立軸位置（$y = 0$）にあり</u>、長方形断面では、その値は作用するせん断力を断面積で除した値（平均せん断応力度とよぶ）の 1.5 倍になっていることがわかる。

例題 72

図 17.5（a）に示す円形断面にせん断力 Q が作用する時のせん断応力度を求めよ。

[解]

式（17.7）より
$\tau = \dfrac{Q \cdot S}{b \cdot I}$　ここで　$S = \int_y^{y_t} h dA$ (17.10)

dA および I_z は次のようになる。

$$dA = b(h) \cdot dh = 2\sqrt{r^2 - h^2} dh \tag{17.11-a}$$

$$I_z = \frac{\pi D^4}{64} = \frac{\pi r^4}{4} \tag{17.11-b}$$

式（17.10）に式（17.11）を代入すると以下のようになる。

$$\tau_{(y)} = \frac{Q}{2\sqrt{r^2-y^2} \cdot \dfrac{\pi r^4}{4}} \int_y^{y_t} 2h\sqrt{r^2-h^2} dh = \frac{2Q}{\sqrt{r^2-y^2} \cdot \pi r^4} \cdot \left\{ -\frac{2}{3} \left[(r^2-h^2)^{\frac{3}{2}} \right]_y^r \right\}$$

$$= \frac{4Q}{3\pi r^4}(r^2 - y^2) \tag{17.12}$$

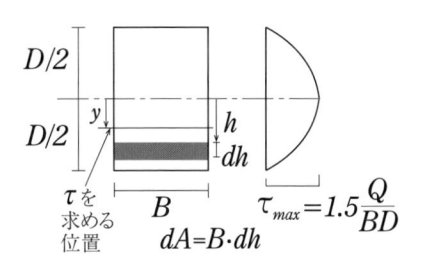

図 17.4

$\tau_{max} = 1.5 \dfrac{Q}{BD}$

$dA = B \cdot dh$

式中の 2 つの y は、本質的に異なるので混合しないように
図 17.4 と図 17.5 のように中立軸から微小面積 dA までの距離を h におきかえて説明する。

$$S = \int_y^{y_t} y dA \rightarrow S = \int_y^{y_t} h dA$$

POINT!

中立軸位置でせん断応力度は、最大値 τ_{max} となる。

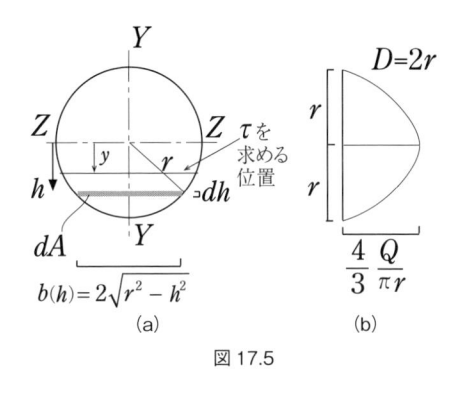

図 17.5

$b(h) = 2\sqrt{r^2 - h^2}$

(a)

$D = 2r$

$\dfrac{4}{3} \dfrac{Q}{\pi r}$

(b)

せん断応力度 τ は y に関する2次曲線となり、中立軸位置（$y = 0$）のときに最大値 τ_{max} をとる（図17.5（b））。円形断面では、τ_{max} は作用するせん断力を断面積で除した平均せん断応力度 $Q/\pi r^2$ の4/3倍になっていることがわかる。

$$\tau_{max} = \frac{4}{3} \cdot \frac{Q}{\pi r^2} \tag{17.13}$$

例題73

図17.6に示すH型断面にせん断力100kNが作用するときの断面のせん断応力度を求めよ。

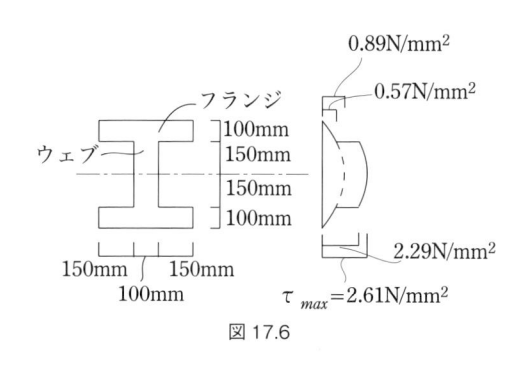

[解]

式（17.7）より

$$\tau = \frac{Q \cdot S}{b \cdot I} \tag{17.14}$$

ここで、

$$S = \int_y^{\frac{h}{2}} h dA$$

$$I = \frac{400 \cdot 500^3}{12} - \frac{(150+150) \cdot 300^3}{12}$$
$$= 3.492 \times 10^9 \text{mm}^4 \tag{17.15}$$

$S = \int_y^{\frac{h}{2}} h dA$ は y がウェブ内にある場合とフランジ内にある場合とに分けて計算しなければならない。

y がウェブ内にある場合

$$S = \int_y^{\frac{h}{2}} h dA = \int_y^{150} 100 \cdot h dh + \int_{150}^{250} 400 \cdot h dh$$
$$= 100 \cdot \left[\frac{h^2}{2}\right]_y^{150} + 400 \cdot \left[\frac{h^2}{2}\right]_{150}^{250}$$
$$= 9.125 \times 10^6 - 50 y^2 \tag{17.16-a}$$

y がフランジ内にある場合

$$S = \int_y^{\frac{h}{2}} h dA = \int_y^{250} 400 \cdot h dh = 400 \cdot \left[\frac{h^2}{2}\right]_y^{250}$$
$$= 1.25 \times 10^7 - 200 y^2 \tag{17.16-b}$$

従って、y がウェブ内にある場合は

$$\tau = \frac{100 \times 10^3}{\underbrace{100}_{\text{ウェブの幅}} \cdot 3.492 \times 10^9} \cdot \left(9.125 \times 10^6 - 50 y^2\right)$$

$$= 2.61 - 1.43 \times 10^{-5} \cdot y^2 \tag{17.17-a}$$

図17.6

コラム

中立軸を原点とした断面1次モーメントは、長方形に分割して計算する図16.7の方法でも求まる。なおせん断応用力度 τ を計算するときの幅 b は以下のとおり。

y がウェブ内にある場合

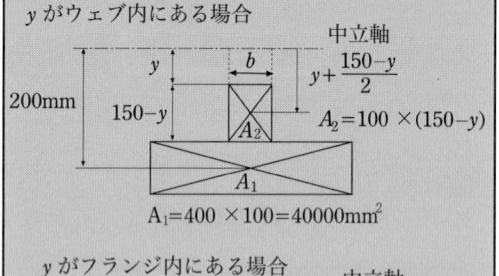

$A_1 = 400 \times 100 = 40000 \text{mm}^2$

$A_2 = 100 \times (150-y)$

y がフランジ内にある場合

$A_2 = 400 \times (250-y)$

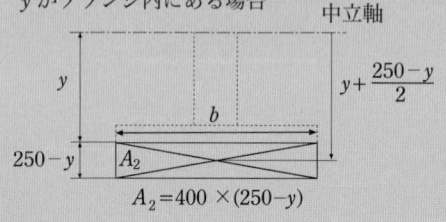

POINT!
図を正確に書いて式をたてること。

y がフランジ内にある場合は

$$\tau = \frac{100 \times 10^3}{\underline{400} \cdot 3.492 \times 10^9} \cdot (1.25 \times 10^7 - 200 y^2)$$
フランジの幅

$$= 0.895 - 1.43 \times 10^{-5} \cdot y^2 \qquad (17.17\text{-}b)$$

τ_{max} は $y = 0$ の位置で生じ、その値は 2.61N/mm² となる。

例題 74

100mm × 100mm の断面の木材の梁を 2 本接着して 100mm × 200mm の断面の梁を作り、図 17.7(a) のような単純梁に 5kN の集中荷重を作用させた。梁が安全かどうか検定せよ。但し、接着剤の許容せん断応力度は 0.15N/mm²、木材の曲げ許容応力度を 8.1N/mm² とする。

[解]

① M、Q 図を図 17.7 (b)、(c) に示す(計算過程は省略)。応力 (M と Q) の最大値は図 17.7(b)、(c) に示すようになる。

② 一体の梁としたときの曲げ応力に対する検定

$$Z = \frac{100 \cdot 200^2}{6} = 666667 \text{mm}^3 \qquad (17.18)$$

$$\sigma_t = \frac{5000000}{666667} = 7.5 \text{ N/mm}^2 \ < \ 8.1 \text{ N/mm}^2 \quad (17.19)$$

よって、安全である。

③ 接着面のせん断に対する検定

中立軸を原点とした断面 1 次モーメント

$$S = 100 \cdot 100 \cdot 50 = 500000 \text{mm}^3 \qquad (17.20)$$

断面 2 次モーメント

$$I = \frac{100 \cdot 200^3}{12} = \frac{8 \cdot 10^8}{12} = 66666667 \text{mm}^4 \qquad (17.21)$$

b=100mm より、

$$\tau = \frac{Q \cdot S}{b \cdot I} = \frac{2500 \cdot 500000}{100 \cdot 66666667} = 0.187 \text{ N/mm}^2 \ > \ 0.15 \text{ N/mm}^2 \qquad (17.22)$$

よって、危険である。(接着面で壊れる)

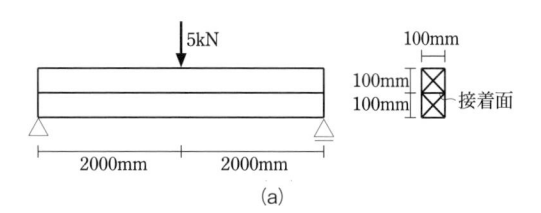

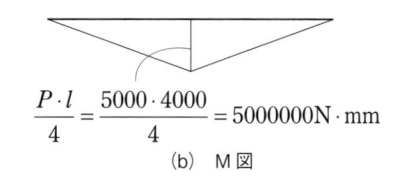

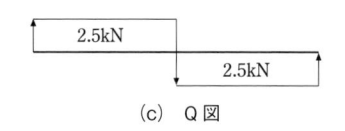

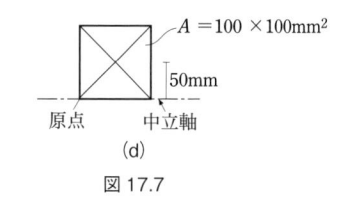

図 17.7

17.2 垂直応力度、せん断応力度、主応力度
17.2.1 垂直応力度

図17.8（a）に示すような引張応力 P が作用している部材を切断した断面について考える。

図17.8（b）のように材軸 x-x に直交した断面（断面積A）に作用する垂直応力度 σ_x の合力は式(17.23)中の $P = \sigma_x \cdot A$ である。直交した断面と θ の傾きをもつ断面（断面積 $A' = A/\cos\theta$）に作用する垂直応力度 σ_θ とせん断応力度 τ_θ を、図17.8（c）のようにそれぞれX、Y方向の力に分解して、切断した部材全体の力のつりあい式をつくると式（17.23）と（17.24）となる。

X方向のつりあい式
$$\tau_\theta \cdot \frac{A}{\cos\theta} \cdot \sin\theta + \sigma_\theta \cdot \frac{A}{\cos\theta} \cdot \cos\theta - \sigma_x A = 0 \quad (17.23)$$

Y方向のつりあい式
$$\sigma_\theta \cdot \frac{A}{\cos\theta} \cdot \sin\theta - \tau_\theta \cdot \frac{A}{\cos\theta} \cdot \cos\theta = 0 \quad (17.24)$$

$$\sigma_\theta = \sigma_x \cos^2\theta = \frac{1}{2}\sigma_x(1 + \cos 2\theta) \quad (17.25)$$

$$\tau_\theta = \sigma_x \sin\theta \cos\theta = \frac{1}{2}\sigma_x \sin 2\theta \quad (17.26)$$

式（17.23）と（17.24）を σ_θ と τ_θ について解くと式（17.25）と（17.26）のようになり、任意の傾きを持つ断面では、垂直応力度 σ とせん断応力度 τ で表すことができる。なお、垂直応力度は断面に作用する方向によって引張応力度 σ_t と圧縮応力度 σ_c に区分される。

σ_θ、τ_θ 及び σ_x、θ の関係は図17.9のように図示できる。このような図をモールの応力円という。

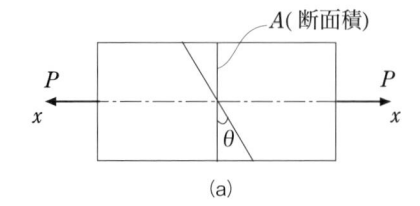

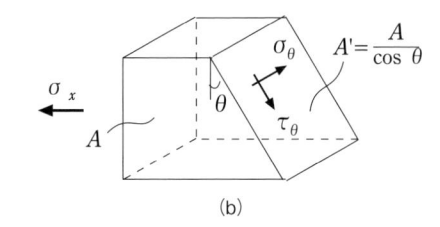

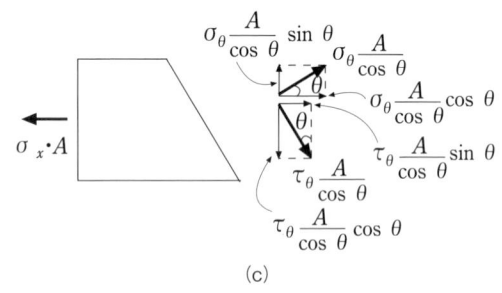

図17.8

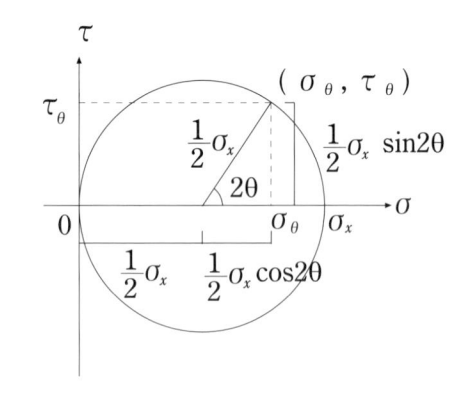

図17.9 σ_x が作用した時のモールの応力円

17.2.2 直交する面のせん断応力度

図17.10のように、梁部材から微小な長方体 $dx \times dy$（厚さは1とする）を仮想的に取り出し、各断面にそれぞれ垂直応力度 σ とせん断応力度 τ が図のように作用しているものとする。この微小な長方体は釣り合い状態であるからA点におけるモーメントの釣り合い $\Sigma M_A = 0$ を求めると次式となる。

$$(\sigma_x dy)\frac{dy}{2} + (\tau_x dy)dx - (\sigma_y dx)\frac{dx}{2} - (\tau_y dx)dy$$
$$-(\sigma'_x dy)\frac{dy}{2} + (\sigma'_y dx)\frac{dx}{2} = 0 \quad (17.27)$$

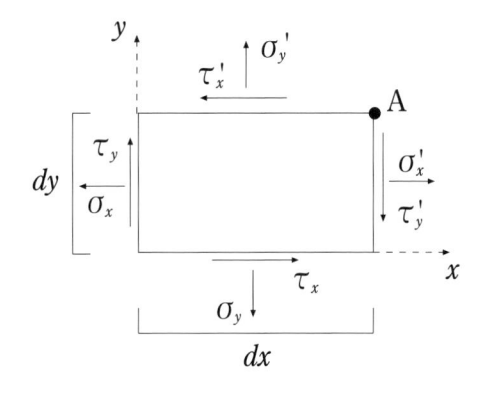

図17.10

微小な長方体に物体力（重力）などの外力が作用していない場合は、$\sigma_x = \sigma_x'$ 及び $\sigma_y = \sigma_y'$ となるので、

$(\tau_x dy)dx - (\tau_y dx)dy = 0$

$\therefore \tau_x = \tau_y = \tau_{xy}$　　　　　　　　(17.28)

以上のことは、互いに直交する面のせん断応力度 τ は、値が等しい一組となっていることを示している（せん断応力の共役性）。その方向は図17.11（a）か図17.11（b）の2組である。

図 17.11

17.2.3 梁の主応力度

単純ばりに等分布荷重を載荷したとき、梁には曲げとせん断の応力度が同時に生ずる。

曲げモーメントによる曲げ応力度は、M に比例するので、梁の各断面の曲げ応力度の分布は図17.12（a）のようになる。また、せん断力によるせん断応力度は、Q 図に比例するので図17.12（b）のようになる。

断面の最外縁ではせん断力が0となるから、圧縮か引張の垂直応力度のみが生じ、中立軸の位置では曲げ応力度が0でせん断応力度のみが生じる。

そこで、図17.12（c）、（d）のように材軸に沿って切り出した各微小立方体に作用する応力度を合成すると図17.12（e）のようになる。微小立方体を図17.11（f）のように回転させて切り出す（座標変換する）ことにより、せん断応力度＝0で垂直応力度のみが作用する図17.12（g）の状態であらわすことができる。このように微小立方体に垂直応力度のみが作用するように座標変換した時の最大のもの及び最小のものを**主応力度**という。

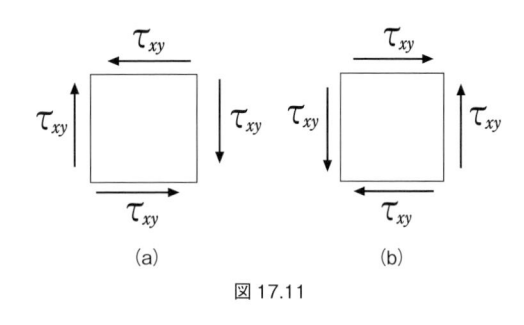

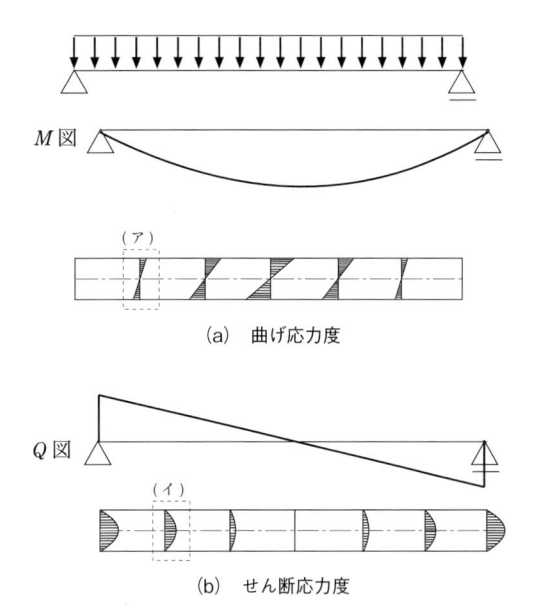

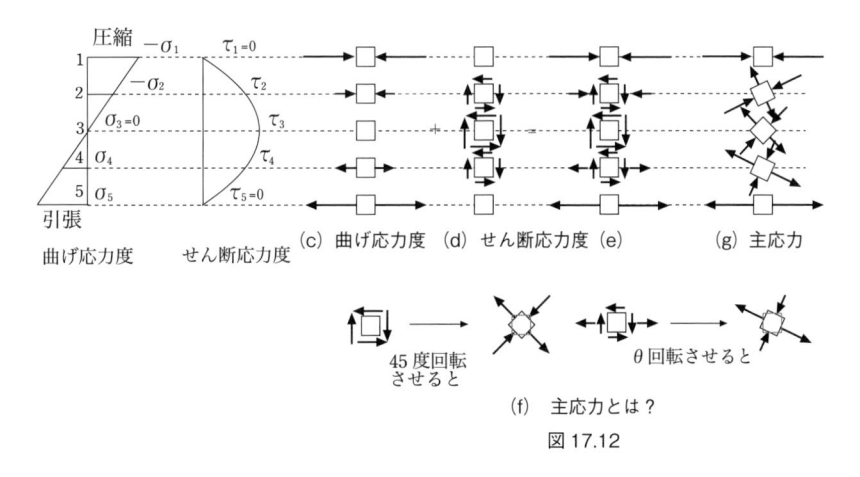

(a) 曲げ応力度

(b) せん断応力度

(c) 曲げ応力度　(d) せん断応力度　(e)　(g) 主応力

(f) 主応力とは？

図 17.12

図17.12（g）のような、最大主応力度の方向を結んでできた曲線と、最小主応力度の方向を結んでできた図17.12（h）のような曲線を主応力度の線といい、互いに直交する圧縮応力度の線、引張応力度の線からなる一組の曲線群となる。その曲線にそった面では、圧縮応力度または引張応力度のどちらかのみが作用しており、せん断応力度は生じていない。

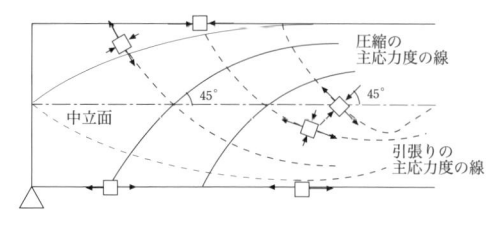

　主応力度の方向を主方向といい、主方向に垂直な面を主応力面という。<u>主応力度が材料の破壊の条件になると、構造物はその部位で破壊し始める。</u>

　次節以降で、垂直応力度とせん断応力度が作用する場合の主応力度の大きさと方向を求める方法を学ぶ。

（h）　主応力度の線
図17.12

17.2.4　任意断面の応力度

　図17.13（a）のような直方体にσ_x、σ_y、τ_{xy}が作用しているときの対角面に生じるσ_θとτ_θは、X、Y方向に分解して図17.13（b）より、力のつりあい式より求める。

　X方向のつりあい式

$$\sigma_\theta \cdot A\cos\theta + \tau_\theta \cdot A\sin\theta - \sigma_x \cdot A\cos\theta + \tau_{xy} \cdot A\sin\theta = 0 \quad (17.29\text{-a})$$

　Y方向のつりあい式

$$\sigma_\theta \cdot A\sin\theta - \tau_\theta \cdot A\cos\theta + \tau_{xy} \cdot A\cos\theta - \sigma_y \cdot A\sin\theta = 0 \quad (17.29\text{-b})$$

　式（17.29）を連立で解いてτ_θとσ_θは以下のように求まる。

$$\sigma_\theta = \sigma_x \cos^2\theta + \sigma_y \sin^2\theta - 2\tau_{xy}\sin\theta\cos\theta \quad (17.30\text{-a})$$

$$\tau_\theta = (\sigma_x - \sigma_y)\sin\theta\cos\theta + \tau_{xy}(\cos^2\theta - \sin^2\theta) \quad (17.30\text{-b})$$

　式（17.30）を2倍角の公式を用いて書き直すと以下のようになる。

$$\sigma_\theta = \frac{\sigma_x + \sigma_y}{2} + \frac{\sigma_x - \sigma_y}{2}\cos 2\theta - \tau_{xy}\sin 2\theta \quad (17.30\text{-a'})$$

$$\tau_\theta = \frac{\sigma_x - \sigma_y}{2}\sin 2\theta + \tau_{xy}\cos 2\theta \quad (17.30\text{-b'})$$

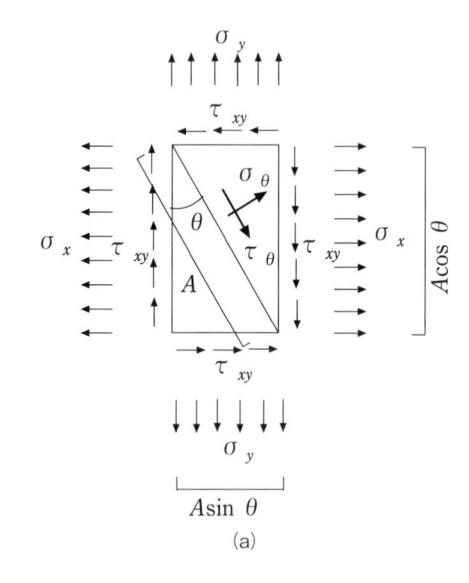

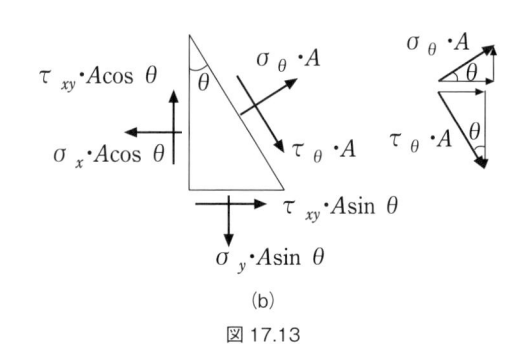

図17.13

右辺の第1項目を左辺に移動して両辺を2乗すると式（17.31）になり、

$$\left(\sigma_\theta - \frac{\sigma_x + \sigma_y}{2}\right)^2 = \left(\frac{\sigma_x - \sigma_y}{2}\cos 2\theta - \tau_{xy}\sin 2\theta\right)^2 \quad (17.31)$$

式（17.30-b'）の両辺を2乗して式（17.31）の両辺とそれぞれ足し合わせると式（17.32）を得る。

$$\left(\sigma_\theta - \frac{\sigma_x + \sigma_y}{2}\right)^2 + \tau_\theta^2 = \left(\frac{\sigma_x - \sigma_y}{2}\right)^2 + \tau_{xy}^2 \quad (17.32)$$

式（17.32）は、図17.14に示す $\sigma = \frac{\sigma_x + \sigma_y}{2}, \tau_{xy} = 0$ を中心とし半径 $R = \sqrt{\left(\frac{\sigma_x - \sigma_y}{2}\right)^2 + \tau_{xy}^2}$ とする円である。

図17.13（a）の σ_θ と τ_θ の作用している面は σ_x の作用している面に対して θ、回転した面であるので、$(\sigma_\theta, \tau_\theta)$ はモールの応力円上を (σ_x, τ_{xy}) から 2θ 移動した座標になる。

平方と2倍角の公式

$\sin^2\theta + \cos^2\theta = 1$

$2\cos^2\theta = 1 + \cos 2\theta$

$2\sin^2\theta = 1 - \cos 2\theta$

$2\sin\theta\cos\theta = \sin 2\theta$

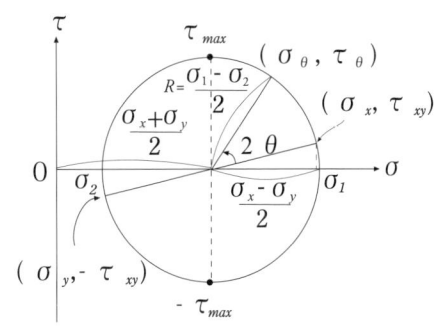

σ_1 と σ_2 は主応力度（式17.33）
$\sigma_x、\sigma_y、\tau_{xy}$ が作用したときのモールの応力円

図 17.14

コラム（モールの応力円の描き方）

面に対する σ と τ の正の方向は図17.15に示すように定義される。なお、せん断応力度は、$\theta = 0°$、$180°$ と $\theta = 90°$、$270°$ とでは向きが逆になる（共役性より）。

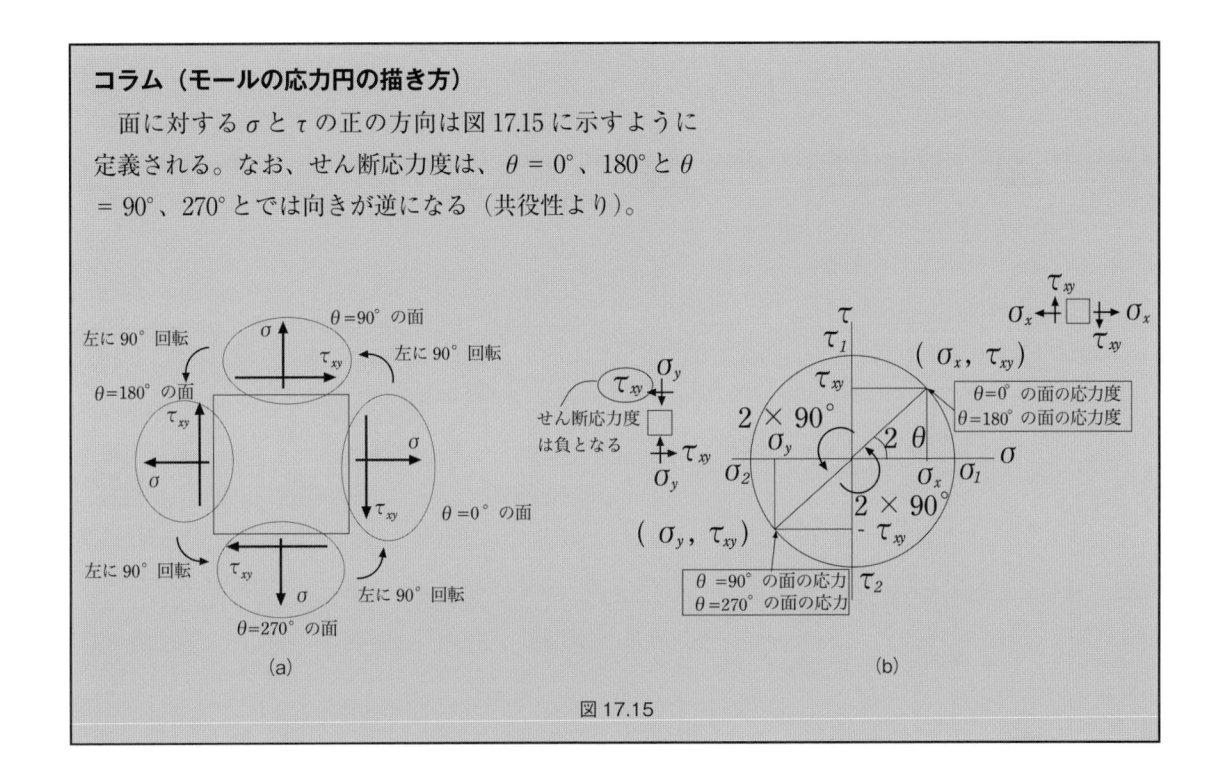

図 17.15

17.2.5 主応力度

以上のように σ_θ 及び τ_θ は θ の値によって変化する。σ_x、σ_y、τ_{xy} の力が働いたときには、図17.14のモールの応力円から明らかなように、せん断応力度 $\tau=0$ となるとき、垂直応力度は (σ_1、0) で最大値、(σ_2、0) で最小値となり、σ_2 は σ_1 の作用する面に対して $2\theta = 180°$ すなわち $\theta = 90°$ 回転した面に作用している。この一対の垂直応力度を主応力度といい、その作用面を主応力面という。

また、主応力面に対して $\theta = 45°$ および $135°$($2\theta = 90°$ および $270°$)の面で、せん断力は最大値と最小値になり、この一対の応力及び作用面を主せん断応力度及び主せん断応力面という。

σ_x、σ_y、τ_{xy} が同時に作用したときの最大主応力度 σ_1、最小主応力度 σ_2 及び主応力面の角度 θ は図17.14から次のように与えられる。

$$公式:\left.\begin{matrix}\sigma_1\\\sigma_2\end{matrix}\right\} = \frac{\sigma_x+\sigma_y}{2} \pm \sqrt{\left(\frac{\sigma_x-\sigma_y}{2}\right)^2 + \tau_{xy}^2} \quad (17.33)$$

$$\tan 2\theta = \frac{2\tau_{xy}}{\sigma_x-\sigma_y} \quad (17.34)$$

また、最大せん断力 τ_1、τ_2 は次のような値となり、主せん断応力面は主応力面から $45°$ 傾いた面となる。

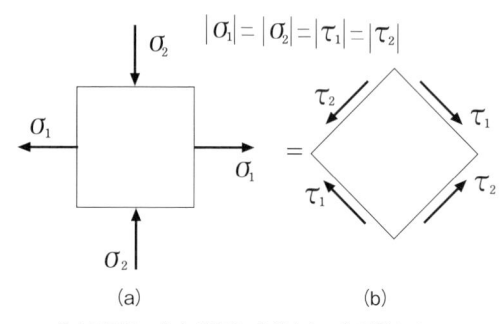

$$\left.\begin{matrix}\tau_1\\\tau_2\end{matrix}\right\} = \pm\sqrt{\left(\frac{\sigma_x-\sigma_y}{2}\right)^2 + \tau_{xy}^2} \quad (17.35)$$

外力は同じで見方(断面の角度)を45°回転させることにより作用する応力度(垂直応力度かせん断応力度)が異なる(モールの応力円は図17.14)。

図17.16

例題 75

図 17.17（a）に示すような 150 × 12mm の断面の鋼板に 270kN の引張力を与えたときの A-A'、B-B' 面の応力度を求めよ。

[解]

A-A' 面は、引張力の方向に直交しており、垂直方向には外力が無いから、主応力面である。

$$\sigma_x = \frac{270000}{150 \cdot 12} = 150 \text{N/mm}^2 \quad (17.36\text{-a})$$
$$\sigma_y = 0 \quad (17.36\text{-b})$$
$$\tau_{xy} = 0 \quad (17.36\text{-c})$$

B-B' 面は 30° の傾きであるから、式（17.30'）に代入して

$$\sigma_{30°} = \frac{150}{2} + \frac{150}{2}\cos(2 \cdot 30°) = 113 \text{N/mm}^2 \quad (17.37\text{-a})$$

$$\tau_{30°} = \frac{150}{2}\sin(2 \cdot 30°) = 64.95 \text{N/mm}^2 \quad (17.37\text{-b})$$

以上より、モールの応力円は図 17.17（b）のようになる。

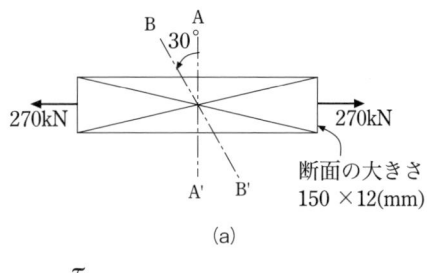

例題 76

図 17.18（a）に示す断面の主応力度の大きさと方向をモールの応力円を用いて求めよ。

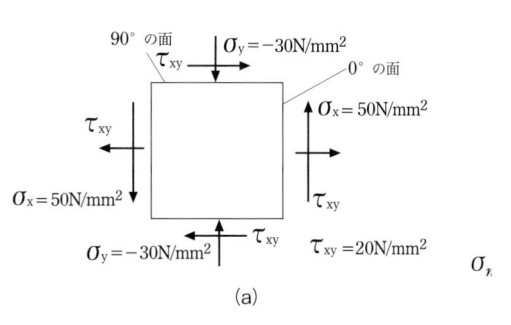

[解]

① 0°と 90°の面の応力度の符号を図 17.15（a）に従って決めて、座標点を決める（図 17.18（b））。

0°の面の座標

$$(\sigma_0, \tau_0) = (\underbrace{50\text{N/mm}^2}_{\text{引張なので正}}, \underbrace{-20\text{N/mm}^2}_{\substack{\tau \text{の}0°\text{の面に}\\ \text{対する符号の}\\ \text{定義より負}}}) \quad (17.38\text{-a})$$

90°の面の座標

$$(\sigma_{90}, \tau_{90}) = (\underbrace{-30\text{N/mm}^2}_{\text{圧縮なので負}}, \underbrace{20\text{N/mm}^2}_{\substack{\tau \text{の}90°\text{の面}\\ \text{に対する符号}\\ \text{の定義より正}}}) \quad (17.38\text{-b})$$

② 円の中心 C と半径 R を計算する（図 17.18（c））。

$$C = \left(\frac{50-30}{2}, 0\right) = (10, 0) \quad (17.39\text{-a})$$

$$R = \sqrt{40^2 + 20^2} = 44.72 \quad (17.39\text{-b})$$

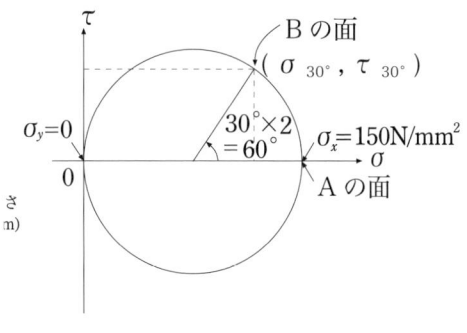

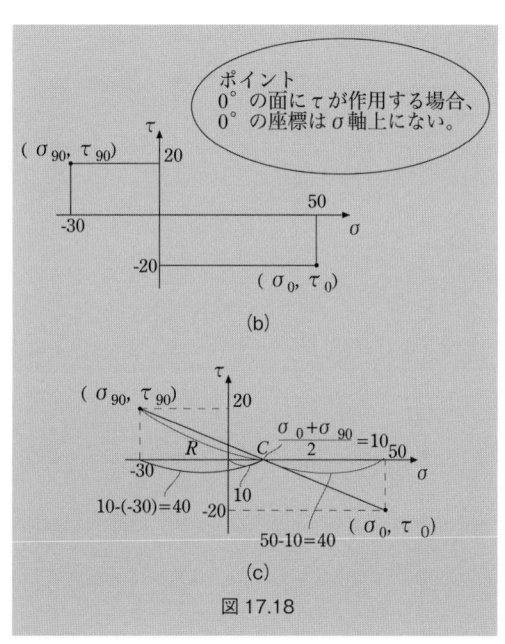

図 17.17

図 17.18

③ $\sigma_{軸}$（$\tau_{xy} = 0$）とモールの応力円との交点（主応力度）を求める（図 17.18 (d)）。
④ 主応力度の方向の大きさ（絶対値）を求める。

$$\tan 2\theta = \frac{20}{40} \tag{17.40-a}$$

$$\theta = 13.3° \tag{17.40-b}$$

主応力度の作用する面では、せん断応力度 $\tau = 0$ となるので、図 17.18 (d) のモールの応力円上の 0° の面の座標（σ_0、τ_0）をモールの応力円に沿って左回りに $2\theta = 2 \times 13.3°$ 回転させた座標（σ_{max}、0）が σ_{max} の作用する面で、90° の面の座標（σ_{90}、τ_{90}）を左回りに $2\theta = 2 \times 13.3°$ 回転させた座標（σ_{min}、0）が σ_{min} の作用する面となる。

従って、図 17.18 (e) のように、もとの面を左向きに 13.3° 回転した面が、主応力度の作用する面となる。

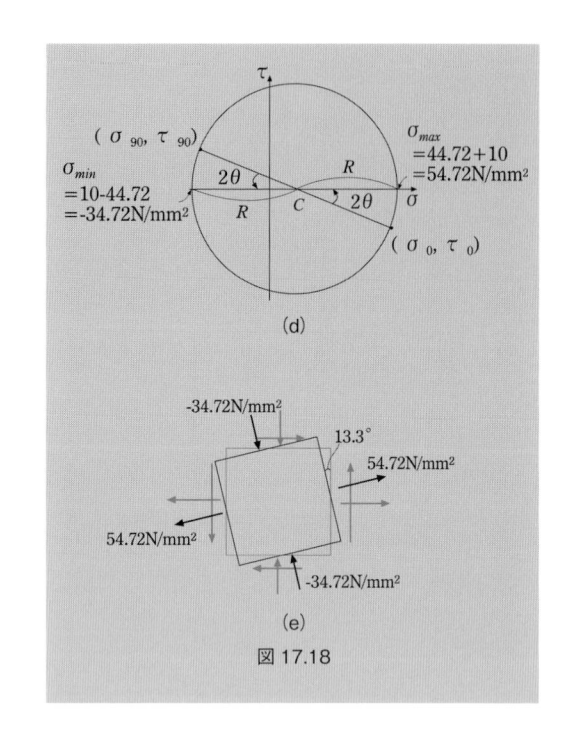

例題 77

図 17.19(a) に示すラーメンで梁断面が図 17.19(b) のときの梁の E 点における断面内の上から 110mm の位置 F 点の主応力度の大きさと方向を求めよ。

[解]

```
方針
 ① ラーメンの E 点の M、N、Q を求める
 ② 断面の中立軸の計算
 ③ 断面 2 次モーメントの計算
 ④ 軸力による垂直応力度の計算
 ⑤ F 点の曲げ応力度の計算
 ⑥ F 点のせん断応力度の計算
 ⑦ 主応力度の計算
```

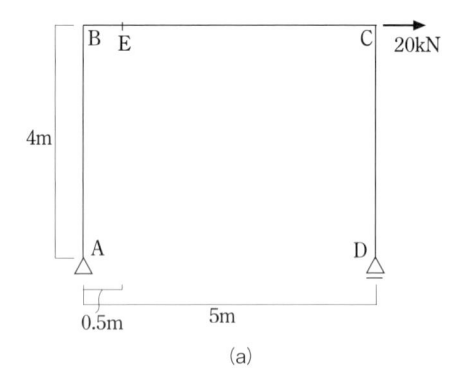

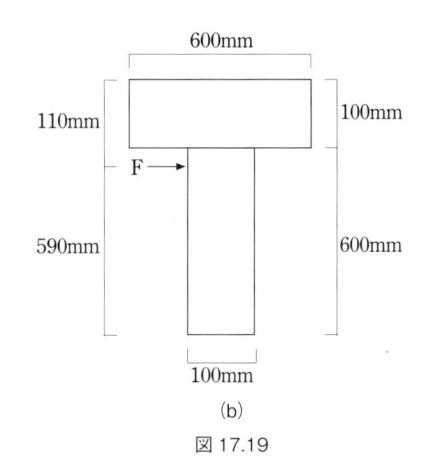

図 17.18

図 17.19

① ラーメンの解法は例題 29 を参照して、M、N、Q 図は以下のようになり、E 点での応力（M、N、Q）の値は図 17.19（c）に示すようになる。

② 断面の中立軸の計算

（②から⑤の解法の説明は例題 65 と 69 を参照）

断面積の計算

$$A_a = A_b = 600 \cdot 100 = 60000 \text{mm}^2 \quad (17.41)$$

中立軸位置の計算

$$y_0 = \frac{60000 \cdot 650 + 60000 \cdot 300}{60000 \cdot 2} = 475 \text{mm} \quad (17.42)$$

③ 断面 2 次モーメントの計算

$$I_a = \frac{600 \cdot 100^3}{12} = 5 \times 10^7 \text{mm}^4 \quad (17.43\text{-a})$$

$$I_b = \frac{100 \cdot 600^3}{12} = 1.8 \times 10^9 \text{mm}^4 \quad (17.43\text{-b})$$

$$\begin{aligned} I &= I_a + A_a(650 - 475)^2 + I_b + A_b(300 - 475)^2 \\ &= 5 \times 10^7 + 60000 \cdot 175^2 + 1.8 \times 10^9 + 60000 \cdot 175^2 \\ &= 5.525 \times 10^9 \text{mm}^2 \end{aligned} \quad (17.44)$$

④ 軸力による垂直応力度の計算

断面積 A

$$A = A_a + A_b = 120000 \text{mm}^2 \quad (17.45)$$

$$\sigma_N = \frac{20000 \text{N}}{120000 \text{mm}^2} = 0.167 \text{N/mm}^2 \text{（引張）} \quad (17.46)$$

⑤ F 点の曲げ応力度の計算

$$\frac{I}{y_F} = \frac{I}{(590 - 475)} = \frac{5.525 \times 10^9}{115} = 4.804 \times 10^7 \text{mm}^3 \quad (17.47)$$

$$\sigma_M = \frac{M}{\left(\frac{I}{y_F}\right)} = \frac{72000000 \text{N} \cdot \text{mm}}{4.804 \times 10^7 \text{mm}^3} = 1.499 \text{N/mm}^2 \text{（圧縮）} \quad (17.48)$$

F 点は中立軸より圧縮側にあるので、図 17.19（f）のように σ_M は圧縮となる。

したがって、F 点に作用する垂直応力度 σ_0 は

$$\begin{aligned} \sigma_0 &= \sigma_N - \sigma_M \\ &= 0.167 - 1.499 \\ &= -1.332 \text{N/mm}^2 \text{（圧縮）} \end{aligned} \quad (17.49)$$

⑥ F 点のせん断応力度の計算（図 17.19（g）参照）

（⑥の解法の説明は例題 73 を参照）

公式：$\tau = \dfrac{Q \cdot S_F}{b \cdot I} \quad (17.50)$

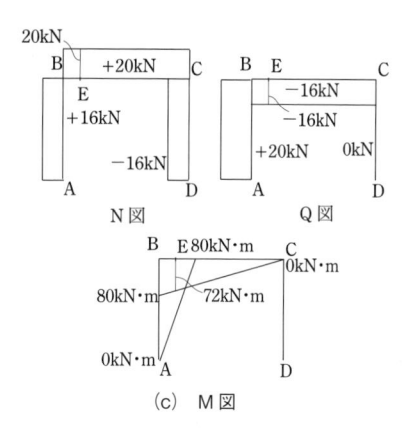

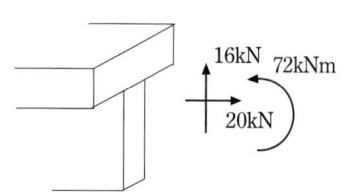

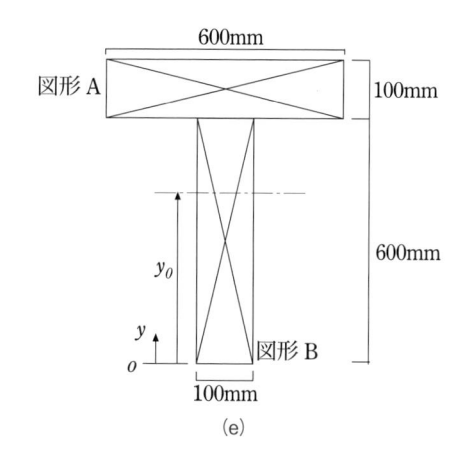

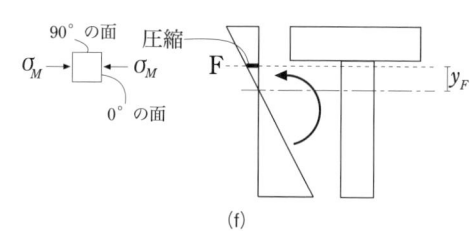

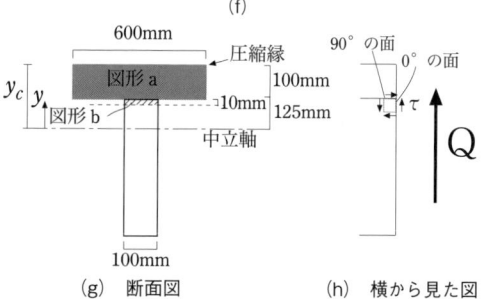

図 17.19

ここで、S_F は圧縮縁から F 点までの中立軸に関する断面 1 次モーメント

図形 a の中立軸に関する断面 1 次モーメント
$$S_a = 600 \cdot 100 \cdot (125+50) = 1.05 \times 10^7 \text{mm}^3 \quad (17.51\text{-a})$$

図形 b の中立軸に関する断面 1 次モーメント
$$S_c = 100 \cdot 10 \cdot (125-5) = 1.2 \times 10^5 \text{mm}^3 \quad (17.51\text{-b})$$
$$\therefore S_F = S_a + S_c = 1.05 \times 10^7 + 1.2 \times 10^5 = 1.06 \times 10^7 \text{mm}^3 \quad (17.52)$$

$b = 100$ mm より
$$\tau = \frac{16000 \cdot 1.06 \times 10^7}{100 \cdot 5.525 \times 10^9} = 0.307 \text{N/mm}^2 \quad (17.53)$$

⑦主応力度の計算

④〜⑥より、微小立方体に作用する応力度は図 17.19 (i) に示すようになる。座標（σ、τ）の符号は各面に作用する σ と τ の向きに対して、図 17.15 に従って決める。したがって、モールの応力円より主応力度は図 17.19 (j) に示すとおりとなる。（⑦の解法の説明は例題 76 を参照）

ここで、垂直応力度 σ_o の作用している面を基準（0°の面）としているので、0° および 90°の面と梁の断面は図 17.19 (h) のように対応する。

0°の面の座標の値
$$(\sigma_0, \tau_0) = (-1.332 \text{N/mm}^2, -0.307 \text{N/mm}^2) \quad (17.54\text{-a})$$

90°の面の座標の値
$$(\sigma_{90}, \tau_{90}) = (0, 0.307 \text{N/mm}^2) \quad (17.54\text{-b})$$
<u>90°の面の τ の方向に注意</u>

$$\tan 2\theta = \frac{0.307}{0.666} \quad (17.55)$$
$$\therefore \theta = 12.4°$$

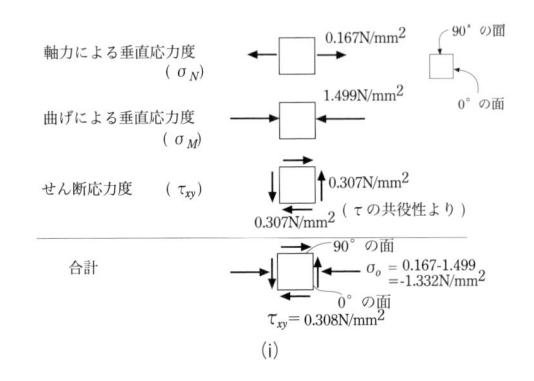

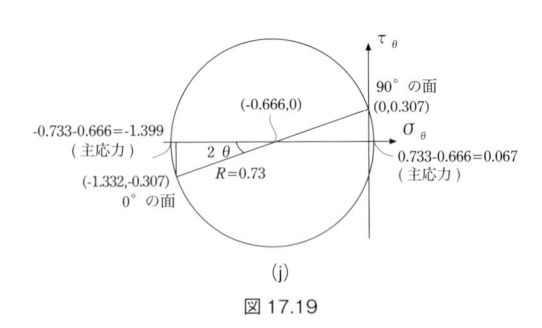

軸力による垂直応力度 (σ_N)	0.167N/mm² ← □ → ／ 90°の面 ／ □ ／ 0°の面
曲げによる垂直応力度 (σ_M)	1.499N/mm² → □ ←
せん断応力度 (τ_{xy})	0.307N/mm² ／ 0.307N/mm² （τ の共役性より）
合計	90°の面 ／ σ_o = 0.167-1.499 = -1.332N/mm² ／ 0°の面 ／ τ_{xy} = 0.308N/mm²

(i)

(j) モールの応力円
- $(-0.666, 0)$
- $(0, 0.307)$ 90°の面
- $-0.733-0.666 = -1.399$ （主応力）
- $(-1.332, -0.307)$ 0°の面
- $0.733-0.666 = 0.067$ （主応力）
- $R = 0.73$
- 2θ

図 17.19

POINT!

部材に生じるせん断力 Q と曲げモーメント M の正の方向とモールの応力円の各面に作用する σ と τ の正の方向は一致しない。そのため、式 (17.48) と (17.49) の M と Q は絶対値で計算して、実際に作用する方向を考えて、図 17.15 (a) に従って σ と τ の符号を決める。

POINT!

はりの内部の立方体の 0°の面に作用する τ は、はりの断面に作用する Q の方向と同じ。

90°の面に作用する τ はせん断力の共役性（図 17.11）より求まる。

第18章 座 屈

18.1 座屈荷重の計算

　太く短い柱に圧縮力が作用すると図18.1のように軸方向に縮みが生じるが、細長い柱に圧縮力が作用すると、ある荷重で突然弓なりに撓んでそれ以上の圧縮力を支持できなくなる。そのような現象を**座屈**とよぶ。座屈の生じる理由は部材が一様にδだけ縮むために必要な力（ひずみエネルギー）よりも、部材が弓なりに撓んで見かけδだけ縮むために必要な力（ひずみエネルギー）の方が少なくてすむためである。従って、断面形状が軸対称でない場合は、断面2次モーメントの最も小さい方向に座屈する。

　座屈を学ぶにあたり必要な知識は、断面の最大と最小の断面2次モーメント（それらの軸を強軸と弱軸という）の算出と座屈荷重の算出である。まずは、弱軸方向の断面2次モーメントIが与えられている場合の座屈荷重の公式を誘導する。

　図18.2において、下端からxの点のたわみを弾性曲線式で表すと式（18.1）が与えられる。

$$EI\frac{d^2y}{dx^2} = -M_{(x)} \tag{18.1}$$

xの点でたわみyが生じたとすると、xの点のモーメントは$P \cdot y$で表すことができる。従って、式（18.1）は次式となる。

$$EI\frac{d^2y}{dx^2} + Py = 0 \tag{18.2}$$

　式（18.2）を変形し、d^2y/dx^2に対する特性方程式を解くと以下のようになる。

$$\frac{d^2y}{dx^2} + \frac{P}{EI}y = 0$$
$$t^2 + \frac{P}{EI} = 0 \tag{18.3}$$
$$t = \frac{\pm\sqrt{-4\frac{P}{EI}}}{2} = \pm\sqrt{\frac{P}{EI}}i$$

　従って、この2階微分方程式の一般解は次式で表される。

$$y = C_1 \cos kx + C_2 \sin kx \tag{18.4}$$

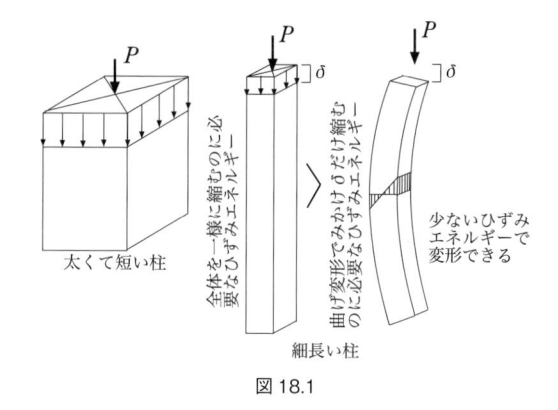

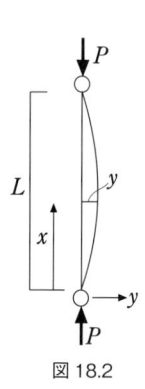

図18.1

図18.2

ここで、$k^2 = \dfrac{P}{EI}$

境界条件 $x = 0$、$x = L$ で $y = 0$ を代入すると次式が得られる。

$$C_1 = 0 \tag{18.5-a}$$
$$C_1 \cos kL + C_2 \sin kL = 0 \tag{18.5-b}$$

式（18.5）を満足する1つの解は $C_1 = 0$、$C_2 = 0$ であり、式（18.4）で $y = 0$ となる。これは、材が軸方向に沿って縮むときの解である。もう1つの解は $\sin kL = 0$ であり、これが座屈をする条件となる。

$\sin kL = 0$ に対して、$kL = n\pi$ が得られる。従って、座屈荷重 P_{cr} は次式で与えられる。ただし、$n = 1、2、3……$。

$$P_{cr} = \dfrac{n^2\pi^2 EI}{L^2} \quad (cr は\text{critical}の略) \tag{18.6}$$

この最小荷重を P_E とすると $n = 1$（半波長）のときであり、実際の座屈荷重となる。

$$P_E = \dfrac{\pi^2 EI}{L^2} \tag{18.7}$$

これをオイラーの座屈（弾性座屈）荷重という。

ここに示したオイラーの座屈荷重は、両端ピンの材について求めたものであるが、両端の支持条件によってその値は異なる。一般式で表すと、座屈長さ L_k を用いて次式となる。

$$P_E = \dfrac{\pi^2 EI}{L_k^2} \tag{18.8}$$

支持条件によって座屈長さ L_k の値はそれぞれ図18.4で与えられる。なお、支持条件により生じるそれぞれのたわみ曲線において、半波長の長さが座屈長さとなる。

コラム

実際の建物では、例えば次のように構造形式により水平移動の有無が生じる。AとBの節点が固定かピンかにより座屈長さが図18.3のようにかわる。

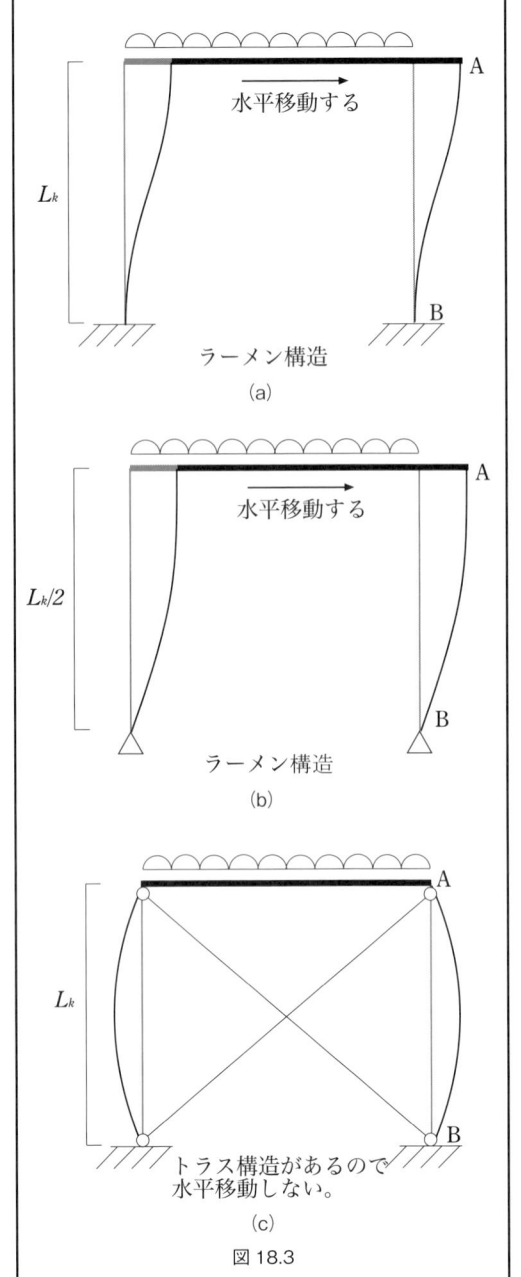

(a) ラーメン構造 — 水平移動する（L_k）

(b) ラーメン構造 — 水平移動する（$L_k/2$）

(c) トラス構造があるので水平移動しない。（L_k）

図 18.3

図18.4

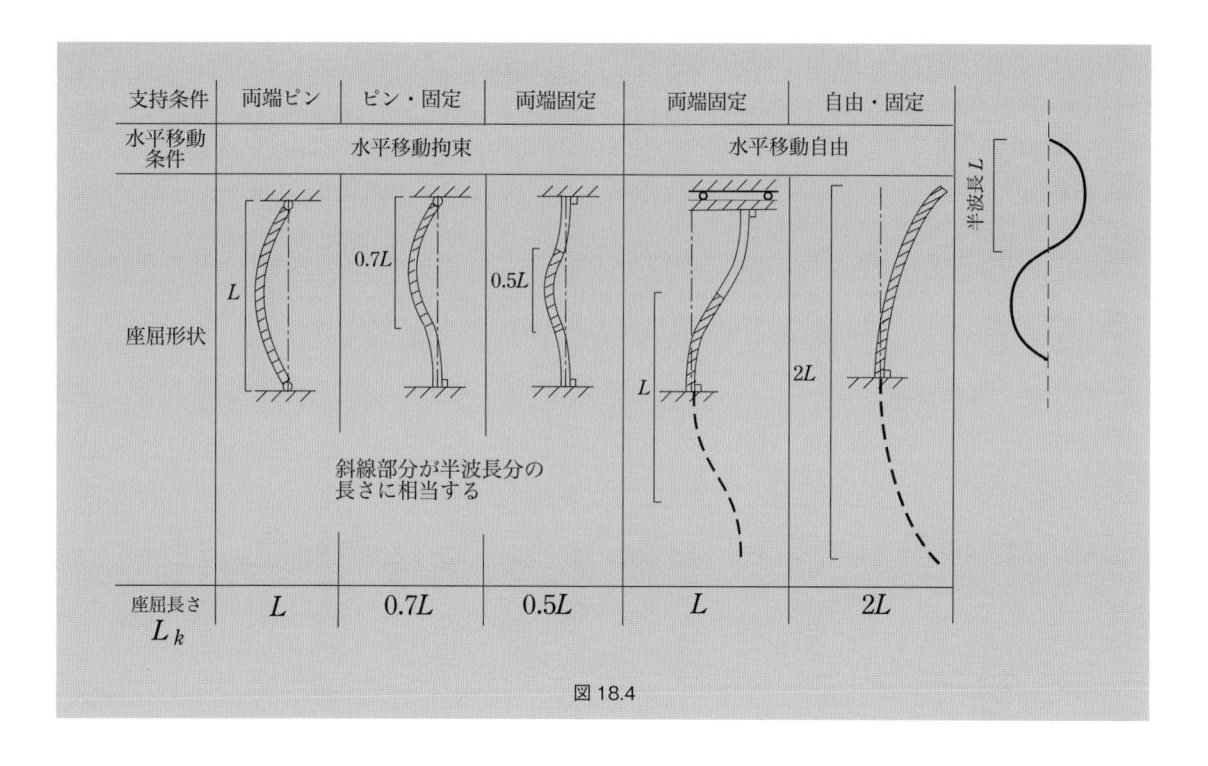

例題 78

図18.5に示すH形鋼のオイラー座屈荷重を求めよ。
ただし、鉄のヤング率は $E = 2.06 \times 10^5 \text{N/mm}^2$ とする。

[解]

部材の断面2次モーメントを求めると以下のとおりとなる。

$$I_x = \frac{100 \cdot 100^3}{12} - \frac{94 \cdot 84^3}{12}$$
$$= 8.33 \times 10^6 - 4.643 \times 10^6 = 3.69 \times 10^6 \text{mm}^4 \quad (18.9\text{-a})$$

$$I_y = 2 \cdot \frac{8 \cdot 100^3}{12} + \frac{84 \cdot 6^3}{12}$$
$$= 1.33 \times 10^6 + 1512 = 1.33 \times 10^6 \text{mm}^4 \quad (18.9\text{-b})$$

$I_y < I_x$

より I_y が弱軸の I となる。

また、支持条件は自由・固定であるので、図18.4より $L_k = 2L$ となる。

したがって

$$P_E = \frac{3.14^2 \cdot 2.06 \times 10^5 \cdot 1.33 \times 10^6}{(2 \cdot 3000)^2} = 75.0 \text{kN} \quad (18.10)$$

図 18.5

$$i_x = \sqrt{\frac{I_x}{A}} \quad i_y = \sqrt{\frac{I_y}{A}}$$

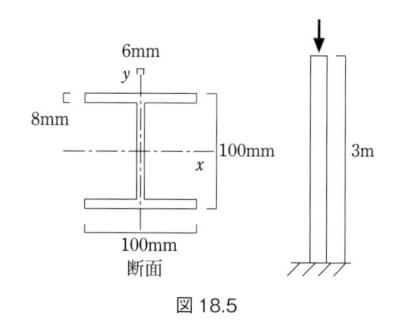

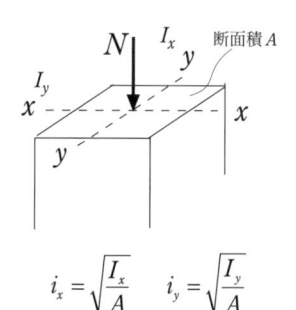

図 18.6

座屈するときの断面に作用する応力度を σ_E とすると

$$\sigma_E = \frac{P_E}{A} = \frac{\pi^2 E \dfrac{I}{A}}{L_k^2} \quad (18.11)$$

となり、$i_y = \sqrt{\dfrac{I_y}{A}}$ を断面2次半径と定義すると

$$\sigma_E = \frac{\pi^2 E i^2}{L_k^2} = \frac{\pi^2 E}{\lambda^2} \quad (18.12)$$

ここで $\lambda = \dfrac{L_k}{i}$ を細長比とよび、λ（ラムダ）が大きい程、部材は細長くなり座屈しやすくなる。そこで、構造設計における圧縮軸力が作用する部材の応力検定では、座屈を考慮して、許容圧縮応力度 σ_E は λ の関数で表されている。

18.2 座屈方向と座屈軸

図18.7のように、座屈によって部材が弓なりに曲がる方向を**座屈方向**、これと直角方向の軸を**座屈軸**といい、断面の図心を通る二つの主軸のいずれかに一致する。主軸には強軸と弱軸があり、断面2次モーメント（断面2次半径）が最大となるときの中立軸を**強軸**といい、最小となるときの中立軸を**弱軸**という。強軸と弱軸は互いに直交している。座屈は、**弱軸**に直角な方向（**強軸**方向）に生じる。

18.3 断面2次半径の求め方

断面2次半径は細長比 λ を算出する際に用いる値であり、図18.8のような長方形断面の場合、断面寸法を $b \times h$ として、x 軸、y 軸それぞれの断面2次半径は次式で与えられる。

x 軸に関して

$$i_x = \sqrt{\frac{I_x}{A}} = \sqrt{\frac{\frac{1}{12}bh^3}{bh}} = \frac{h}{2\sqrt{3}} \quad (18.13\text{-a})$$

y 軸に関して

$$i_y = \sqrt{\frac{I_y}{A}} = \sqrt{\frac{\frac{1}{12}hb^3}{bh}} = \frac{b}{2\sqrt{3}} \quad (18.13\text{-b})$$

コラム

構造設計では塑性座屈も考慮して、図のような関係を用いています。

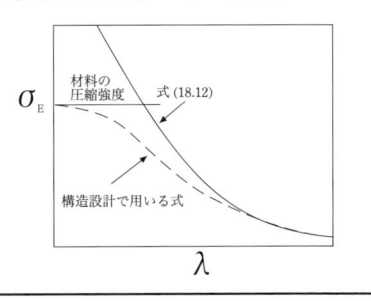

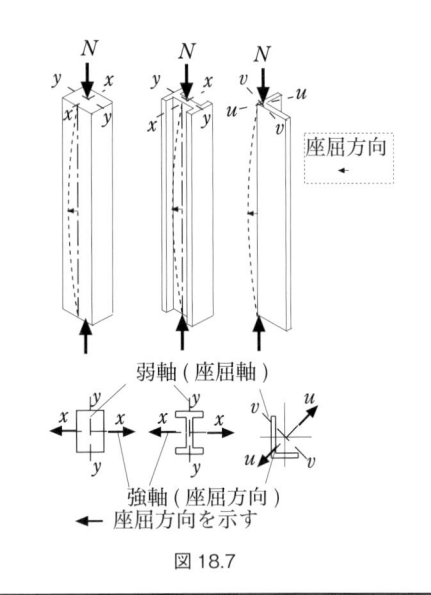

POINT!

座屈荷重は弱軸まわりの断面2次モーメントを用いて計算する。

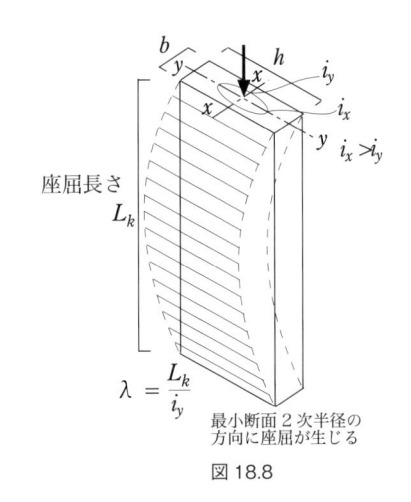

図18.7

図18.8

同じ座屈長さの場合、i が大きいほど座屈しにくい。

直径 D の円の場合の断面2次半径は次式で与えられる。

$$i = \sqrt{\frac{\frac{\pi D^4}{64}}{\frac{\pi D^2}{4}}} = \frac{D}{4} \tag{18.14}$$

また、外径が D、内径が d のパイプ断面における断面2次半径は次式で与えられる。

$$i = \sqrt{\frac{\frac{\pi}{64}(D^4-d^4)}{\frac{\pi}{4}(D^2-d^2)}} = \frac{1}{4}\sqrt{D^2+d^2} \tag{18.15}$$

18.4 断面極2次モーメント I_p (mm^4) と断面相乗モーメント I_{xy} (mm^4)

図 18.10 に示す図形の原点 o に関する I_p は次のように定義される。

公式：
$$\begin{aligned}I_p &= \int_A r^2 dA = \int_A (x^2+y^2) dA \\ &= \int_A x^2 dA + \int_A y^2 dA = I_y + I_x\end{aligned} \tag{18.17}$$

> 断面極2次モーメント I_p ＝（面積）×（1点からの距離）^{2} ＝ $I_x + I_y$

また、同じ図形の I_{xy} はお互いに直交する x 軸と y 軸に関して次のように定義される。

公式：$I_{xy} = \int_A xy \, dA$ \hfill (18.18)

> 断面相乗モーメント I_{xy} ＝（面積）×（x軸からの距離）×（y軸からの距離）

図 18.11 の長方形断面では

$$I_p = \frac{bh^3}{12} + \frac{hb^3}{12} = \frac{bh}{12}(h^2+b^2) \tag{18.19}$$

コラム　断面2次半径の物理的意味

断面2次半径 $i = \sqrt{\dfrac{I}{A}}$ を変形させると式（18.16）が得られる。

$$E \cdot I = E \cdot i^2 \cdot A \tag{18.16}$$

式（18.16）の右辺は単位長さ（$L=1$）の断面の軸剛性 EA を1本のバネとしたときの図 18.9 に示すモデルにおいて EI と同じ回転剛性となるときの回転中心からバネまでの距離 i と理解できる。

中立軸（回転中心）に対するモーメント → $M = \dfrac{E \cdot A}{L} \cdot \delta \cdot i = E \cdot A \cdot i^2 \cdot \phi$ （$L=1$ とすると）

$M = E \cdot I \cdot \phi$　　バネに働く力

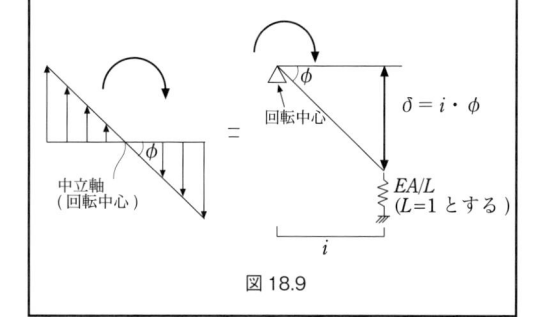

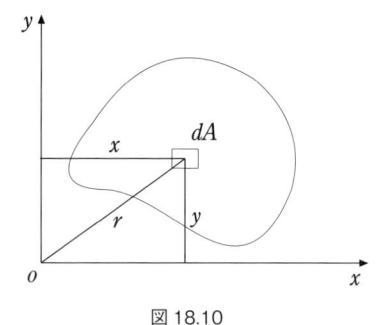

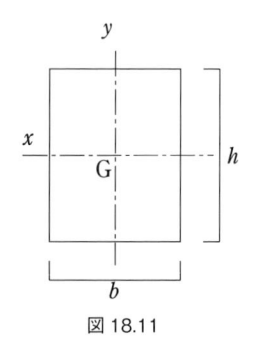

$\delta = i \cdot \phi$

図 18.9

図 18.10

図 18.11

また、1辺 a の正方形、直径 D の円断面の I_p はそれぞれ次のように求められる。

正方形

$$I_p = I_x + I_y = 2I_x = 2 \cdot \frac{a^4}{12} = \frac{a^4}{6} \qquad (18.20\text{-a})$$

円断面

$$I_p = I_x + I_y = 2I_x = 2 \cdot \frac{\pi D^4}{64} = \frac{\pi D^4}{32} \qquad (18.20\text{-b})$$

18.5 断面の主軸

断面の主軸について考えてみる。図 18.12 のようにoを原点とする図形を考える。oを通る直交軸 x、y 軸を θ だけ回転したものを x'、y' 軸とする。

x、y 軸に関する断面2次モーメントをそれぞれ I_x、I_y

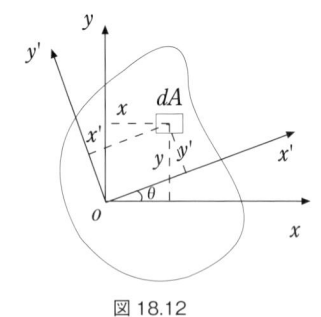

x、y 軸に関する断面相乗モーメントを I_{xy}

x'、y' 軸に関する断面2次モーメントをそれぞれ $I_{x'}$、$I_{y'}$

図 18.12

x、y 軸を θ 回転させた後の座標が x'、y' 軸であるので、座標変換(変換行列)の公式は式(18.21)で表せる。

$$x' = x\cos\theta + y\sin\theta \qquad (18.21\text{-a})$$
$$y' = y\cos\theta - x\sin\theta \qquad (18.21\text{-b})$$

式(18.21)より

$$\begin{aligned} I_{x'} &= \int_A y'^2 dA = \int_A (y\cos\theta - x\sin\theta)^2 dA \\ &= \int_A (y^2\cos^2\theta - 2xy\sin\theta\cos\theta + x^2\sin^2\theta) dA \\ &= I_x\cos^2\theta + I_y\sin^2\theta - 2I_{xy}\sin\theta\cos\theta \end{aligned} \qquad (18.22)$$

なぜなら

$$I_x = \int_A y^2 dA \qquad (18.23\text{-a})$$

$$I_y = \int_A x^2 dA \qquad (18.23\text{-b})$$

$$I_{xy} = \int_A xy\, dA \qquad (18.23\text{-c})$$

$$\begin{aligned} I_{y'} &= \int_A x'^2 dA = \int_A (x\cos\theta + y\sin\theta)^2 dA \\ &= \int_A (x^2\cos^2\theta + 2xy\sin\theta\cos\theta + y^2\sin^2\theta) dA \\ &= I_x\sin^2\theta + I_y\cos^2\theta + 2I_{xy}\sin\theta\cos\theta \end{aligned} \qquad (18.23\text{-d})$$

ここで、I_{xy}：断面相乗モーメント

式（18.22）および式（18.23-d）より次式が導かれる。

$$I_{x'} + I_{y'} = I_x + I_y \tag{18.24}$$

式（18.17）より、式（18.24）は断面極2次モーメント I_p となるので、

$$I_{x'} + I_{y'} = I_x + I_y = I_p \tag{18.25}$$

このことは、任意の2つの直交軸に関する断面2次モーメントの和は常に等しく、断面極2次モーメント I_p となることを示している。従って、I_x または I_y のいずれかが最大値（強軸）となれば、他が最小値（弱軸）となる。このように最大と最小の断面2次モーメントを**主断面2次モーメント**、このときの直交軸を**断面の主軸**という。（図18.13参照）

座屈を検討するときの断面2次モーメントは、図心を通る断面の主軸の最小値（弱軸方向の値）を用いる。

なお、主断面2次モーメント $I_{x'}$、$I_{y'}$ は $\dfrac{dI_{x'}}{d\theta}=0$ の条件から次のように求まる。

公式：$I_{x'}, I_{y'} = \dfrac{I_x + I_y}{2} \pm \sqrt{\left(\dfrac{I_x - I_y}{2}\right)^2 + \left(I_{xy}\right)^2}$ （18.26）

式（18.26）はモールの応力円の式と同じ形式なので、$I_x \to \sigma_x$、$I_y \to \sigma_y$、$I_{xy} \to \tau$ と置き換えることにより式（17.33）と同じになり、モールの応力円と同じ方法で描くと図18.14のようになる。$I_{xy} = 0$ となる「$I_x \cdot I_y$ 軸」上の値が主軸の値となり、主軸の方向は (I_x, I_{xy}) の点から 2θ 回転した方向の軸である。

各種断面の主軸を図18.15に示す。

図18.13

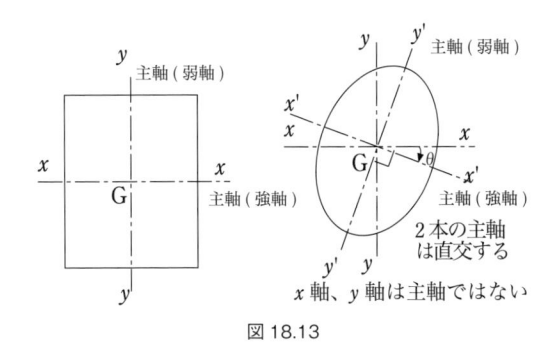

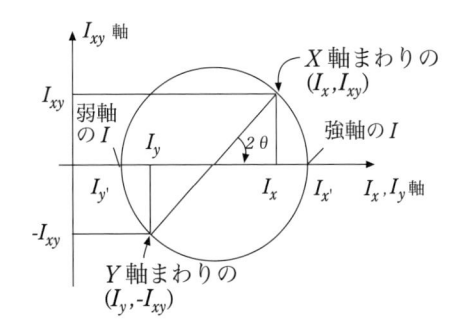

図18.14

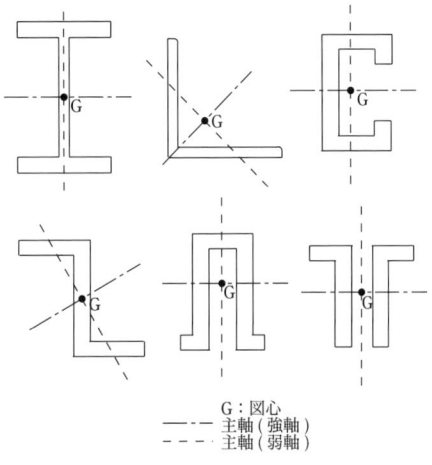

図18.15　各種断面の主軸

例題 79

図 18.16（a）のような断面の柱が剛な梁と剛接合され、基礎とピン接合されている。柱が座屈しない限界の梁に載せることの出来る荷重を求めよ。ただし、ヤング率は $E = 2.06 \times 10^5 \text{N/mm}^2$ とする。

[解]

方針

図 18.16（a）より柱 1 本あたり $w/2$ の圧縮が作用する。梁に w が作用して柱が座屈する時は図 18.3（b）のように梁が水平移動する。その時の柱の支持条件は図 18.16（b）となり、上下ひっくり返すと図 18.4 の「自由・固定水平移動あり」に対応する（ピン支持は回転できるので自由と同じ）。従って、座屈長さは $2L = 2 \times 2\text{m} = 4\text{m}$ となる。

柱の断面を図 18.16（c）のように 2 つの長方形に分割して、原点を o とした x-y 座標を設定して、全体図形の図心を求める。更にその図心を通る x 軸、y 軸まわりの断面 2 次モーメントと断面相乗モーメントを求め、式（18.26）または図 18.14 を用いて主軸（弱軸）まわりの断面 2 次モーメントを計算する。そして、弱軸まわりの断面 2 次モーメントを用いて座屈荷重の計算を行い、w を求める。

$$A_1 = 100 \cdot 10 = 1000 \text{mm}^2 \tag{18.27-a}$$

$$I_{x1} = \frac{10 \cdot 100^3}{12} = 833333 \text{mm}^4 \tag{18.27-b}$$

$$I_{y1} = \frac{100 \cdot 10^3}{12} = 8333 \text{mm}^4 \tag{18.27-c}$$

$$A_2 = 65 \cdot 10 = 650 \text{mm}^2 \tag{18.27-d}$$

$$I_{x2} = \frac{65 \cdot 10^3}{12} = 5417 \text{mm}^4 \tag{18.27-e}$$

$$I_{y2} = \frac{10 \cdot 65^3}{12} = 228854 \text{mm}^4 \tag{18.27-f}$$

図 18.16（d）で示した、柱断面の中立軸を以下の式より求める。

$$y_0 = \frac{S_x}{A_1 + A_2} = \frac{1000 \cdot 50 + 650 \cdot 5}{1000 + 650} = 32.3 \text{mm} \tag{18.28-a}$$

$$x_0 = \frac{S_y}{A_1 + A_2} = \frac{1000 \cdot 5 + 650 \cdot 42.5}{1000 + 650} = 19.8 \text{mm} \tag{18.28-b}$$

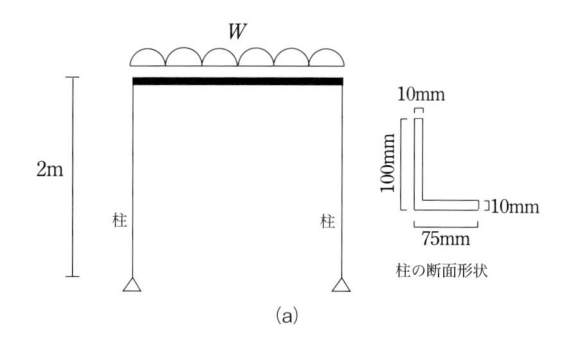

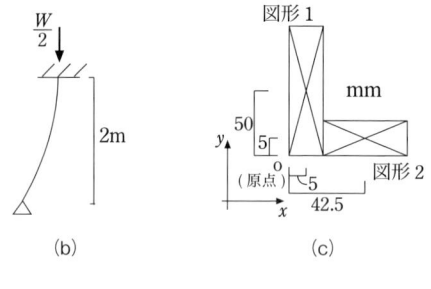

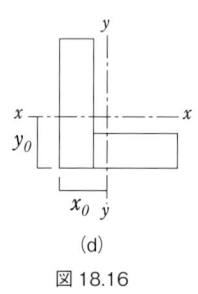

図18.16（e）で示したx_1、x_2、y_1、y_2を求める。なお、断面相乗モーメントの計算で符号が必要なため、（各図形の図心－断面全体の図心）で計算して求めること。

$$x_1 = \underline{5} - \underline{19.8} = -14.8\text{mm} \quad (18.29\text{-a})$$
各図形　断面全体
の図心　の図心
$$x_2 = 42.5 - 19.8 = 22.7\text{mm} \quad (18.29\text{-b})$$
$$y_1 = 50 - 32.3 = 17.7\text{mm} \quad (18.29\text{-c})$$
$$y_2 = 5 - 32.3 = -27.3\text{mm} \quad (18.29\text{-d})$$

次に、x軸、y軸まわりの断面2次モーメントI_x、I_yを以下のように求める。

$$\begin{aligned}I_x &= I_{x1} + A_1 \cdot y_1^2 + I_{x2} + A_2 \cdot y_2^2 \\ &= 833333 + 1000 \cdot 17.7^2 + 5417 + 650 \cdot (-27.3)^2 \\ &= 1636479\text{mm}^4 \quad (18.30\text{-a})\end{aligned}$$

$$\begin{aligned}I_y &= I_{y1} + A_1 \cdot x_1^2 + I_{y2} + A_2 \cdot x_2^2 \\ &= 8333 + 1000 \cdot (-14.8)^2 + 228854 + 650 \cdot 22.7^2 \\ &= 791166\text{mm}^4 \quad (18.30\text{-b})\end{aligned}$$

中立軸の交点 o'（断面の図心）に対する断面相乗モーメントI_{xy}は次式より与えられる。

$$\begin{aligned}I_{xy} &= A_1 \cdot x_1 \cdot y_1 + A_2 \cdot x_2 \cdot y_2 \\ &= 1000 \cdot 17.7 \cdot (-14.8) + 650 \cdot (-27.3) \cdot 22.7 \quad (18.31) \\ &= -664772\text{mm}^4\end{aligned}$$

弱軸まわりの断面2次モーメント$I_弱$は次式より与えられる。

$$C = \frac{I_x + I_y}{2} = \frac{1636479 + 791166}{2} = 1213823\text{mm}^4 \quad (18.32\text{-a})$$

$$\begin{aligned}R &= \sqrt{\left(\frac{I_x - I_y}{2}\right)^2 + I_{xy}^2} = \sqrt{\left(\frac{1636479 - 791166}{2}\right)^2 + (-664772)^2} \\ &= 787757\text{mm}^4 \quad (18.32\text{-b})\end{aligned}$$

$$\begin{aligned}I_弱 &= C - R = \frac{I_x + I_y}{2} - \sqrt{\left(\frac{I_x - I_y}{2}\right)^2 + I_{xy}^2} \quad (18.32\text{-c}) \\ &= 1213823 - 787757 = 426066\text{mm}^4\end{aligned}$$

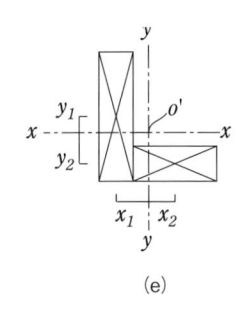

(e)

POINT!

断面相乗モーメント＝Σ（各長方形の面積×各長方形の図心から断面全体の図心までのX方向とY方向の距離の積）

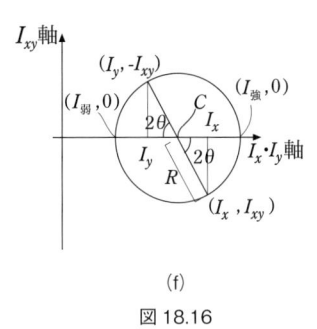

(f)

図18.16

作図の方法

図のように$(I_x、I_{xy})$と$(I_y、-I_{xy})$を直径とする円を描き、$I_x \cdot I_y$軸と円との交点$(I_強、0)$が強軸方向の断面2次モーメントとなる。

I_xを計算する時の中立軸（図18.13のx-x軸）からθ（円では2θ）回転した軸が強軸となる。

主軸の方向は、式 (18.22) が最大値となる条件式 $\dfrac{dI_{x'}}{d\theta}=0$ より、次式が得られる。図示すると図 18.16 (g) に示すとおりとなり、角度の正の方向は、図 18.16 (f) より左回りである。

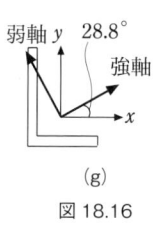

$$\theta = \frac{1}{2}\tan^{-1}\left(\frac{-I_{xy}}{\left(\dfrac{I_x - I_y}{2}\right)}\right) = 28.8° \tag{18.33}$$

図 18.16

座屈荷重の計算

以上より、$L_k = 4000\text{mm}$ として座屈荷重を求めると以下のとおりとなる。

$$P_E = \frac{\pi^2 EI}{L_k^2} = \frac{3.14^2 \cdot 2.06\times 10^5 \cdot 426066}{4000^2} = 5.41\times 10^4 \text{N} \tag{18.34}$$

$\dfrac{w}{2} = P_E$ より
$w = 1.082\times 10^5 \text{N} = 108.2\text{kN}$ \hfill (18.35)

コラム　断面相乗モーメントの計算

積分では以下の2通りの方法で計算できる。

（方法1）　図形 A + B で計算する方法

$$I_{xy} = \underbrace{\int_{-32.3}^{67.7}\int_{-19.8}^{-9.8} x\cdot y\, dxdy}_{\text{図形 A の }I_{xy}}$$

$$+ \underbrace{\int_{-32.3}^{-22.3}\int_{-9.8}^{55.2} x\cdot y\, dxdy}_{\text{図形 B の }I_{xy}} = -664772\text{mm}^4$$

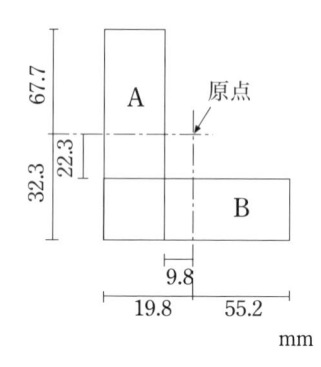

（方法2）　図形 C − D で計算する方法

$$I_{xy} = \underbrace{\int_{-32.3}^{67.7}\int_{-19.8}^{55.2} x\cdot y\, dxdy}_{\text{図形 C の }I_{xy}} - \underbrace{\int_{-22.3}^{67.7}\int_{-9.8}^{55.2} x\cdot y\, dxdy}_{\text{図形 D の }I_{xy}} = -664772\text{mm}^4$$

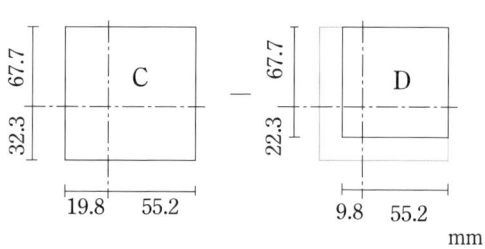

例題80

図18.17（a）のようなトラス構造物に90kNの荷重が作用するとき、構造物が安全かどうか検定せよ。ただし、部材のヤング率 $E = 2.06 \times 10^5 \text{N/mm}^2$、引張許容応力度 $\sigma_t = 235\text{N/mm}^2$ とする。

[解]

12章のトラスの解法に従い、反力、各部材の軸力を計算した結果を図18.17（b）に示す。

また、部材の断面積Aと断面2次モーメントI_x、I_yをそれぞれ求めると以下のとおりとなる。

$$A = 100 \cdot 75 - 88 \cdot 63 = 1956 \text{mm}^2 \quad (18.36\text{-a})$$

$$I_x = \frac{75 \cdot 100^3}{12} - \frac{63 \cdot 88^3}{12} = 2672272 \text{mm}^4 \quad (18.36\text{-b})$$

$$I_y = \frac{100 \cdot 75^3}{12} - \frac{88 \cdot 63^3}{12} = 1681947 \text{mm}^4 \quad (18.36\text{-c})$$

よって、弱軸の断面2次モーメントはI_yである。

軸力の最大値は、$N_{AE} = 150\text{kN}$（引張）、$N_{BF} = -150\text{kN}$（圧縮）である。

引張材に対しては、引張許容応力度(235N/mm²)>N_{AE}/Aで検定する。

$$\frac{150000}{1956} = 76.7 \text{N/mm}^2 < 235 \text{N/mm}^2 \quad (18.37)$$

よって安全である。

次に、圧縮材に対しては$N_{BF}<P_E$で検定する。

座屈荷重は部材長さにより異なるので、圧縮材全てについて検討する必要がある。

トラス構造物は両端ピン接合なので、例えば、BF材の場合は、座屈長さ$L_k = 5000\text{mm}$となる。

$$P_E = \frac{\pi^2 EI}{L_k^2} = \frac{3.14^2 \cdot 2.06 \times 10^5 \cdot 1681947}{5000^2}$$
$$= 136647\text{N} < N_{BF} = 150\text{kN} \quad (18.38)$$

よって、BF材は座屈するために危険である。

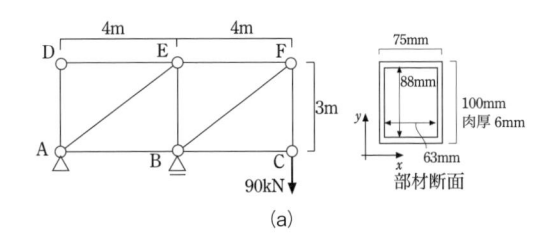

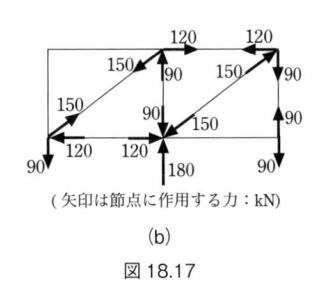

第19章　梁の曲げたわみの計算

19.1 曲げたわみの計算

梁断面に曲げモーメント $M_{(x)}$ が作用すると、その部分では曲率 ϕ の変形が生じる。以上のことは、フックの法則より、式（19.1）で表すことができる（16.3節参照）。いま、図19.1（a）のように断面Aを基準として考えると dx 離れた断面Bに作用する $M_{B(x)}$ により、断面Bは $d\theta$ 回転する。ここで、図19.1（b）のように $dx=1$ とすると、断面Bの回転角 $d\theta$ は、角度の変化率 $d\theta/dx=d^2y/dx^2=\phi$（曲率）となる（16章参照）。

$$M_{(x)} = EI\phi = EI\frac{d^2y}{dx^2} \tag{19.1}$$

図19.1（c）のような右手系の座標系を考えると、回転角 $\theta = dy/dx$ は左回りが正となり、曲率 ϕ も同様に左回りが正となる。

x を左→右と考えると、図19.1（b）のように正の曲率 ϕ を生じさせるために必要な断面Bに作用する曲げモーメントは左回りの方向となり、梁の曲げモーメントの符号と一致する（図4.5（d）を参照）。

建築物では通常、荷重は鉛直方向（下向き）に作用するので、梁のたわみも図19.2のように下側に生じる。そこで、図19.3のようにたわみの生じる方向に y の正の方向となるような左手系の座標で考えると、曲げモーメント $M_{(x)}$ と曲率 d^2y/dx^2 の関係式は式（19.2）のようになる。

公式：$$M_{(x)} = -EI\frac{d^2y}{dx^2} \tag{19.2}$$

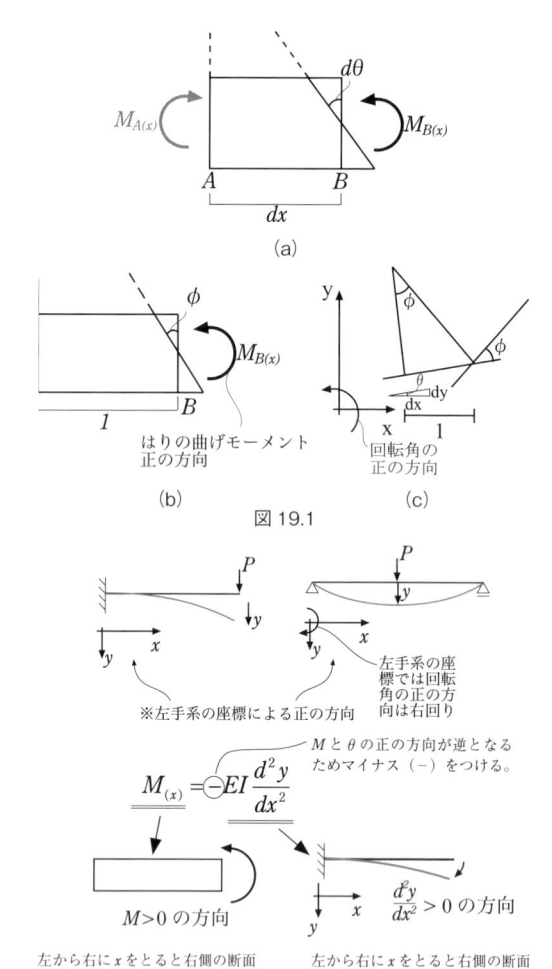

図19.1

図19.2

図19.3

POINT!

曲げモーメントの符号は右手系座標、たわみは左手系座標で表すので、式（19.2）ではマイナスが付いている。

計算の際は仮定する x の方向（右→左または左→右）によって座標系がかわるので、式（19.2）の符号は異なる。

そのため、とりあえず式（19.2）の符号は無視して計算して、力の作用した方向にたわむので、たわみの値を絶対値で答えても良い。

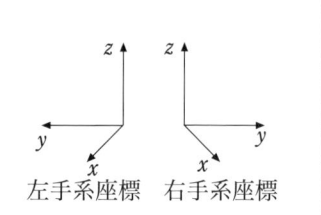

左手系座標　　右手系座標

コラム

建築構造物では荷重が作用して梁がたわむと振動障害などの使用上問題が生じるため、たわみ量を計算して制限値を超えないように規制されている。

たわみ量とたわみ角について

たわみ量とは、荷重が作用して部材が曲がることによって生じるたわみの計測点の移動量。

たわみ角とは、その点の部材の傾斜角。

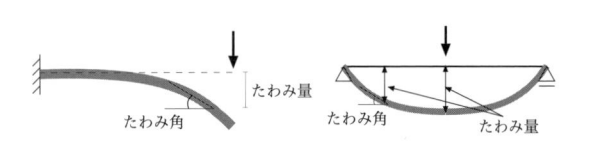

19.2　幅がB、せいがDの断面を持つ片持ちばりのたわみ曲線式の求め方（弾性曲線式）

例題81

図19.4（a）に示す片持ちばりのたわみ量とたわみ角を求めよ。

[解]

①モーメントの式を求める。

第5章を参考に、図19.4（b）のように仮定して反力を求める。そして、図19.4（c）のようにxの位置で切断して、応力を仮定してモーメント$M_{(x)}$求めると、式（19.3）のようになる。

$\Sigma X=0 \quad H_B = 0$ 　　　　　　　　(19.3-a)

$\Sigma Y=0 \quad V_B = P$ 　　　　　　　　(19.3-b)

$\Sigma M=0 \quad M_B = -PL$ 　　　　　　(19.3-c)

$\qquad M_{(x)} = -P \cdot x$ 　　　　　　　(19.4)

従って、A-B間のモーメント図は図19.4（d）に示すようになる。

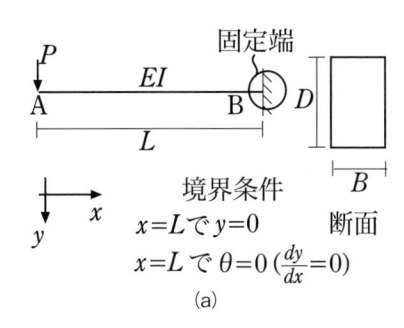

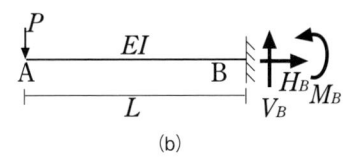

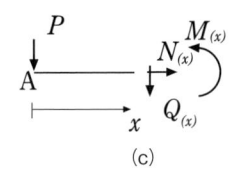

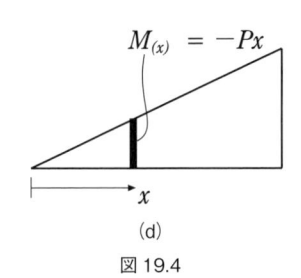

境界条件
$x=L$で$y=0$
$x=L$で$\theta=0$ ($\frac{dy}{dx}=0$)

図19.4

②微分方程式を解いてたわみ角とたわみ曲線式を求める。

曲率は $M_{(x)}$ に応じて決まるので式(19.2)で与えられる。式(19.4)を式(19.2)に代入すると、式(19.5)のような x に関する2階の微分方程式となる。式(19.5)を解くことにより $y=f_{(x)}$ すなわち梁のたわみ曲線が求まる。

$$EI\frac{d^2y}{dx^2} = -(-Px) = Px$$

$$\frac{d^2y}{dx^2} = \frac{P}{EI}x \tag{19.5}$$

1階積分して

$$\frac{dy}{dx} = \frac{1}{2}\cdot\frac{P}{EI}x^2 + C_1 \tag{19.6}$$

さらにもう1階積分して

$$y = \frac{1}{6}\cdot\frac{P}{EI}x^3 + C_1 x + C_2 \tag{19.7}$$

式(19.6)より、$x=L$ で $\theta=dy/dx=0$ となるので

$$0 = \frac{1}{2}\cdot\frac{PL^2}{EI} + C_1$$

$$C_1 = -\frac{PL^2}{2EI} \tag{19.8}$$

式(19.7)より、$x=L$ で $y=0$ となるので

$$0 = \frac{1}{6}\cdot\frac{PL^3}{EI} - \frac{PL^3}{2EI} + C_2$$

$$C_2 = \frac{PL^3}{3EI} \tag{19.9}$$

以上より、たわみ角とたわみ曲線式は次式で与えられる。

$$\theta = \frac{P}{2EI}x^2 - \frac{PL^2}{2EI} \tag{19.10}$$

$$y = \frac{P}{6EI}x^3 - \frac{PL^2}{2EI}x + \frac{PL^3}{3EI} \tag{19.11}$$

A点($x=0$)のたわみ角は

$$\theta = \frac{dy}{dx} = -\frac{PL^2}{2EI} \tag{19.12}$$

A点($x=0$)のたわみは

$$y = \frac{PL^3}{3EI} \tag{19.13}$$

ここで断面2次モーメントは $I=\dfrac{BD^3}{12}$ である。

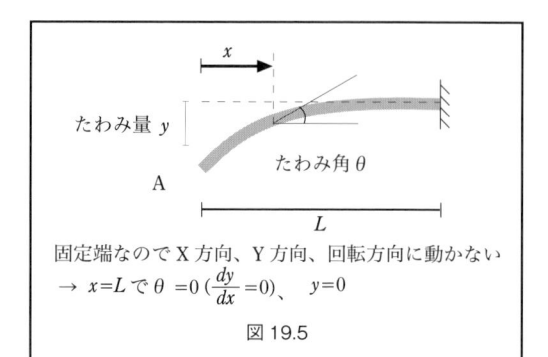

図19.5

固定端なのでX方向、Y方向、回転方向に動かない
→ $x=L$ で $\theta=0$ ($\dfrac{dy}{dx}=0$)、$y=0$

復習

$$\frac{dF_{(x)}}{dx} = f_{(x)}$$

↑積分 ↓微分

$$\int f_{(x)}dx = F_{(x)} + C$$

不定積分　　積分定数

境界条件とは？

　積分定数を定めるための条件

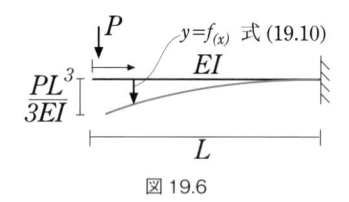

図19.6

例題82

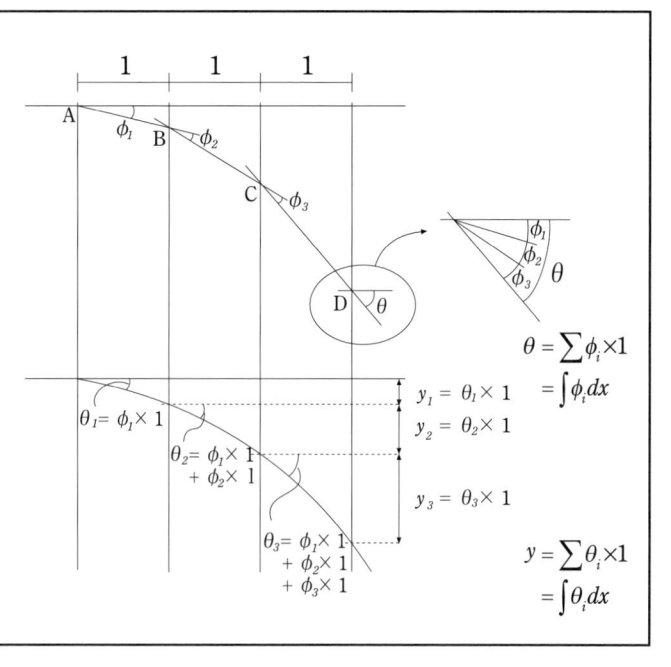

図19.7に示した片持ちばりのA点のたわみ角及びたわみ量を求めよ。なお、部材のヤング率$E=7.0$kN/mm^2とする。

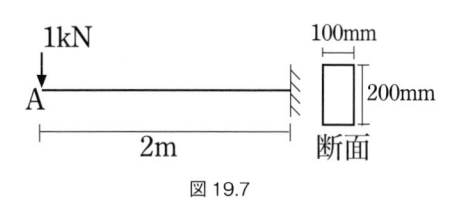

[解]

部材の断面2次モーメントIは次式より求まる。

$$I = \frac{100 \cdot 200^3}{12} = 6.667 \times 10^7 \text{mm}^4 \quad (19.14)$$

A点のたわみ角$\theta\ (=dy/dx)$とたわみyは式(19.12)と式(19.13)より求まる。なお、ここではたわみの絶対値を求めるため、符号を省略して計算している。

$$\theta = \frac{PL^2}{2EI} = \frac{1000 \cdot 2000^2}{2 \cdot 7 \times 10^3 \cdot 6.667 \times 10^7} = 0.0043 \text{rad.} \quad (19.15)$$

$$y = \frac{PL^3}{3EI} = \frac{1000 \cdot 2000^3}{3 \cdot 7 \times 10^3 \cdot 6.667 \times 10^7} = 5.7 \text{mm} \quad (19.16)$$

図19.7

コラム

曲率の定義は、角度の変化率である。

1だけ距離が離れた位置での角度の変化分をϕ_iとすると、D点での回転角はA-Dの曲率の和となるので

$$\theta = \sum \phi_i \times 1$$
$$= \int \phi_i dx$$

D点のたわみはA-Dの各区間で生じるたわみの和となるので

$$y = y_1 + y_2 + y_3$$
$$= \sum \theta_i \times 1$$
$$= \int \theta_i dx$$

第19章 梁の曲げたわみの計算

例題 83

図 19.8（a）に示した単純梁の最大たわみ量を求めよ。なお、部材のヤング率を E、断面 2 次モーメントを I とする。

[解]

例題 21 を参考に、A 点、B 点における反力を図 19.8（b）のように仮定して求めると以下のようになる。

$\Sigma X = 0 \quad H_A = 0$ (19.17-a)

$\Sigma Y = 0 \quad V_A + V_B - P = 0$ (19.17-b)

$\Sigma M = 0 \quad P\dfrac{L}{2} - V_B L = 0$ (19.17-c)

$V_A = V_B = \dfrac{P}{2}$ (19.17-d)

集中荷重点（C 点）を境に図 19.8（c）と（d）のように荷重状態が異なるので、それぞれ A 点を x の原点として釣り合い式を立てて $M_{(x)}$ の式を求めると式（19.18-a）と（19.18-b）のように求まる。

$0 \leqq x \leqq L/2$ で

$M_{(x)} = \dfrac{P}{2} x$ (19.18-a)

$L/2 \leqq x \leqq L$ で

$M_{(x)} = \dfrac{PL}{2} - \dfrac{Px}{2}$ (19.18-b)

単純梁に作用するモーメント図を図示すると、図 19.8（e）に示すようになる。

式（19.2）より、式（19.18-a）と（19.18-b）は式（19.19-a）と式（19.20-a）にそれぞれ書き換えることができ、微分方程式を解くことにより式（19.19-b）、式（19.19-c）及び式（19.20-b）、式（19.20-c）が導かれる。

コラム

支点の境界条件

座標軸を下図のように定義した場合の支点位置での境界条件を以下に示す。

固定端　X、Y、θ 方向に移動しない
$y = 0 \quad \theta = dy/dx = 0$

ピン支点　X、Y 方向に移動しない
$y = 0$

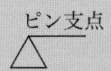

ローラー支点　Y 方向に移動しない
$y = 0$

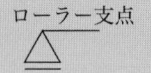

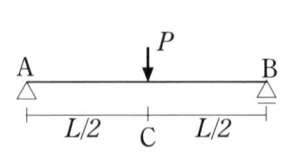

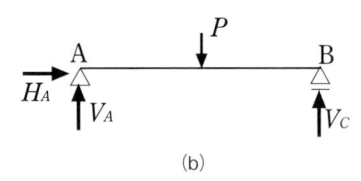

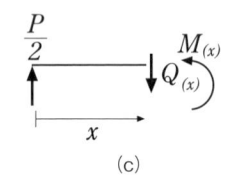

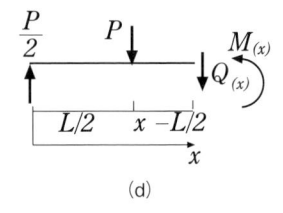

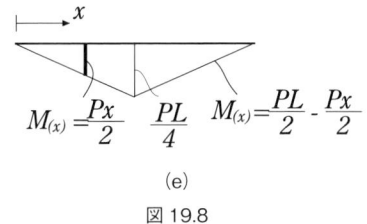

図 19.8

$0 \leq x \leq L/2$ で

$$-EI\frac{d^2y}{dx^2} = \frac{P}{2}x$$

$$\frac{d^2y}{dx^2} = -\frac{P}{2EI}x \quad (19.19\text{-a})$$

$$\frac{dy}{dx} = -\frac{Px^2}{4EI} + C_1 \quad (19.19\text{-b})$$

$$y = -\frac{Px^3}{12EI} + C_1 x + C_2 \quad (19.19\text{-c})$$

$L/2 \leq x \leq L$ で

$$-EI\frac{d^2y}{dx^2} = \frac{PL}{2} - \frac{Px}{2}$$

$$\frac{d^2y}{dx^2} = -\frac{PL}{2EI} + \frac{Px}{2EI} \quad (19.20\text{-a})$$

$$\frac{dy}{dx} = -\frac{PL}{2EI}x + \frac{P}{4EI}x^2 + C_3 \quad (19.20\text{-b})$$

$$y = -\frac{PL}{4EI}x^2 + \frac{P}{12EI}x^3 + C_3 x + C_4 \quad (19.20\text{-c})$$

$x=0$ で $y=0$ を式（19.19-c）に代入する。

$$y = -\frac{P \cdot 0^3}{12EI} + C_1 \cdot 0 + C_2 = 0$$
$$C_2 = 0 \quad (19.21\text{-a})$$

$x=L$ で $y=0$ を式（19.20-c）に代入する。

$$y = -\frac{PL}{4EI} \cdot L^2 + \frac{P}{12EI} \cdot L^3 + C_3 \cdot L + C_4 = 0$$

$$C_3 \cdot L + C_4 - \frac{PL^3}{6EI} = 0 \quad (19.21\text{-b})$$

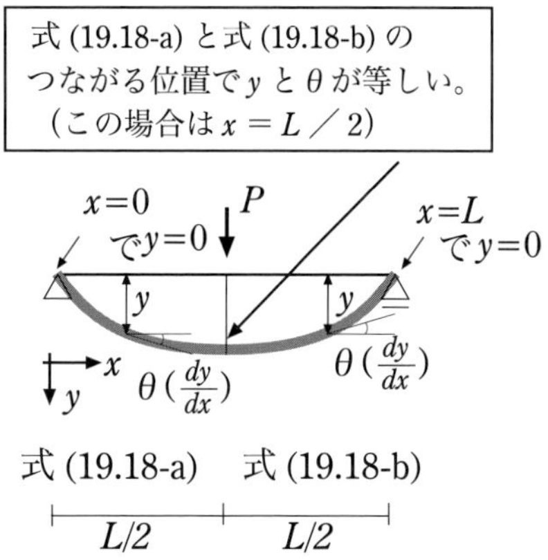

図19.8（f）に示すように、$x=L/2$（C点）では部材がつながっているため、式（19.19-b）、式（19.20-b）のC点でのたわみ角、及び式（19.19-c）、式（19.20-c）のC点でのたわみ量がそれぞれ一致する。

$$\theta_{x=\frac{L}{2}} = -\frac{P}{4EI} \cdot \left(\frac{L}{2}\right)^2 + C_1 \quad (19.21\text{-c})$$

$$\theta_{x=\frac{L}{2}} = -\frac{PL}{2EI} \cdot \left(\frac{L}{2}\right) + \frac{P}{4EI}\left(\frac{L}{2}\right)^2 + C_3 \quad (19.21\text{-d})$$

$$-\frac{P}{4EI} \cdot \left(\frac{L}{2}\right)^2 + C_1 = -\frac{PL}{2EI} \cdot \left(\frac{L}{2}\right) + \frac{P}{4EI}\left(\frac{L}{2}\right)^2 + C_3$$

$$C_1 - C_3 = -\frac{PL^2}{8EI} \quad (19.21\text{-e})$$

式(19.18-a)と式(19.18-b)のつながる位置で y と θ が等しい。（この場合は $x = L/2$）

図 19.8

POINT!

集中荷重が作用する点の両側ではモーメントの式が異なるため、上図のようにたわみ角とたわみ量が一致する条件、及び支点の境界条件を用いて積分定数を決める。

$$y_{x=\frac{L}{2}} = -\frac{P}{12EI}\cdot\left(\frac{L}{2}\right)^3 + C_1\cdot\left(\frac{L}{2}\right) + C_2 \quad (19.21\text{-f})$$

$$y_{x=\frac{L}{2}} = -\frac{PL}{4EI}\cdot\left(\frac{L}{2}\right)^2 + \frac{P}{12EI}\cdot\left(\frac{L}{2}\right)^3 + C_3\cdot\left(\frac{L}{2}\right) + C_4 \quad (19.21\text{-g})$$

$$-\frac{P}{12EI}\cdot\left(\frac{L}{2}\right)^3 + C_1\cdot\left(\frac{L}{2}\right) + C_2 = -\frac{PL}{4EI}\cdot\left(\frac{L}{2}\right)^2 + \frac{P}{12EI}\cdot\left(\frac{L}{2}\right)^3 + C_3\cdot\left(\frac{L}{2}\right) + C_4 \quad (19.21\text{-h})$$

$$\frac{L}{2}C_1 + C_2 - \frac{L}{2}C_3 - C_4 = -\frac{PL^3}{24EI} \quad (19.21\text{-i})$$

式（19.21-a、b、e、i）を解いて

$$C_1 = \frac{PL^2}{16EI} \quad (19.22\text{-a})$$

$$C_2 = 0 \quad (19.22\text{-b})$$

$$C_3 = \frac{3PL^2}{16EI} \quad (19.22\text{-c})$$

$$C_4 = -\frac{PL^3}{48EI} \quad (19.22\text{-d})$$

従って、点 x におけるたわみ角とたわみ量は次式で与えられる。

$0 \leq x \leq L/2$ で

$$\theta = \frac{dy}{dx} = -\frac{Px^2}{4EI} + \frac{PL^2}{16EI} \quad (19.23\text{-a})$$

$$y = -\frac{Px^3}{12EI} + \frac{PL^2}{16EI}x \quad (19.23\text{-b})$$

$L/2 \leq x \leq L$ で

$$\theta = \frac{dy}{dx} = -\frac{PL}{2EI}x + \frac{P}{4EI}x^2 + \frac{3PL^2}{16EI} \quad (19.23\text{-c})$$

$$y = -\frac{PL}{4EI}x^2 + \frac{P}{12EI}x^3 + \frac{3PL^2}{16EI}x - \frac{PL^3}{48EI} \quad (19.23\text{-d})$$

$x=L/2$ で $\dfrac{dy}{dx} = -\dfrac{Px^2}{4EI} + \dfrac{PL^2}{16EI} = 0$ となり、極値となるので $y_{\max}$ は $x=L/2$ で生じる。最大たわみ量 $y_{\max}$ は以下のようになる。

$$y_{\max} = -\frac{P}{12EI}\left(\frac{L}{2}\right)^3 + \frac{PL^2}{16EI}\left(\frac{L}{2}\right) = \frac{PL^3}{48EI} \quad (19.24)$$

例題84

図19.9(a)に示した単純梁の最大たわみ量を求めよ。なお、部材のヤング率をE、断面2次モーメントをIとする。

[解]

例題31を参考に、A点およびB点に作用する反力を図19.9(b)のように仮定して求めると以下のようになる。

$$V_A + V_B - w \cdot L = 0 \quad (19.25\text{-a})$$

$$w \cdot L \cdot \frac{L}{2} - V_B \cdot L = 0 \quad (19.25\text{-b})$$

$$\therefore V_A = V_B = \frac{wL}{2} \quad (19.25\text{-c})$$

図19.9(c)よりA-B間に作用するモーメントは次式で与えられる。

$$\frac{wL}{2}x - wx\frac{x}{2} - M_{(x)} = 0$$

$$M_{(x)} = -\frac{wx^2}{2} + \frac{wL}{2}x \quad (19.26)$$

ここで、式(19.2)に式(19.26)を代入することによりたわみ曲線式を求める。

$$EI\frac{d^2y}{dx^2} = -M_{(x)} = \frac{wx^2}{2} - \frac{wL}{2}x \quad (19.27\text{-a})$$

$$\frac{dy}{dx} = \frac{wx^3}{6EI} - \frac{wLx^2}{4EI} + C_1 \quad (19.27\text{-b})$$

$$y = \frac{wx^4}{24EI} - \frac{wLx^3}{12EI} + C_1 x + C_2 \quad (19.27\text{-c})$$

境界条件は図19.9(d)のようになり、式(19.27-c)において$x=0$で$y=0$を代入してC_2が、$x=L$で$y=0$を代入してC_1がそれぞれ求まる。

$$C_2 = 0 \quad (19.28\text{-a})$$

$$0 = \frac{wL^4}{24EI} - \frac{wL^4}{12EI} + C_1 L$$

$$C_1 = \frac{wL^3}{24EI} \quad (19.28\text{-b})$$

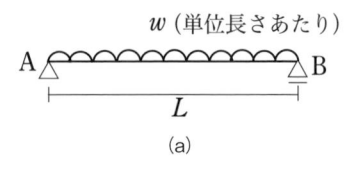

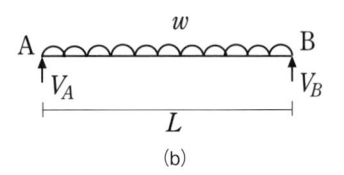

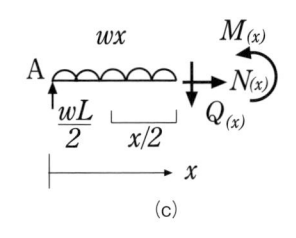

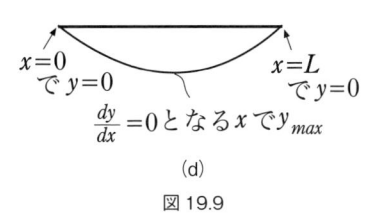

以上より、点 x におけるたわみ角、及びたわみ量は式（19.29-a）と（19.29-b）で与えられる。

$$\theta = \frac{dy}{dx} = \frac{wx^3}{6EI} - \frac{wLx^2}{4EI} + \frac{wL^3}{24EI} \quad (19.29\text{-a})$$

$$y = \frac{wx^4}{24EI} - \frac{wLx^3}{12EI} + \frac{wL^3}{24EI}x \quad (19.29\text{-b})$$

$dy/dx=0$ となる x を求めると以下のようになる。

$$0 = \frac{wx^3}{6EI} - \frac{wLx^2}{4EI} + \frac{wL^3}{24EI}$$

$$\therefore x = \frac{L}{2} \quad (19.30)$$

従って、$x=L/2$ のときのたわみ量 y を求めると以下のようになる。

$$y_{\max} = \frac{w}{24EI}\left(\frac{L}{2}\right)^4 - \frac{wL}{12EI}\left(\frac{L}{2}\right)^3 + \frac{wL^3}{24EI}\cdot\frac{L}{2}$$

$$= \frac{5wL^4}{384EI} \quad (19.31)$$

> **POINT!**
> 対称な荷重が作用する単純ばりでは、スパンの中央でたわみは最大となる。
> 非対称な荷重が作用する単純ばりでは、集中荷重の作用している点がたわみの最大値 $y_{\max}$ にはならないので、y の極値となる x を $(dy/dx=0)$ より求めて $y_{\max}$ を計算すること。

19.3 モールの定理

弾性曲線式では、式（19.32）に示すように2階の微分方程式を x で1階積分すると回転角（dy/dx）が、更にもう1階積分するとたわみ量（y）が求まる。その際、境界条件を代入することにより積分定数を求める。

$$\frac{d^2y}{dx^2} = -\frac{M_{(x)}}{EI} \quad (19.32\text{-a})$$

$$\frac{dy}{dx} = \int_0^x \left(-\frac{M_{(x)}}{EI}\right)dx + C_1 \quad (19.32\text{-b})$$

$$y = \int_0^x \left(\int_0^x \left(-\frac{M_{(x)}}{EI}\right)dx\right)dx + C_1 x + C_2 \quad (19.32\text{-c})$$

一方、分布荷重を1階積分するとせん断力が、更にもう1階積分するとモーメントが算出できる（式（7.11）と（7.12）を参照）。そこで、図19.10（b）のように M/EI を分布荷重 $w_{(x)}$ と思うことで、せん断力やモーメントを求めるつもりで計算すると、回転角やたわみ量が計算できる。その場合、片持ち梁の場合は表19.1のように自由端と固定端を入れ替えることにより境界条件を合わせることに気をつける。

図19.10
M図をひっくり返して分布荷重とする。（正の M の場合は下向きの分布荷重 M/EI として作用させる）

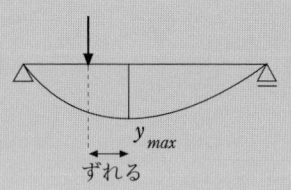

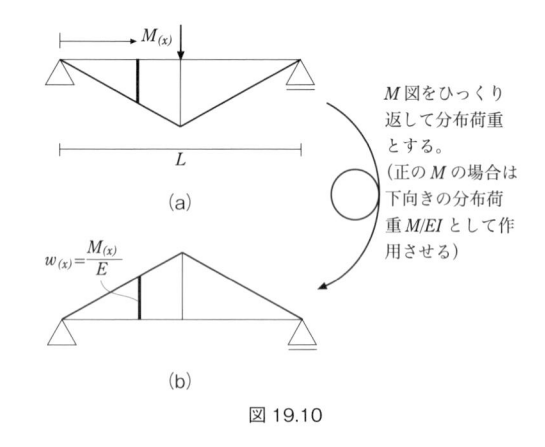

表19.1

境界条件	応力計算
ピン　ローラー　$y=0$	ピン　ローラー　$M=0$
固定端　$\theta=0$, $y=0$	自由端　$Q=0$, $M=0$

応力計算時の M が境界条件の y に
応力計算時の Q が境界条件の $\theta = \left(\dfrac{dy}{dx}\right)$ に
それぞれ相当している。

$$w_{(x)} = \frac{M_{(x)}}{EI} \qquad (19.33\text{-a})$$

$$Q_{(x)} = \int_0^x w_{(x)} dx + C_1 \quad (Q \text{の値が回転角に対応する})$$

$$= \int_0^x \frac{M_{(x)}}{EI} dx + C_1 \qquad (19.33\text{-b})$$

$$M_{(x)} = \int_0^x Q_{(x)} dx + C_1 x + C_2 \quad (M \text{の値がたわみに対応する})$$

$$= \int_0^x \left(\int_0^x \frac{M_{(x)}}{EI} dx \right) dx + C_1 x + C_2 \qquad (19.33\text{-c})$$

コラム

M 図をひっくり返して分布荷重 M/EI として算出された Q と M の値は、弾性曲線式で算出される回転角とたわみとそれぞれ符号も一致する。

例題85

図 19.11 (a) に示した片持ちばりの回転角とたわみ曲線式を求めよ。なお、部材のヤング率を E、断面2次モーメントを I とする。

[解]

例題81を参照して解くと、モーメント図は図 19.11 (b) のようになる。

$$M_{(x)} = -Px \qquad (19.34)$$

$x=0$ のとき $M_{(x)} = 0$、$x=L$ のとき $M_{(x)} = -PL$ となる。

ここで、$w_{(x)} = -\dfrac{M_{(x)}}{EI}$ を分布荷重と思って、せん断力 $Q_{(x)}$、曲げモーメント $M_{(x)}$ を求める(等変分布荷重の M、N、Q 図の求め方は8章参照)。

図 19.11 (c) の A 点における反力計算は、図 19.11 (d) のように仮定すると以下のようになる。

$\Sigma X = 0 \quad H_A = 0 \qquad (19.35\text{-a})$

$\Sigma Y = 0 \quad V_A + \dfrac{w_0 \cdot L}{2} = 0 \quad V_A = -\dfrac{w_0 \cdot L}{2} \qquad (19.35\text{-b})$

$\Sigma M = 0$

$\qquad -M_A - \dfrac{w_0 \cdot L}{2} \cdot \dfrac{2}{3} L = 0 \quad M_A = -\dfrac{w_0 \cdot L^2}{3} \qquad (19.35\text{-c})$

図 19.11 (e) にもとづき、$Q_{(x)}$、$M_{(x)}$ は次式で与えられる。

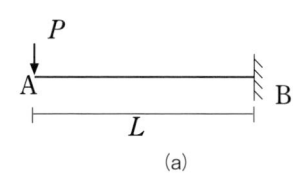

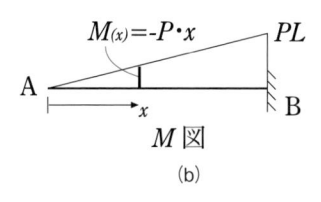

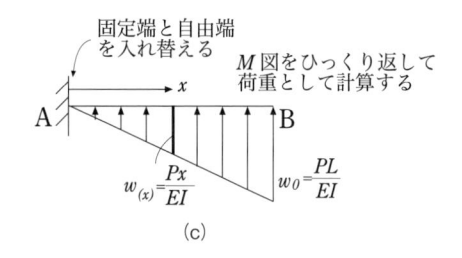

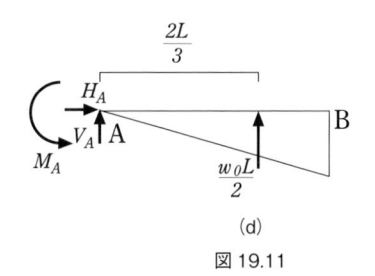

図 19.11

$$-Q_{(x)} - \frac{w_0 L}{2} + \frac{w_0 x^2}{2L} = 0$$

$$Q_{(x)} = -\frac{w_0 L}{2} + \frac{w_0 x^2}{2L} \quad (19.36\text{-a})$$

$$-M_{(x)} + \frac{w_0 L^2}{3} - \frac{w_0 L}{2}x + \frac{w_0 x^2}{2L} \cdot \frac{x}{3} = 0$$

$$M_{(x)} = \frac{w_0 x^3}{6L} - \frac{w_0 L}{2}x + \frac{w_0 L^2}{3} \quad (19.36\text{-b})$$

モールの定理より $Q_{(x)}$ が点 x のたわみ角 θ、$M_{(x)}$ が点 x のたわみ量 y となるので、$w_0 = \frac{P L}{EI}$ を代入すると以下のようになる。

$$\theta = Q_{(x)} = \frac{Px^2}{2EI} - \frac{PL^2}{2EI} \quad (19.37\text{-a})$$

$$y = M_{(x)} = \frac{Px^3}{6EI} - \frac{PL^2}{2EI}x + \frac{PL^3}{3EI} \quad (19.37\text{-b})$$

図 19.11

例題 86

図 19.12（a）に示した単純梁の回転角とたわみ曲線式を求めよ。また、最大たわみ量 $y_{\max}$ も求めよ。なお、部材のヤング率を E、断面 2 次モーメントを I とする。

[解]

例題 84 を参照して解くと、モーメント図は図 19.12（b）のようになる。

$$-M_{(x)} + \frac{wLx}{2} - wx\frac{x}{2} = 0 \quad (19.38)$$

$$M_{(x)} = -\frac{wx^2}{2} + \frac{wLx}{2}$$

ここで、$w_{(x)} = -\frac{M_{(x)}}{EI}$ を分布荷重と思って曲げモーメント $M_{(x)}$ を求める。図 19.12（c）の A 点における反力計算を行うと以下のようになる。

$\sum X = 0 \quad H_A = 0 \quad (19.39\text{-a})$

$\sum Y = 0 \quad V_A + V_B - \int_0^L w_{(x)} dx = 0$

$\qquad V_A + V_B - \int_0^L \frac{w}{2EI}\left(-x^2 + Lx\right) dx = 0 \quad (19.39\text{-b})$

$\qquad V_A + V_B - \frac{wL^3}{12EI} = 0$

$\sum M_{(A)} = 0 \quad \int_0^L w_{(x)} \cdot x\, dx - V_B L = 0 \quad (19.39\text{-c})$

$\qquad -\int_0^L \frac{w}{2EI}\left(-x^2 + Lx\right) \cdot x\, dx - V_B L = 0$

図 19.12

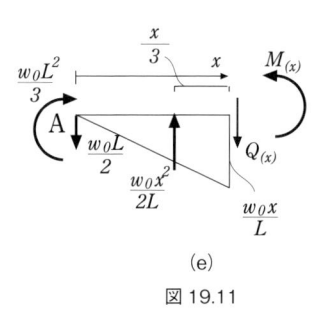

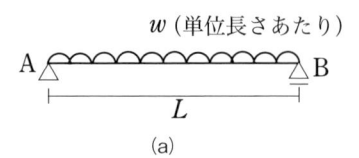

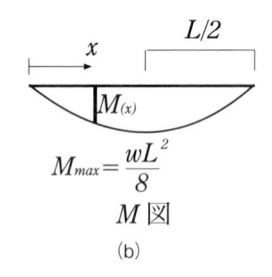

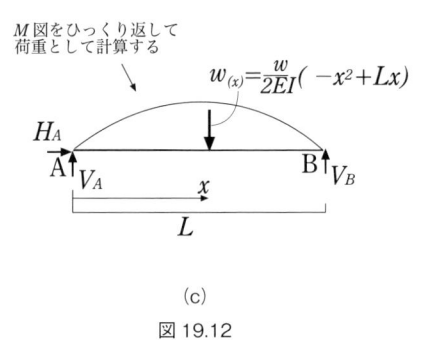

式 (19.39-b)、式 (19.39-c) より

$$V_A = V_B = \frac{wL^3}{24EI} \tag{19.40}$$

図 19.12 (d) に示す $Q_{(x)}$、$M_{(x)}$ は次式によって与えられる。

$$-Q_{(x)} + V_A - \int_0^x w_{(S)} ds = 0$$

$$\begin{aligned} Q_{(x)} &= \frac{wL^3}{24EI} - \int_0^x \frac{w}{2EI}(-s^2 + L \cdot s) ds \\ &= \frac{w}{2EI}\left(\frac{x^3}{3} - \frac{Lx^2}{2} + \frac{L^3}{12}\right) \end{aligned} \tag{19.41-a}$$

$$-M_{(x)} + V_A \cdot x - \int_0^x w_{(S)}(x-s) ds = 0$$

$$\begin{aligned} M_{(x)} &= \frac{wL^3}{24EI} \cdot x - \int_0^x \frac{w}{2EI}(-s^2 + L \cdot s)(x-s) ds \\ &= \frac{w}{2EI}\left(\frac{x^4}{12} - \frac{Lx^3}{6} + \frac{L^3 x}{12}\right) \end{aligned} \tag{19.41-b}$$

モールの定理より $Q_{(x)}$ がたわみ角 θ、$M_{(x)}$ がたわみ量 y となるので

$$\theta = \frac{w}{2EI}\left(\frac{x^3}{3} - \frac{Lx^2}{2} + \frac{L^3}{12}\right) \tag{19.42-a}$$

$$y = \frac{w}{2EI}\left(\frac{x^4}{12} - \frac{Lx^3}{6} + \frac{L^3 x}{12}\right) \tag{19.42-b}$$

次に、最大たわみ量 y_{max} を求める。

たわみ量が最大となるのは、$x=L/2$ のときなので、式 (19.42-b) に代入して整理すると次のように与えられる。

$$\begin{aligned} y_{max} &= \frac{w}{24EI}\left(\frac{L}{2}\right)^4 - \frac{wL}{12EI}\left(\frac{L}{2}\right)^3 + \frac{wL^3}{24EI} \cdot \frac{L}{2} \\ &= \frac{5wL^4}{384EI} \end{aligned} \tag{19.43}$$

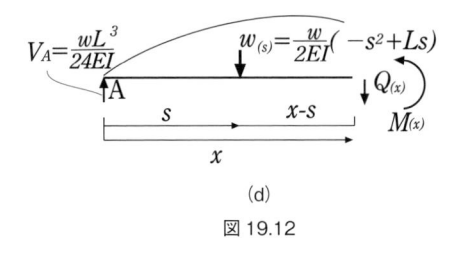

図 19.12

例題 87

図 19.13 (a) に示した単純梁の回転角とたわみ曲線式を求めよ。また、最大たわみ量 $y_{\max}$ も求めよ。なお、部材のヤング率を E、断面 2 次モーメントを I とする。

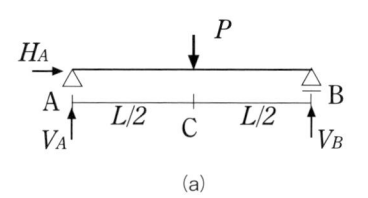

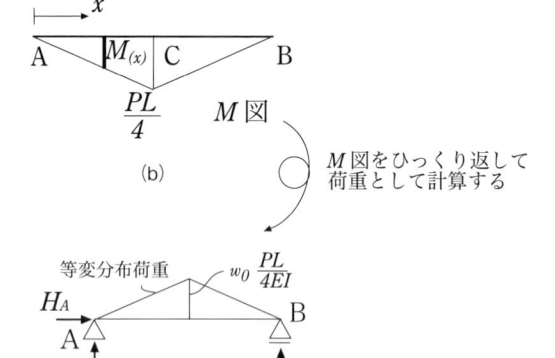

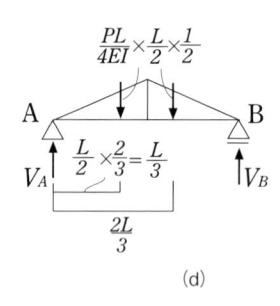

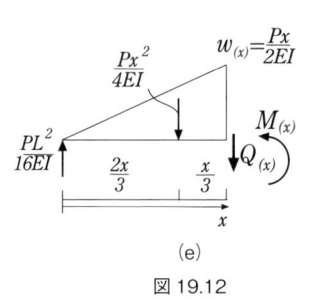

[解]

例題 83 を参照して解くと、モーメント図は図 19.13 (b) に示すようになる。

A-C 間
$$-M_{(x)} + \frac{P}{2}x = 0 \tag{19.44-a}$$
$$M_{(x)} = \frac{P}{2}x$$

C-B 間
$$-M_{(x)} + \frac{P}{2}x - P\left(x - \frac{L}{2}\right) = 0 \tag{19.44-b}$$
$$M_{(x)} = \frac{P}{2}(L - x)$$

ここで、モールの定理より $W_{(x)} = \dfrac{M_{(x)}}{EI}$ を分布荷重と思って曲げモーメント $M_{(x)}$ を求める。

図 19.13 (d) の A 点における反力計算を行うと以下のようになる。

$\Sigma X = 0 \quad H_A = 0 \tag{19.45-a}$

$\Sigma Y = 0 \quad V_A + V_B - \dfrac{PL}{4EI} \cdot \dfrac{L}{2} \cdot \dfrac{1}{2} \cdot 2 = 0$

$\qquad V_A + V_B - \dfrac{PL^2}{8EI} = 0 \tag{19.45-b}$

$\Sigma M = 0 \quad \dfrac{PL}{4EI} \cdot \dfrac{L}{2} \cdot \dfrac{1}{2} \cdot \left(\dfrac{L}{3} + \dfrac{2}{3}L\right) - V_B L = 0 \tag{19.45-c}$

式 (19.45-b)、式 (19.45-c) より

$$V_A = V_B = \frac{PL^2}{16EI} \tag{19.46}$$

釣り合い式より

$$Q_{(x)} = \frac{PL^2}{16EI} - \frac{Px^2}{4EI} \tag{19.47-a}$$

$$M_{(x)} = -\frac{Px^3}{12EI} + \frac{PL^2 x}{16EI} \tag{19.47-b}$$

図 19.12

モールの定理より $Q_{(x)}$ が変形角 θ、$M_{(x)}$ がたわみ量 y となるので

$$\theta = \frac{PL^2}{16EI} - \frac{Px^2}{4EI} \qquad (19.48\text{-a})$$

$$y = \frac{P}{EI}\left(\frac{L^2 \cdot x}{16} - \frac{x^3}{12}\right) \qquad (19.48\text{-b})$$

たわみ量が最大となる x を求めることは、式(19.47-b)の $M_{(x)}$ が最大となる x ($Q_{(x)} = 0$ となる x)を求めることに対応する(図7.10参照)。式(19.47-a)において $Q_{(x)} = 0$ より $x = L/2$ となり、式(19.47-b)に代入して整理すると次のように与えられる。

$$y_{\max} = \frac{PL^3}{48EI} \qquad (19.49)$$

付録1　ギリシャ文字

大文字	小文字		大文字	小文字	
A	α	alpha（アルファー）	N	ν	nu（ニュー）
B	β	beta（ベータ）	Ξ	ξ	xi（クシー）
Γ	γ	gamma（ガンマ）	O	o	omicron（オミクロン）
Δ	δ	delta（デルタ）	Π	π	pi（パイ）
E	ε	epsilon（イプシロン）	P	ρ	rho（ロー）
Z	ζ	zeta（ツェータ）	Σ	σ	sigma（シグマ）
H	η	eta（イータ）	T	τ	tau（タウ）
Θ	θ	theta（シータ）	Υ	υ	upsilon（ウプシロン）
I	ι	iota（イオタ）	Φ	φ, ϕ	phi（ファイ）
K	κ	kappa（カッパ）	X	χ	chi（カイ）
Λ	λ	lambda（ラムダ）	Ψ	ψ	psi（プシー）
M	μ	mu（ミュー）	Ω	ω	omega（オメガ）

付録2　CGS単位とSI単位の換算表

種類	CGS → SI		SI → CGS	
(1) 力	1kgf 1tf	9.8N 9.8kN	1N 1kN	0.102kgf 0.102tf ） 102kgf
(2) モーメント	1tf·m	9.8kN·m	1kN·cm	0.102tf·cm
(3) 応力度	1kgf/mm² 1tf/mm²	9.8N/mm² 9.8kN/mm²	1N/mm² 1kN/mm²	0.102kgf/mm² 0.102tf/mm²

付録2 静定ばりの反力V，応力Q，Mと変形θ，δの表

左端A点：$x=0$ 右端B点：$x=l$

正の符号 V：上向き，Q：右手前方向，M：下凸方向，θ：時計回り，δ：下向き，
E：材料のヤング係数，I：断面二次モーメント，$W=wl$

	荷　　　重 せん断力図 曲げモーメント図	反　力　V せん断力　Q	曲げモーメント M	たわみ角 θ	たわみ δ
①		$V_B=P$ $Q_{A\sim B}=-P$	$M=-Px$ $M_B=M_{\max}=-Pl$	$\theta=-\dfrac{Pl^2}{2EI}\left(1-\dfrac{x^2}{l^2}\right)$ $\theta_A=-\dfrac{Pl^2}{2EI}$	$\delta=\dfrac{Pl^3}{3EI}\left(1-\dfrac{3x}{2l}+\dfrac{x^3}{2l^3}\right)$ $\delta_A=\delta_{\max}=\dfrac{Pl^3}{3EI}$
②		$V_B=P$ $Q_{A\sim C}=0$ $Q_{C\sim B}=-P$	$M_{A\sim C}=0$ $M_{C\sim B}=-P(x-a)$ $M_B=M_{\max}=-Pb$	$\theta_{A\sim C}=-\dfrac{Pb^2}{2EI}$ $\theta_{C\sim B}$ $=-\dfrac{Pb^2}{2EI}\left\{1-\dfrac{(x-a)^2}{b^2}\right\}$	$\delta_{C\sim B}=\dfrac{Pb^3}{3EI}$ $\times\left\{1-\dfrac{3(x-a)}{2b}+\dfrac{(x-a)^3}{2b^3}\right\}$ $\delta_C=\dfrac{Pb^3}{3EI}$ $\delta_A=\dfrac{Pb^3}{3EI}\left(1+\dfrac{3a}{2b}\right)$
③ 全荷重 $W=wl$		$V_B=W$ $Q=-wx=-\dfrac{Wx}{l}$ $Q_B=-wl=-W$	$M=-\dfrac{wx^2}{2}=-\dfrac{Wx^2}{2l}$ $M_B=M_{\max}=-\dfrac{wl^2}{2}$ $=-\dfrac{Wl}{2}$	$\theta=-\dfrac{Wl^2}{6EI}\left(1-\dfrac{x^3}{l^3}\right)$ $\theta_A=-\dfrac{Wl^2}{6EI}$	$\delta=\dfrac{Wl^3}{8EI}\left(1-\dfrac{4x}{3l}+\dfrac{x^4}{3l^4}\right)$ $\delta_A=\delta_{\max}=\dfrac{Wl^3}{8EI}$
④ $W=\dfrac{wl}{2}$		$V_B=W$ $Q=-\dfrac{Wx^2}{l^2}$ $Q_B=-W$	$M=-\dfrac{Wx^3}{3l^2}$ $M_B=M_{\max}=-\dfrac{Wl}{3}$	$\theta=-\dfrac{Wl^2}{12EI}\left(1-\dfrac{x^4}{l^4}\right)$ $\theta_A=-\dfrac{Wl^2}{12EI}$	$\delta=\dfrac{Wl^3}{15EI}\left(1-\dfrac{5x}{4l}+\dfrac{x^5}{4l^5}\right)$ $\delta_A=\delta_{\max}=\dfrac{Wl^3}{15EI}$

	図	せん断力・反力	曲げモーメント	たわみ角	たわみ
⑤		$M_B = -M_A$ $Q = 0$	$M = M_A$	$\theta = -\dfrac{M_A l}{EI}\left(1 - \dfrac{x}{6}\right)$ $\theta_A = -\dfrac{M_A l}{EI}$	$\delta = -\dfrac{M_A l^2}{EI}\left(1 - \dfrac{x^2}{l^2}\right)$ $\delta = \delta_{\max} = -\dfrac{M_A l^2}{EI}$
⑥		$V_A = V_B = \dfrac{P}{2}$ $Q_{A\sim C} = +\dfrac{P}{2}$ $Q_{C\sim B} = -\dfrac{P}{2}$	$M_{A\sim C} = \dfrac{Px}{2}$ $M_C = M_{\max} = \dfrac{Pl}{4}$	$\theta_{A\sim C} = \dfrac{Pl^2}{16EI}\left(1 - \dfrac{4x^2}{l^2}\right)$ $\theta_{A,B} = \pm\dfrac{Pl^2}{16EI}$	$\delta_{A\sim C} = \dfrac{Pl^3}{48EI}\left(\dfrac{3x}{l} - \dfrac{4x^3}{l^3}\right)$ $\delta_{\text{中央}} = \delta_{\max} = \dfrac{Pl^3}{48EI}$
⑦		$V_A = \dfrac{Pb}{l}$ $V_B = \dfrac{Pa}{l}$ $Q_{A\sim C} = +\dfrac{Pb}{l}$ $Q_{C\sim B} = -\dfrac{Pa}{l}$	$M_{A\sim C} = \dfrac{Pbx}{l}$ $M_{C\sim B} = \dfrac{Pa(l-x)}{l}$ $M_C = M_{\max} = \dfrac{Pab}{l}$	$\theta_A = \dfrac{Pab}{6EIl}\left(1 + \dfrac{b}{l}\right)$ $\theta_B = -\dfrac{Pab}{6EIl}\left(1 + \dfrac{a}{l}\right)$ $\theta_C = \dfrac{Pab}{3EIl}\left(\dfrac{a-b}{l}\right)$	$\delta_{A\sim C} = \dfrac{Pa^2b^2}{6EIl}\left(\dfrac{2x}{a} + \dfrac{x}{b} - \dfrac{x^3}{a^2b}\right)$ $\delta_C = \dfrac{Pa^2b^2}{3EIl}$ $a > b$ のとき $x = 0.5773\sqrt{l^2 - b^2}$: $\delta_{\max} = \dfrac{Pb\sqrt{(l^2 - b^2)^3}}{9\sqrt{3}EIl}$
⑧		$V_A = V_B = P$ $Q_{A\sim C} = +P$ $Q_{C\sim D} = 0$ $Q_{D\sim B} = -P$	$M_{A\sim C} = Px$ $M_{C\sim D} = M_{\max} = \dfrac{Pl}{3}$	$\theta_{A\sim C} = \dfrac{Pl^2}{18EI}\left(2 - \dfrac{9x^2}{l^2}\right)$ $\theta_{C\sim D} = \dfrac{Pl^2}{6EI}\left(1 - \dfrac{2x}{l}\right)$ $\theta_{A,B} = \pm\dfrac{Pl^2}{9EI}$	$\delta_{A\sim C} = \dfrac{Pl^3}{18EI}\left(\dfrac{2x}{l} - \dfrac{3x^3}{l^3}\right)$ $\delta_{C\sim D} = \dfrac{Pl^3}{6EI}\left(\dfrac{x}{l} - \dfrac{x^2}{l^2} - \dfrac{1}{27}\right)$ $\delta_{\text{中央}} = \delta_{\max} = \dfrac{23Pl^3}{648EI}$
⑨		$V_A = V_B = \dfrac{wl}{2} = \dfrac{W}{2}$ $Q = \dfrac{wl}{2} - wx$ $= \dfrac{W}{2}\left(1 - \dfrac{2x}{l}\right)$ $Q_A = \dfrac{W}{2}$, $Q_B = -\dfrac{W}{2}$	$M = \dfrac{wlx}{2} - \dfrac{wx^2}{2}$ $= \dfrac{Wx}{2}\left(1 - \dfrac{x}{l}\right)$ $M_{\text{中央}} = M_{\max}$ $= \dfrac{wl^2}{8} = \dfrac{Wl}{8}$	$\theta = \dfrac{Wl^2}{24EI}\left(1 - \dfrac{6x^2}{l^2} + \dfrac{4x^3}{l^3}\right)$ $\theta_{A,B} = \pm\dfrac{Wl^2}{24EI}$	$\delta = \dfrac{Wl^3}{24EI}\left(\dfrac{x}{l} - \dfrac{2x^3}{l^3} + \dfrac{x^4}{l^4}\right)$ $\delta_{\text{中央}} = \delta_{\max} = \dfrac{5Wl^3}{384EI}$

	図	反力・せん断力	曲げモーメント	たわみ角	たわみ
⑩	全荷重 $W=\dfrac{wl}{2}$	$V_A=\dfrac{W}{3}$ $V_B=\dfrac{2W}{3}$ $Q=\dfrac{W}{3}\left(1-\dfrac{3x^2}{l^2}\right)$ $Q_A=+\dfrac{W}{3}$ $Q_B=-\dfrac{2W}{3}$	$M=\dfrac{Wx}{3}\left(1-\dfrac{x^2}{l^2}\right)$ $x=\dfrac{l}{\sqrt{3}}=0.5773l$： $M_{max}=\dfrac{2}{9\sqrt{3}}Wl$ $=0.1283Wl$	$\theta=\dfrac{Wl^2}{180EI}\left(7-\dfrac{30x^2}{l^2}+\dfrac{15x^4}{l^4}\right)$ $\theta_A=\dfrac{7Wl^2}{180EI}$ $\theta_B=-\dfrac{8Wl^2}{180EI}$	$\delta=\dfrac{Wl^3}{180EI}\left(\dfrac{7x}{l}-\dfrac{10x^3}{l^3}+\dfrac{3x^5}{l^5}\right)$ $x=0.5193l$： $\delta_{max}=0.01304\dfrac{Wl^3}{EI}$
⑪	全荷重 $W=\dfrac{wl}{2}$	$V_A=V_B=\dfrac{W}{2}$ $Q_{A\sim c}=\dfrac{W}{2}\left(1-\dfrac{4x^2}{l^2}\right)$ $Q_{A,B}=\pm\dfrac{W}{2}$	$M_{A\sim c}=\dfrac{Wx}{2}\left(1-\dfrac{4x^2}{3l^2}\right)$ $M_{中央}=M_{max}=\dfrac{Wl}{6}$	$\theta_{A\sim c}=\dfrac{Wl^2}{12EI}\left(\dfrac{5}{8}-\dfrac{3x^2}{l^2}+\dfrac{2x^4}{l^4}\right)$ $\theta_{A,B}=\pm\dfrac{5Wl^2}{96EI}$	$\delta_{A\sim c}=\dfrac{Wl^3}{12EI}\left(\dfrac{5x}{8l}-\dfrac{x^3}{l^3}+\dfrac{2x^5}{5l^5}\right)$ $\delta_{中央}=\delta_{max}=\dfrac{Wl^3}{60EI}$
⑫		$V_A=-\dfrac{M_A}{l}$ $V_B=+\dfrac{M_A}{l}$ $Q_{A\sim B}=-\dfrac{M_A}{l}$	$M=M_A\dfrac{l-x}{l}$ $M_A=M_{max}$	$\theta=-\dfrac{M_A}{6EI}\left\{1-3\left(\dfrac{l-x}{l}\right)^2\right\}$ $\theta_A=\dfrac{M_Al}{3EI}$ $\theta_B=-\dfrac{M_Al}{6EI}$	$\delta=\dfrac{M_Ax(l-x)}{6EI}\left\{1+\dfrac{l-x}{l}\right\}$ $x=\left(1-\dfrac{1}{\sqrt{3}}\right)l=0.4226l$： $\delta_{max}=\dfrac{M_Al^2}{9\sqrt{3}EI}$
⑬		$V_A=\dfrac{M_A-M_B}{l}$ $V_B=\dfrac{M_A-M_B}{l}$ $Q_{A\sim B}=\dfrac{M_A-M_B}{l}$	$M=M_A\dfrac{l-x}{l}-M_B\dfrac{x}{l}$	$\theta_A=-\dfrac{l}{6EI}(2M_A+M_B)$ $\theta_B=+\dfrac{l}{6EI}(M_A+2M_B)$ $\delta=-\dfrac{x(l-x)}{6EI}\left\{M_A\left(1+\dfrac{l-x}{l}\right)+M_B\left(1+\dfrac{x}{l}\right)\right\}$	

村上雅英（むらかみ　まさひで）

1958 年　兵庫県西宮市生まれ
1986 年　筑波大学大学院博士課程工学研究科構造工学専攻修了　工学博士
1986 年　近畿大学理工学部建築学科　助手
1993 年　近畿大学理工学部建築学科　講師
1999 年　近畿大学理工学部建築学科　助教授
2005 年　近畿大学理工学部建築学科　教授
2011 年　近畿大学建築学部建築学科　教授

基礎からわかる　静定構造力学

2014年10月1日　　第 1 版第 1 刷発行
2025年5月20日　　第 3 版第 3 刷発行

編 著 者　村上雅英
発 行 者　京極迪宏
発 行 所　株式会社 学芸出版社
　　　　　〒600-8216　京都市下京区木津屋橋通西洞院東入
　　　　　電話 075-343-0811
　　　　　http://www.gakugei-pub.jp/
　　　　　E-mail info@gakugei-pub.jp
印　　刷　創栄図書印刷
製　　本　新生製本
デザイン　KOTO DESIGN Inc.　山本剛史　萩野克美

Ⓒ 村上雅英　　　　　　　　　　　　　　　　　　　　　　　　　Printed in Japan
ISBN 978-4-7615-3215-4

JCOPY 〈(社)出版社著作権管理機構委託出版物〉
本書の無断複写（電子化を含む）は著作権法上での例外を除き禁じられています。複写される場合は、そのつど事前に、(社)出版社著作権管理機構（電話 03-3513-6969、FAX 03-3513-6979、e-mail: info@jcopy.or.jp）の許諾を得てください。
また本書を代行業者等の第三者に依頼してスキャンダルやデジタル化することは、たとえ個人や家庭内での利用でも著作権法違反です。